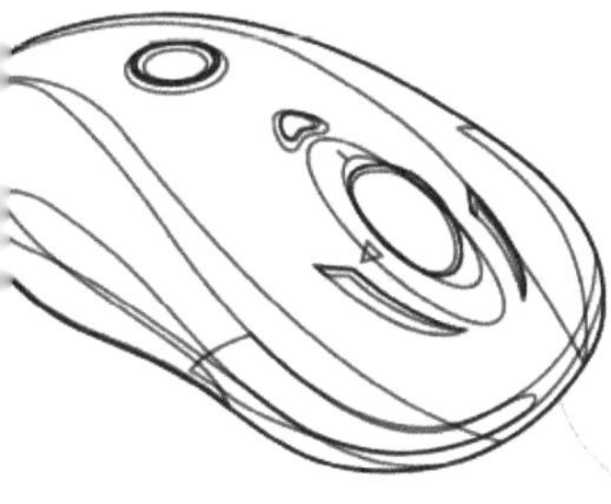

Network Programming

TCP/IP 네트워크 프로그래밍

| 박승철 저 |

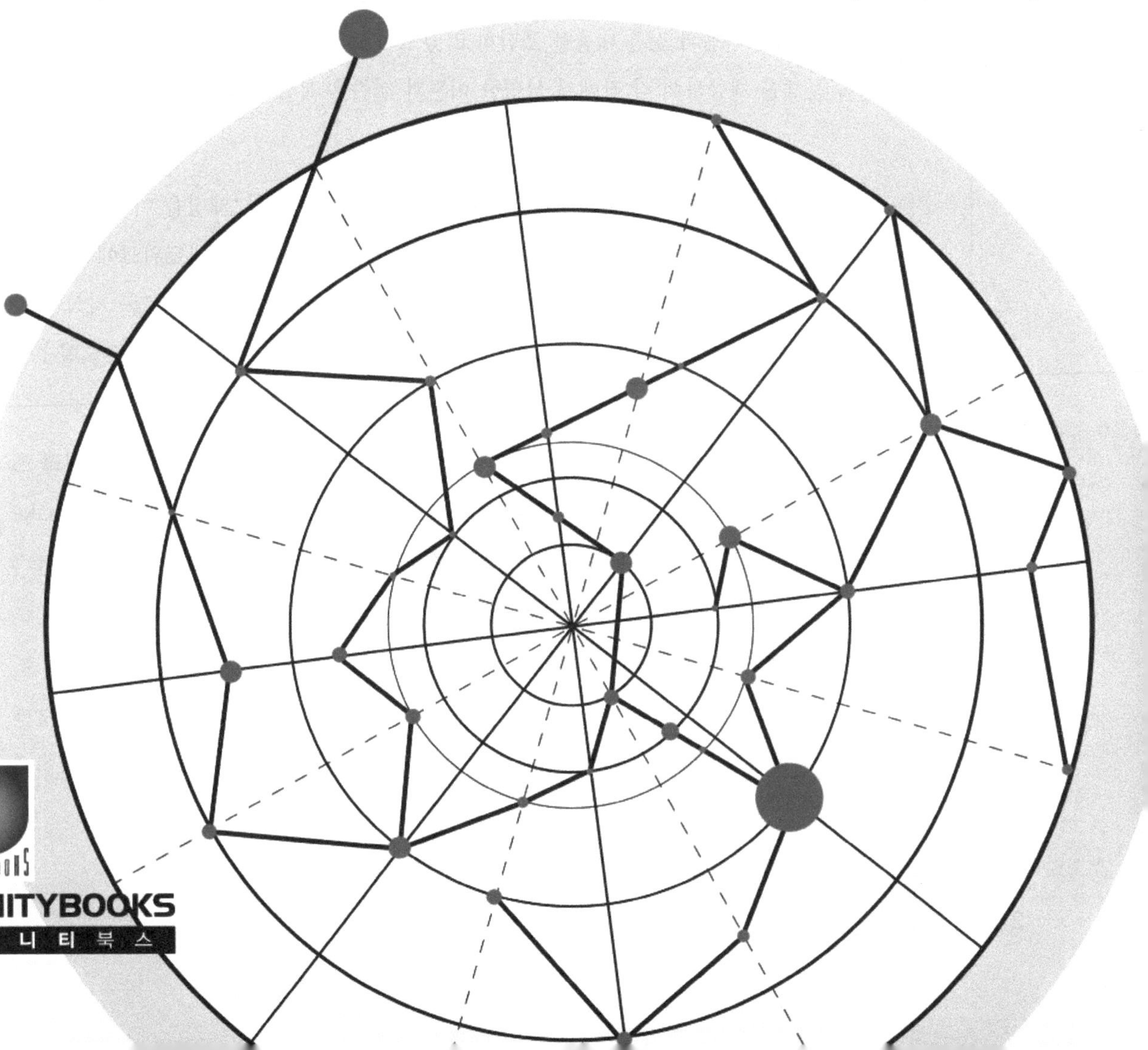

INFINITYBOOKS
인 피 니 티 북 스

머 리 말

TCP/IP 인터넷 기반의 네트워크 프로그래밍 기술은 전통적인 클라이언트-서버 응용 프로그램의 개발뿐만 아니라 다양한 임베디드 시스템 프로그램 개발에서도 그 중요성이 날로 높아지고 있다. 따라서 대학을 비롯한 관련 교육 기관에서 TCP/IP 네트워크 프로그래밍 교육에 대한 관심이 고조되고 있고, 적절한 교재에 대한 요구가 높아지고 있다. 현재 국내 · 외적으로 TCP/IP 네트워크 프로그래밍에 관한 훌륭한 교재들이 많이 출판되어 있으나 고급 교재로 사용되기 위해 필수적으로 요구되는 이론적인 깊이와 실습의 다양성을 모두 갖춘 교재를 찾기는 쉽지 않다. 이 책은 대학과 IT 전문 교육 기관에서 TCP/IP 네트워크 프로그래밍에 대한 깊이 있는 이론을 다루고 다양한 실습의 교육이 이루어지도록 저술되었다. 이 책은 다음과 같은 내용을 포함하고 있으며, 각 장의 마지막에 충분한 연습 문제와 실습 문제를 제공하여 각 장에서 설명한 이론과 실습을 복습할 수 있게 한다.

- 제1장 TCP/IP 망 구조와 프로토콜 : TCP/IP 네트워크 프로그래밍을 이해하기 위해 반드시 알아야 할 기본적인 프로토콜에 대해 설명한다. TCP/IP 네트워크에 대한 예비 지식이 충분하지 않은 독자도 네트워크 프로그래밍에 필요한 프로토콜 지식을 충분히 습득할 수 있고, 네트워크 프로그래밍 학습 과정에서 관련 프로토콜을 참조할 수 있다.
- 제2장 LINUX 시스템 프로그래밍 : 리눅스 환경에 익숙하지 않은 독자가 네트워크 프로그래밍을 위해 기본적으로 이해해야 하는 리눅스 명령어, 편집기, 컴파일러, make 등에 대해 설명한다. TCP/IP 네트워크 프로그래밍 인터페이스의 근간이 되는 리눅스 파일 시스템 입출력에 대해서도 설명한다.
- 제3장 TCP/IP 소켓 API : TCP/IP 네트워크 프로그래밍 인터페이스를 구성하는 소켓 자료 구조와 소켓 자료 구조 기반의 제어 함수들에 대해 설명한다. TCP/IP 프로토콜과 연관된 API와 예제를 통해 TCP/IP 프로토콜의 실제적인 모습을 이해할 수 있게 한다.

- 제4장 TCP/IP 소켓 프로그래밍 기초 : 다양한 예제를 기반으로 TCP 소켓 API와 UDP 소켓 API를 사용하여 기본적인 클라이언트-서버 네트워크 프로그램을 작성하는 방법을 설명한다.
- 제5장 동시 처리 서버(Concurrent Server Programming) : 다중 프로세스 기반의 동시 처리 서버(concurrent server) 프로그램 작성 방법을 구체적으로 설명한다. 프로세스 제어, 좀비 프로세스 처리, 시그널 처리 등에 대한 충분한 설명과 다양한 예제를 제공하여 고급 동시 처리 서버 프로그램 작성을 가능하게 한다. 다중 쓰레드 기반의 동시 처리 서버 프로그램 개발에 대한 설명도 포함한다.
- 제6장 TCP/IP 고급 소켓 프로그래밍 : 입출력 다중화, 고급 입출력, 데몬 서버 프로그래밍, 생(raw) 소켓 프로그래밍, 패킷 캡처링 등 고급 TCP/IP 네트워크 프로그래밍 기법을 설명한다.

이 책은 한국기술교육대학교의 2007년도 KUT-pride 강좌개발 연구비 지원으로 저술되었다. 이 책의 저술에 도움을 준 한국기술교육대학교에 감사드리고, 출판을 위해 노고를 아끼지 않은 인피니티북스의 채희만 사장님과 관계자 여러분께 감사드린다. 책을 저술하는 동안 격려와 사랑으로 힘이 되어 준 가족(김혜은, 박혜승, 박은승)에게 고마움을 전하고, 무엇보다 이 책으로 조금이나마 보람을 얻을 모든 독자 여러분께 감사드린다.

2009년 1월

한국기술교육대학교

박승철

차 례

Chapter 03 TCP/IP 소켓 API / 121

Chapter 04 TCP/IP 소켓 프로그래밍 기초 / 165

Chapter 05 동시 처리 서버(Concurrent Server) 프로그래밍 / 229

Chapter 06 TCP/IP 고급 소켓 프로그래밍 / 303

Chapter 01 TCP/IP 망 구조와 프로토콜

Chapter 01 TCP/IP 망 구조와 프로토콜

1.1 OSI 7 계층 구조

OSI(Open System Interconnection) 참조 모델(Reference Model)은 1980년대 초에 국제 표준화 기구(ISO-International Standardization Organization)에서 서로 다른 특성을 가지는 컴퓨터 또는 정보 처리 장치간에 상호 통신을 용이하게 하기위해 제시된 통신 프로토콜 체계에 대한 표준 참조 모델(Reference Model)이다. OSI 참조 모델이 제시되기 전까지는 각각의 조직이 공개되지 않은 별도의 통신 프로토콜 체계에 따라 컴퓨터와 정보 처리 장치들을 개발하였기 때문에, 서로 다른 조직에서 개발된 기기간에 상호 접속(Interconnection)을 위해서는 이기종 기기간에 일대일 통신 프로토콜 체계 변환 작업이 필요할 수 밖에 없었다. 그러나 정보 처리 기종의 종류가 다양해 짐에 따라 일대일 변환을 통한 이기종간 상호 접속은 거의 불가능할 수 밖에 없다. OSI 참조 모델은 이러한 문제를 해소하기 위해 제시되었다. 즉, 모든 조직에 공개된 공통의 통신 프로토콜 체계(표준 참조 모델)를 정의하고, 각 조직이 자신의 기기를 표준 참조 모델과 상호 접속이 가능하도록 개발함으로써 이기종간 상호 접속을 위한 별도의 변환 작업이 필요 없게 만든 것이다.

OSI 참조 모델은 프로토콜 계층화의 장점을 충실히 살릴 수 있게 철저하게 계층화된 구조를 채택하였으며 〈그림 1.1〉에서 보는 바와 같이 전체 통신 체계인 망 구조를 7개의 계층으로 구분하였다. 각 계층에는 1개 또는 그 이상의 통신 프로토콜이 정의될 수 있으며, 각 계층 프로토콜은 인접한 하위 계층의 통신 서비스를 사용하여 정의되고 인접한 상위 계층이 필요로 하는 통신 서비스를 제공한다. OSI 7 계층 구조는 그 역할에 따라 다시 3개로 그룹화될 수 있다. 최 상위 계층인 응용 계층은(Application Layer)는 통신의 최종 사용자가 필요로 하는 다양한 응용 서비스를 제공하는 역할을 수행한다. 응용 계층 밑의 3 계층, 즉 표현 계층(Presentation Layer), 세션 계층(Session Layer), 그리고 트랜스포트 계층(Transport Layer)은 다양한 응용 프로토콜을 실행하는 종단 시스템(End System)이 공통적으로 필요로 하는 통신 서비스를 제공하는 중간 계층이다. 그리고 하위 3 계층은 종단 시스템과 통신망을 구성하는 중계 장치(Relay System), 중계 장치와 중계 장치간 효율적인 정보 전달을 위한 통신 서비스를 제공한다.

OSI 참조 모델에 따른 망 구조상에서 통신망 상의 중계 장치들은 트랜스포트 계층 이상의 프로토콜에 대해서는 관여하지 않는다. 즉, 중계 장치들은 종단 시스템의 트랜스포트 계층 이상의 프로토콜이 교환하는 메시지(PDU)들을 단지 효율적으로 전달해야하는 사용자 정보로만 취급하는 것이다. 여기서 하나 짚고 넘어가야 할 사항은 모든 중계 장치들이 하위 3개 계층을 모두 지원할 필요는 없다는 사실이다. 중계 기능의 수준에 따라 하위 1 계층 또는 2 계층 기능만으로 중계 장치를 구성할 수도 있다.

OSI 참조 모델에서 통신에 참여하는 당사자는 기동자(Initiator)와 응답자(Responder)로 구분된다. 기동자는 서비스를 요청하는 측으로 Client-Server 모델에서 Client에 해당된다. 그리고 응답자는 기동자의 서비스 요청에 대해 응답하는 측으로 Server에 해당된다. 기본적으로 기동자와 응답자는 동일한 계층 구조를 가져야 하고 각 계층의 프로토콜은 상대방의 동일 계층 프로토콜과 통신하는 Peer-to-Peer 프로토콜로 정의된다.

그림 1.1 OSI 7계층 프로토콜 구조

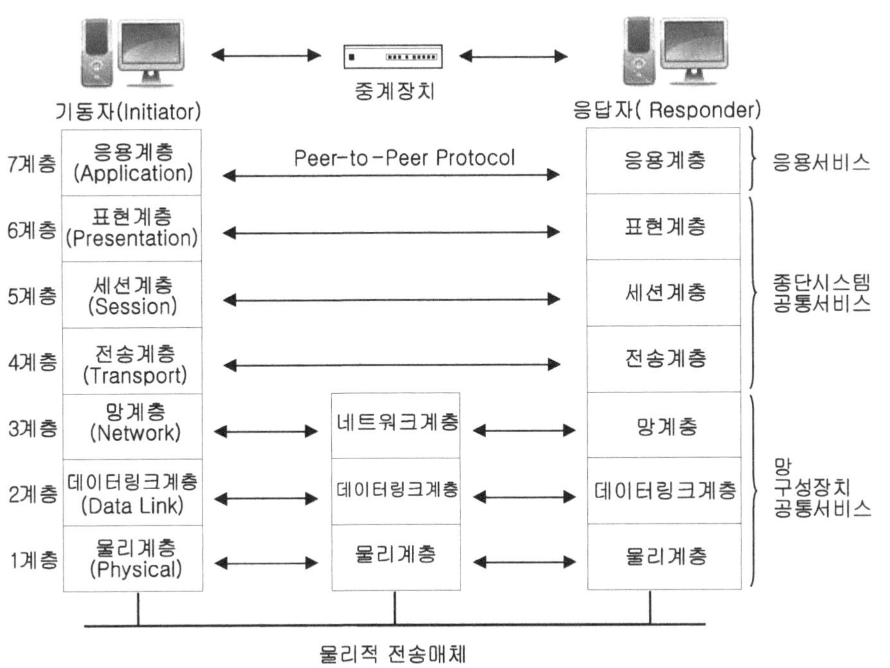

1.2 TCP/IP 계층 구조

TCP/IP는 인터넷의 기본 프로토콜 체계로써 OSI와 마찬가지로 개방형 망 구조를 정의한다. OSI가 회원국 대표로 구성된 국제 표준화 기구(ISO - International Standardization Organization)에 의해 표준화된 개방형 망 구조인 반면, TCP/IP는 민간 연구자들의 자발적인 참여 단체인 IETF(Internet Engineering Task Force)에 의해 표준화된 개방형 망 구조이다.

TCP/IP는 초기에 미국의 버클리 대학등 비영리 연구 기관에 의해 구현되고 공개적으로 무료 배포되어 많은 연구자들이 쉽게 사용하고 개선할 수 있도록 하였다. 따라서 TCP/IP는 전세계 연구자들의 컴퓨터를 연결하는 개방형 망의 중심 프로토콜 체계로 급속히 확산되었으며 많은 연구자들에 의해 새로운 프로토콜들이 추가되었다. TCP/IP는 현재 전세계 모든 데이터 통신망을 통합하는 거대 통신망으로 성장하였으며, 연구자들 뿐만아니라 많은 일반 사용자 컴퓨터들을 연결하는 종합 데이터 통신망으로 발전하였다. 향후 TCP/IP는 데이터 통신 서비스 뿐만아니라 기존의 전화망과 같은 실시간 통신 서비스까지 지원할 수 있는 멀티미디어 서비스 망으로 발전할 것으로 예상된다.

TCP/IP 망 구조는 OSI와 달리 4개의 계층으로 구성되는 데 〈그림 1.2〉와 같이 OSI 망 구조와 비교된다. TCP/IP의 응용 계층은 OSI의 상위 3 계층(세션, 표현, 응용)을 모두 포함한다. 즉, FTP(File Transfer Protocol)와 같은 응용 프로토콜내에 OSI의 세션 계층과 표현 계층에서 정의되는 기능들이 포함되어 정의된다. 이는 OSI에서 예상한 바와 달리 많은 인터넷 응용들의 세션 및 표현 제어 서비스 요구 사항이 그렇게 크지 않다는 것을 의미한다.

TCP/IP 망 구조의 트랜스포트 계층(Transport Layer)은 OSI의 트랜스포트 계층과 유사하다. TCP/IP 망 구조의 트랜스포트 계층에는 종단간(End-to-End) 신뢰성있는 데이터 전송 제어 서비스를 제공하는 TCP(Transmission Control Protocol)와 신뢰성에 대한 요구 정도가 상대적으로 높지 않고 오히려 짧은 전송 지연에 대한 요구 사항이 큰 응용들을 위한 UDP(User Datagram Protocol)가 정의되었다. TCP는 연결형(Connection-oriented) 프로토콜이고 UDP는 비연결형(Connectionless) 프로토콜이다. TCP/IP는 인터넷 망 구조를 정의하는 프로토콜 체계이다. 인터넷은 여러 가지 서로 다른 망들을 효과적으로 연결하고 연결된 망과 망간에 데이터를 효과적으로 중계하는 망을 연결하는 망(A Network of Networks)이다. 인터넷에 연결되는 망들을 인터넷과 구분하여 하부망(Subnet)이라 한다. TCP/IP 망 구조에서는 하부망에 대해서는 정의하지 않고 기존에 정의된 하부망 관련

그림 1.2 TCP/IP와 OSI 계층 구조 비교

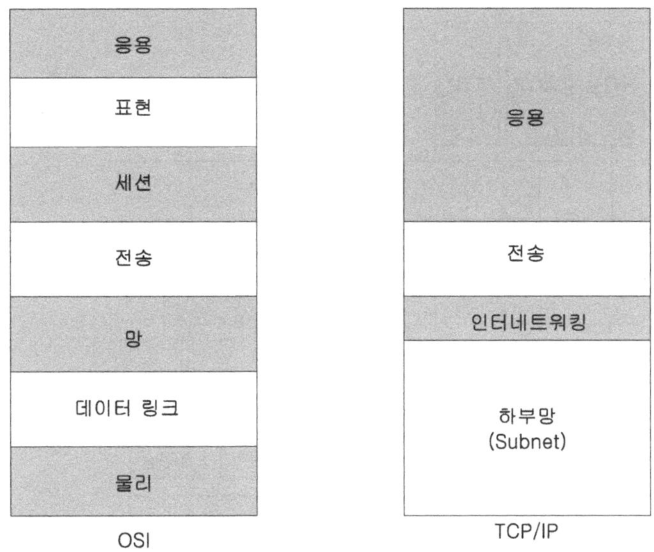

프로토콜 또는 새롭게 정의되는 프로토콜들을 사용한다. 따라서 TCP/IP의 망 계층에서는 하부망간 상호 접속(Internetworking)에 필요한 서비스들만 정의한다.

1.3 TCP/IP 프로토콜 체계

TCP/IP 망 구조의 각 계층에는 다수의 프로토콜이 정의되어 사용되고 있다. 〈그림 1.3〉은 TCP/IP 프로토콜 체계를 보여준다.

인터넷의 통신 체계를 정의하는 TCP/IP 망 구조는 개별적인 데이터 통신망과 무관하게 정의된다. 따라서 인터넷에는 하부망 계층을 형성하는 다양한 종류의 데이터 통신망들이 사용될 수 있다. 대표적인 데이터 통신망은 이더넷(Ethernet), ATM(Asynchronous Transfer Mode), DSL(Digital Subscriber Line), 케이블 모뎀(Cable Modem), SONET, SDH(Synchronous Digital Hierarchy) 등을 포함한다.

IP(Internet Protocol)는 인터넷을 구성하는 데이터 통신망간에 데이터를 전송하는 표준 프로토콜이다. IP는 하부망을 구성하는 데이터 통신망과 독립적인 주소 체계를 정의하고, 하부망과 독립적인 데이터그램(Datagram) 전달 체계를 정의하며, 출발지 IP 주소의

그림 1.3 TCP/IP 프로토콜 체계

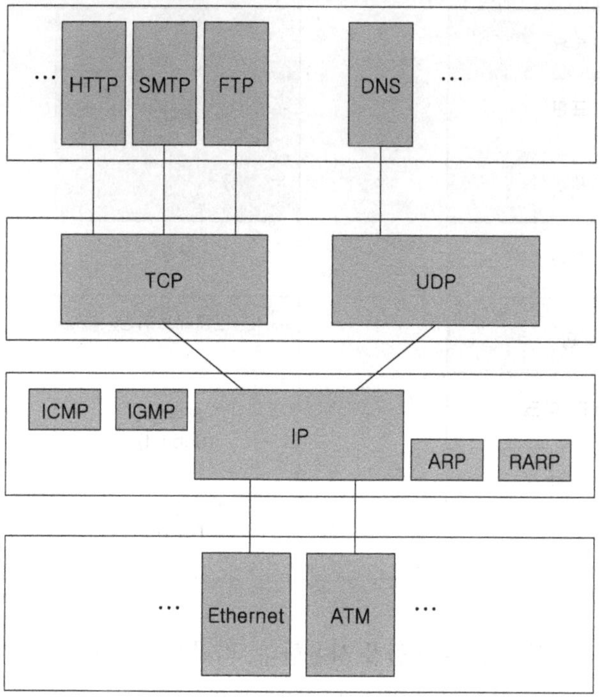

호스트에서 목적지 IP 주소의 호스트까지 데이터그램을 전달한다. IP 주소와 하부망을 구성하는 개별적인 데이터 통신망 주소(물리주소)간 주소 변환은 ARP(Address Resolution Protocol)과 RARP(Reverse Address Resolution Protocol)를 통해 동적으로 수행된다. ICMP(Internet Control Message Protocol)와 IGMP(Internet Group Management Protocol)는 IP를 보조하는 프로토콜들이다. ICMP는 IP를 통해 통신하고자하는 시스템의 상태를 파악하고 오류 메시지를 전달하며 전송을 제어할 수 있게 한다. 그리고 IGMP는 멀티캐스트 전송을 위한 IP 멀티캐스트 그룹 관리 프로토콜이다.

IP는 인터넷에 연결된 통신 장치인 호스트와 호스트간 데이터를 전송하는 기능을 담당하는 반면, 트랜스포트 프로토콜은 출발지 호스트의 특정 응용 프로세스와 목적지 호스트의 특정 응용 프로세스간 통신 서비스를 제공한다. 인터넷에는 다양한 형태의 응용 서비스가 존재하고 각 응용 서비스를 수행하는 응용 프로세스의 통신 서비스 요구 사항이 다르다. 따라서 TCP/IP 망 구조의 트랜스포트 계층는 신뢰적인 데이터 전송 서비스를 제공하는 연결형 프로토콜인 TCP(Transmission Control Protocol)와 비신뢰적인 데이터 전송 서비스를 제공하는 비연결형 프로토콜인 UDP(User Datagram Protocol)을 정의하여, 응용 서비스의 특성에 맞게 선택적으로 사용할 수 있게 한다.

인터넷 응용 서비스는 서비스를 요청하는 클라이언트 응용 프로세스와 요청에 따라 서비스를 제공하는 서버 프로세스간의 상호 작용을 통해 실현된다. 응용 프로토콜은 특정 응용 서비스 실현을 위해 클라이언트 프로세스와 서버 프로세스가 어떻게 상호 작용할 것인지를 규정한다. 응용 프로토콜은 응용 프로세스의 통신 기능을 담당하는 일부분으로 정의된다. 하나의 응용 프로토콜은 클라이언트 응용 프로토콜과 서버 응용 프로토콜의 쌍으로 정의되고, 서버 응용 프로토콜은 서버 프로세스에 의해 구현되고 클라이언트 응용 프로토콜은 클라이언트 응용 프로세스에 의해 구현된다. 클라이언트 응용 프로토콜은 통신을 요청하는 프로토콜로써 포트 번호로 서버 응용 프로토콜을 지정한다. 클라이언트 응용 프로토콜이 서버 응용 프로토콜과 통신하기 위해서는 해당 서버 응용 프로토콜이 위치하는 서버 호스트의 IP 주소 뿐만 아니라 서버 응용 프로토콜의 포트 번호를 알고 있어야 한다. 대부분은 인터넷 서버 응용 프로토콜은 불특정 다수의 클라이언트 응용 프로토콜과 통신할 수 있어야 하므로 서버 응용 프로토콜은 잘 알려진 포트 번호(Well-known Port Number)를 사용한다.

대표적인 TCP/IP 응용 프로토콜은 FTP(File Transfer Protocol), SMTP(Simple Mail Transfer Protocol), HTTP(Hyper Text Transfer Protocol), DNS(Domain Name System) 등을 포함한다.

1.4 인터넷 주소

1.4.1 인터넷 주소의 구조와 DDN 표기법

인터넷 주소는 인터넷에 연결된 모든 호스트와 라우터를 유일하게 구분하는 식별자이다. 모든 호스트와 라우터는 각각 하나 이상의 인터넷 주소를 가지며, 상호 통신시에 인터넷 주소를 통해 상대방을 지시한다. 인터넷 주소는 IP 데이터그램의 목적지 주소(Destination Address)와 출발지 주소(Source Address)로 사용되므로 IP 주소(IP Address)라고 한다. 현재 일반적으로 사용하고 있는 IP 주소는 32 비트 값을 가지고, 〈그림 1.4〉에서 보는 것처럼 네트워크/망 식별자(Netid - Network Identifier)와 호스트 식별자(Hostid - Host Identifier)로 구성된다.

IP 주소는 호스트와 라우터내에서 32 비트 이진수로 저장되고 처리되지만 사용자가 보다 편리하게 기억하고 사용할 수 있도록 〈그림 1.4〉와 같은 십진수 점 표기법(DDN - Dotted

그림 1.4 인터넷 주소 구조와 표기법

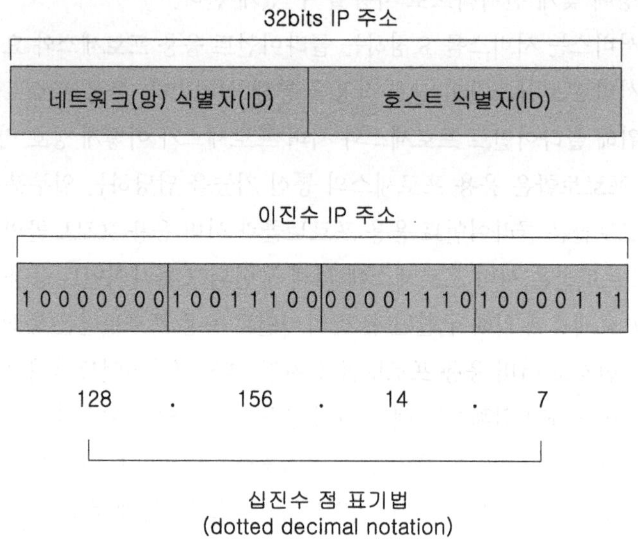

Decimal Notation)으로 표시된다. 즉, 사용자가 사용하는 DDN으로 표시된 IP 주소는 이진수 값으로 변환되어 호스트와 라우터내에 저장되고 처리되는 것이다. IP 주소의 네트워크 식별자는 인터넷의 특정 하부망(또는 물리망)을 유일하게 식별하고, 호스트 식별자는 특정 하부망에 연결된 호스트(라우터 포함)를 유일하게 식별한다. 따라서 망 식별자 값은 전체 인터넷에서 유일하게 부여되어야 하지만, 호스트 식별자는 특정 하부망 내에서만 유일하게 부여되면 되므로 서로 다른 하부망의 호스트들이 동일한 호스트 식별자 값을 가질 수 있다. 인터넷 주소의 전체 32 비트를 망 식별자 부분과 호스트 식별자 부분으로 어떻게 나눌 것이지는 하부망의 크기, 즉 하부망에 연결된 호스트 또는 라우터의 개수에 의해 결정된다.

1.4.2 인터넷 주소 클래스

기존 인터넷 주소 체계는 망 식별자와 호스트 식별자를 어떻게 구분하는 지에 따라 〈그림 1.5〉와 같이 인터넷 주소를 5개의 클래스로 나누고 있다. 클래스 A 주소는 전체 32비트 인터넷 주소 공간 중 첫 번째 8비트(바이트)를 망 식별자(Netid)로 사용하고, 망 식별자 부분의 첫 번째 비트(맨 왼쪽 비트)는 항상 '0'이다. 따라서 클래스 A 주소를 사용하는 하부망은 총 128개 존재할 수 있으나, 7개의 비트 모두가 1이거나 0인 경우는 특수 목적을

그림 1.5 인터넷 주소 클래스

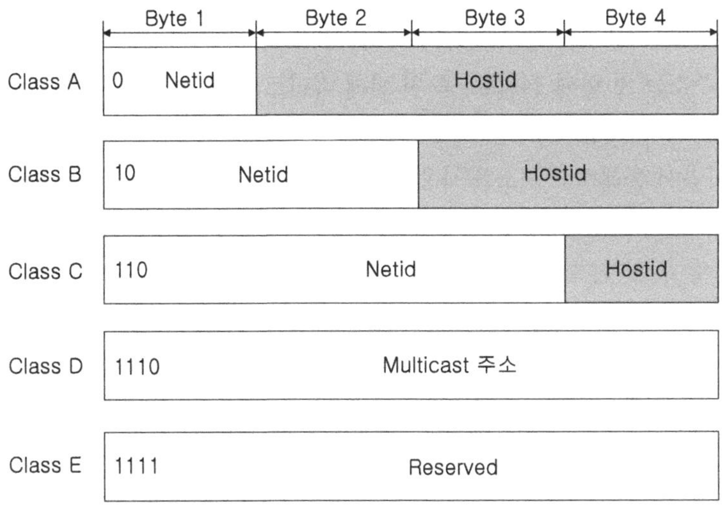

위해 사용하도록 정의하고 있으므로 실제로는 126개가 존재할 수 있다. DDN으로 표기된 IP 주소의 첫 번째 숫자가 0과 127 사이의 값이면 클래스 A 인터넷 주소임을 알 수 있다. 클래스 A 인터넷 주소의 전체 32 비트 중 나머지 24 비트는 호스트 식별자로 사용한다. 따라서 클래스 A 주소를 사용하는 하부망에 연결할 수 있는 전체 호스트 수는 2^{24} = 16,777,216가 될 수 있으나, 호스트 식별자 부분 전체가 1인 경우와 전체가 0인 경우는 특수한 경우에 사용되도록 정의되어 있으므로 실제로 할당 가능한 호스트 수는 16,777,214개가 된다. 클래스 A 주소는 하나의 하부망에 많은 호스트가 연결되는 기관을 위해 설계되었으나, 실제로 클래스 A 주소가 부여된 기관에서 할당 가능한 호스트 식별자를 모두 사용하는 경우가 거의 없기 때문에 많은 주소 공간의 낭비를 초래하고 있다.

클래스 B 주소는 전체 32비트 인터넷 주소 공간 중 첫 번째 16비트, 즉 첫 번째 바이트와 두 번째 바이트를 망 식별자(Netid)로 사용하고, 망 식별자 부분의 첫 번째 두 비트(맨 왼쪽 두 비트)는 항상 '10'이다. 따라서 클래스 B 주소를 사용하는 하부망은 총 2^{14} = 16,384개 존재할 수 있다. DDN으로 표기된 IP 주소의 첫 번째 숫자가 128과 191 사이의 값이면 클래스 B 인터넷 주소임을 알 수 있다. 클래스 B 인터넷 주소의 전체 32 비트중 나머지 16 비트는 호스트 식별자로 사용한다. 따라서 클래스 B 주소를 사용하는 하부망에 연결할 수 있는 전체 호스트 수는 2^{16} = 65,536가 될 수 있으나, 호스트 식별자 부분 전체가 1인 경우와 전체가 0인 경우는 특수한 경우에 사용되도록 정의되어 있으므로, 실제로 할당 가능한 호스트 수는 65,534개가 된다. 클래스 B 주소는 하나의 하부망에 많은 호스트가 연결되는 중대형 기업을 위해 설계되었으나 실제로 클래스 A 주소와 마찬가지로 많은 주소 공간의 낭비를 초래하고 있다.

클래스 C 주소는 첫 번째 24비트, 즉 첫 번째 바이트, 두 번째 바이트, 세 번째 바이트를 망 식별자(Netid)로 사용하고, 망 식별자 부분의 첫 번째 3 비트(맨 왼쪽 3 비트)는 항상 '110'이다. 따라서 클래스 C 주소를 사용하는 하부망은 총 2^{21} = 2,097,152개 존재할 수 있다. DDN으로 표기된 IP 주소의 첫 번째 숫자가 192과 223 사이의 값이면 클래스 C 인터넷 주소임을 알 수 있다. 클래스 C 인터넷 주소의 전체 32 비트 중 나머지 8 비트는 호스트 식별자로 사용한다. 따라서 클래스 C 주소를 사용하는 하부망에 연결할 수 있는 전체 호스트 수는 2^8 = 256가 될 수 있으나, 호스트 식별자 부분 전체가 1인 경우와 전체가 0인 경우는 특수한 경우에 사용되도록 정의되어 있으므로 실제로 할당 가능한 호스트 수는 254개가 된다. 클래스 C 주소는 하나의 하부망에 적은 수의 호스트가 연결되는 소형 기관을 위해 설계되었다.

클래스 D 주소는 멀티캐스팅을 위한 것이다. 멀티캐스팅이란 개별적인 출발지에서 다수의 목적지로 데이터그램을 전송하는 일대다(One-to-Many) 방식의 통신을 말한다. 멀티캐스트 주소는 망 식별자(Netid)와 호스트 식별자(Hostid)의 구분이 없이 첫 번째 4 비트('1110')를 제외한 전체 주소 공간을 사용하여 다수의 수신자 그룹을 표시한다. 즉, 멀티캐스트 주소는 호스트(또는 라우터) 그룹 식별자(Groupid)이다. 멀티캐스트 그룹에는 서로 다른 하부망에 속한 호스트(또는 라우터)들이 포함될 수 있다. 멀티캐스트 주소는 출발지 주소가 아닌 목적지 주소로만 사용된다.

클래스 E 주소는 '1111'로 시작하고 미래에 특별한 용도로 사용하기 위해 예약된 주소 공간이다.

1.4.3 서브넷팅과 서브넷마스크

인터넷 주소 체계는 망 식별자와 호스트 식별자 두 단계로 구성되고, 인터넷 데이터그램이 목적지 호스트에 도착하기 위해 먼저 목적지 인터넷 주소의 망 식별자 정보를 사용하여 해당 망 식별자가 지정하는 하부망에 먼저 도착해야 한다. 하부망에 도착한 인터넷 데이터그램은 목적지 주소의 호스트 식별자를 이용하여 목적지 호스트에 도착한다. 이와 같은 인터넷 주소의 두 단계 계층 구조는 실제 망 구조를 반영하기에 어려운 점이 있다. 예를 들어 클래스 C 주소를 사용하기에는 부족한 기관이 클래스 B 주소를 사용하는 경우, 해당 기관의 많은 호스트를 하나의 하부망으로 연결하는 것이 부적절한 경우가 많다. 이런 경우 각각 클래스 B 주소를 사용하는 여러 개의 하부망으로 나누어 해당 기관의 망을 구축할 수 있으나, 대부분의 경우 더욱 많은 인터넷 주소 낭비를 초래할 것이다.

서브넷팅(Subnetting)은 특정 클래스의 주소 공간을 여러 개의 하부망, 즉 서브넷에 나누어서 할당할 수 있게 하는 기술이다. 〈그림 1.6〉은 망 식별자가 141.14인 클래스 B 주소를 사용하는 특정 기관이 자신의 기관의 망을 3개의 하부망(서브넷)으로 나누어 구축한 서브넷팅의 예를 보여주고 있다. 이 경우 외부 인터넷에서 볼 때 해당 기관은 논리적으로 141.14의 망 식별자로 구분되는 하나의 하부망으로 구성된 것처럼 보인다. 즉 141.14 망 식별자를 포함하는 인터넷 주소를 가진 모든 인터넷 데이터그램은 해당 기관(논리적인 단일 하부망)으로 전달된다. 그러나 실제 해당 기관은 3개의 하부망으로 구성되어 있으므로 개별적인 내부 하부망으로의 라우팅을 위한 외부 인터넷 접속 라우터가 필요하다.

서브넷팅은 호스트 식별자를 표시하는 주소 공간의 일부를 하부망을 표시하는 공간으로 사용함으로써 실현된다. 클래스 B 주소 공간의 경우 호스트 식별자를 표시하는 16 비트 중 첫 부분 일부 비트를 하부망을 표시하는 공간으로 사용한다. 서브넷팅을 위해 호스트 식별자 주소 공간의 몇 비트를 사용할 것인지는 해당 기관의 하부망의 개수와 각 하부망의 호스트

그림 1.6 서브넷팅을 통한 망 구성 예

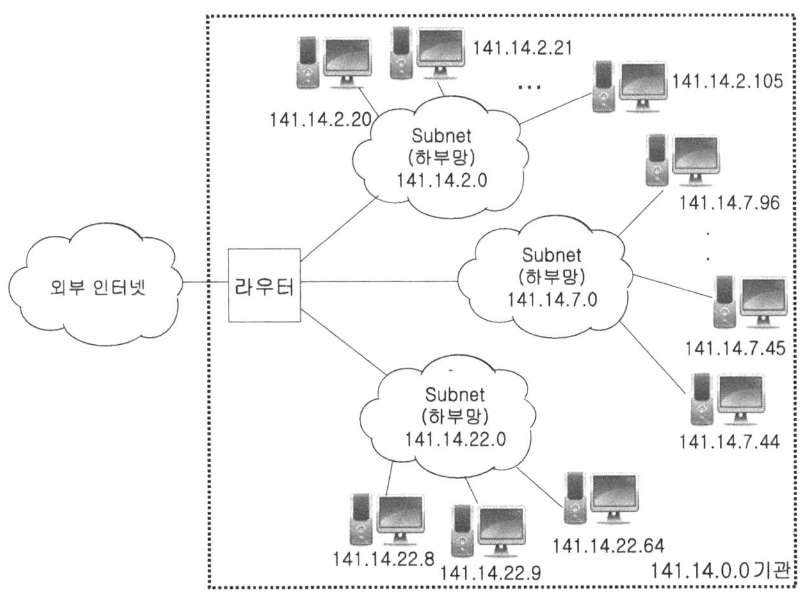

수에 의해 결정된다. 예를 들어 16개의 하부망으로 구성되는 기관의 경우 호스트 식별자 공간의 첫 4비트를 서브넷팅으로 사용할 수 있을 것이다(실제로는 모든 비트가 1인 경우와 0인 경우를 제외하므로 14개의 하부망 지원). 클래스 주소를 그대로 사용할 경우 인터넷 주소 자체가 망 식별자와 호스트 식별자를 구분할 수 있는 비트 정보를 포함하고 있으나 (예 : 첫 번째 두 비트가 '10'인 경우 클래스 B 주소이고 처음 16 비트가 망 식별자이다), 서브넷팅을 하는 경우 호스트 식별자 공간중 망(서브넷) 식별자로 사용하는 공간에 대한 정보를 분명하게 제공하여야 한다. 서브넷팅을 위한 망(서브넷) 식별자 공간은 서브넷마스크(Subnetmask) 또는 넷마스크(Netmask)에 의해 표현된다. 서브넷마스크는 인터넷 주소로부터 망(서브넷) 식별자를 추출하기 위한 정보로써, 망 식별자 공간의 모든 비트를 '1'로 표시하고 나머지 호스트 식별자 공간의 모든 비트를 '0'으로 표시한 값이다. 〈그림 1.7〉에서와 같이 클래스 B 주소에서 호스트 주소 공간의 4 비트를 서브넷팅을 위해 사용할 경우, 서브넷마스크는 '11111111 11111111 11110000 00000000'로 표시되고 DDN으로 표현하면 255.255.240.0이 된다.

그림 1.7 서브넷마스킹과 서브네팅

	128 .	156 .	30 .	7
클래스 B IP 주소	1 0 0 0 0 0 0 0	1 0 0 1 1 1 0 0	0 0 0 1 1 1 1 0	0 0 0 0 0 1 1 1
	255 .	255 .	0 .	0
Netmask	1 1 1 1 1 1 1 1	1 1 1 1 1 1 1 1	0 0 0 0 0 0 0 0	0 0 0 0 0 0 0 0
	128 .	156 .	0 .	0
망 주소	1 0 0 0 0 0 0 0	1 0 0 1 1 1 0 0	0 0 0 0 0 0 0 0	0 0 0 0 0 0 0 0
	255 .	255 .	240 .	0
Subnetmask	1 1 1 1 1 1 1 1	1 1 1 1 1 1 1 1	1 1 1 1 0 0 0 0	0 0 0 0 0 0 0 0
	128 .	156 .	16 .	0
망 주소	1 0 0 0 0 0 0 0	1 0 0 1 1 1 0 0	0 0 0 1 0 0 0 0	0 0 0 0 0 0 0 0

인터넷 주소로부터 망 식별자 정보는 인터넷 주소와 서브넷마스크간 논리적 & ('and') 연산을 통해 추출된다. 따라서 인터넷 주소가 128.156.30.7이고 서브넷마스크가 255.255.240.0인 경우 망 식별자는 (128.156.30.7 & 255.255.240.0) = 128.156.16.0이 된다. 서브넷마스크와 유사한 개념을 기존의 클래스 주소에 적용하면 클래스 B 주소의 망 식별자 추출을 위한 넷마스크는 255.255.0.0이 될 것이고, 클래스 C의 경우는 255.255.255.0으로 표시될 것이다.

1.4.4 특수 인터넷 주소

인터넷 주소에는 몇 가지 특수 목적의 주소가 있다. 이 주소는 일반 호스트나 라우터의 주소로 할당될 수 없고 정해진 목적으로만 사용해야 한다.

- **망(네트워크) 주소** : 호스트 식별자의 모든 비트가 '0'인 주소는 해당 망 식별자가 지정하는 하부망을 나타내기 위한 망 주소(Network Address)로 예약된 주소이다. 망 주소는 망 식별자와는 다른 개념이다. 망 주소는 인터넷의 특정 하부망 자체를 표시하는 것으로 망 식별자는 망 주소의 일부분이다. 망 주소는 출발지 또는 목적지 주소를 나타내는 데에 사용할 수 없다.
- **직접 브로드캐스트(방송) 주소(Direct Broadcast Address)** : 호스트 식별자의 모든 비트가 '1'인 주소는 해당 망 식별자가 지정하는 하부망에 연결된 모든 호스트를 표시하기 위한 브로드캐스트 주소(Broadcast Address)로 예약된 주소이다. 직접 브로드캐스트 주소를 목적지 주소로 하는 IP 데이터그램은 해당 주소의 망 식별자가 지정하는 하부망에 연결된 모든 호스트에 전달된다. 즉, 브로드캐스트 데이터그램이 인터넷을 통해 지정된 하부망을 연결하는 라우터에 도착하면, 해당 라우터는 해당 하부망에 연결된 모든 호스트에게 해당 데이터그램을 복사하여 전달한다. 해당 하부망이 물리적인 브로드캐스트 기능을 제공하면 이를 이용하여 데이터그램 복사본을 전달하고, 그렇지 않으면 모든 호스트에게 개별적인 복사본이 전달되어야 한다.
- **제한된 브로드캐스트(방송) 주소(Limited Broadcast Address)** : 망 식별자와 호스트 식별자의 모든 비트가 '1'인 주소는 현재 자신이 속한 하부망에 연결된 모든 호스트를 표시하기 위한 브로드캐스트 주소(Broadcast Address)로 예약된 주소이다. 제한된 브로드캐스트 주소를 목적지 주소로 하는 IP 데이터그램은 출발지 호스트가 속한 하부망에 연결된 모든 호스트에게만 전달된다. 따라서 해당 하부망에 연결된

라우터가 제한된 브로드캐스트 주소를 가진 데이터그램을 수신하면 이를 다음 하부망으로 전달하지 않고 폐기해야 한다. 제한된 브로드캐스트 주소는 아직 망 식별자를 모르는 상태에 있는 호스트가 서버로부터 특정 정보를 얻고자 할 때 등에 주로 사용된다.

♺ **소속망의 호스트 자신의 표시(This Host on This Network)** : 망 식별자와 호스트 식별자의 모든 비트가 '0'인 주소는 현재 자신이 속한 하부망에서 자기 자신을 표시하기 위한 주소이다. 이 주소는 자신의 인터넷 주소를 모르는 상태에서 특정 서버(예 : 부트스트랩 서버)와 통신하고자 할 때 IP 데이터그램에 출발지 주소로 사용된다.

♺ **소속망의 특정 호스트(Specific Host on This Network)** : 망 식별자의 모든 비트가 '0'인 주소는 현재 자신이 속한 하부망의 특정 호스트를 표시하기 위한 주소이다. 이 주소는 같은 하부망에 연결된 특정 호스트와 통신하고자 할 때 사용한다. 이 주소를 사용하는 데이터그램은 외부와 연결하는 라우터에 의해 차단되므로, 데이터그램의 외부 전달을 제한하는 방법중의 하나로 사용될 수 있다.

♺ **루프백 주소(Loopback Address)** : 첫 번째 바이트가 127인 인터넷 주소는 루프백(Loopback) 주소로 사용된다. 루프백 주소는 호스트 내에 설치된 프로그램을 테스트하기 위해 주로 사용된다. 이 주소를 사용하는 데이터그램은 호스트에 연결된 하부망 인터페이스를 통해 외부로 전달되지 않고 다시 되돌아 온다. 따라서 이 주소를 사용하여 단일 호스트내의 두 프로그램이 하부망 경유 없이 인터넷 데이터그램을 주고 받을 수 있다.

♺ **사설 인터넷 주소(Private Internet Address)** : 인터넷에 연결된 모든 호스트와 라우터는 공인된 주소 부여 기관으로부터 유일한 인터넷 주소를 부여 받는다. 그러나 인터넷에 연결될 필요가 없지만 TCP/IP를 사용하여 서로 통신하고자 할 때는 공인된 주소를 사용할 필요가 없다. 이 때 사용하는 주소를 사설 인터넷 주소라 한다. 공인된 인터넷 주소와의 분명한 구분을 위하여 각 기관이 사설 인터넷 주소로 사용할 수 있는 공간을 다음과 같이 제한하여 정의하고 있다.

- 클래스 A : 10.0.0
- 클래스 B : 172.16 ~ 172.31
- 클래스 C : 192.168.0 ~ 192.168.255

1.4.5 인터넷 주소 지정 원칙

라우터는 기본적으로 하부망과 하부망을 연결하는 장치이고, 하나의 라우터가 여러 개의 하부망을 연결할 수도 있다. 인터넷 주소 체계는 각각의 하부망은 개별적인 유일한 망 주소를 가지도록 요구한다. 따라서 두 개 이상의 하부망에 연결된 라우터는 당연히 두 개 이상의 인터넷 주소를 가져야 한다. 이는 인터넷 주소가 라우터의 하부망 연결 인터페이스 단위로 부여됨을 의미하고, 라우터에 연결된 특정 하부망을 통해 인터넷 통신을 하고자 하는 경우 해당 하부망 연결 인터페이스에 부여된 인터넷 주소를 사용해야 한다.

〈그림 1.8〉은 3개의 하부망을 연결하는 라우터에 대한 인터넷 주소 설정의 예를 보여주고 있다. 특정 호스트도 두 개 이상의 하부망에 직접 연결될 수도 있다. 이 경우 해당 호스트는 어떤 이유로 인해 특정 하부망을 통한 인터넷 통신이 불가능하여도, 다른 하부망을 통해 통신이 가능하므로 신뢰도가 향상된다. 이런 호스트를 다중 홈 호스트(Multi-homed Host)라 하다. 다중 홈 호스트는 라우터와 마찬가지로 하부망 연결 인터페이스당 별개의 인터넷 주소를 설정해야 한다.

그림 1.8 다중 IP 주소 장치

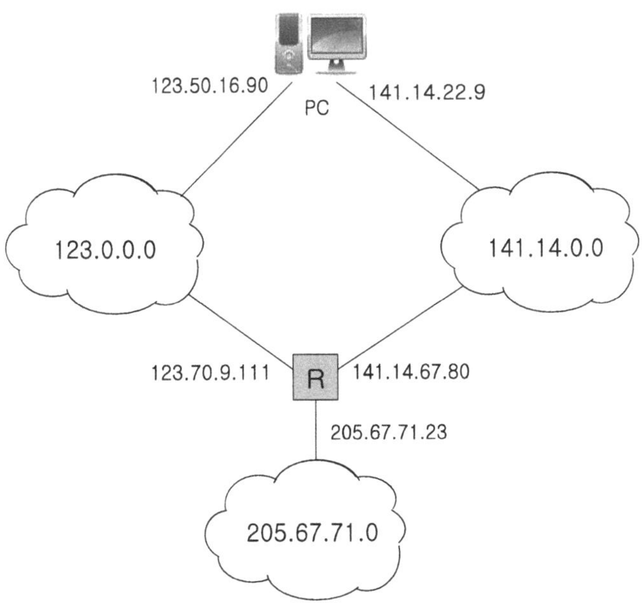

1.5 IP(Internet Protocol)

1.5.1 IP의 역할과 특징

인터넷 프로토콜, 즉 IP(Internet Protocol)는 인터넷을 구성하는 호스트와 라우터간의 기본 통신 프로토콜로써 출발지 호스트에서 목적지 호스트까지 인터넷 데이터의 전달을 책임진다. 인터넷을 통해 통신하는 모든 호스트는 IP에서 정의한 데이터 전송 단위 포맷인 IP 데이터그램 포맷으로 데이터를 송신하고 수신하며, 출발지 호스트와 목적지 호스트 간에 데이터를 전달하는 라우터도 특정 하부망을 통하여 IP 데이터그램을 수신하고 또 다른 하부망을 통하여 IP 데이터그램을 송신한다.

IP는 데이터그램 전송을 위해 사전에 경로 설정과 오류 제어나 흐름 제어를 위한 초기화 작업을 수행하는 연결 설정(Connection Establishment)을 하지 않는 비연결형 프로토콜(Connectionless Protocol)이다. 따라서 각각의 IP 데이터그램은 라우터들을 거쳐 목적지까지 전달되는 데에 필요한 모든 정보(주소 정보 등)를 가지고 상호간에 독립적으로 라우팅 되고 전달된다. IP의 비연결형 특성은 연결 설정에 따른 지연 시간을 피할 수 있게 하고, 상황에 따라 각각의 데이터그램이 전달 경로를 다르게 선택할 수 있게 하므로 유연한 데이터 전송을 가능하게 한다. 반면, 데이터그램들이 다른 경로를 통하여 전달될 수 있으므로 순서가 바뀌어 전달될 수 있고, 오류 제어와 흐름 제어 기능을 수행하지 않기 때문에 데이터그램이 전송 중에 손실되거나 훼손될 수 있다.

IP의 두 번째 특징은 홉-바이-홉(Hop-by-Hop) 통신이다. 홉(Hop)은 하부망의 데이터 링크(Data Link)를 추상화(Abstraction)한 개념으로 호스트와 라우터, 라우터와 라우터를 연결하는 논리적인 데이터 링크이다. IP는 하부망 독립적으로 정의되므로 실제로 하부망에서 어떤 데이터 링크를 사용하든 IP는 상관하지 않는다. 출발지 호스트와 목적지 호스트는 하나 이상의 홉으로 연결된다. 두 호스트가 단일 홉으로 연결된 경우는 두 호스트가 동일한 하부망에 연결되어 있음을 의미하고, 이 경우 두 호스트간의 데이터그램 전송은 라우터를 경유하지 않고 직접 이루어진다. 대부분의 경우 두 호스트간의 통신은 라우터로 연결되는 두 개 이상의 홉을 거치는 멀티-홉(Multi-Hop) 통신이다. 특정 호스트 또는 라우터의 IP는 다음 홉까지의 통신에 대해서만 책임을 진다. 즉, 특정 IP는 해당 홉에 연결된 다음 라우터 또는 호스트까지 데이터그램을 전달하는 책임만 가지고, 그 다음 홉 통신에 대해서는 해당 홉에 연결된 다음 라우터의 IP가 책임지게 한다. 이와 같이 한 홉씩 별도로 데

그림 1.9 Hop-by-Hop 통신

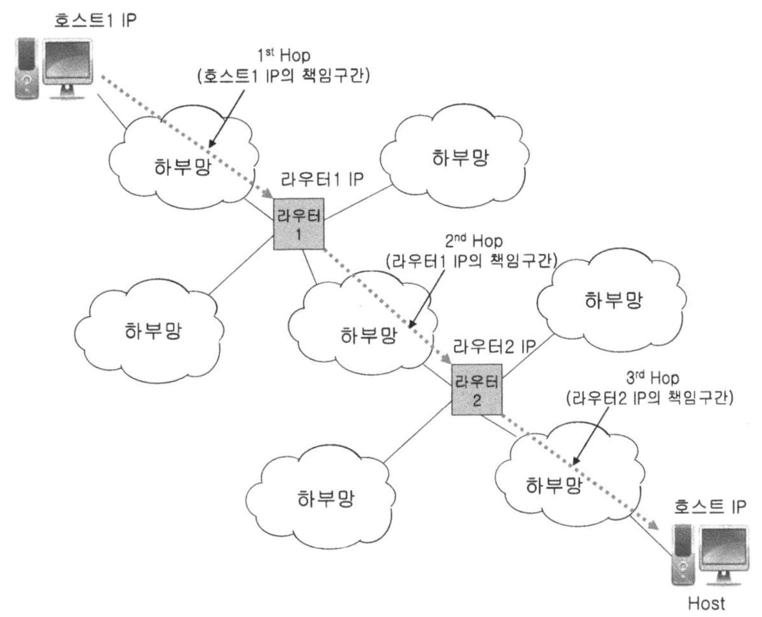

이터그램을 전송하는 방식을 홉-바이-홉(Hop-by-Hop) 통신이라 한다. IP의 Hop-by-Hop 통신 특성은 호스트 또는 라우터가 다음 홉으로 데이터그램을 전달하는 데에 필요한 라우팅 정보만 유지하게 하여 라우팅 테이블의 크기를 최소화할 수 있게 한다.

IP의 또 다른 중요한 특징 중의 하나는 데이터그램의 단편화(Fragmentation)와 재조립(Reassembly) 기능이다. IP 데이터그램은 어떤 하부망에서도 전달 가능해야 한다. 특정 하부망은 망의 특성에 맞는 데이터 전송 단위의 최대 크기(MTU-Maximum Transmission Uint)를 가진다. 예를 들면 이더넷 하부망의 경우 MTU는 1500 바이트 이다. 특정 하부망의 MTU 보다 큰 IP 데이터그램을 전송하기 위한 기능이 단편화와 재조립이다. IP의 단편화와 재조립 기능은 독립적인 IP 주소 체계, 독립적인 IP 데이터그램 포맷과 함께 IP가 하부망 독립적으로 동작하는 데에 중요한 역할을 담당한다.

1.5.2 IP 데이터그램

여기서는 IP의 데이터 전송 단위인 데이터그램의 포맷(형식)을 구체적으로 살펴보고자 한다. IP 데이터그램은 가변 길이 패킷으로 전송에 필요한 제어 정보를 담은 헤더(Header)와 실제로 전송할 데이터(Data) 부분으로 구성된다. 헤더는 반드시 포함되어야

그림 1.10 IP 데이터그램 포맷

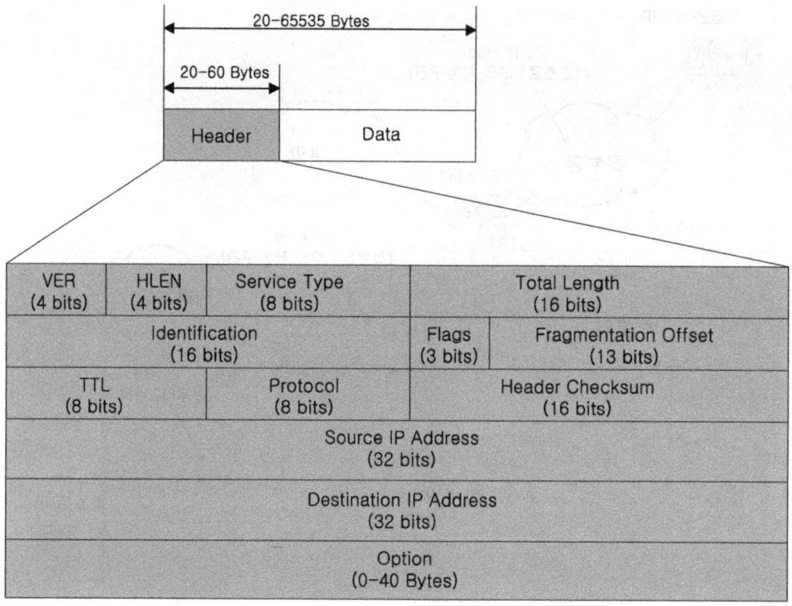

하는 필수 필드(Mandatory Fields)와 선택적으로 포함될 수 있는 선택 필드(Option Fields)로 구성되고, 필수 필드 부분은 20 바이트로 구성되고 선택 필드 부분은 최대 40바이트까지 구성될 수 있다. 헤더와 데이터 부분을 포함한 IP 데이터그램의 최대 크기는 65535 바이트이다. 각 필드에 대한 설명은 다음과 같다.

1) **버전(VER)** : 4 비트로 구성되는 버전 필드는 IP의 현재 버전을 나타낸다. 현재 버전 값은 4이다. 향후 IPv6가 채택되는 호스트나 라우터에서는 이 값이 6으로 대치될 것이다. 이 경우 데이터그램의 버전 필드의 값을 해석하여 IPv4 데이터그램인지 아니면 IPv6 데이터그램인지 확인하고, 각각의 버전에 따라 데이터그램의 포맷을 적절하게 해석하여야 한다.

2) **헤더 길이(HLEN)** : 4 비트로 구성되는 헤더 길이 필드는 IP 데이터그램 헤더의 전체 길이를 4 바이트 단위로 나타낸다. 따라서 헤더 부분에 선택 필드 부분이 없으면 헤더 길이가 20 바이트이므로 이 필드 값은 5(5×4 = 20)가 되고, 선택 부분이 모두 포함되어 헤더 전체 길이가 60 바이트이면 이 필드 값은 15(15×4 = 60)가 된다. 가변 길이의 선택 필드 부분으로 인하여 전체 헤더 길이가 가변적이기 때문이 이 필드가 필요하다.

3) **서비스 유형(Service Type)** : 8 비트로 구성되는 이 필드는 데이터그램이 라우터에 의해 어떻게 처리되어야 하는 지를 지시하기 위해 사용된다. 이 필드는 3 비트의 우선 순위(Precedence) 부분과 4 비트의 서비스 유형(TOS - Type Of Service) 부분으로 다시 구분되어 정의되고, 마지막 1 비트는 사용되지 않는다. 우선 순위 필드는 데이터그램의 처리 우선 순위를 지정한다. 예를 들어 라우터에 혼잡 상황(Congestion Condition)이 발생하여 데이터그램을 폐기하여야 하는 경우 우선 순위가 낮은 데이터그램을 먼저 폐기하게 지시할 수 있다. 그러나 현 IPv4에서는 이 우선 순위 필드를 사용하지 않고 있다. 서비스 유형 필드는 IP에 대하여 요구하는 서비스 유형을 지정하기 위한 것으로써, 비용 최소화(Minimize Cost - '0001') 서비스, 신뢰성 최대화(Maximize Reliability - '0010') 서비스, 처리율 최대화(Maximize Throughput - '0100') 서비스, 지연 시간 최소화(Minimize Delay - '1000') 서비스 유형, 그리고 정상(Normal or Defualt - '0000') 서비스 유형으로 구분한다. 라우터는 서비스 유형 값에 적합한 서비스를 제공할 수 있는 최적의 다음 라우터를 선택하여 데이터그램을 전송한다.

4) **전체 길이(Total Length)** : 전체 길이 필드는 16 비트로 구성되고 헤더와 데이터를 포함하는 데이터그램의 전체 길이를 나타내고, 최대 길이 값은 65535(2^{16} - 1)이다.

5) **식별자(Identification)** : 16 비트 크기의 식별자 필드는 출발지 호스트에서 전송되는 데이터그램을 유일하게 구분하기 위해 사용된다. 목적지 호스트측에서 보면 출발지 호스트의 IP주소와 식별자를 통해 모든 데이터그램을 유일하게 구별하여 식별할 수 있다. 데이터그램이 호스트나 라우터에서 단편화될 때 식별자 필드의 값은 모든 단편화된 데이터그램에 동일하게 복사되어, 목적지에서 단편화된 데이터그램들을 재조립하여 원래의 데이터그램을 복원할 수 있게 한다.

6) **플래그(Flag)** : 3 비트로 구성되는 플래그 필드중 현재 첫번째 비트는 사용되지 않고 있으며, 2번째 비트는 'Do Not Fragment' 비트로써 이 비트가 '1'로 설정되면 단편화 금지를 지시한다. 따라서 단편화 금지가 설정된 데이터그램이 MTU 크기가 작은 하부망을 통과해야 하는 경우, 해당 데이터그램은 단편화될 수 없어 폐기되고 ICMP를 통하여 오류 메시지를 출발지 호스트로 전달한다. 3번째 비트는 'More Fragment' 비트로써 이 값이 '1'로 설정되어 있으면 해당 데이터그램은 단편화된 데이터그램이고 마지막 단편이 아니라는 것을 알려준다. 즉, 다음에 또 다른 단편화된 데이터그램이 존재한다는 것을 알려준다.

7) **단편화 옵셋(Fragmentation Offset)** : 13 비트로 구성되는 이 필드는 원래의 데이터그램내에서 단편화된 데이터그램의 상대적 위치를 나타내기 위해 사용되고 8 바이트 단위로 값을 표시한다.

8) **수명(TTL)** : 이 필드는 데이터그램이 지나치게 장시간 또는 무한정 인터넷을 떠돌아 다님으로써 인터넷에 부하를 유발하는 문제를 해결하기 위해 사용된다. 특정 데이터그램의 수명은 이 필드에 해당 데이터그램이 통과할 수 있는 최대 홉수를 지정함으로써 제한된다. 데이터그램을 처리하는 각 라우터는 이 필드의 값을 1씩 감소시킨다. 만약 감소 후 값이 0이되면 수명을 다한 데이터그램으로 간주하여 데이터그램을 폐기한다.

9) **프로토콜(Protocol)** : 8 비트로 구성되는 프로토콜 필드는 IP를 사용하여 데이터를 전송하는 상위 계층 프로토콜을 표시한다. TCP(6), UDP(17), ICMP(1), IGMP(2) 등이 대표적인 예이다. 예를 들어 이 필드의 값이 6으로 표시되어 있으면 최종 목적지 호스트는 수신한 데이터그램을 TCP로 전달한다. 따라서 이 필드는 IP 데이터그램이 전달되어야 할 최종 프로토콜을 나타낸다.

10) **옵션(Options)** : 현재 IPv4에서 사용할 수 있는 옵션은 무 연산(No Operation), 옵션 종료(End of Option), 경로 기록(Record Route), 엄격한 출발지 경로(Strict Source Route), 느슨한 출발지 경로(Loose Source Route), 타임 스탬프(Time Stamp) 옵션 등 6 가지만 정의되어 있다. 각 옵션에 대한 자세한 설명은 생략한다.

11) **헤더 첵섬(Header Checksum)** : 16 비트 헤더 첵섬 필드는 수신 측에서 IP 데이터그램 헤더의 오류를 검출할 수 있도록 송신자에 의해 데이터그램에 추가되는 정보이다. 첵섬은 헤더 전체를 16 비트 단위의 여러 조각으로 나누고, 나누어진 모든 조각을 1의 보수 연산을 통해 더하여 합을 구한 다음, 합에 대한 1의 보수 값을 구한 결과이다. 수신 측에서는 수신된 데이터그램을 16 비트 단위로 나누어 여러 조각으로 나눈 다음 전체 합에 대한 1의 보수를 구한다. 1의 보수 연산의 정의에 의하여 이 값이 0이면 원래의 데이터그램이 오류 없이 정상적으로 전달된 것을 의미하므로 받아 들이고, 그렇지 않으면 전송 중에 데이터그램에 오류가 발생한 것을 의미하므로 해당 데이터그램을 폐기한다.

12) **출발지 IP 주소(Source IP Address)** : 이 필드는 데이터그램을 전송한 출발지 호스트의 32 비트 IP 주소를 담고 있는 필드이다. 이 주소는 목적지 호스트 또는 중간의 라우터가 해당 데이터그램의 출발지 호스트를 구분할 수 있게 하고, 응답 메시지, 오류 메시지, 또는 상태 정보 메시지를 출발지 호스트에게 전송할 수 있게 한다.

13) **목적지 IP 주소(Destination IP Address)** : 이 필드는 데이터그램의 최종 목적지 호스트의 32 비트 IP 주소를 담고 있는 필드로써, 라우터는 이 주소 정보를 이용하여 경로를 선택한다.

1.5.3 단편화와 재조립

호스트나 라우터의 IP가 데이터그램을 처리할 때 먼저 해당 데이터그램이 전달되어야 하는 다음 홉을 선택하고 다음 홉을 구성하는 하부망을 통하여 IP 데이터그램을 전송한다. 그러나 특정 하부망은 IP 데이터그램의 포맷을 이해하지 못하고 주소 체계 또한 이해하지 못한다. 하부망은 단지 IP 데이터그램을 자신의 데이터 전송 단위인 프레임으로 전달되는 데이터로 간주하고, 이를 프레임의 데이터 필드에 포함시켜 해당 홉에 연결된 라우터 또는 호스트로 전달한다. 하부망의 프레임 형식은 하부망에 따라 다르고 프레임의 데이터 필드의 크기 또한 하부망에 따라 다르다. 특정 하부망 프레임의 데이터 필드의 최대 크기를 MTU(Maximum Transmission Unit)라 하고, 하부망의 MTU에 맞게 데이터그램의 크기를 나누어 여러 개의 데이터그램으로 만드는 작업을 단편화(Fragmentation)이라 한다.

그림 1.11 단편화의 원리와 예

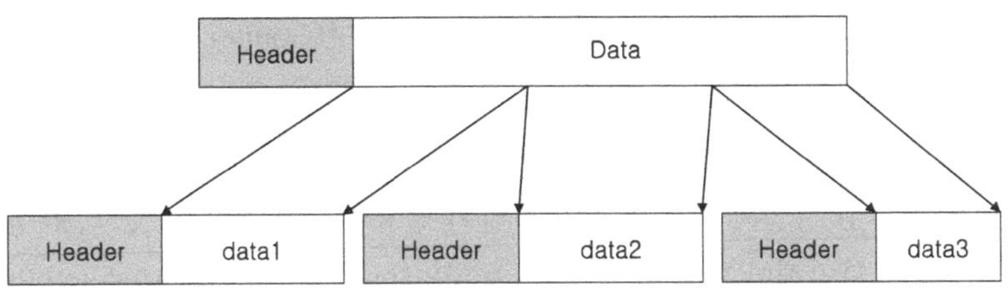

(a) 단편화의 원리

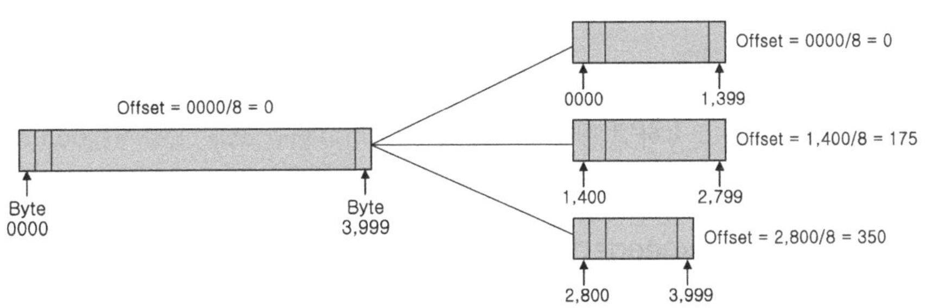

(b) 단편화의 예(MTU=1400)

단편화된 데이터그램도 인터넷에서 독립적으로 전달되는 독립된 데이터그램이다. 따라서 단편화된 각각의 데이터그램의 헤더 정보는 원래의 데이터그램의 헤더 정보를 그대로 복사한 다음 단편화와 관련된 필드와 헤더 첵섬 정보만 수정하여 만들어 진다. 단지 원래 데이터그램의 데이터 필드는 단편화된 각각의 데이터그램의 데이터 필드로 나누어진다. 〈그림 1.11〉의 (a)는 이와 같은 단편화의 원리를 보여주고 있고, (b)는 MTU가 1,400 바이트일 때 데이터의 크기가 4,000인 데이터그램의 단편화 예를 보여주고 있다. 원래의 데이터그램은 3 개의 단편화된 데이터그램으로 나누어지고, 첫 번째 단편화된 데이터그램에 0부터 1,399번째의 데이터 바이트가 포함되므로 단편화 옵셋 값은 0(0/8)이 되고, 두 번째 단편화된 데이터그램에 1,400 ~ 2,799번째 데이터 바이트가 포함되어 옵셋 값은 175 (1,400 / 8), 그리고 마지막 단편화된 데이터그램에 2,800부터 3,999 번째 데이터 바이트가 포함되어 옵셋 값은 350(2,800 / 8)이 될 것이다. 그리고 첫 번째와 두 번째 단편화된 데이터그램의 'More Fragment' 비트는 '1'로 설정되고, 세 번째 단편화된 데이터그램의 'More Fragment' 비트는 '0'으로 설정되어 단편화된 데이터그램의 마지막임을 표시한다.

1.6 ICMP

IP는 유연하고 신속한 데이터 전송을 위해 비연결형(Connectionless) 데이터그램(Datagram) 교환 방식의 최선형(Best-Effort) 서비스를 제공할 뿐, 오류 발생에 따른 보고나 라우터 또는 호스트의 상태에 대한 질의 등의 서비스를 제공하지 않는다. 그러나 인터넷 통신에서 오류 발생 사실의 확인과 원인 파악이 필요한 경우가 많이 있고, 특정 라우터나 호스트의 상태를 파악해야 할 필요도 있다. ICMP(Internet Control Message Protocol)는 IP의 이러한 문제점을 보완하기 위해 개발된 프로토콜이다. ICMP는 다음과 같은 오류 메시지를 포함한다.

- **소스 억제(Source Quench) 메시지** : 라우터의 가용 버퍼가 넘칠 정도로 많은 양의 데이터그램이 도착하면 해당 라우터는 데이터그램을 보낸 출발지(Source) 호스트에게 소스 억제 메시지를 보내 데이터그램 전송율을 낮추도록 요구한다.
- **시간 초과(Time Exceeded) 메시지** : 시간 초과 메시지는 다음과 같은 두 가지 경우에 보내진다. 첫째, TTL 값이 0이 될 때 라우터는 해당 데이터그램을 전송한 호스트에게 시간 초과 메시지를 보낸다. 두번째, 재조립 타이머가 종료될 때까지 단편화

된 데이터그램들이 모두 도착하지 않으면 호스트는 해당 데이터그램을 전송한 출발지 호스트에게 시간 초과 메시지를 보낸다.

- **목적지 도착 불가능(Destination Unreachable) 메시지** : 라우터나 호스트가 특정 데이터그램을 목적지에 전달할 수 없으면 도착하지 못하는 목적지에 대한 구분 정보를 포함하는 목적지 도착 불가능 메시지를 출발지 호스트에게 전달한다. 도착할 수 없는 목적지 구분은 "목적지 네트워크에 도착할 수 없음", "목적지 호스트에 도착할 수 없음", "목적지 포트에 도착할 수 없음", "목적지 네트워크를 찾을 수 없음", "목적지 호스트를 찾을 수 없음", "단편화 필요" 등으로 이루어진다.
- **방향 재지정(Redirect) 메시지** : 호스트가 전송한 데이터그램을 수신한 라우터가 더 좋은 경로를 알고 있는 경우 해당 라우터는 방향 재지정 메시지를 통해 호스트로 하여금 다른 라우터를 향해 데이터그램을 전송하도록 유도할 수 있다. 즉, 호스트가 더 좋은 경로를 선택할 수 있게 한다.
- **매개변수 문제(Parameter Problem) 메시지** : 데이터그램의 헤더의 매개변수에 문제가 있음을 알려준다.

그리고 ICMP는 다음과 같은 질의 메시지를 포함한다.

- **에코 요청과 응답(Echo Request and Reply)** : 에코 요청 메시지는 호스트나 라우터에 의해 보내질 수 있으며, 에코 요청 메시지를 받은 호스트나 라우터는 에코 응답 메시지를 보낸다. 에코 요청과 응답 메시지는 네트워크 관리자가 두 지점간 IP 프로토콜의 동작 상태를 검사하기 위해 사용될 수 있다.
- **주소 마스크 요청과 응답(Address Mask Request and Reply)** : 호스트가 자신의 IP 주소에 대한 서브넷마스크를 알지 못할 경우 해당 호스트는 같은 하부망상의 라우터에게 주소 마스크 요청 메시지를 직접 또는 방송(Broadcast)을 통해 보낼 수 있다. 주소 마스크 요청 메시지를 받은 라우터는 주소 마스크 응답 메시지를 통해 서브넷마스크 정보를 제공한다.
- **타임스탬프 요청과 응답(Timestamp Request and Reply)** : 타임스탬프 요청과 응답 메시지를 통하여 두 시스템간 데이터그램 왕복에 걸리는 시간을 측정할 수 있다. 그리고 이 메시지를 이용하여 두 시스템의 시계를 동기화시킬 수 있다.

♻ **라우터 요청과 광고(Router Request and Advertisement)** : 호스트가 같은 하부망상의 라우터에 관한 정보를 얻기 위해 라우터 요청 메시지를 방송하고, 라우터 요청 방송 메시지를 받은 라우터는 라우터 광고 메시지를 사용하여 자신의 주소 정보를 전송한다. 라우터는 요청 메시지를 받지 않더라도 주기적으로 광고 메시지를 보낼 수 있다.

1.7 멀티캐스팅과 IGMP

1.7.1 멀티캐스팅

인터넷상에서 오디오/비디오 방송과 멀티미디어 회의 등과 같은 다자간 통신 응용들이 활성화됨에 따라 하나의 송신자와 다수의 수신자간 데이터그램 전송 방식인 멀티캐스트(Multicast) 전송의 효율적인 실현이 중요하게 대두되고 있다. 가장 간단한 멀티캐스트 전송 모델은 〈그림 1.12〉의 (a)와 같이 송신자가 모든 수신자에게 동일한 데이터그램을 반복해서 전송하는 방식이다. 이 방식은 간단한 대신 인터넷 방송과 같이 수신자의 수가 많은 경우에 인터넷으로 전송되는 데이터그램의 수가 많아져 전체 인터넷의 성능을 저하시킨다.

두번째 응용 레벨 멀티캐스트 전송 방식으로써, 송신자가 모든 수신자에게 동일한 데이터그램을 전송하는 대신 일부 수신자에게만 데이터그램을 전송하고, 멀티캐스트 데이터그램을 수신한 수신자의 응용 프로그램이 인접한 수신자들에게 데이터그램을 전송하는 방식이다. 각각의 데이터그램은 유니캐스트 방식으로 전송된다. 이 경우에도 다수의 데이터그램 복사본이 인터넷으로 전송되는 것을 피할 수 없다.

세번째 네트워크 레벨 멀티캐스트 전송 모델은 라우터가 멀티캐스트 데이터그램 전송을 지원하는 방식으로써, 송신자는 하나의 멀티캐스트 데이터그램을 전송하고 멀티캐스트 전송에 참여하는 라우터가 여러 수신자로 향하는 출력 링크로 데이터그램을 복사하여 전송한다. 네트워크 레벨 멀티캐스트 전송 모델에서는 멀티캐스트 데이터그램이 수신자로 향하는 링크를 한번만 통과하기 때문에 네트워크 대역폭을 효율적으로 사용한다. 인터넷에서 멀티캐스트 전송이라 함은 세번째의 네트워크 레벨 멀티캐스트 전송 모델을 의미한다.

멀티캐스팅에서 두 가지 중요한 문제는 멀티캐스트 주소 지정 문제와 멀티캐스트 라우팅 문제이다. 멀티캐스트 주소 지정 방식은 직접(Direct) 주소 지정 방식과 간접(Indirect) 주소 지정 방식이 있다. 직접 주소 지정 방식은 멀티캐스트 데이터그램에 모든 수신자의

그림 1.12 멀티캐스트 전송 모델

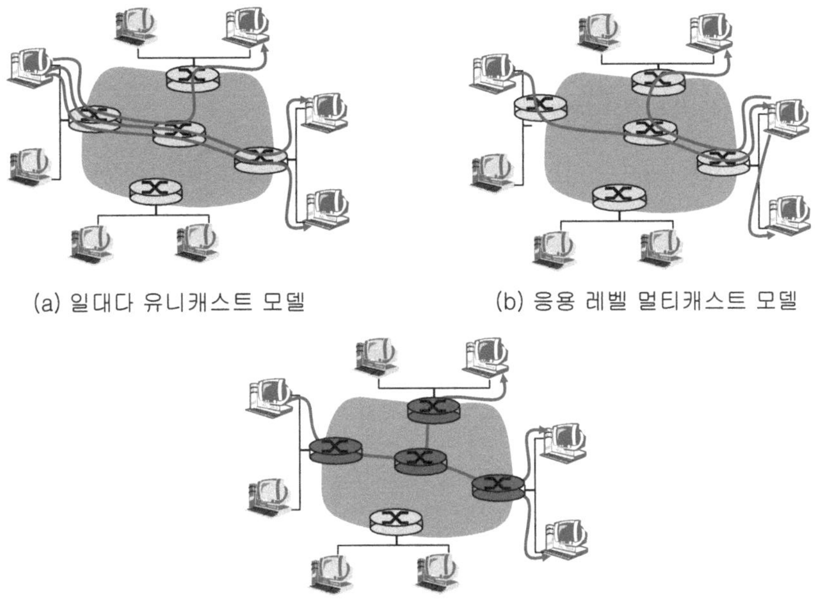

(a) 일대다 유니캐스트 모델 (b) 응용 레벨 멀티캐스트 모델

(c) 네트워크 레벨 멀티캐스트 모델

주소 리스트를 지정하는 방식이다. 이 방식은 별도의 멀티캐스트 주소 메커니즘이 없이 기존의 유니캐스트 주소를 그대로 쓸 수 있는 이점이 있는 반면, 수신자 수가 많아지면 데이터그램에 포함되는 주소 정보의 양이 많아지는 문제가 있다. 예를 들어 100만명의 수신자를 가지는 인터넷 방송의 경우 데이터그램에 100만개의 주소를 포함시킨다는 것은 현실적으로 불가능하다. 간접 주소 지정 방식은 하나의 멀티캐스트 주소가 전체 수신자 그룹을지시하게 하고, 멀티캐스트 주소로 전송된 데이터그램이 해당 멀티캐스트 주소가 지시하는 그룹내의 모든 수신자에게 전달되도록 한다. 그룹내의 각 수신자는 개별적인 유니캐스트 주소를 가진다. 인터넷은 간접 주소 지정 방식을 사용하고, 멀티캐스트 주소는 클래스 D 주소를 사용한다. <그림 1.13>은 인터넷의 멀티캐스트 서비스 모델을 보여주고 있다.

간접 주소 지정 방식을 사용하는 경우에는 멀티캐스트 그룹을 관리하는 메커니즘이 존재해야 한다. 멀티캐스트 그룹 관리 메커니즘은 어떤 호스트가 어떤 그룹에 가입하거나 탈퇴하고 특정 그룹에 속한 호스트의 존재 여부를 확인하는 기능 등이 포함된다. 인터넷의 멀티캐스트 그룹 관리 메커니즘은 IGMP(Internet Group Management Protocol)에 의해 실현된다.

그림 1.13 인터넷 멀티캐스트 서비스 모델

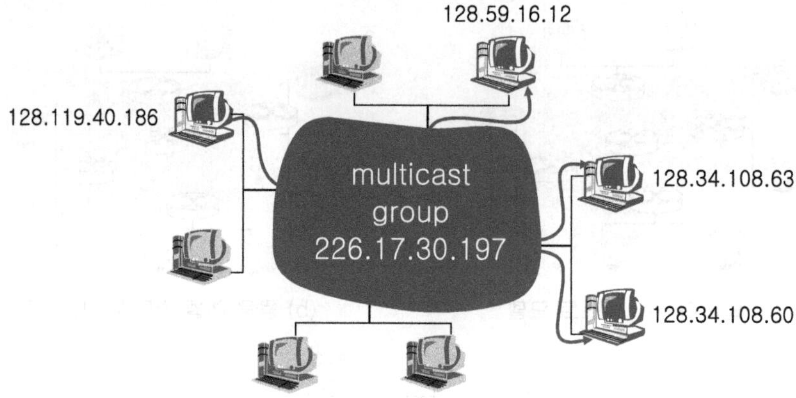

1.7.2 IGMP

IGMP는 〈그림 1.14〉에서 보는 바와 같이 호스트와 호스트가 연결된 로컬 라우터(Local Router) 사이에서 동작한다. IGMP는 호스트가 보고(Report) 메시지를 통해 다양한 멀티캐스트 그룹에 가입(Join)하고 탈퇴(Leave)할 수 있게 하며, 로컬 라우터가 질의(Query) 메시지를 통해 그룹 멤버쉽을 모니터링 할 수 있게 한다. 멀티캐스트 라우터는 적어도 한 개의 멤버가 있는 그룹의 멀티캐스트 주소 목록을 가지고 있다. 멀티캐스트 라우터가 이 목록 중의 하나와 부합되는 멀티캐스트 주소를 목적지 주소로 가지는 데이터그램을 수신하면, IP 멀티캐스트 주소는 하부망의 멀티캐스트 주소로 변환되고 해당 데이터그램은 하부망을 통해 멀티캐스팅된다. 하부망이 멀티캐스팅을 지원하지 않는 경우에는 유니캐스팅으로 전송된다.

특정 멀티캐스트 그룹에 가입하고자 하는 호스트는 해당 그룹을 지시하는 멀티캐스트 주소를 가지는 보고(Report) 메시지를 로컬 라우터에게 보낸다. 보고 메시지를 수신한 라우터는 자신의 멀티캐스트 주소 목록에 해당 호스트의 보고 메시지의 멀티캐스트 주소가 없으면 이 주소를 목록에 추가한다. 멀티캐스트 라우터는 하부망내의 호스트들이 멀티캐스트 그룹 멤버쉽을 유지하고 있는 지 주기적으로 질의(Query) 메시지를 통해 확인한다. 질의 메시지는 모든 그룹을 대상으로 하는 일반(General) 유형과 특정 그룹을 지정하는 특정(Specific) 유형이 있다. 질의 메시지를 받은 호스트는 보고 메시지를 통해 특정 그룹에 참여하고 있음을 라우터에게 보고한다. 라우터는 특정 멀티캐스트 그룹에 속하는 호스트의 유무만을 확인하고 어떤 호스트가 어떤 그룹에 속하고 있는 지는 확인하지 않는다.

그림 1.14 IGMP 동작 범위와 메시지 유형

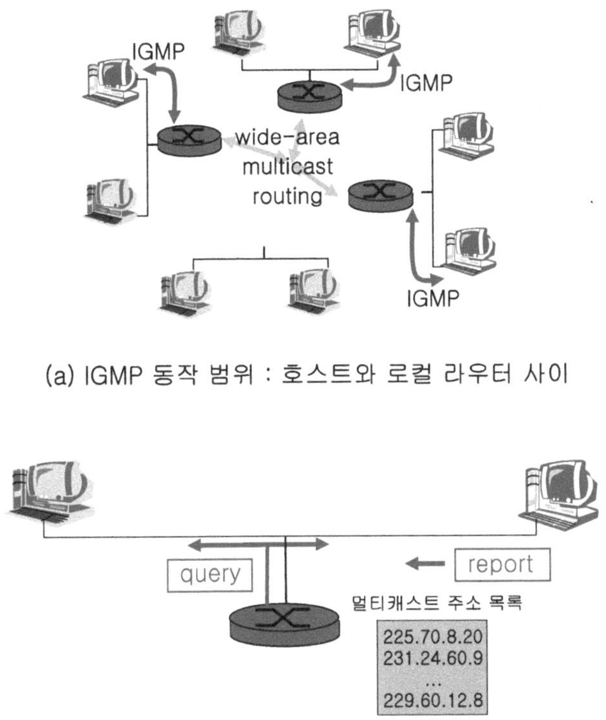

(b) IGMP 질의(Query)와 보고(Report)

만약 특정 그룹에 대한 라우터의 질의에 대해 일정 시간내에 보고하는 호스트가 하나도 없으면 해당 멀티캐스트 주소는 멀티캐스트 주소 목록에서 삭제될 것이다. 특정 그룹에서 탈퇴하고자 하는 호스트는 라우터의 멤버쉽 확인 질의 메시지에 대해 보고 메시지를 보내지 않음으로써 탈퇴할 수 있다.

IGMP의 동작 범위가 호스트와 로컬 멀티캐스트 라우터로 한정되기 때문에 IGMP는 전체 인터넷에서 멀티캐스트 호스트가 연결된 멀티캐스트 라우터들의 상황에 대한 정보와 이들간의 멀티캐스트 기능을 제공하지 않는다. 특정 멀티캐스트 그룹과 연계된 멀티캐스트 라우터들간의 데이터그램 멀티캐스팅은 멀티캐스트 라우팅 프로토콜(Multicast Routing Protocol)을 통해 실현된다. 따라서 인터넷에서의 멀티캐스팅는 IGMP와 멀티캐스트 라우팅 프로토콜의 조합을 통해 실현됨을 알 수 있다.

1.8 TCP

1.8.1 TCP역할과 동작 원리

〈그림 1.15〉의 클라이언트-서버 통신에서 TCP의 역할을 보여주고 있다. TCP는 IP가 제공하는 클라이언트 호스트와 서버 호스트간의 비신뢰적인 데이터그램 전송 서비스를 사용하여 클라이언트 응용 프로세스와 서버 응용 프로세스간에 신뢰적인 데이터 스트림 전송 서비스를 제공한다.

데이터 스트림은 일정한 단위의 데이터의 연속을 의미하고 TCP에서 스트림의 데이터 단위는 바이트(Byte)이다. 파일 전송, 전자우편, 웹 서비스 등 많은 인터넷 응용들은 크기가 큰 정보의 효과적인 교환을 요구한다. 따라서 IP가 제공하는 최대 크기가 64K 바이트인 데이터그램 단위의 독립적인 데이터 전송 서비스를 이용할 경우 응용 프로세스가 데이터그램의 순서를 유지하기 위한 모든 기능을 수행해야 한다. TCP는 크기가 큰 응용 데이터를

그림 1.15 TCP의 역할

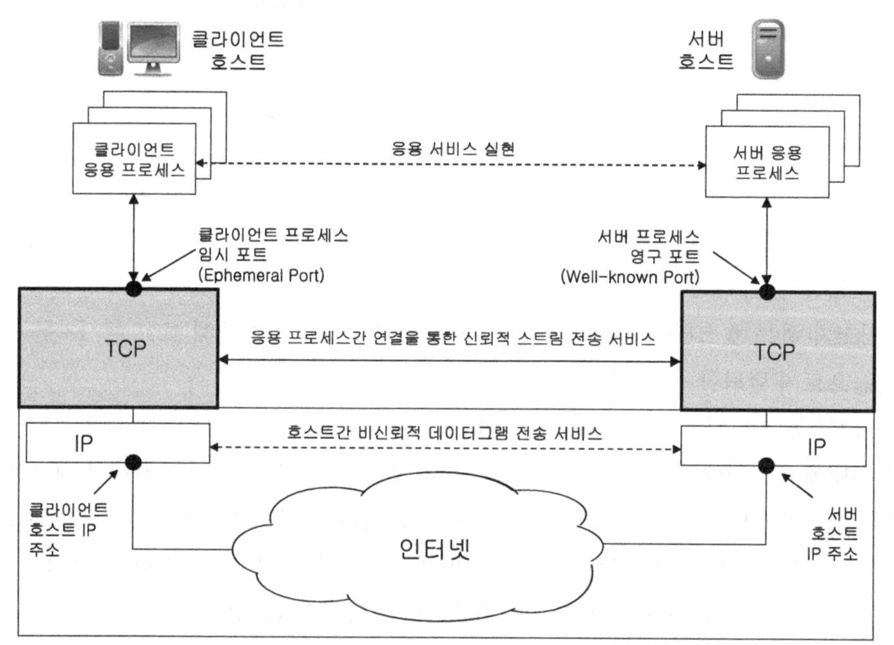

IP를 통해 전송할 수 있는 작은 단위로 나누고 각 단위 마다 순서 번호(Sequence Number)을 부여함으로써 스트림 형태의 데이터 전송 서비스를 제공한다. TCP의 스트림 전송 서비스는 응용 프로세스간 크기가 큰 데이터 전송에 적합하다.

응용 프로세스간 스트림 형태로 데이터를 전송하기 위해서는 데이터 스트림의 시작과 끝을 분명하게 표시할 수 있는 메커니즘이 필요하고, 특정 응용 프로세스간 교환되는 데이터 스트림을 다른 프로세스간 교환되는 데이터 스트림과 구분할 수 있어야 한다. TCP는 클라이언트 프로세스가 서버 프로세스와 연결(Connection)을 설정함으로써 구별 가능한 데이터 스트림 전송을 시작할 수 있게 하고, 설정된 연결을 해제함으로써 데이터 스트림 전송을 종료시킬 수 있게 한다. TCP 연결의 설정과 종료는 특수한 제어 메시지(세그먼트)를 교환함으로써 실현된다.

응용 프로세스간 데이터 스트림 전송에서 발생할 수 있는 오류는 전송 링크상의 잡음 등으로 인해 데이터의 일부 비트에 손상이 생기는 데이터 훼손, 혼잡한 인터넷 라우터 또는 수신 호스트의 버퍼 오버 플로우(Overflow) 등으로 인한 전체 데이터그램 분실로 발생하는 데이터 손실, 데이터그램 전달 경로 차이로 인해 발생하는 데이터 도착 순서 뒤바뀜, 오류 복구를 위한 재전송 과정에서 발생하는 데이터의 중복 전달, 그리고 인터넷 혼잡 등으로 인한 지나친 지연 시간 등으로 나눌 수 있다. TCP는 설정된 연결을 통해 전송하는 데이터 스트림에 대해 모든 종류의 오류를 탐지하고 복구함으로써 오류가 전혀 없는 신뢰적인 데이터 전송 서비스를 제공한다.

TCP의 오류 탐지는 첵섬(Checksum)과 순서 번호(Sequence Number) 확인을 통해 이루어지고, 오류의 복구는 재전송(Retransmission)을 통해 이루어진다. 그리고 수신자의 버퍼 오버플로우로 인해 발생하는 데이터 손실을 방지하기 위해 수신자가 송신자로 하여금 데이터 전송 속도를 조절할 수 있게 하는 흐름 제어(Flow Control) 서비스를 제공하고, 데이터 전송 경로 상의 라우터들의 버퍼 오버플로우로 인한 데이터 손실을 방지하기 위해 혼잡 제어(Congestion) 서비스를 제공한다. 이러한 신뢰적인 데이터 전송을 위한 모든 기능은 클라이언트 TCP와 서버 TCP의 내부에서 이루어지고 응용 프로세스는 단지 설정된 연결을 통해 데이터를 쓰고 읽기만 하면 된다.

1.8.2 연결 설정 모델

TCP 연결은 논리적 의미의 연결로써 특정 응용 프로세스간 교환되는 정보를 다른 응용 프로세스간 교환되는 정보와 구분할 수 있는 메커니즘이다. 응용 프로세스간의 TCP 연결은 클라이언트 호스트내에서 클라이언트 프로세스를 유일하게 지정하는 클라이언트 TCP 포트 번호와 인터넷상에서 클라이언트 호스트를 유일하게 지정하는 클라이언트 IP 주소,

그리고 서버 호스트내에서 서버 프로세스를 유일하게 지정하는 서버 TCP 포트 번호와 인터넷상에서 서버 호스트를 유일하게 지정하는 서버 IP 주소를 지정함으로써 설정 가능하다. 즉, TCP 연결은 {클라이언트 IP 주소, 클라이언트 포트 번호, 서버 IP 주소, 서버 포트 번호}의 조합으로 식별된다.

클라이언트 프로세스의 통신 통로를 클라이언트 소켓(Client Socket)이라 하고, 클라이언트 소켓 주소는 클라이언트 프로세스를 유일하게 구분하는 {클라이언트 IP 주소, 클라이언트 TCP 포트 번호} 조합으로 구성된다. 클라이언트 TCP 포트 번호는 연결 설정 시에 TCP에 의해 동적으로 유일하게 부여된다. 따라서 클라이언트 소켓 주소는 클라이언트 연결 소켓 주소와 동일하고 따라서 클라이언트 소켓은 연결 설정 시에 생성되는 클라이언트 연결 소켓과 동일한 것으로 간주된다.

서버 프로세스의 통신 통로를 서버 소켓(Server Socket)이라 하고, 서버 소켓 주소는 서버 프로세스를 유일하게 구분하는 {서버 IP 주소, 서버 포트 번호} 조합으로 구성된다. 서버 TCP 포트 번호는 잘 알려진(Well-known) 번호로 영구적으로 사전에 부여된다. 따라서 서버 프로세스와 통신하고자 하는 모든 클라이언트 프로세스는 동일한 서버 소켓 주소로 지정되는 서버 소켓을 사용한다. 각 클라이언트는 서버 소켓 주소를 사용하여 TCP 연결 설정 메시지를 서버 프로세스에게 전달한다. 서버 프로세스는 연결 설정 요청 메시지를 수신할 수 있도록 서버 소켓 열고 기다린다. 서버 프로세스가 서버 소켓으로부터 연결 설정 요청 메시지를 수신하면 TCP 연결이 설정되고 TCP 연결을 통한 통신 통로로써 서버 연결 소켓(Server Connection Socket)을 생성한다. 서버 연결 소켓은 각 클라이언트 프로세스와의 TCP 연결 단위로 구분되어 식별되어야 하므로 서버 소켓 주소를 사용할 수 없다. 서버 연결 소켓 주소는 {클라이언트 IP 주소, 클라이언트 포트 번호, 서버 IP 주소, 서버 포트 번호} 조합으로 구성된다.

따라서 〈그림 1.16〉에서 보는 바와 같이 TCP 연결은 클라이언트 TCP 소켓과 서버 TCP 연결 소켓의 조합으로 구성된다. 그리고 TCP 연결을 통한 클라이언트-서버 응용간의 데이터 전송은 연결 소켓에 대한 데이터의 읽기와 쓰기 동작으로 실현된다. 소켓으로 전송한 데이터는 목적지 포트 번호와 출발지 포트 번호를 포함하는 TCP 세그먼트 헤더와 함께 전달되고, 목적지 IP 주소와 출발지 IP 주소를 포함하는 IP 데이터그램에 캡슐화되어 전달되기 때문에 언제나 TCP 연결 단위로 구별되어 처리가 가능해진다.

TCP의 연결 설정 서비스는 클라이언트 응용 프로세스에 의해 능동적으로 개방(Open)되고 서버 응용 프로세스에 의해 수동적으로 개방된다. 즉 클라이언트 응용 프로세스는 자신의 TCP에게 특정 서버 프로세스로의 연결 설정을 직접 요청하고(Active Open), 서버

그림 1.16 TCP 연결 모델

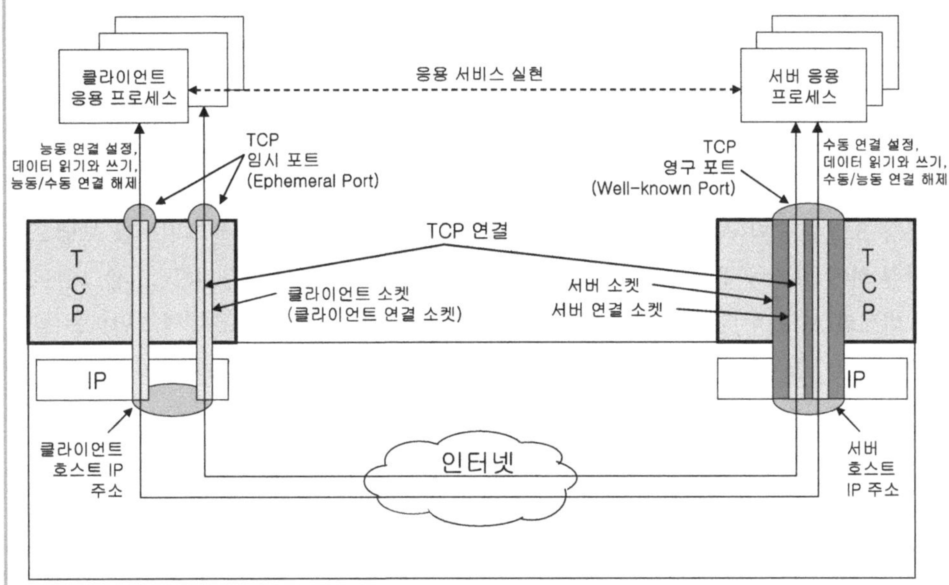

응용 프로세스는 자신의 TCP에게 연결 설정 준비가 완료되었음을 알리고 클라이언트로부터 연결 설정 요청을 기다린다(Passive Open). 클라이언트 프로세스는 자신의 TCP에게 서버 프로세스가 탑재된 서버 호스트의 IP 주소와 TCP 포트 번호(서버 소켓 주소)를 지정함으로써 특정 서버 프로세스와의 연결 설정을 요청한다. 지정된 서버 TCP 포트 번호는 서버 TCP가 특정 서버 응용 프로세스를 구별할 수 있도록 TCP 제어 정보(세그먼트)의 목적지 포트 번호 지정에 사용되고, 지정된 서버 호스트 IP 주소는 IP 데이터그램에 목적지 IP 주소를 지정하는 데에 사용된다. 연결 설정에 필요한 클라이언트 호스트의 IP 주소와 클라이언트 프로세스의 포트 번호(클라이언트 소켓 주소)는 클라이언트 응용 프로세스의 지정 없이 자신의 IP와 TCP가 자체적으로 확보한다.

1.8.3 연결 설정 절차

클라이언트 응용 프로세스로부터 연결 설정 요청을 받은 클라이언트 TCP는 서버 TCP에게 SYN 세그먼트를 보냄으로써 연결 설정을 개시한다. SYN 세그먼트는 TCP의 프로토콜 데이터 단위인 〈그림 1.17〉의 TCP 세그먼트의 SYN 비트가 1로 설정된 세그먼트이다. SYN 세그먼트에는 출발지 포트 번호(Source Port Number)와 목적지 포트 번호(Destination Port Number)가 포함되고, 데이터 스트림의 시작 순서 번호를 나타내는 순서 번호(Sequence Number) 필드에 표시한다. 모든 TCP 세그먼트는 IP 데이터그램의 데이터로 캡슐화(Encapsulation)되어 전달되고, IP 데이터그램 전송 요청 시에 TCP는 응용 프로세스로부터 받은 목적지 IP 주소를 지정한다.

SYN 세그먼트를 수신한 서버 TCP는 목적지 포트 번호에 의해 지정된 수동 개방 상태의 서버 응용 프로세스에게 TCP 연결 설정 요청을 통보하고, 서버 응용 프로세스가 TCP 연결 설정 요청을 수락(Accept)하면 클라이언트 TCP에게 SYN+ACK 세그먼트를 보냄으로써 연결 설정 요청에 응답한다. SYN+ACK 세그먼트는 〈그림 1.17〉의 TCP 세그먼트의 SYN 비트와 ACK 비트가 동시에 1로 설정된 세그먼트이다. SYN+ACK 세그먼트는 클라이언트 TCP가 보낸 SYN 세그먼트의 수신 확인 기능과 서버 TCP로부터 클라이언트 TCP로 전달될 데이터 스트림의 순서 번호 초기화 기능을 통신에 구현한다. 먼저 순서 번호 필드에 자신의 데이터 스트림의 시작 순서 번호를 설정한다. 두 번째로 클라이언트 TCP의 SYN 세그먼트에 대한 수신 확인을 위해 확인 번호(Acknowledgement Number)에 SYN 세그먼트의 순서 번호에 1을 더한 값을 설정한다. 이 때 확인 번호의 의미는 다음에 수신할 데이터의 순서 번호를 표시한다. 그리고 서버 TCP는 수신 윈도우 크기(Receiver Window Size) 필드에 클라이언트 TCP가 사용할 윈도우 크기를 지정한다. 수신 윈도우

그림 1.17 TCP 세그먼트 포맷

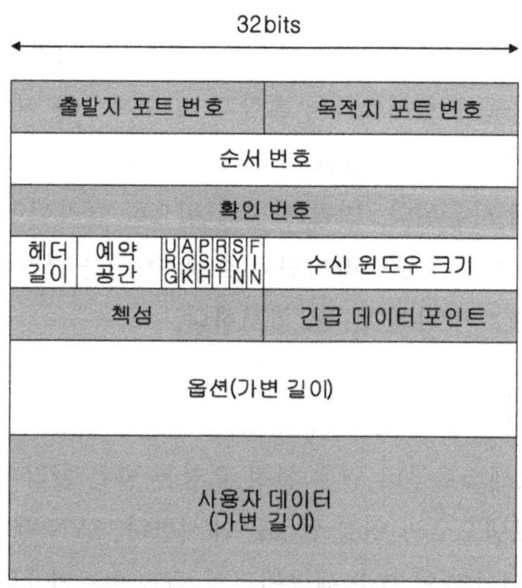

크기는 송신자가 수신자의 수신 확인 없이 송신할 수 있는 데이터의 최대 크기를 표시하는 것으로 흐름 제어에 사용된다. SYN+ACK 세그먼트의 출발지 포트번호와 목적지 포트번호는 SYN 세그먼트의 경우와 반대로 설정된다.

SYN+ACK 세그먼트를 수신한 클라이언트 TCP는 연결 설정을 요청한 클라이언트 응용 프로세스에게 연결 설정을 통보하고, 서버 TCP에게 ACK 세그먼트를 보냄으로써 연결 설정을 완료 한다. ACK 세그먼트는 〈그림 1.17〉의 TCP 세그먼트의 ACK 비트가 1로 설정된 세그먼트로써, 서버 TCP의 SYN+ACK 세그먼트에 대한 수신 확인 기능을 수행한다. 이 때 ACK 세그먼트의 확인 번호 필드에는 서버 TCP의 SYN+ACK 세그먼트의 순서 번호에 1을 더한 값을 설정하고, 수신 윈도우 크기에는 서버 TCP가 사용할 윈도우 크기를 지정한다.

TCP의 연결 설정은 〈그림 1.18〉과 같이 클라이언트 TCP와 서버 TCP간에 3번의 세그먼트 교환을 통해 이루어 짐을 알 수 있다. 이와 같은 연결 설정 절차를 3-단계 핸드셰이크(3-way Handshaking)라 한다. 클라이언트 TCP는 클라이언트 프로세스로부터 TCP 연결 설정을 요청(Request) 받으면(능동적 개방 - Active Open) 첫 번째 단계로 서버 TCP에게 SYN 세그먼트를 보내게 된다. 〈그림 1.18〉에서 클라이언트 TCP는 SYN 세그먼트를 통해 서버 TCP로 전송할 데이터 스트림의 초기 순서 번호(SEQ)를 1200으로 설정했음을 알 수 있고, 서버 TCP로부터 수신을 확인할 데이터가 없으므로 확인 번호(ACK)는 없음을 알 수 있다. SYN 세그먼트를 수신한 서버 TCP는 SYN 세그먼트에서 지정한 목적지 포트 번호의 서버 응용 프로세스에게 연결 설정 요청을 통지(Indicate)하고 수락 여부를 응답(Response) 받는다. 이 때 목적지 포트 번호로 지정된 서버 응용 프로세스는 클라이언트 프로세스로부터의 TCP 연결 설정 요청을 접수할 수 있는 상태, 즉 수동적 개방(Passive Open) 상태에 있어야 한다.

서버 응용 프로세스가 연결 설정 요청을 수락하면 서버 TCP는 두 번째 단계로 SYN+ACK 세그먼트를 보내는 바, 〈그림 1.18〉에서 확인 번호는 SYN 세그먼트의 순서 번호(1200)에 1을 더한 1201임을 알 수 있고, 서버 TCP에서 클라이언트 TCP로 송신할 데이터 스트림의 시작 순서 번호는 4800으로 설정했음을 알 수 있다. 서버 TCP로부터 SYN+ACK 세그먼트를 수신한 클라이언트 TCP는 연결 설정을 요청한 클라이언트 프로세스에게 연결 설정을 확인(Confirm)하고 서버 TCP에게 ACK 세그먼트를 보낸다. 〈그림 1.18〉에서 ACK 세그먼트의 순서 번호는 서버 TCP의 직전 확인 번호(1201)임을 알 수 있고, 확인 번호는 서버 TCP의 시작 순서 번호(4801)에 1을 더한 4801임을 알 수 있다.

그림 1.18 3-단계 핸드셰이크 기반의 연결 설정

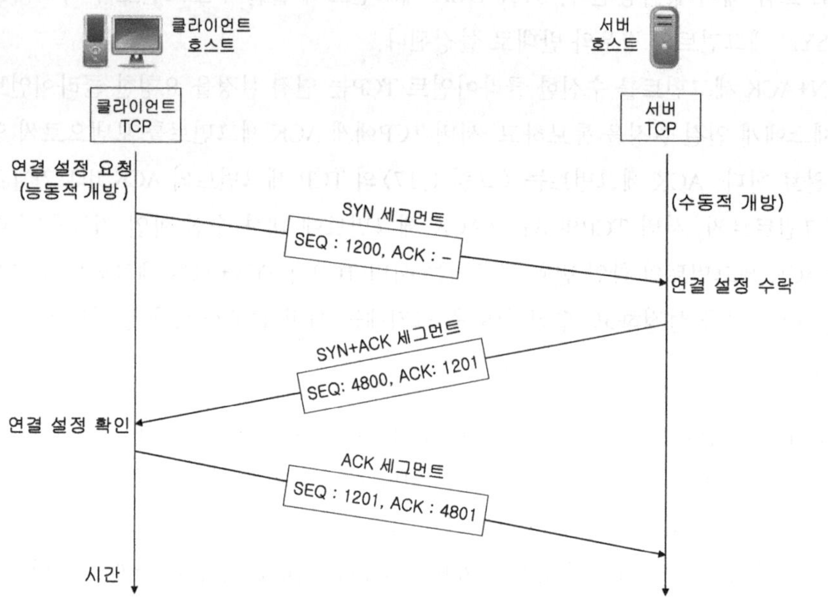

1.8.4 데이터 전송 서비스

연결 설정 절차를 통해 클라이언트 프로세스와 서버 프로세스간에 TCP 연결 설정이 완료되면 클라이언트 TCP 소켓 및 서버 TCP 연결 소켓의 생성과 연결이 완료되었음을 의미한다. TCP는 설정된 연결을 통해 양방향(Full-duplex) 데이터 전송 서비스를 제공한다. 클라이언트 응용 프로세스와 서버 응용 프로세스는 각각 클라이언트 소켓과 서버 연결 소켓을 통해 데이터 쓰기(Write) 동작을 수행함으로써 데이터를 송신하고, 읽기(Read) 동작을 수행함으로써 데이터를 수신한다. 응용 프로세스는 임의의 크기의 바이트 스트림을 소켓에 쓰거나 소켓으로부터 읽을 수 있다. 각 소켓은 송신 버퍼(Sending Buffer)와 수신 버퍼(Receiving Buffer)를 유지하고, 응용 프로세스가 쓰기 동작으로 송신한 데이터는 TCP에 의해 처리되기 전에 송신 버퍼에 저장되고, TCP에 의해 수신된 데이터는 수신 버퍼에 저장되어 응용 프로세스가 읽기 동작으로 수신하기를 기다린다.

송신 버퍼의 크기는 운영체제에서 자체적으로 결정하여 사용할 수 있지만, 수신 버퍼의 크기는 송신자에게 알려져 송신자로 하여금 수신 버퍼의 크기보다 큰 데이터를 한꺼번에 보내는 것으로 피하도록 해야 한다. 수신 버퍼의 최대 크기는 연결 설정 과정에서 교환되

그림 1.19 TCP 데이터 전송 서비스 모델

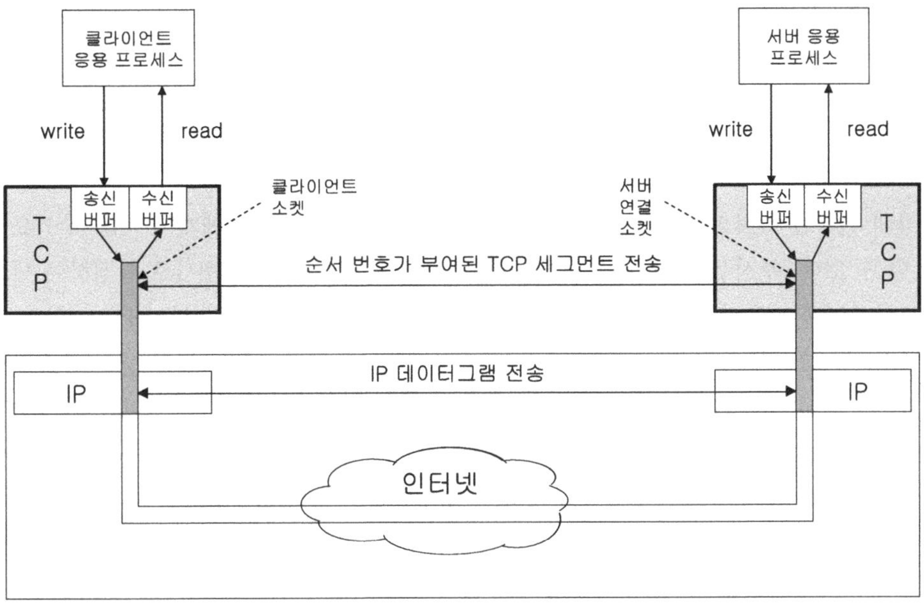

는 SYN+ACK 세그먼트와 ACK 세그먼트의 수신 윈도우 크기(Receiver Window Size)를 통해 송신자에게 통보한다. 수신 버퍼의 크기는 TCP가 송신자로부터 데이터를 수신하면 줄어들고, 응용 프로세스가 읽기 동작으로 수신 버퍼로부터 데이터를 수신하면 늘어난다. 따라서 수신자는 자신의 수신 버퍼의 상태를 송신자에게 수시로 통보하여 수신 버퍼의 상태에 따라 송신하는 데이터 양을 조절할 수 있게 하여야 한다.

응용 프로세스가 쓰기 동작으로 소켓의 송신 버퍼에 전달한 데이터는 TCP 세그먼트의 사용자 데이터 필드에 캡슐화되어 수신자 응용 프로세스에게 전송된다. TCP 세그먼트의 사용자 데이터의 최대 크기는 MSS(Maximum Segment Size)에 의해 제한된다. MSS의 기본값은 IP의 단편화를 방지하기 위해 536 바이트로 정의되어 있으나 연결 설정 시에 MSS 옵션 필드를 사용하여 최대 65,535 바이트까지 확장할 수 있다. 응용 프로세스가 쓰기 동작으로 송신 버퍼에 전달한 데이터의 크기가 MSS보다 크면 TCP는 MSS 단위로 나눈 다음 수신자의 수신 윈도우를 고려하여 하나씩 전달한다. 이 때 데이터 세그먼트의 순서를 순서 번호 필드에 기록함으로써 모든 세그먼트가 순서에 맞게 도착했는 지를 확인할 수 있게 한다. 데이터 세그먼트의 순서 번호는 연결 설정 과정에서 초기화된 순서 번호에 1을 더한 값부터 시작하고 바이트 스트림 전송을 지원하기 위해 바이트 단위로 순서를 부여한다.

즉, 특정 데이터 세그먼트의 순서 번호는 해당 데이터 세그먼트의 사용자 데이터의 첫 번째 바이트가 해당 소켓을 통해 송신한 전체 바이트 중 몇 번째 바이트인지를 상대적으로 표시한다. 따라서 i번째 데이터 세그먼트의 순서 번호가 K이고 해당 세그먼트의 사용자 데이터 크기가 L이면 i+1 번째 세그먼트의 순서 번호는 K+L이 된다.

만약 응용 프로세스가 송신 버퍼에 전달한 데이터의 크기가 작으면 여러 번의 쓰기 동작의 결과로 하나의 데이터 세그먼트를 만들 수 있다. 만약 응용 프로세스가 하나의 쓰기 동작의 결과를 하나의 세그먼트로 만들어 송신하기를 원하면 TCP에게 푸시(Push) 요구를 할 수 있다. 푸시 요구를 받은 TCP는 세그먼트 헤더의 PSH 비트를 1로 설정하여 세그먼트를 전송함으로써 수신 TCP가 수신 응용 프로세스에게 해당 데이터를 바로 전달할 수 있게 한다. 그리고 응용 프로세스가 데이터를 송신하고 있는 도중 긴급한 상황이 발생하여 특정 데이터를 긴급하게 전송해야 할 경우(예를 들어 전송 중지 명령을 나타내는 control C 제어 문자 데이터), 응용 프로세스는 TCP에게 긴급(Urgent) 데이터 전송을 요구할 수 있다. 긴급 데이터 전송 요구를 받은 TCP는 세그먼트 헤더의 URG 비트를 1로 설정하고, 세그먼트의 사용자 데이터 필드에서 긴급한 데이터의 시작 위치를 긴급 데이터 포인터 필드에 표시한다. 긴급 데이터를 포함하는 데이터 세그먼트를 받은 수신자 TCP는 이 사실을 수신자 응용 프로세스에게 알려 긴급 데이터를 먼저 처리할 수 있게 한다.

1.8.5 효율적인 세그먼트 전송

TCP의 바이트 스트림 전송 특성은 어떤 상황에서 응용 프로세스가 작은 양의 데이터를 연속적인 쓰기 동작을 통해 송신 버퍼에 전달하는 것을 허용한다. 작은 양의 데이터가 연속적으로 송신 버퍼에 도착할 때 송신 TCP는 각각의 데이터를 별도의 데이터 세그먼트로 만들어 수신 TCP에게 전달할 수도 있고, 여러 개의 데이터를 하나의 세그먼트로 만들어 전달할 수도 있다. 만약 적은 양의 데이터를 개별적인 세그먼트로 만들어 보내는 경우 사용자 데이터 대비 헤더에 포함되는 제어 정보가 많아져 전송 효율이 떨어진다. 예를 들어, 응용 프로세스가 1 바이트 단위로 송신 버퍼에 데이터를 천천히 쓰기 동작을 수행하는 경우, 송신 TCP는 1 바이트의 데이터만을 가지는 데이터 세그먼트를 송신하게 될 것이다. 이 경우 1 바이트의 데이터를 전달하기 위해 20 바이트 크기의 TCP 세그먼트 헤더 정보가 전달되어야 하고, TCP 세그먼트를 캡슐화하는 IP 헤더도 20 바이트가 전달되어야 한다. 즉, 1바이트의 데이터 전달을 위해 40 바이트의 제어 정보를 전달해야 하므로 데이터 전송 효율이 매우 낮아진다. 이런 상황이 응용 프로세스의 실행 속도(데이터 쓰기 속도)에 비해 전송 속도가 느린 네트워크에서 발생한다면 낮은 전송 효율로 인해 실제 데이터 전송 속도는 더욱 느려진다. 따라서 이런 경우는 여러 개의 데이터를 취합하여 하나의 데이터 세그먼트로 전송하는 것이 바람직하다.

여러 개의 데이터를 하나의 세그먼트로 취합하는 작업은 응용 프로세스가 쓰기 동작을 통해 송신 버퍼에 전달한 데이터가 TCP를 통해 송신되기 전에 송신 버퍼에서 대기하도록 요구한다. 그러나 대기 시간이 길어지면 응용 프로세스간 데이터 전송의 지연시간이 증가한다. 이런 상황이 응용 프로세스의 실행 속도(데이터 쓰기 속도)에 비해 전송 속도가 빠른 네트워크에서 발생한다면, 네트워크가 쉬는 상태에 있음에도 불구하고 응용 프로세스로부터 충분한 크기의 데이터가 송신 버퍼에 도착할 때까지 기다리는 결과를 초래하므로, 불필요하게 지연시간만 증가시키는 결과를 초래할 수 있다.

이러한 문제를 적절하게 해결하기 위하여 제시된 해결책이 Nagle 알고리즘이다. Nagle 알고리즘의 동작 절차는 다음과 같다.

1) 송신 TCP는 단지 1 바이트라 할지라도 송신 응용 프로세스로부터 송신 버퍼에 전달되는 첫 번째 데이터는 하나의 세그먼트로 전송한다.

2) 첫 번째 세그먼트를 전송한 후에 송신 TCP는 수신 TCP로부터 수신 확인 세그먼트를 수신하거나, 또는 응용 프로세스로부터 MSS 크기의 세그먼트를 구성할 수 있을 정도로 데이터가 도착할 때까지 송신 버퍼에 데이터를 저장한다. 앞의 두 가지 경우 중 한 경우가 발생하면 송신 TCP는 데이터 세그먼트를 수신 세그먼트에 전송한다.

3) 데이터 전송이 종료될 때까지 2)단계를 반복한다.

수신 측에서도 이와 유사한 문제가 발생할 수 있다. 수신 버퍼가 모두 데이터로 차게 되어 수신윈도우크기가 0으로 송신 TCP에 통보된 상태에서 수신 응용 프로세스가 한 바이트씩 데이터를 읽어간다고 가정하자. 수신 TCP는 한 바이트 크기의 수신윈도우크기를 송신 TCP에게 통보하고 송신 TCP는 한 바이트 데이터 세그먼트를 전송하는 절차를 반복하게 될 것이다. 이와 같은 수신 측으로부터 반복적으로 작은 크기의 수신윈도우크기 통보로 인해 발생하는 저 전송 효율 문제는 Clark 기법과 수신 확인 지연(Delayed Acknowledgement) 기법으로 해결한다.

Clark 기법은 송신 TCP로부터 데이터 세그먼트가 도착하면 수신 확인 세그먼트를 전송하되, 수신 버퍼에 MSS 크기의 세그먼트를 수용할 수 있는 여유 공간이 있거나 또는 적어도 반 이상의 수신 버퍼가 비어있을 때까지는 수신윈도우크기를 0으로 통보함으로써 송신 TCP가 작은 크기의 데이터를 전송하지 않도록 한다. 수신 확인 지연 기법(Delayed

Acknowledgement)은 수신 버퍼에 충분한 여유 공간이 확보될 때까지 수신 확인 세그먼트 전송을 보류함으로써 송신 TCP로 하여금 작은 크기의 데이터 세그먼트를 전송하지 않도록 한다. 수신 확인 지연 기법을 사용할 경우 수신 측에서 발생하는 세그먼트의 수가 줄어들어 데이터 발생량이 감소하는 장점이 있으나, 수신 확인 지연이 커질 경우 재전송으로 이어질 가능성이 커지는 문제점이 있다. 따라서 수신 확인 지연 시간의 크기를 적절하게 유지하는 것이 중요하며 TCP에서는 0.5 초를 넘지 않도록 규정한다.

피기백(Piggyback)도 TCP의 효율적인 세그먼트 전송을 가능하게 하는 기법이다. 피기백 기법은 수신 TCP가 데이터 세그먼트를 수신한 후에 송신 TCP로 전송할 자신의 데이터가 있는 경우, 송신 TCP로부터 먼저 수신한 데이터 세그먼트에 대한 수신 확인 세그먼트와 자신이 전송할 데이터 세그먼트를 하나의 세그먼트로 통합하여 전송하는 기법이다. 피기백 기법은 전송되는 전체 세그먼트의 수를 줄임으로써 전송의 효율을 높인다.

1.8.6 연결 해제 서비스

TCP의 바이트 스트림 전송은 연결 해제를 위한 특별한 세그먼트 교환을 통해 종료된다. 연결 해제는 데이터를 교환하는 클라이언트 프로세스와 서버 프로세스 중 어느 쪽도 기동(Initiation)할 수 있다. TCP 연결은 양방향 연결이므로 어느 한쪽에 의한 연결 해제는 자신으로부터의 데이터 전송만 종료시킨다. 따라서 양방향 연결을 종료시키기 위해서는 〈그림 1.20〉과 같은 4-단계 핸드셰이크 절차가 필요하다.

연결 해제 절차를 요약하면 다음과 같다.

1) 데이터 전송을 완료한 응용 프로세스는 연결 해제 서비스를 요청하면(일반적으로 Close 동작으로 실행), 연결 해제를 기동하는 기동자 TCP는 FIN 비트가 1로 설정된 FIN 세그먼트를 전송함으로써 연결 해제 절차를 개시한다.

2) FIN 세그먼트를 수신한 응답자 TCP는 FIN 세그먼트 수신을 확인하기 위해 수신 확인 세그먼트를 기동자 TCP에게 보낸다. 이 때 응답자 TCP는 기동자 TCP로부터의 데이터 전송이 종료되었음을 알 수 있으므로 자신의 응용 프로세스의 데이터 읽기 동작을 종료시킨다(일반적으로 읽기 동작의 결과를 0으로 반환).

3) 응답자 TCP가 자신으로부터 전송될 데이터가 더 이상 없으면 FIN 세그먼트를 기동자 TCP에게 전송한다.

그림 1.20 4-단계 핸드셰이크 절차에 의한 연결 해제

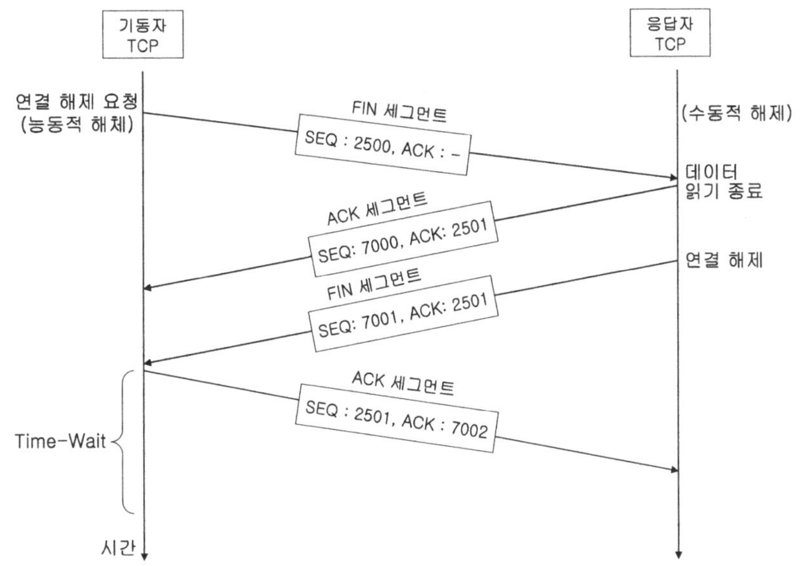

4) FIN 세그먼트를 수신한 기동자 TCP는 수신 확인 세그먼트를 응답자 TCP에게 전송한다.

기동자 TCP가 마지막 수신 확인(ACK) 세그먼트를 전송한 후에 일정 시간(30초 ~ 2분) 동안 시간-대기(Time-Wait) 상태에 들어간다. 이것은 마지막 수신 확인 세그먼트가 손실되어 응답자 TCP가 재전송할 수 있는 FIN 세그먼트를 처리할 수 있도록 하기 위함이다.

1.9 UDP

1.9.1 UDP의 역할과 동작 원리

UDP도 TCP와 마찬가지로 클라이언트 호스트내의 클라이언트 프로세스와 서버 호스트 내의 서버 프로세스간 데이터 전송 서비스를 제공한다. 호스트 내에 존재하는 다수의 응용 프로세스 구분은 TCP와 같이 포트 번호(Port Number)를 통해 이루어지고, 서버 프로세스의 경우 영구 포트(Well-known Port Number)를 사용하고 클라이언트 프로세스의 경우 임시 포트 번호(Ephemeral Port Number)를 사용한다.

그림 1.21 UDP의 역할

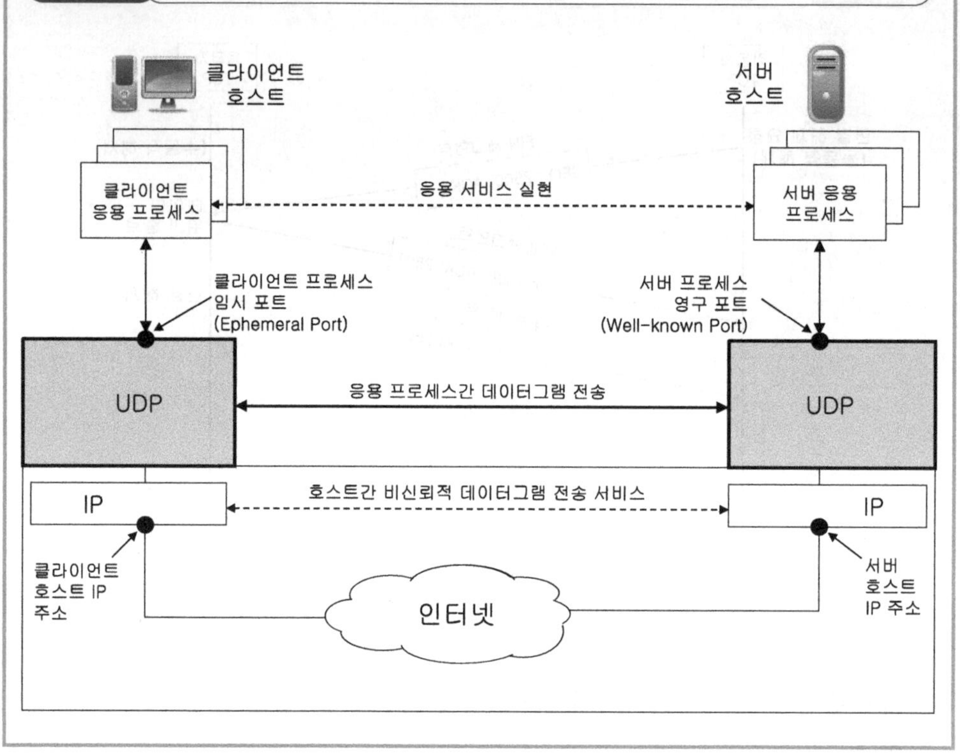

TCP는 전송하는 모든 데이터를 순서 번호를 가지는 스트림으로 처리함으로써 응용 프로세스간 임의의 크기의 데이터를 전송할 수 있게 하는 반면, UDP는 응용 프로세스가 전송을 의뢰한 데이터를 하나의 독립적인 전달 단위, 즉 데이터그램으로 만들어 단순히 목적지 프로세스에게 전달하는 데이터그램 전송 서비스만 제공한다. UDP는 데이터 스트림의 시작과 끝을 구분하는 연결 설정과 연결 해제 서비스 없이 데이터 전송 서비스만 제공한다. 따라서 사용자 프로세스는 한번에 UDP 데이터그램내에 포함될 수 있는 크기 이내의 데이터를 송신하여야 하며, 송신 의뢰된 데이터는 송신 UDP에 의해 데이터그램으로 만들어져 즉시 전달되고, 수신 UDP는 데이터그램 단위로 응용 프로세스에게 데이터를 전달한다.

UDP는 데이터그램의 훼손을 탐지할 수 있는 책섬(Checksum) 기능 외에 신뢰적인 데이터그램 전송을 위한 어떤 기능도 수행하지 않는다. 따라서 데이터그램은 전송 과정에서 손실될 수 있고, 순서 바뀜 현상이 발생할 수 있으며, 수신 버퍼 오버플로우(Overflow)로 인해 손실될 수도 있다. 반면 UDP는 연결 설정을 위한 지연 시간을 피할 수 있고, 오류 제어와 흐름 제어로 인한 지연 시간을 피할 수 있기 때문에 TCP에 비해 빠른 데이터 전송을 실현할 수 있다.

1.9.2 데이터 전송 서비스

TCP에서와 마찬가지로 UDP 응용 프로세스의 통신 통로는 소켓으로 정의된다. 클라이언트 프로세스를 위한 클라이언트 소켓은 {클라이언트 IP 주소, 클라이언트 UDP 포트 번호}로 구성되는 UDP 클라이언트 소켓 주소로 지정되고, 서버 프로세스를 위한 서버 소켓은 {서버 IP 주소, 서버 UDP 포트 번호}로 구성되는 서버 소켓 주소로 지정된다. TCP와 달리 UDP는 연결 설정 과정이 없다. 따라서 클라이언트-서버간의 특정 통신을 구분할 수 있는 개별적인 연결 소켓을 통한 데이터 전송 대신 클라이언트 소켓과 서버 소켓을 통한 데이터 통신을 수행한다.

UDP 크라이언트 소켓과 UDP 서버 소켓은 상호 연결된 상태가 아니므로 응용 프로세스가 UDP 소켓을 통해 데이터를 송신할 때에는 데이터와 함께 목적지 소켓 주소를 지정하는 목적지 지정송신(sendto) 동작을 사용한다. TCP와 마찬가지로 서버 소켓 주소는 잘 알려진(Well-known) 포트 번호와 IP 주소를 가진다. 반면 클라이언트 소켓 주소의 임시(Ephemeral) 포트 번호는 클라이언트 프로세스로부터 목적지지정송신 동작을 처음 실행할 때 동적으로 할당된다.

목적지지정송신 동작으로 통해 응용 프로세스로부터 데이터가 송신 소켓에 전달되면 송신 UDP는 해당 데이터를 포함하는 UDP 데이터그램(Datagram) 만들어 IP를 통해 수신

그림 1.22 UDP 데이터 전송 서비스 모델

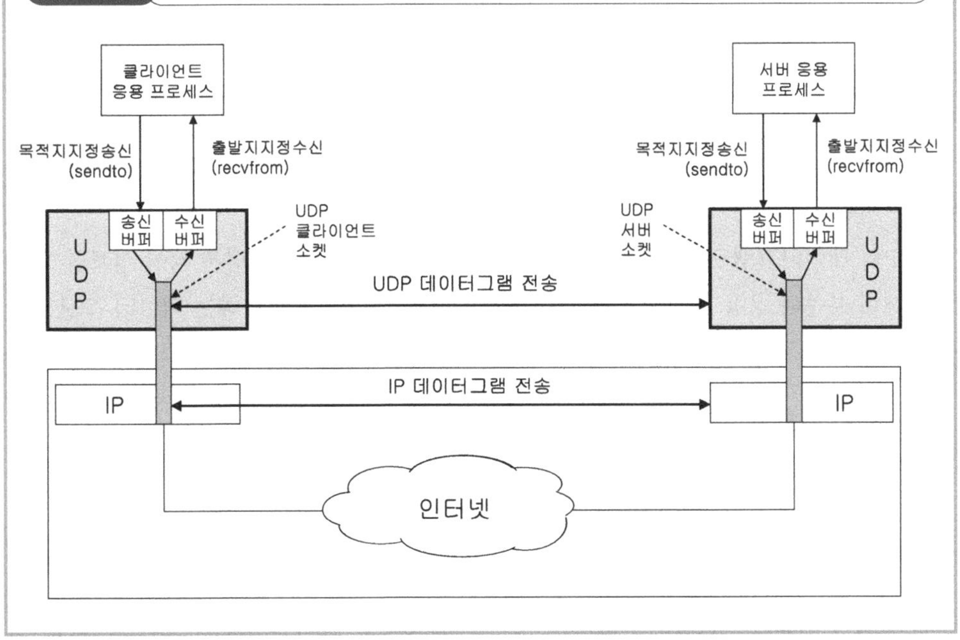

그림 1.23 UDP 데이터그램 포맷

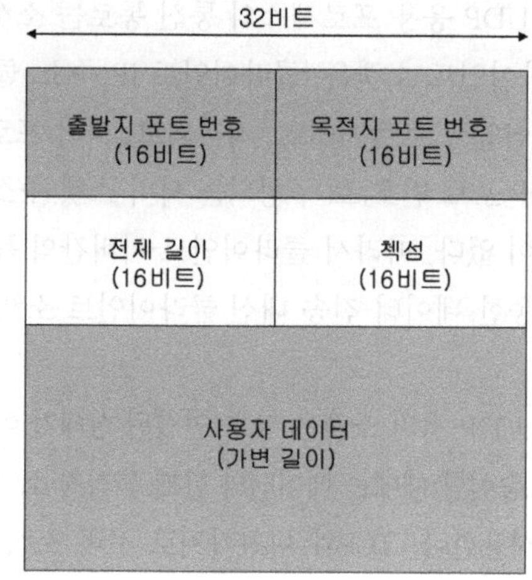

UDP로 전송한다. UDP 소켓을 통해 데이터를 수신할 때에는 데이터와 함께 출발지 소켓 주소가 함께 수신되는 출발지반환수신(recvfrom) 동작을 사용한다. 응용 프로세스는 출발지반환수신 동작을 통해 수신된 데이터가 누구에 의해 송신되었는 지를 파악 할 수 있다. 따라서 서버 프로세스가 여러 클라이언트로부터 서버 소켓을 통해 동시에 데이터를 수신하더라도 수신된 각각의 데이터를 송신자에 따라서 처리할 수 있다. 목적지지정송신(sendto) 동작과 출발지반환수신(recvfrom) 동작에서 지정되는 목적지 또는 출발지 소켓 주소의 IP 주소는 유니캐스트 주소뿐만아니라 멀티캐스트 주소가 될 수 있다. 따라서 연결 설정을 위해 반드시 유니캐스트 주소를 사용해야 하는 TCP와 달리 UDP는 멀티캐스트 통신을 지원한다.

UDP의 데이터그램 포맷은 〈그림 1.23〉과 같다. UDP 데이터그램은 제어 정보를 포함하는 헤더 부분과 응용 프로세스가 전송하고자 하는 데이터가 위치하는 데이터 부분으로 구성된다. 헤더 부분의 각 필드는 다음과 같다.

- **출발지 포트 번호(Source Port Number)** - 출발지 포트 번호는 송신 UDP의 포트 번호다. 클라이언트 UDP가 송신자인 경우 출발지 포트 번호는 목적지지정송신 동작을 처음 실행할 때 동적으로 할당되는 임시 포트 번호가 되고, 반면 서버 UDP가 송신자가 되는 경우에는 잘 알려진(Well-known) 영구 포트가 출발지 포트가 될 것이다.
- **목적지 포트 번호(Destination Port Number)** - 목적지 포트 번호는 목적지지정

송신 동작에서 목적지 소켓 주소의 일부로 지정된다. 목적지가 서버 프로세스인 경우 목적지 포트 번호는 잘 알려진(Well-known) 영구 포트 번호가 되고, 반면 목적지가 클라이언트 프로세스인경우 목적지 포트 번호는 출발지지정수신 동작을 통해 알려진 클라이언트 임시 포트 번호가 될 것이다.

- **전체 길이(Total Length)** - 전체 길이는 UDP 헤더와 데이터를 합한 UDP 데이터그램의 전체 길이를 정의한다. 하나의 UDP 데이터그램은 반드시 하나의 IP 데이터그램에 의해 전달되어야 한다. 따라서 UDP 데이터그램의 전체 길이는 IP 데이터그램의 전체 길이에서 IP 데이터그램 헤더 길이를 뺀 값과 같아진다. IP 데이터그램의 최대 길이는 65,535 바이트이고 IP 헤더의 최소 길이는 20 바이트이므로 UDP 전체 길이의 최대값은 65,515 바이트이다.
- **첵섬(Checksum)** - 첵섬은 UDP 헤더와 데이터를 모두 포함한 UDP 데이터그램 전체에 대해 오류를 탐지하기 위해 부가적으로 추가되는 정보이다.

1.10 DNS

1.10.1 DNS의 역할과 동작 원리

인터넷의 기본 통신 체계인 TCP/IP에서는 숫자로 구성되는 IP 주소 체계를 사용한다. 인터넷을 구성하는 모든 라우터와 호스트는 각각 유일한 IP 주소를 가지고, 인터넷의 데이터 전송 단위인 IP 데이터그램은 출발지 IP 주소와 목적지 IP 주소를 포함함으로써 라우팅 기능 등을 수행할 수 있게 한다. IP 주소가 일정한 크기(32 비트)의 숫자로 구성됨으로써 IP 소프트웨어 등에서 효율적으로 사용될 수 있는 반면 사용자가 기억하고 사용하기에는 불편하다. 따라서 인터넷에서는 모든 호스트에 사용자가 보다 사용하기에 편리한 호스트 이름(Host Name)을 유일하게 부여하고 IP 주소 대신 호스트 이름을 사용할 수 있게 한다. DNS(Domain Name System)의 주된 역할은 사용자가 지정하는 호스트 이름을 TCP/IP 소프트웨어가 사용하는 IP 주소로 변환하는 시스템이다.

DNS는 호스트 이름 정보와 대응되는 IP 주소 등의 정보가 저장되는 도메인 이름 서버(Domain Name Server)와 DNS 클라이언트 프로세스인 해석기(Resolver)로 구성된다. 해석기는 응용 프로세스에게 도메인 이름-IP 주소등에 대한 변환 서비스를 제공하는 인터페이스(예 : gethostbyname 함수)를 제공하고, 도메인 이름 서버에게 호스트 이름-IP 주소

그림 1.24 DNS의 구성과 역할

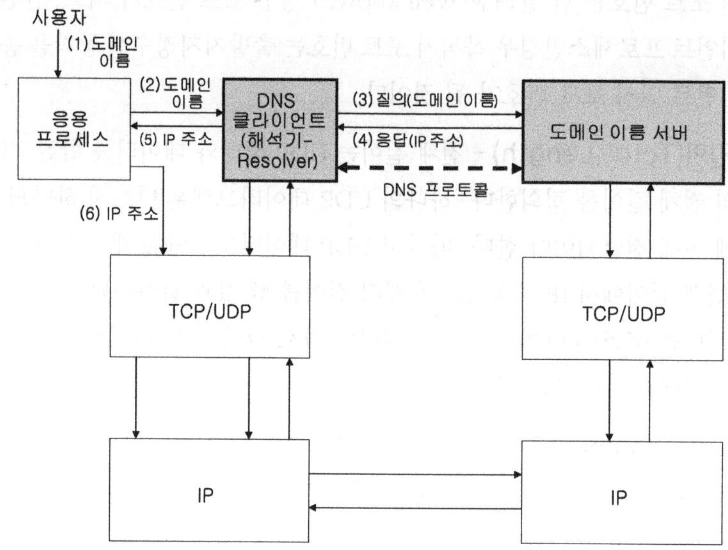

변환을 질의(Query)하고 도메인 이름 서버로부터 변환된 IP 주소를 응답(Response)받아 변환을 요청한 응용 프로세스에게 제공한다. 해석기와 도메인 이름 서버는 UDP(또는 TCP)를 사용하여 통신한다.

1.10.2 도메인 이름

수많은 호스트에게 유일한 이름을 효과적으로 부여하기 위해 인터넷에서는 IP 주소 체계와달리 계층화된 이름 체계를 사용한다. IP 주소의 경우 인터넷을 구성하는 하부망을 지정하는 네트워크 식별자(Network ID)와 호스트 식별자(Host ID)의 2 단계 구조를 가진다. 따라서 모든 하부망에 대한 식별자를 유일하게 부여하기 위해서 IP 주소는 중앙 IP 주소 관리 기관 또는 중앙에서 위임한 기관에서 집중적으로 관리되어야 하는 부담이 있다. 인터넷의 이름 체계는 계층적인 구조(Hierarchical Structure)의 도메인 이름 체계를 사용한다. 계층 구조의 이름 체계에서 하나의 이름은 구분가능한 여러 단계로 나누고 가장 높은 단계(Top-Level)의 이름은 중앙에서 관리하고 그 다음 단계의 이름은 가장 높은 단계 이름을 관리하는 각 기관에서 유일하게 부여하게 한다. 그리고 더 낮은 단계의 이름은 상위 단계 이름을 관리하는 각 기관에서 부여한다. 계층 구조의 이름 체계는 중앙 집중의 관리 부담을 분산시킬 수 있고, 서로 다른 기관에서 같은 이름을 자유롭게 사용할 수 있으며,

다른 기관과 무관하게 이름을 유연하게 추가하거나 또는 변경할 수 있게 한다.

예를 들어 한국기술교육대학교의 공식 웹서버가 탑재된 호스트의 이름인 www.kut.ac.kr에서 가장 높은 단계의 이름인 kr은 전 세계에서 중앙의 이름 관리 기관에서 한국에 존재한 호스트 이름을 위해 유일하게 부여한 이름이다. 그리고 두 번째 단계 이름인 ac는 첫 번째 단계 이름인 kr을 관리하는 한국의 중앙 이름 관리 기관에서 교육 기관에 존재하는 호스트 이름을 위해 유일하게 부여한 이름으로써 첫 번째 단계 이름인 kr과 .으로 연결되어 항상 같이 사용된다. 따라서 두 번째 단계의 정확한 이름은 ac.kr이다. 세 번째 단계 이름인 kut는 두 번째 단계 이름중의 하나인 ac.kr을 관리하는 기관에서 한국기술교육대학교에 존재하는 호스트의 이름을 위해 유일하게 부여한 이름으로써, 두 번째 단계 이름인 ac.kr과 .으로 연결되어 kut.ac.kr로 사용된다. 그리고 마지막 단계 이름인 www는 kut 이름을 관리하는 한국기술교육대학교의 이름 관리 기관에서 공식 홈 페이지가 탑재된 호스트에 유일하게 부여한 이름으로 세 번째 단계의 이름과 연결되어 www.kut.ac.kr로 사용된다.

인터넷의 계층적인 이름 체계를 그림으로 표현하면 〈그림 1.25〉와 같이 트리 구조(Tree Structure)를 가진다. 트리 구조의 인터넷 이름 체계에서 각 단계의 이름을 도메인 이름(Domain Name)이라 한다. 하위 단계의 도메인 이름은 항상 점(.)으로 구분되는 상위 단계의 도메인 이름을 포함한다. 트리 구조에서 호스트는 마지막 단계에 위치하므로 호스트 이름은 마지막 단계의 도메인 이름이 된다. 상위 단계 도메인 이름을 공유하는

그림 1.25 인터넷의 계층적 이름 체계

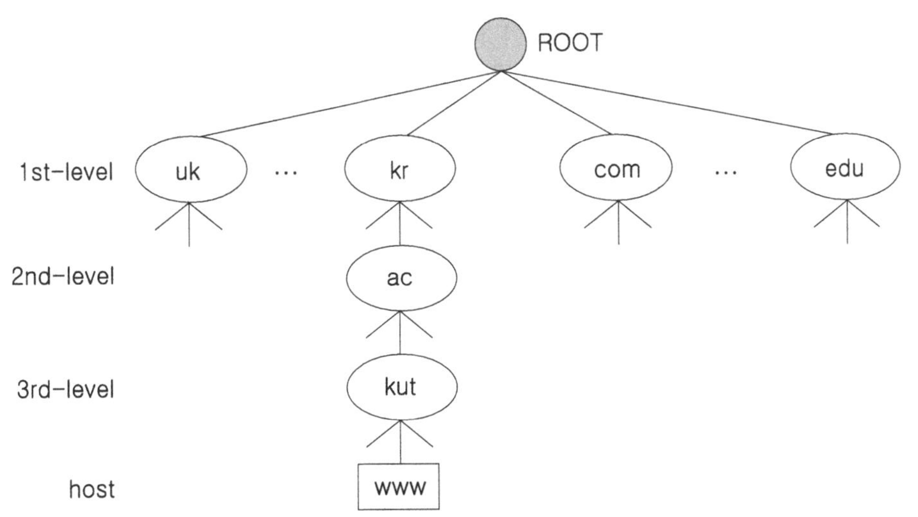

하위 단계 도메인 이름은 반드시 유일하게 부여되도록 관리되어야 한다. 도메인 이름 관리 단위를 도메인(Domain)이라 한다. 각 단계의 도메인 이름 하위의 이름은 유일하게 부여되도록 관리되어야 하므로 트리 구조의 이름 체계에서 도메인은 전체 트리의 하부 트리(Sub Tree)가 된다. 하나의 도메인내에서 하부 도메인 이름을 몇 단계로 나눌 것인지에 대한 제한은 없다. 각 도메인 관리자는 도메인을 여러 개의 하부 도메인으로 나눌 수 있고, 하부 도메인 관리자는 다시 내부에 여러 개의 도메인을 설정할 수 있다.

1.10.3 도메인 이름 서버

도메인 이름 서버는 도메인 이름과 관련 정보(예 : 도메인 이름에 대응되는 IP 주소)를 유지하고 DNS 클라이언트인 해석기의 정보 제공 요청에 응답한다. 인터넷의 모든 도메인 이름 정보를 하나의 중앙 집중 서버에서 제공하는 것은 안정성(Stability), 성능(Performance), 그리고 효율성(Effectiveness) 측면에서 바람직하지 않다. 하나의 서버에서 모든 도메인 이름 정보를 등록하고 갱신하며 유지하는 것은 매우 비효율적일 수 밖에 없다. 그리고 도메인 이름과 관련된 정보(IP 주소) 요청이 한 곳으로 집중될 경우 해당 서버의 성능을 유지하기가 어려울 뿐만 아니라, 요청/응답 메시지로 인해 유발되는 트래픽으로 인해 인터넷 성능 저하를 피할 수 없다. 또한 중앙의 도메인 이름 서버가 고장 날 경우 전체 인터넷이 마비될 수 밖에 없기 때문에 안정성 측면에서도 바람직하지 않다. 따라서 인터넷의 도메인 이름 서버는 분산 배치된다.

도메인 이름 서버는 트리 구조의 도메인 이름 체계에서 일부분에 해당하는 도메인 이름 정보를 관리하고, 각 도메인 이름 서버가 관리하는 부분을 영역(Zone)이라 한다. 영역은 도메인 이름 체계의 특정 도메인과 일치할 수도 있고 그렇지 않을 수도 있다. 즉, 하나의 도메인내의 전체 도메인 이름을 하나의 도메인 이름 서버가 관리할 수도 있고, 일부 하부 도메인의 도메인 이름에 대해서는 하부 도메인 이름 서버가 관리하게 할 수도 있다. 따라서 도메인 네임 서버도 계층 구조를 가지게 되고 상위 계층의 도메인 이름 서버는 하위 계층 도메인 이름 서버에 대한 참조 정보를 가진다. 〈그림 1.26〉은 계층적으로 분산된 도메인 이름 서버의 구조를 보여준다.

계층 구조의 최상위 도메인 이름 서버를 루트 서버(Root Server)라 한다. 루트 서버는 도메인 이름에 관한 정보를 유지하지 않고 자신의 하위 도메인 이름 서버에 대한 참조 정보를 가지고 있다. 루트 서버가 참조하는 하위 도메인 서버는 도메인 이름 정보를 유지하거나 또 다른 하위 도메인 서버에 대한 참조 정보를 가질 수도 있다. 차 하위의 서버도

그림 1.26 계층적으로 분산된 도메인 이름 서버

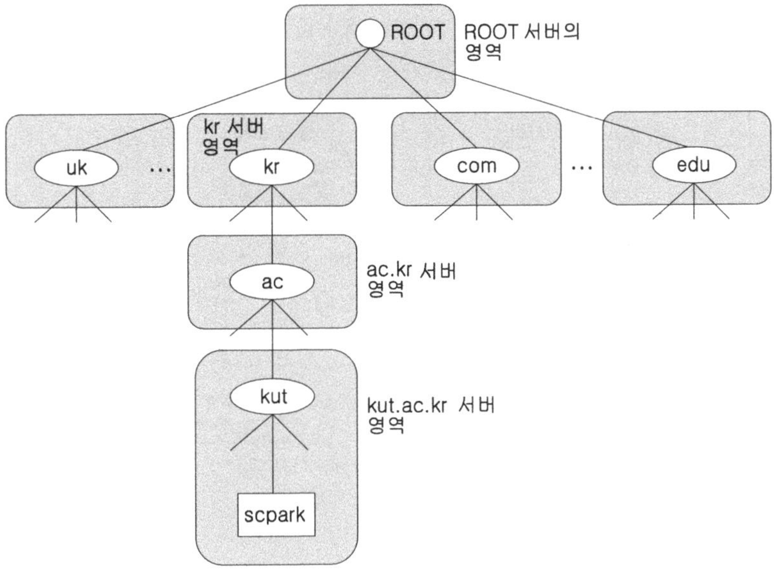

마찬가지 정보를 유지한다. 따라서 루트 서버는 인터넷의 도메인 이름을 관리하는 모든 도메인 이름 서버를 찾아가는 참조 정보를 가지고 있는 것이다. 특정 호스트의 도메인 이름 정보를 유지하고 있는 서버를 책임 서버(Authoritative Server)라 한다. 그리고 계층 구조상 루트 서버와 책임 서버의 중간에 있는 서버들은 중간 서버(Intermediate Server)가 된다. 마지막으로 클라이언트 호스트가 소속된 도메인 이름 서버를 지역 서버(Local Server)라 한다.

예를 들어 〈그림 1.27〉과 같은 구조의 도메인 이름 서버 체계에서 kut.ac.kr 도메인 이름을 사용하는 한국기술교육대학교내의 scpark 클라이언트 호스트가 www.abc.com 서버를 접속하고자 하는 경우, 클라이언트 호스트가 소속된 서버인 dns.kut.ac.kr이 지역 서버가 되고 www.abc.com에 관한 도메인 이름 정보를 유지하는 서버인 dns. abc.com이 책임 서버가 된다. 그리고 루트 서버와 이들간의 중간에 중간 서버들이 존재한다.

1.10.4 도메인 이름 해석

도메인 이름을 IP 주소로 변환하는 작업을 도메인 이름 해석(Domain Name Resolution)이라 한다. 도메인 이름 해석은 응용 프로세스가 DNS 클라이언트 프로세스인 해석기(Resolver)에게 미리 정의된 인터페이스를 통해 도메인 도메인 이름에 대한 해석을

그림 1.27 지역 서버, 책임 서버, 중간 서버, 그리고 루트 서버

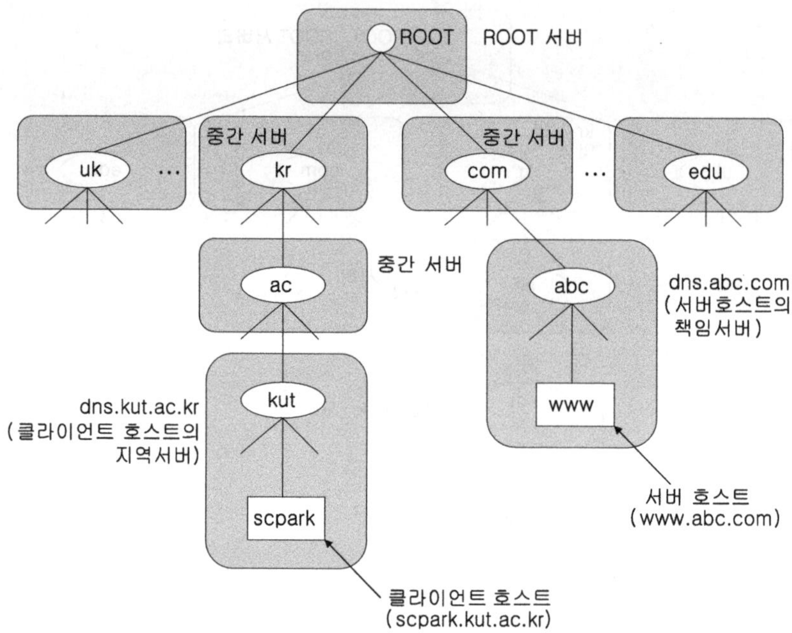

요청함으로써 시작된다. 응용 프로세스로부터 도메인 이름 해석을 요청 받은 해석기는 해석할 도메인 이름을 포함하는 질의 메시지(Query Message)를 작성하여 지역 도메인 이름 서버(Local Domain Name Server)에게 전달한다. 지역 서버에 대한 IP 주소 정보는 일반적으로 호스트 설정 시에 수동으로 설정된다. 해석기로부터 질의 메시지를 받은 지역 서버가 해석하고자 하는 도메인 이름에 관한 정보를 보유하고 있으면, 즉 지역 서버가 해석 대상 도메인 이름의 책임 서버이면, IP 주소 등 해석된 정보를 포함하는 응답 메시지를 즉시 해석기에게 전달 할 수 있다.

지역 서버가 해석 대상 도메인 이름의 책임 서버가 아닌 경우에는 루트 서버에게 질의 메시지를 전달한다. 이 경우 지역 서버는 루트 서버의 클라이언트 프로세스로 동작하고, 루트 서버에 대한 주소 정보는 모든 지역 서버가 유지하고 있다. 모든 지역 서버로부터의 질의에 효율적으로 대응하기 위해 루트 서버는 지역적으로 다수 복제(Replication)되어 운용된다. 현재 전세계적으로 약 10여개의 복제된 루트 서버가 운용되고 있으며, 지역 서버는 가까운 루트 서버를 사용할 수 있다.

그림 1.28 반복적인 해석 기법

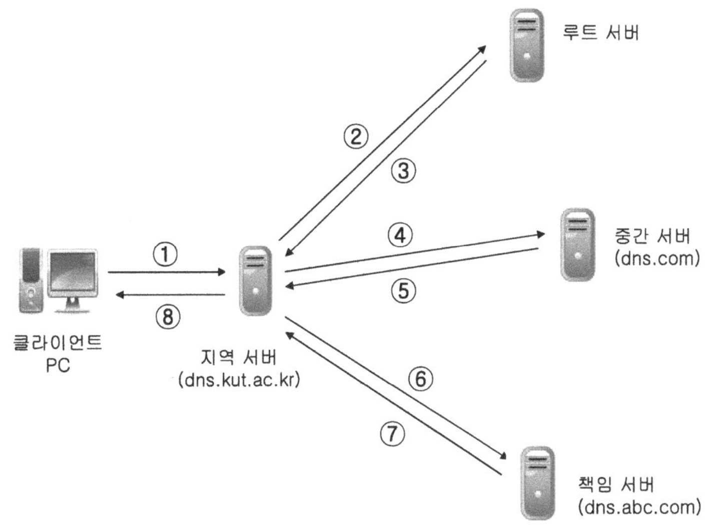

도메인 이름 해석은 재귀적인 해석(Recursive Resolution) 기법과 반복적인 해석(Iteractive Resolution) 기법으로 진행될 수 있다. 반복적인 해석은 지역 서버가 루트 서버에게 해석 대상 도메인 이름을 포함하는 질의 메시지를 전달하면, 루트 서버는 해석 대상 도메인 이름의 책임 서버 또는 책임 서버에 대한 참조 정보를 알고 있는 중간 서버의 정보를 포함하는 응답 메시지를 지역 서버에게 전달하고, 다시 지역 서버는 반복적으로 중간 서버 또는 책임 서버에게 해석을 요청하는 방식으로 진행된다. 〈그림 1.28〉은 반복적인 해석 절차를 보여주고 있다.

반면 재귀적인 해석은 지역 서버가 루트 서버에게 질의 메시지를 전달하면 루트 서버로부터 해석이 종료될 때까지 재귀적으로 해석이 이루어진다. 〈그림 1.29〉에서 보는 바와 같이 지역 서버로부터 질의 메시지를 받은 루트 서버는 해석 대상 도메인 이름의 책임 서버의 참조 정보를 가지는 중간 서버에게 질의 메시지를 전달한다. 중간 서버는 해석 대상 도메인 이름에 대한 변환 정보를 보유하고 있지 않으므로 질의 메시지를 책임 서버에게 전달한다. 최종적으로 책임 서버는 해석을 요청한 도메인 이름을 해석하여 변환된 정보(IP 주소)를 포함하는 응답 메시지를 작성하여 질의 메시지가 전달된 역 방향으로 전달한다. 따라서 책임 서버에 의해 작성된 응답 메시지는 중간 서버, 루트 서버, 그리고 지역 서버를 거쳐 해석기에 도착하게 되고 최종적으로 해석을 요청한 응용 프로세스에게 전달된다.

그림 1.29 재귀적인 해석 기법

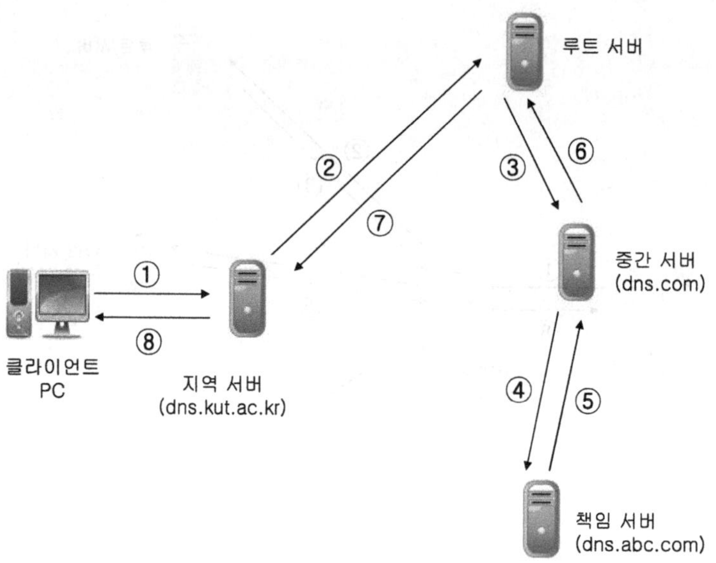

일반적으로 DNS에서는 재귀적 해석 기법을 사용한다. 그러나 루트 서버의 경우 너무 많은 지역 서버로부터 질의 메시지를 받기 때문에 재귀적 해석 기법을 사용할 경우 부담이 가중된다. 따라서 일반적으로 루트 서버는 반복적 해석 기법을 사용하고 나머지 서버는 재귀적 해석 기법을 사용하는 통합적 해석(Integrated resolution) 기법을 사용한다.

〈그림 1.30〉은 반복-재귀 통합적인 해석 기법의 해석 절차를 보여주고 있다. 지역 서버로부터 질의 메시지를 받은 루트 서버는 재귀적인 해석을 하는 대신 자신의 응답 메시지를 지역 서버에게 전달하고, 지역 서버는 다시 루트 서버가 제공한 중간 서버에 대한 참조 정보를 사용하여 중간 서버에게 재귀적인 해석을 요청한다. 도메인 이름 서버가 다른 서버에게 해석을 요청하는 방식으로 진행되는 도메인 이름 해석 작업은 기본적으로 시간이 많이 소요되는 작업이다. DNS에서는 캐싱(Caching) 기법을 도입하여 해석 시간 단축을 추구한다. 즉, 특정 서버가 다른 서버에게 질의를 하고 응답을 받으면 이 정보를 클라이언트 방향으로 전달하기 전에 자신의 캐쉬(Cache) 메모리에 저장한다. 이 후 해당 서버가 동일한 도메인 이름에 대한 해석을 요청하는 질의를 수신하면 다른 서버에게 질의 메시지를 전달하는 대신 캐쉬 메모리 정보를 응답함으로써 해석 시간을 단축한다. 이와 같은 캐싱 기법은 해석 시간을 단축시킬 수 있지만 한편으로는 잘못된 정보를 전달할 수도 있다. 즉,

그림 1.30 반복-재귀 통합적인 해석 기법

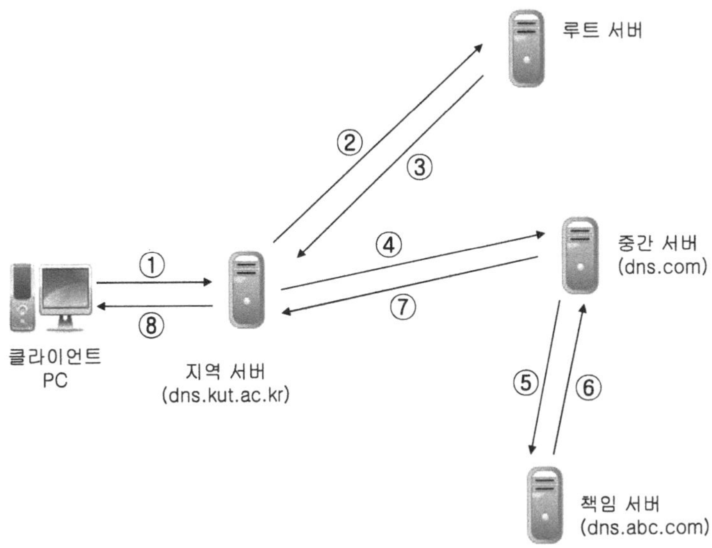

특정 도메인 이름에 관한 정보가 해당 서버에 캐싱된 이후에 책임 서버에서 갱신되었다면 캐시 메모리에는 잘못된 정보가 유지된다. 이런 문제를 해결하기 위해 캐싱 정보는 일정 시간(TTL-Time To Live)이 지나면 자동적으로 삭제되게 한다. 특정 서버가 캐쉬 메모리로부터 응답 메시지를 작성하는 경우에는 자신이 책임 서버가 아니라는 사실을 표시한다.

연습문제

1 OSI와 TCP/IP 계층 구조를 비교 설명하시오.

2 TCP를 사용하는 응용 계층 프로토콜을 아는 대로 쓰시오. UDP를 사용하는 응용 계층 프로토콜을 아는 대로 쓰시오.

3 IP 지원 프로토콜인 ARP와 RARP의 역할을 설명하시오.

4 ICMP의 역할을 설명하시오.

5 IGMP의 역할을 설명하시오.

6 IP가 2개 이상의 상위 계층 프로토콜을 구분하여 지원하는 메카니즘을 설명하시오.

7 TCP 및 UDP가 2개 이상의 상위 계층 프로토콜을 구분하여 지원하는 메카니즘을 설명하시오.

8 DDN IP 주소를 32비트 이진 IP 주소로 변환하는 방법을 설명하시오.

9 서브넷마스크(또는 넷마스크)의 역할을 설명하시오.

10 네트워크 주소를 18비트로 사용하는 경우의 서브넷마스크를 DDN으로 표시하시오.

11 직접 방송 주소와 제한된 방송 주소를 구분하여 설명하시오.

12 루프백(loopback) 주소가 무엇인지 설명하고 용도를 설명하시오.

13 다중 홈 호스트(Multi-homed Host)가 무엇인지 설명하시오.

14 IP의 Hob-by-Hob 통신 특징에 대해 설명하시오.

15 가변 길이 IP 헤더의 문제점에 대해 설명하시오.

16 IP 헤더의 Flag 필드의 용도에 대해 설명하시오.

17 IP 헤더의 첵섬을 구하는 과정을 설명하시오.

18 IP 헤더의 IP 주소를 표현하는 방식과 호스트에서 32 비트 정수를 표현하는 방식(엔디안)의 차이를 설명하시오.

19 단편화가 필요한 경우를 설명하시오. 단편화를 회피하기 위한 방안에 대해 설명하시오.

20 ICMP 에코 요청 메시지와 ICMP 에코 회신 메시지를 사용하여 RTT(Round Trip Time)을 구하는 방법을 설명하시오.

21 호스트가 IGMP를 사용하여 멀티캐스트 주소가 지정하는 그룹에 가입하고 탈퇴하는 과정에 대해 설명하시오.

22 TCP에서 바이트 스트림의 시작과 끝을 구분하는 방법을 설명하시오.

23 TCP에서 서버 소켓(Server Socket)과 서버 연결 소켓(Server Connection Socket)이 구분되어 제공되어야 하는 이유를 설명하시오.

24 TCP 연결 소켓을 구분하기 위한 주소 정보를 모두 쓰시오.

25 TCP에서 클라이언트 소켓(Client Socket)과 클라이언트 연결 소켓(Client Connection Socket)을 구분하여 제공할 필요가 없는 이유를 설명하시오.

26 TCP 연결의 능동 개방(Active Open)과 수동 개방(Passive Open)의 개념을 설명하시오.

27 클라이언트 TCP의 포트 할당 방식을 설명하시오.

28 서버 TCP의 포트 할당 방식을 설명하시오.

29 TCP 헤더에서 포트 번호를 표현하는 방식과 호스트에서 16비트 정수를 표현하는 방식(엔디안)의 차이를 설명하시오.

30 TCP 연결 설정을 위한 3-way handshaking 과정에서 세그먼트를 교환하는 과정을 능동 개방과 수동 개방 관점에서 설명하시오.

31 TCP 소켓의 송신 버퍼와 수신 버퍼의 용도에 대해 설명하시오.

32 TCP의 PSH 세그먼트의 용도에 대해 설명하시오.

33 TCP의 URG 세그먼트의 용도에 대해 설명하시오. URG 세그먼트의 긴급 포인터(Urgent Pointer)가 지시하는 긴급 데이터의 크기에 대해 설명하시오.

34 TCP의 Nagle 알고리즘을 설명하시오.

35 TCP의 연결 해제를 위한 4-way handshaking 과정에서 세그먼트 교환 과정을 설명하시오.

36 TCP 연결 해제 과정에서 마지막 ACK 송신후 시간-대기(Time-wait)이 필요한 이유를 설명하시오. 시간-대기를 하지 않을 경우 발생할 수 있는 문제점에 대해 설명하시오.

37 TCP는 쓰기(write)와 읽기(read) 동작을 통해 데이터를 송수신할 수 있는 데 비해 UDP는 목적지지정송신(sendto)과 출발지반환수신(recvfrom) 동작을 통해 데이터를 송수신해야 하는 이유를 설명하시오.

38 UDP에서 서버 포트 번호 할당 방식을 설명하시오.

39 UDP에서 클라이언트 포트 번호 할당 방식을 설명하시오.

40 TCP는 유니캐스트 전송만 지원하는 데 비해 UDP는 멀티캐스트 전송 지원이 가능한 이유를 설명하시오.

41 IP 주소 대신 도메인 이름을 사용하는 이유를 설명하시오.

42 DNS에서 루트 서버, 중간 서버, 책임 서버의 역할을 설명하시오.

43 도메인 해석 기법을 이름을 들고 각각에 대해 설명하시오.

Chapter 02 LINUX 시스템 프로그래밍 기초

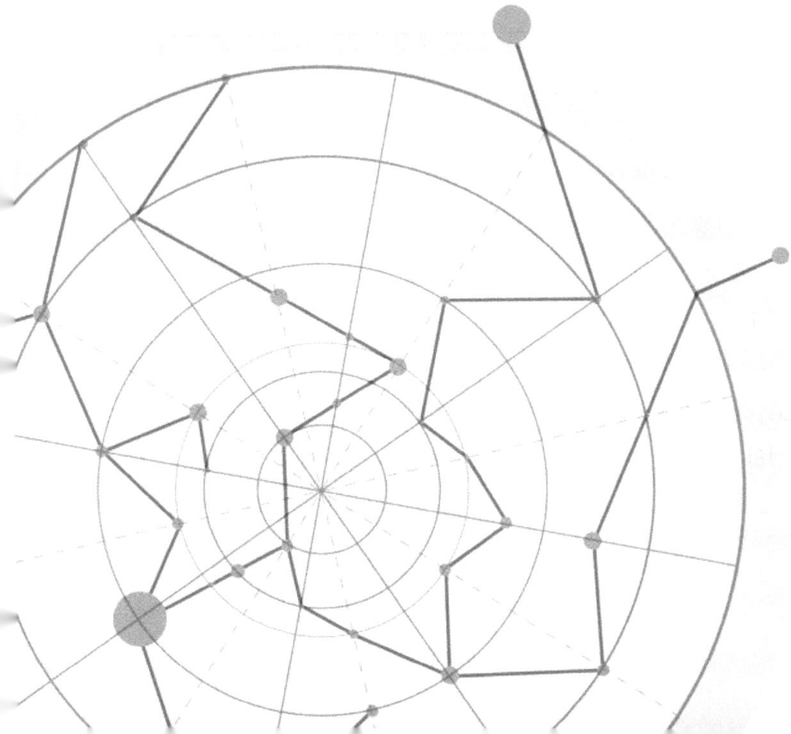

Network
Programming

Chapter 02

LINUX 시스템 프로그래밍 기초

이 장에서는 LINUX 환경에서 C 언어로 네트워크 프로그램 파일을 작성하고, 관리하고, 컴파일하고, 실행하는 데에 필요한 기초적인 사항들을 기술한다. 또한 이 장에서는 파일 입출력을 중심으로 LINUX 시스템 프로그래밍의 기본적인 사항들을 기술한다. LINUX 시스템 프로그래밍에 대해 이해하고 있는 독자는 이 장을 건너 뛰어도 된다.

2.1 LINUX 개요

2.1.1 로그인과 로그아웃

LINUX는 기본적으로 다수의 사용자를 동시에 지원하는 다중 사용자 시스템(Multiuser System)이다. 각 사용자가 LINUX를 사용하기 위해서는 먼저 관리자로부터 사용자 ID와 비밀부호를 할당 받아야 하고, 할당된 사용자 ID와 비밀 부호를 사용하여 로그인(Login)함으로써 LINUX 시스템에 대한 사용 권한을 부여 받는다. 로그인 한 사용자는 자신에게 부여된 권한 범위내에서 LINUX 시스템의 자원(파일, 프로세스 등)을 접근할 수 있다. 모든 자원에 대한 접근 권한을 가지고, 각 사용자의 접근 권한을 변경할 수 있는 권한을 가지는 사용자를 수퍼 사용자(Super User) 또는 루트(root)라 한다.

일단 사용자가 로그인하면 LINUX 시스템은 해당 사용자를 위한 디렉토리(Directory)를 할당하고 쉘(shell) 프로그램을 실행한다. 쉘 프로그램은 LINUX 명령어 해석기(Command Interpreter)로써 사용자가 쉘 프로그램에 명령어를 입력함으로써 파일, 디렉토리, 프로세스, 그리고 입출력 장치 등 LINUX 자원을 제어하고 관리할 수 있게 한다. 로그인 시에 부여된 디렉토리를 홈 디렉토리(Home Directory)라 한다. 홈 디렉토리내에서 사용자는 쉘 명령어를 사용하여 파일을 생성하고, 삭제하고, 복사 하는 등의 파일 관리 작업을 수행할 수 있으며, 새로운 하부 디렉토리를 생성하고 삭제할 수도 있다. 그리고 사용자는 셀 환경에서 gcc 컴파일러, vi 편집기와 같은 프로그램을 실행할 수 있다. <그림 2.1>은 pwd 명령을 통하여 로그인 후의 홈 디렉토리 경로명을 확인하는 예를 보여주고 있다. 사용자 ID가 'scpark'인 사용자가 로그인한 후의 홈 디렉토리의 경로명은 '/home/scpark'임을 보여준다.

그림 2.1 'pwd' 명령을 통한 홈 디렉토리 경로명 확인

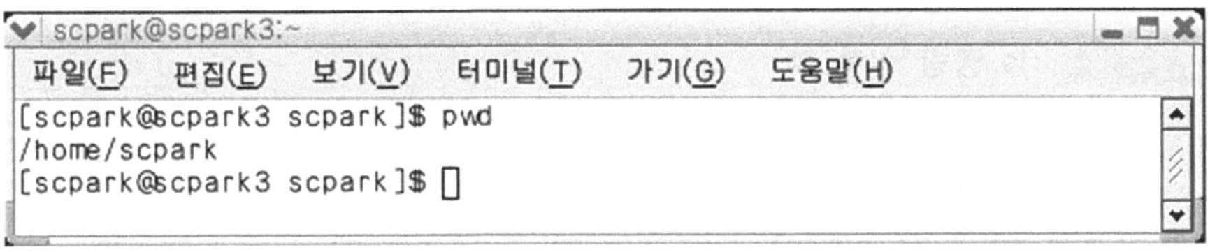

루트 사용자는 useradd 명령을 사용하여 새 사용자를 추가할 수 있다. 새 사용자의 비밀 부호(password) 지정은 passwd 명령을 사용한다. 〈그림 2.2〉는 useradd 명령을 통한 새 사용자 추가와 passwd 명령을 통한 비밀 부호 변경에 절차를 보여주고 있다. useradd 명령을 위한 실행 파일은 /usr/sbin 디렉토리에 존재한다. 환경 변수 PATH 설정을 통한 디렉토리 경로명 생략 방법에 대해서는 다음에 설명한다.

그림 2.2 'useradd' 명령과 'password' 명령

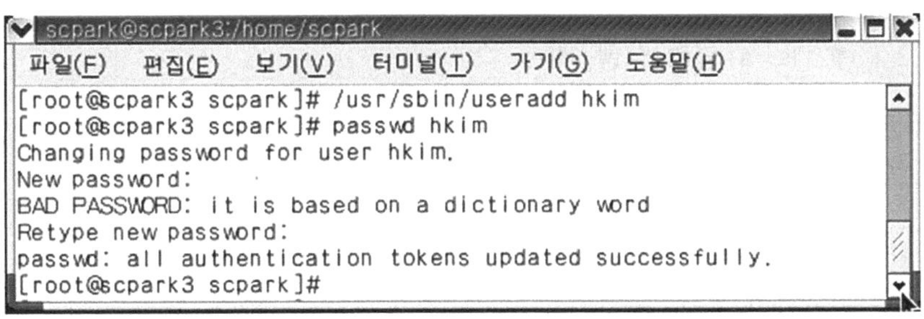

2.1.2 디렉토리 및 파일 관리

LINUX 파일 시스템은 계층적 디렉토리 구조로 이루어진다. 디렉토리는 파일 또는 하위 디렉토리에 관한 정보를 유지하는 특수 파일로써 각 디렉토리 엔트리는 파일명과 파일 속성(Attributes) 정보를 포함한다. 최상위 디렉토리는 루트(Root) 디렉토리로써 /로 표시되고, 특정 디렉토리와 하위 디렉토리와의 구분도 /로 표시된다. 〈그림 2.1〉의 '/home/scpark'는

루트 디렉토리(/)내에 위치하는 'home' 디렉토리내의 'scpark' 디렉토리를 의미한다.

특정 디렉토리내에 존재하는 엔트리(파일, 하위 디렉토리) 목록을 표시하는 명령어는 ls이다. 〈그림 2.3〉은 현재 디렉토리내의 엔트리 목록을 표시하는 ls 명령의 수행 결과의 예를 보여 주고 있다.

그림 2.3 ls 명령 실행 예

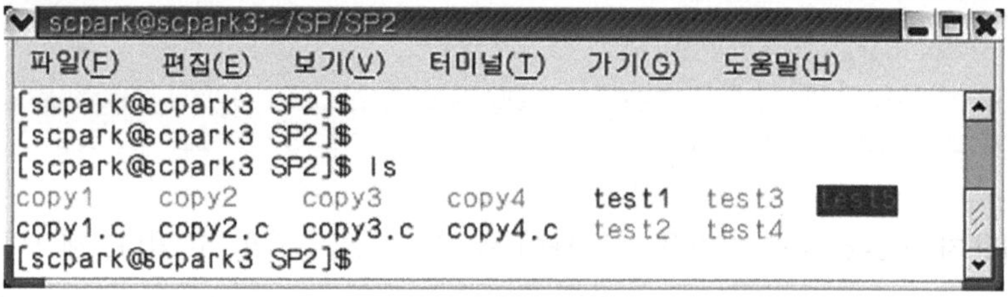

임의의 디렉토리내의 엔트리 목록을 표시하고자 할 때는 ls 명령 다음에 디렉토리명을 표시하면 된다. 〈그림 2.3〉에는 표시되지 않았지만 모든 디렉토리내에는 .과 ..으로 표시되는 2 개의 디렉토리를 포함한다. .은 현재 디렉토리, 즉 자기 자신을 표시하고, ..은 자신의 직속 상위 디렉토리(부모 디렉토리)를 표시한다.

그림 2.4 'ls -a' 명령 실행 예

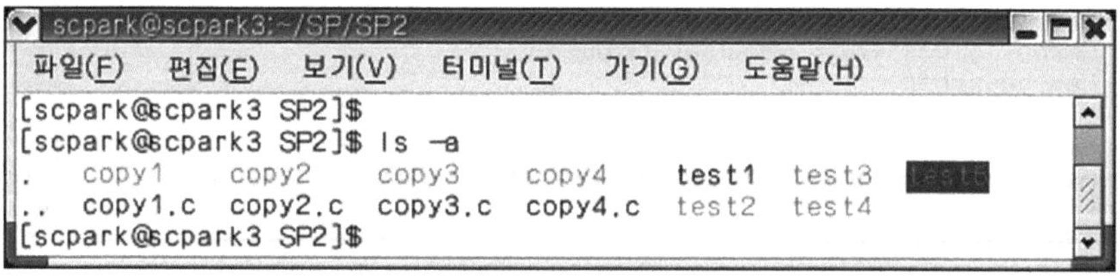

LINUX에서 .으로 시작하는 파일명은 숨김 파일명을 나타내는 바, 숨김 파일명을 포함한 모든 엔트리 목록을 표시하려면 ls 명령에 -a 옵션을 주어야 한다. 〈그림 2.4〉에는 .와 .. 디렉토리 엔트리가 표시되었음을 알 수 있다.

사용자는 cd 명령을 이용하여 현재 디렉토리를 변경할 수 있다. 〈그림 2.5〉는 현재 디렉토리 '/home/scpark/SP/SP2'에서 홈 디렉토리 '/home/scpark'으로 변경하는 cd 명령 실행예를 보여주고 있다. 특정 사용자의 홈 디렉토리는 ~로 표시할 수 있다. 따라서 cd ~

는 〈그림 2.5〉와 동일한 실행 결과를 가져온다. 만약 현재 디렉토리의 상위 디렉토리로 현재 디렉토리를 변경하고자 한다면 cd .. 명령을 입력하면 된다.

그림 2.5 'cd' 명령 실행 예

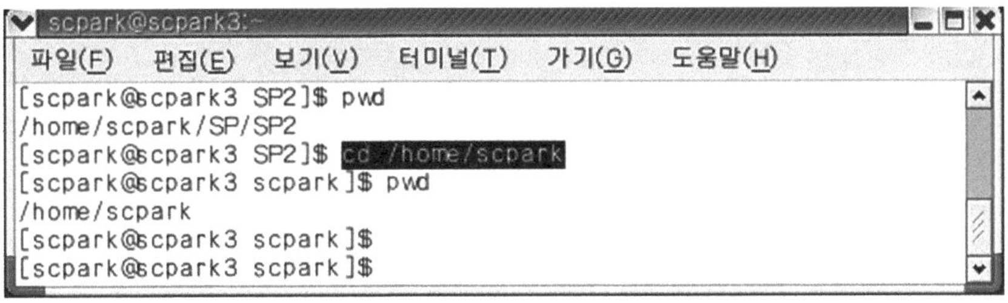

현재의 디렉토리내에 새로운 디렉토리를 생성하는 명령어는 mkdir이다. 그리고 기존의 디렉토리를 삭제하는 명령어는 rmdir이다. 〈그림 2.6〉은 현재 디렉토리내에 TEST 디렉토리를 생성하고, 다시 TEST 디렉토리를 삭제하는 명령의 예를 보여주고 있다. 참고로 rmdir 명령을 통해 삭제하고자 하는 디렉토리는 비어 있어야 한다. 즉 디렉토리를 삭제하기 전에 해당 디렉토리내의 모든 파일들을 먼저 삭제해야 한다.

그림 2.6 'mkdir'와 'rmdir' 명령 실행 예

cp file1 file2 명령은 file1을 file2로 복사하는 명령이다. file1과 file2는 같은 디렉토리내에 위치할 수도 있고 그렇지 않을 수도 있다. 파일 복사 명령을 수행하기 위해 사용자는 file1에 대한 '읽기' 권한을 가져야 하고, file2를 생성하는 디렉토리에 대한 '쓰기' 권한을 가

져야 한다. 디렉토리 엔트리(파일, 하부 디렉토리)에 대한 접근 권한은 `ls` 명령의 `-l` 옵션을 통해 확인할 수 있다.

그림 2.7 'cp' 명령 실행 예

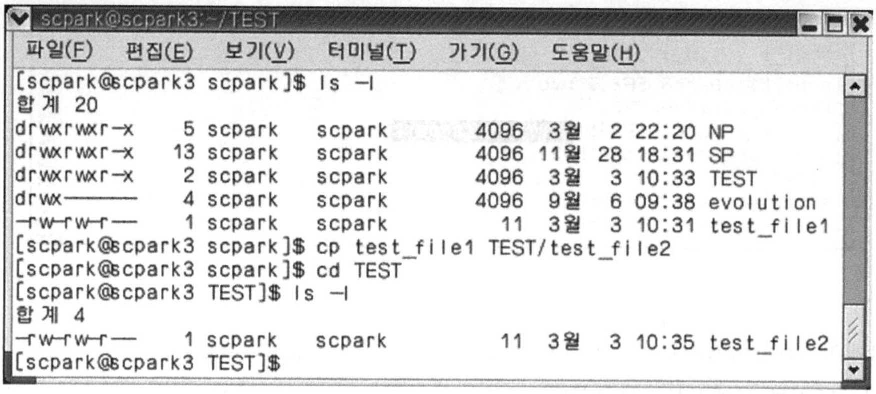

〈그림 2.7〉에서 `ls -l` 명령 실행 결과에서 첫 번째 열의 맨 처음 문자는 디렉토리내의 엔트리의 유형을 표시한다. 'd' 문자는 해당 엔트리가 디렉토리임을 표시하고, '-' 문자는 정규 파일임을 표시한다. 해당 엔트리에 대한 접근 권한은 다음 9개의 문자에 의해 표시된다. 9개 문자중 처음 3문자는 엔트리의 소유자의 읽기(r), 쓰기(w), 실행(x) 접근 권한을 표시하고, 다음 3문자는 그룹 사용자에 대한 접근 권한을, 마지막 3문자는 다른 사용자에 대한 접근 권한을 표시한다. 〈그림 2.7〉의 `ls -l` 명령 실행 결과 'TEST' 엔트리는 디렉토리를 표시함을 알 수 있고, 파일 소유자인 'scpark'과 'scpark'으로 명명된 그룹에 속한 사용자는 '읽기', '쓰기', '실행' 권한을 모두 가지고, 다른 사용자는 '읽기'와 '실행' 권한만을 가짐을 알 수 있다. 그리고 'test_file1' 엔트리는 정규 파일이고, 소유자와 그룹 사용자는 '읽기'와 '쓰기' 권한을 가지고, 다른 사용자는 단지 '읽기' 권한만을 가짐을 표시하고 있다.

따라서 소유자인 'scpark'은 `cp test_file1 TEST/test_file2` 명령을 사용하여 test_file1을 읽어서 TEST 디렉토리내에 test_file2로 복사할 수 있다.

`mv file1 file2` 명령은 file1을 file2로 이동시키는 명령이다. `cp file1 file` 명령에서는 file1을 유지한 채 file2를 지정된 위치에 생성하는 반면 `mv file1 file2` 명령에서는 file1을 file2로 이동시키므로 원래의 file1은 제거된다. 〈그림 2.8〉은 현재 디렉토리의 test_file1 파일을 TEST 디렉토리내에 test_file3으로 이동하는 명령의 실행 결과를 보여주고 있다.

그림 2.8 'mv' 명령 실행 예

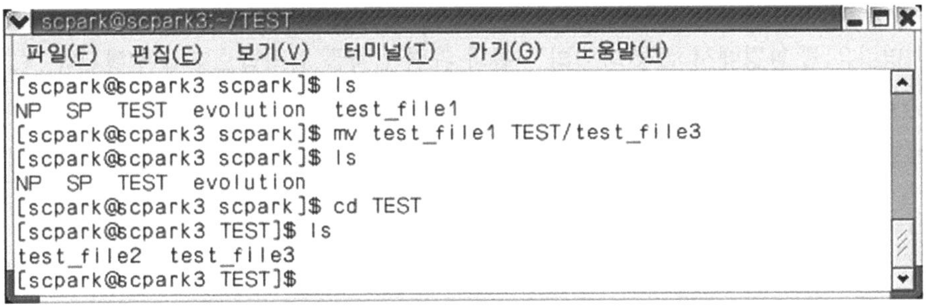

특정 파일을 삭제하는 명령은 rm이다. 사용자가 file1에 대해 쓰기 권한을 가지고 있을 경우 rm file1 명령을 통해 file1을 삭제할 수 있다. LINUX에서는 와일드 문자에 의한 파일 경로명 지정을 허용하는 데 경로명 지정에서 와일드 문자로 표시된 부분은 어떤 문자 또는 문자열과도 일치되는 것으로 간주된다. 예를 들어 *.o로 표시된 파일 경로명은 컴파일 결과 생성되는 오브젝트 파일의 확장자인 .o로 끝나는 모든 파일을 나타낸다.

그림 2.9 'rm' 명령 실행 예와 'rm' 명령에서 와일드 문자 사용 예

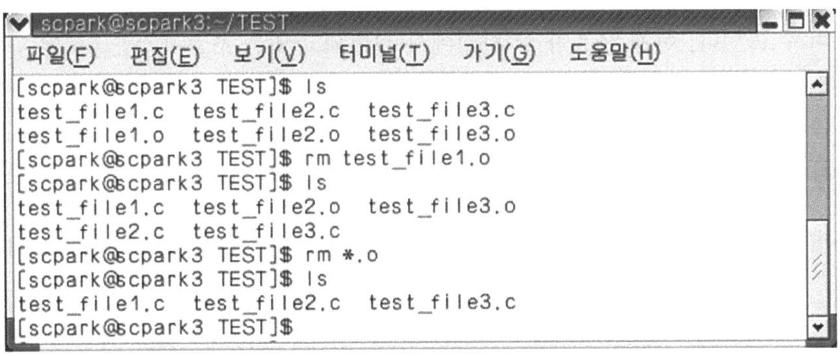

<그림 2.9>는 rm 명령의 실행 예를 보여주고 있다. rm 명령에서의 와일드 문자 사용은 다수의 파일을 한꺼번에 삭제하고자 할 때 유용하다. <그림 2.9>에서 rm *.o 명령은 현재 디렉토리내에서 .o 확장자로 끝나는 모든 파일을 삭제하게 한다.

2.1.3 프로세스 관리

프로세스(process)는 실행 프로그램이 실행되고 있는 상태를 말한다. 실행 프로그램의 실행 명령은 쉘 환경에서 실행 파일의 이름과 관련 인자를 입력함으로써 수행된다. <그림 2.10>은 쉘 환경인 명령어 입력 윈도우에서 대표적인 LINUX 편집기인 vi 실행 파일의 실행 예를 보여주고 있다.

그림 2.10 vi 실행 파일 실행 예

```
scpark@scpark3:~/TEST
파일(F)  편집(E)  보기(V)  터미널(T)  가기(G)  도움말(H)
[scpark@scpark3 TEST]$
[scpark@scpark3 TEST]$ vi test_file4.c
```

LINUX에서는 하나의 쉘 환경(명령어 입력 윈도우)에서 동시에 여러 개의 프로그램을 실행하는 것을 허용한다. 이 경우 먼저 실행되는 실행 프로그램은 이면 모드(Background Mode)로 실행되어야 한다. 이면 모드 실행은 실행 명령어의 끝에 & 문자를 입력함으써 가능하다.

<그림 2.11>은 현재 디렉토리(.)에 위치한 test_exe 실행 파일을 배경 모드로 실행한 예를 보여 주고 있다. 현재 사용자 쉘 환경에서 실행되고 있는 프로세스는 ps 명령을 통해 확인할 수 있다.

그림 2.11 프로세스 관리 명령 실행 예

```
scpark@scpark3:~/TEST
파일(F)  편집(E)  보기(V)  터미널(T)  가기(G)  도움말(H)
[scpark@scpark3 TEST]$
[scpark@scpark3 TEST]$ ./test_exe &
[1] 2088
[scpark@scpark3 TEST]$ ps
  PID TTY          TIME CMD
 2036 pts/0    00:00:01 bash
 2088 pts/0    00:00:01 test_exe
 2089 pts/0    00:00:00 ps
[scpark@scpark3 TEST]$ kill -9 2088
[scpark@scpark3 TEST]$ ps
  PID TTY          TIME CMD
 2036 pts/0    00:00:01 bash
 2090 pts/0    00:00:00 ps
[1]+  죽었음                  ./test_exe
[scpark@scpark3 TEST]$
```

<그림 2.11>에서 ps 명령의 실행 결과 현재의 쉘 환경에 test_exe 프로세스를 포함하여 3개의 프로세스가 실행 중임을 보여주고 있다. bash 프로세스는 쉘 프로세스를 나타내고, ps 프로세스는 ps 실행 파일 실행 결과 생성된 프로세스이다. ps 명령 실행 결과에 첫 번째 열은 해당 프로세스의 ID를 나타낸다. 특정 ID의 프로세스는 kill -9 명령을 통해 제거될 수 있다.

2.1.4 네트워크 관리

컴퓨터가 네트워크(인터넷)을 통해 외부와 통신하기 위해서는 기본적으로 이더넷과 같은 물리적인 네트워크에 연결되어야 하고 IP 주소를 가져야 한다. 현재 사용중인 컴퓨터의 물리적 네트워크의 종류와 IP 주소, 그리고 현재 네트워크 상태 정보는 ifconfig 명령을 통해 확인할 수 있다.

<그림 2.12>는 ifconfig 명령의 실행 예를 보여주고 있다. 예제의 컴퓨터는 eth0와 lo 인터페이스를 통해 네트워크에 연결되어 있음을 보이고 있으며, eth0은 Ethernet 인터페이스를 나타내고, lo는 자기 자신으로 데이터를 되돌리는 Loopback 인터페이스를 나타낸다. eth0 이더넷 인터페이스에 할당되는 IP 주소는 220.68.70.242가 할당되어 있으며, Netmask는 255.255.255.0임을 보여준다. Loopback 인터페이스를 위한 IP 주소는 특수 주소로써 127.0.0.1이 할당된다.

그림 2.12 'ifconfig' 명령 실행 예

```
scpark@scpark3:~
파일(F)  편집(E)  보기(V)  터미널(T)  가기(G)  도움말(H)
[scpark@scpark3 scpark]$ ifconfig
eth0      Link encap:Ethernet  HWaddr 00:0C:29:1E:68:4E
          inet addr:220.68.70.242  Bcast:220.68.70.255  Mask:255.255.255.0
          UP BROADCAST RUNNING MULTICAST  MTU:1500  Metric:1
          RX packets:26101 errors:0 dropped:0 overruns:0 frame:0
          TX packets:55 errors:0 dropped:0 overruns:0 carrier:0
          collisions:0 txqueuelen:100
          RX bytes:2468011 (2.3 Mb)  TX bytes:4417 (4.3 Kb)
          Interrupt:10 Base address:0x10e0

lo        Link encap:Local Loopback
          inet addr:127.0.0.1  Mask:255.0.0.0
          UP LOOPBACK RUNNING  MTU:16436  Metric:1
          RX packets:45834 errors:0 dropped:0 overruns:0 frame:0
          TX packets:45834 errors:0 dropped:0 overruns:0 carrier:0
          collisions:0 txqueuelen:0
          RX bytes:3114585 (2.9 Mb)  TX bytes:3114585 (2.9 Mb)

[scpark@scpark3 scpark]$
```

ifconfig 명령 실행 파일은 /sbin 디렉토리내에 존재하나, PATH 환경 변수에 /sbin 이 포함되어 있으면 /sbin/ifconfig 대신 ifconfig을 사용할 수 있다. 환경 변수에 정의된 값들은 printenv 명령을 통해 확인할 수 있다. 그리고 PATH 환경 변수에 /sbin 디렉토리가 정의되어 있지 않으면 export 명령을 통해 추가할 수 있다. 〈그림 2.13〉은 printenv 명령의 실행 결과와 export 명령을 통한 PATH 환경 변수의 값 추가 정의를 보여주고 있다.

그림 2.13 'printenv'와 'export' 명령 실행 결과

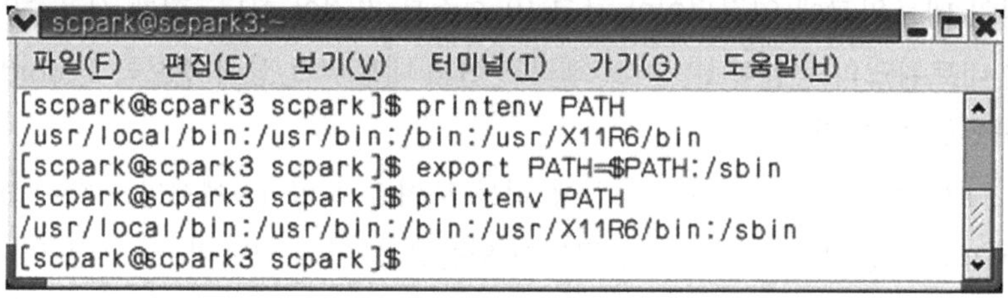

```
scpark@scpark3:~
파일(F)  편집(E)  보기(V)  터미널(T)  가기(G)  도움말(H)
[scpark@scpark3 scpark]$ printenv PATH
/usr/local/bin:/usr/bin:/bin:/usr/X11R6/bin
[scpark@scpark3 scpark]$ export PATH=$PATH:/sbin
[scpark@scpark3 scpark]$ printenv PATH
/usr/local/bin:/usr/bin:/bin:/usr/X11R6/bin:/sbin
[scpark@scpark3 scpark]$
```

통신하고자 하는 상대방 호스트의 동작 여부는 ping 명령을 통해 확인할 수 있다. 〈그림 2.14〉는 ping 명령의 실행 예를 보여주고 있다. ping 명령의 인자는 IP 주소 대신 호스트 도메인 이름을 사용할 수도 있다.

그림 2.14 'ping' 명령 실행 예

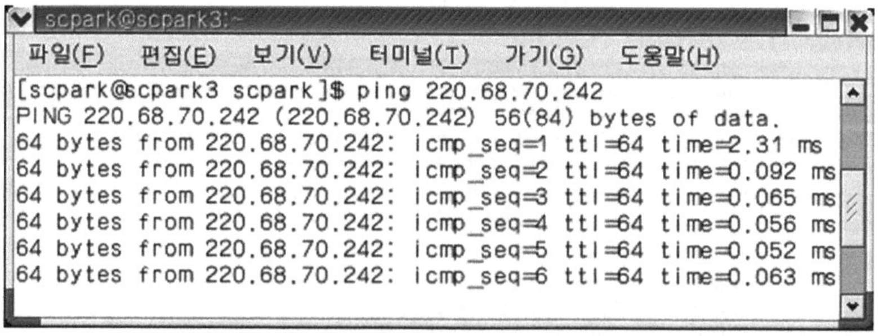

```
scpark@scpark3:~
파일(F)  편집(E)  보기(V)  터미널(T)  가기(G)  도움말(H)
[scpark@scpark3 scpark]$ ping 220.68.70.242
PING 220.68.70.242 (220.68.70.242) 56(84) bytes of data.
64 bytes from 220.68.70.242: icmp_seq=1 ttl=64 time=2.31 ms
64 bytes from 220.68.70.242: icmp_seq=2 ttl=64 time=0.092 ms
64 bytes from 220.68.70.242: icmp_seq=3 ttl=64 time=0.065 ms
64 bytes from 220.68.70.242: icmp_seq=4 ttl=64 time=0.056 ms
64 bytes from 220.68.70.242: icmp_seq=5 ttl=64 time=0.052 ms
64 bytes from 220.68.70.242: icmp_seq=6 ttl=64 time=0.063 ms
```

호스트의 도메인 이름에 대한 IP 주소 정보는 host 명령을 통해 확인할 수 있다. host 명령은 DNS(Domain Name System)을 사용하여 특정 도메인 이름 서버에 등록된 호스트

의 IP 주소 정보를 제공한다. <그림 2.15>는 한국기술교육대학교 홈 페이지가 탑재된 호스트 컴퓨터 www.kut.ac.kr에 대한 host 명령 실행 결과를 보여주고 있다.

그림 2.15 'host' 명령 실행 결과

원격지 컴퓨터에 ID를 가지고 있는 사용자는 telnet 명령을 사용하여 원격 컴퓨터에 로그인할 수 있다. telnet 명령 수행을 위해 원격 컴퓨터는 telnet 서버를 구동하고 있어야 하고, 지역 컴퓨터의 telnet 클라이언트가 사용자 ID와 비밀 부호를 telnet 서버에 전달함으로써 원격 로그인을 요청한다. <그림 2.16>은 telnet 명령의 실행 결과를 보여주고 있다. telnet 명령의 문제점은 클라이언트와 서버간에 교환되는 정보가 암호화되지 않기 때문에 보안에 취약하다. telnet 명령 대신 ssh 명령을 사용하면 안전하게 원격 로그인을 수행할 수 있다. ssh 명령 사용법은 telnet 명령과 유사하다.

그림 2.16 'telnet' 명령 실행 결과

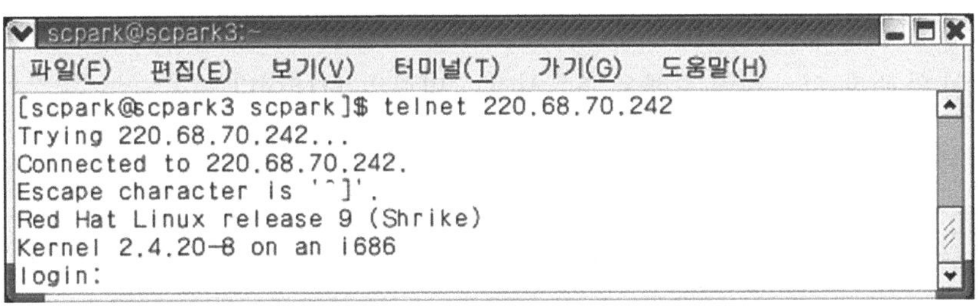

ftp 명령은 원격 컴퓨터의 파일 시스템에 접근하여 지역 파일 시스템과 원격 파일 시스템간 파일을 교환할 수 있게 한다. telnet과 마찬가지로 ftp도 접속하고자 하는 원격 컴퓨터에 ftp 서버가 구동되고 있어야 한다. <그림 2.17>은 ftp 명령 실행 예를 보여주고 있다.

그림 2.17 'ftp' 명령 실행 절차

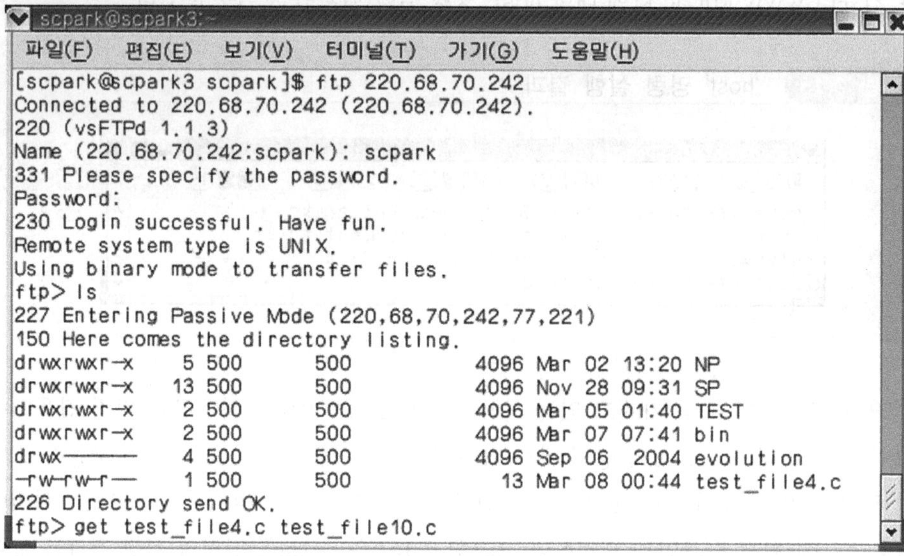

telnet 명령과 마찬가지로 ftp 명령도 사용자 ID와 비밀 부호를 통한 사용자 인증을 요구한다. 사용자 인증이 완료되면 해당 사용자는 원격 컴퓨터의 자신의 홈 디렉토리를 접근한다. 원격 파일 시스템 디렉토리의 엔트리 목록은 ls 명령을 통해 확인할 수 있다. 원격 파일 시스템의 파일을 지역 파일 시스템으로 전송하기 위한 명령은 get이다. 반대로 지역 파일 시스템의 파일을 원격 파일 시스템으로 전송하기 위한 명령은 put이다. 파일 전송 작업 완료 후 ftp 명령 수행을 종료시키는 명령은 quit이다.

2.2 Vi 편집기

vi 또는 vim은 LINUX 환경에서 프로그래밍 파일 작성을 위한 대표적인 편집 실행 파일이다. vim은 vi improved의 약자로 현재 vi 명령은 vim 실행 파일을 실행한다. C 프로그래밍 언어로 test_file.c 파일을 작성하고 하는 경우 사용자는 vi test_file.c 명령을 입력한다.

그림 2.18 'vi test_file.c' 실행 초기 화면

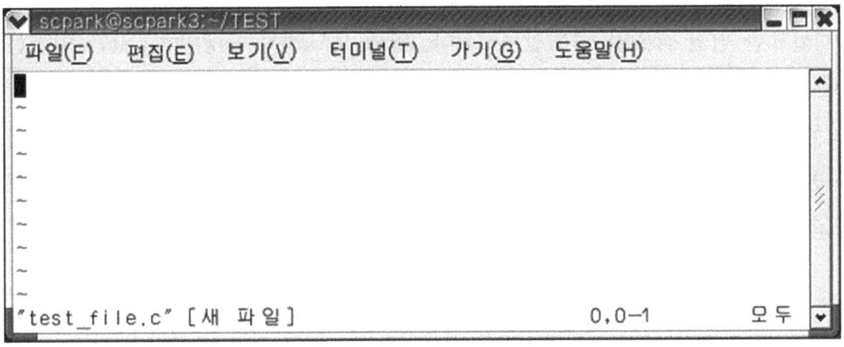

기존에 test_file.c 파일이 존재하는 경우 vi는 기존 파일을 개방하여 편집할 수 있게 하고, 파일이 존재하지 않는 경우 새로운 파일을 생성한 다음 편집할 수 있게 한다. 〈그림 2.18〉은 vi test_file.c 명령 실행 결과를 보여주고 있다. 여기서 test_file.c 파일은 새로운 파일이다.

vi 편집기는 명령 모드, 입력 모드, 그리고 ex 모드로 동작할 수 있다. vi 편집기를 처음 실행하면 명령 모드 상태에서 동작한다. vi 편집기로 파일에 데이터를 입력하려면 입력 모드로 변경해야 한다. 명령 모드에서 입력 모드로 변경하기 위한 대표적인 명령은 i이다. 입력 모드에서 사용자는 키보드를 통하여 데이터를 파일에 입력할 수 있다. 〈그림 2.19〉는 입력 모드에서 데이터 입력 실행 예를 보여준다. 입력 화면의 맨 아래쪽 중간의 숫자는 각각 현재 커서가 위치한 줄과 행을 표시하고 있다.

그림 2.19 입력 모드에서 데이터 입력

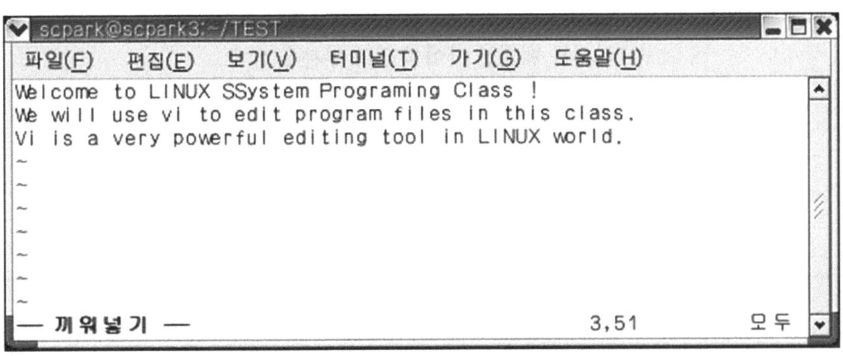

입력한 내용의 편집은 명령 모드에서 이루어진다. 입력 모드에서 편집 모드로의 전환은 〈ESC〉 키를 통해 이루어진다. 일단 〈ESC〉 키를 눌러 명령 모드로 전환하면 다양한 명령을 통해 필요한 편집 작업을 수행할 수 있다. 명령 모드에서 수행할 수 있는 명령은 커서(cursor) 이동, 삭제, 치환, 복사, 붙여넣기, 모드 변경 명령등을 포함한다.

먼저 커서(cursor) 이동 명령은 다음과 같다. 명령 모드에서 기본적인 커서 이동은 방향키를 사용하지만 사용하기가 편리한 h,j,k,l 키를 사용할 수도 있다. 페이지 단위로 커서를 이동하고자 하는 경우에는 [PageUp], [PageDown] 키를 사용할 수도 있다.

〈표 2.1〉 커서 이동 명령

명령	의미
h, 왼쪽 방향키	왼쪽으로 이동
l, 오른쪽 방향키	오른쪽으로 이동
j, 아래쪽 방향키	아래쪽으로 이동
k, 위쪽 방향키	위쪽으로 이동

삭제 명령은 〈표 2.2〉와 같이 정리될 수 있다. 커서가 위치한 한 문자를 지우려면 'x'키를 누르면 되고, 커서가 위치한 문자를 연속적으로 지우려면 'x'키를 반복해서 누르면 된다. 나머지 삭제 명령은 〈표 2.2〉의 의미란을 참고하기 바란다.

〈표 2.2〉 삭제 명령

명령	의미
x	커서가 위치한 문자를 삭제
dw	커서를 포함한 단어의 오른쪽 부분을 삭제
db	커서를 제외한 단어의 왼쪽 부분을 삭제
d$	커서로부터 줄의 끝까지 삭제
d0	커서로부터 줄의 처음까지 삭제
dd	커서가 위치한 한 줄을 삭제
숫자dd	커서가 위치한 줄을 포함하여 숫자만큼의 줄을 삭제

Vi 편집기는 유용한 치환 명령을 포함한다. 치환 명령은 〈표 2.3〉과 같이 정리될 수 있다. r 명령은 커서가 위치한 문자를 다른 문자로 치환한다. ~ 명령은 커서가 위치한 문자가 대문자이면 소문자로 치환하고 소문자이면 대문자로 치환한다. 그리고 cw와 c$ 명령은 치환 명령과 입력 모드로의 전환 명령을 동시에 지시하는 명령이다. cw 명령은 커서가 위치한 단어의 오른쪽 내용을 다른 내용으로 치환하고자 할 때 사용하고, c$ 명령은 커서로부터 줄의 끝까지의 내용을 다른 내용으로 치환하고자 할 때 사용한다. cw와 c$ 명령은 실행 모드를 입력 모드로 전환한다.

〈표 2.3〉 **치환 명령**

명령	의미
r문자	현재 커서가 위치한 문자를 주어진 문자로 치환
~	커서가 위치한 문자의 대소문자 변경
cw단어	커서로부터 단어끝까지의 내용을 주어진 단어로 치환, 입력 모드로 전환
c$줄	커서로부터 줄끝까지의 내용을 주어진 줄로 치환, 입력 모드로 전환

프로그램 파일 작성시 유사한 부분을 반복해서 작성할 필요가 있는 경우 복사 및 붙여넣기 명령이 유용하게 사용될 수 있다. 〈표 2.4〉는 복사 및 붙여넣기 명령을 보여주고 있다.

〈표 2.4〉 **복사 및 붙여넣기 명령**

명령	의미
yy	커서가 위치한 한 줄을 복사
숫자yy	커서가 위치한 줄로부터 숫자의 줄만큼 복사
p	복사한 내용을 현재 커서 다음 줄에서부터 붙여 넣음
숫자p	복사한 내용을 현재 커서 다음 줄에서부터 숫자만큼 반복해서 붙여 넣음

명령 모드에서 입력 모드로 전환하기 위한 모드 변경 명령은 〈표 2.5〉와 같다.

〈표 2.5〉 입력 모드로 전환 명령

명령	의미
i	커서 앞에 입력
a	커서 다음에 입력
o	다음 줄 처음부터 입력
O	윗 줄 처음부터 입력
I	현재 줄 처음부터 입력
A	현재 줄 끝부터 입력

편집한 파일의 저장과 편집 작업의 종료는 ZZ 명령으로 수행할 수 있으나 많은 경우 ex 모드에서 실행한다. 명령 모드에서 ex 모드로의 전환 키는 : 이다. 〈그림 2.20〉은 명령 모드에서 ex 모드로 전환한 상태에서 편집한 내용을 저장하기 위한 ex 명령 w를 입력한 상태를 보여준다.

그림 2.20 ex 모드로의 전환 상태

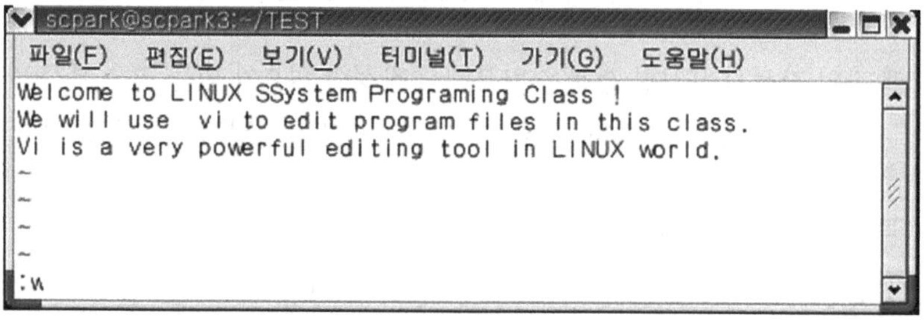

ex 모드에서의 저장과 편집 종료와 관련된 명령은 〈표 2.6〉과 같다. :w 명령은 현재의 편집 내용을 파일에 저장한다. 그리고 vi 편집기는 기타 많은 명령을 포함하고 있으나 여기서는 LINUX 환경에서 프로그래밍을 위한 가장 기초적인 명령들만 소개하였다. 보다 구체적인 내용은 vi 편집기 관련 전문 서적을 참고하기 바란다.

〈표 2.6〉 저장과 종료 관련 ex 명령

명령	의미
:w	현재 편집 내용 저장
:w filename	현재 편집 내용을 filename 파일에 저장
:wq	현재 편집 내용을 저장하고 종료
:q	편집 종료
:q!	강제 편집 종료

2.3 gcc 컴파일러

LINUX 환경에서 C 언어를 위한 대표적인 컴파일러는 gcc이다. gcc를 이용한 컴파일 작업은 크게 나누어 〈그림 2.21〉과 같이 3단계로 이루어 진다. 전처리 단계에서는 #define으로 정의되는 매크로와 #include, #if와 같은 지시자를 해석하여 실제로 컴파일될 소스 코드를 만든다. 컴파일 단계에서는 소스 코드에 대응되는 기계어 코드인 오브젝트 코드를 생성한다. 마지막으로 링크 단계에서는 여러 개의 오브젝트 코드를 모아 실행 코드를 생성한다. 컴파일 단계와 링크 단계를 구분하는 이유는 공통적으로 사용되는 오브젝트 코드를 미리 생성해 두고, 필요할 때 컴파일 없이 단지 링크 작업만으로 실행 코드에서 사용될 수 있게 하기 위함이다.

그림 2.21 컴파일러 실행 과정

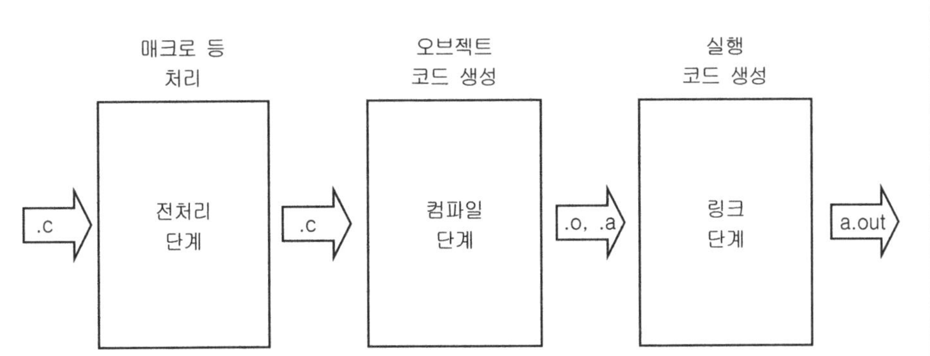

특정 소스 코드를 컴파일한 오브젝트 코드는 소스 코드 파일과 동일한 파일 이름에 .o 확장자를 붙인 파일에 생성된다. .a 확장자로 끝나는 오브젝트 파일은 공동적으로 사용될 수 있는 c 함수들을 정의한 다수의 오브젝트 파일을 묶어둔 오브젝트 파일로써 라이브러리(library)라 한다. 라이브러리는 유사한 기능의 오브젝트 파일을 통합적으로 관리할 수 있게 한다.

gcc 컴파일러를 사용하여 오브젝트 코드를 생성하는 옵션은 -c이다. gcc -c 명령을 통한 오브젝트 코드 생성 단계에 대한 예를 들어 보자.

```
%gcc -c test_file1.c
%gcc -c test_file2.c
%gcc -c test_file3.c
```

위와 같이 컴파일 작업을 수행하면 test_file1.o, test_file2.o, test_file3.o 오브젝트 파일이 생성된다. 앞에서 컴파일된 오브젝트 파일들을 링크하여 하나의 실행 코드를 생성하는 명령은 다음과 같다.

```
%gcc -o test test_file1.o test_file2.o test_file3.o
```

-o 옵션은 실행 코드를 저장할 파일 이름을 지정한다. 위 실행 예에서 test_file1.o, test_file2.o, test_file3.o를 링크하여 test라는 실행 파일을 생성한다. 만약 -o 옵션을 지정하지 않으면 a.out이라는 이름의 실행 파일을 생성한다. C 언어 소스 코드에 대한 gcc 실행시에 아무런 옵션을 지정하지 않거나 -o 옵션으로 실행을 명령하면, 전처리 단계, 컴파일 단계, 그리고 링크 단계를 모두 실행하여 실행 파일을 생성하고 오브젝트 파일은 생성하지 않는다. 즉, 아래 실행 명령에서는 오브젝트 파일들이 생성되지 않고 단지 test라는 실행 파일만 생성된다. 이 경우 개별적인 오브젝트 파일이 존재하지 않기 때문에 일부 파일을 변경하는 경우에도 전체 파일을 컴파일해야 하는 문제점이 발생한다.

```
%gcc -o test test_file1.c test_file2.c test_file3.c
```

C 언어 프로그램은 미리 라이브러리로 만들어진 함수를 사용함으로써 편리하게 작성될 수 있다. C 언어를 사용한 시스템 프로그램 작성에서 많이 사용되는 라이브러리 함수는

printf(), scanf()와 같은 표준 입출력 함수이며, LINUX 커널이 제공하는 파일 시스템 제어, 프로세스 제어, 네트워크 제어 기능을 접근할 수 있게 하는 시스템 콜 함수 라이브러리도 많이 사용된다. gcc 컴파일러는 이러한 기본 라이브러리 파일을 별도의 지시없이 자동으로 링크해 준다. 반면 특수한 라이브러리 함수를 사하고자 하는 경우는 해당 함수를 포함하는 라이브러리 파일을 링크해야 한다. LINUX에서는 공통적으로 사용될 수 있는 많은 라이브러리 파일들에게 일관성있는 이름을 제공한다. 예를 들면 C 언어에서 사용되는 기본 라이브러리는 libc.a, 수학 라이브러리는 libm.a 파일로 제공된다. 이러한 시스템에서 제공되는 라이브러리 파일들은 주로 '/lib', '/usr/lib', '/usr/local/lib' 디렉토리에 유지하여 링크시에 쉽게 검색할 수 있게 한다. 수학 라이브러리와 같이 자동으로 링크되지 않는 라이브러리 링크 지시 옵션은 '-l'이다. 다음 예제는 수학 라이브러리 링크하는 컴파일러 실행 명령의 예이다.

```
% gcc -o plot main.o plot_line.o -lm
```

시스템 라이브러리 이름 지정은 공통적인 이름인 'lib'와 '.a' 확장자를 제외한 나머지만 지정한다. 따라서 위의 예에서 -lm 옵션은 -llibm.a과 같다. 위의 -lm 옵션의 정확한 의미는 시스템 라이브러리 파일 저장 디렉토리(/lib, /usr/lib, /usr/local/lib)로부터 libm.a 라이브러리 파일을 링크하라는 것이다. 만약 링크하고자 하는 라이브러리가 다른 디렉토리에 존재하는 경우 라이브러리 파일이 존재하는 디렉토리의 경로 이름을 지정해야 한다. 예를 들면 대규모 프로그램 개발시에 공통적으로 사용하는 함수들을 별도의 라이브러리로 만들어 사용할 수 있다. 이 경우 해당 라이브러리 파일이 위치한 디렉토리를 명시해서 링크를 명령해야 한다. 라이브러리 파일을 탐색할 디렉토리 추가 옵션은 '-L'이다. 다음 예제는 'libmyfilelib.a' 라이브러리 파일을 링크하도록 지시한다. 여기서 -L. 옵션은 'libmyfilelib.a' 파일의 위치가 현재 디렉토리('.')임을 표시한다.

```
%gcc -o file_io_test my_file_io_main.c -lmyfilelib -L.
```

새로운 라이브러리를 만들기 위한 명령은 ar rs libname list-of-objectfiles이다. 여기서 옵션 r은 'libname' 파일에 list-of-objectfiles 추가를 지시한다. 만약 'libname' 파일이 없으면 새로운 파일을 생성한다. 옵션 s는 'libname'에 포함된 오브젝트 파일들에 대한 인덱스 갱신 또는 생성을 지시하는 명령이다. 이 인덱스를 사용하여 'libname'에 어떤 오브젝트 파일들이 존재하는 지를 파악할 수 있다. 다음 예제는 libmyfilelib.a 라이브러리 작성을 지시한다.

```
%gcc -c my_file_read.c my_file_write.c my_file_seek.c
%ar rs libmyfilelib.a my_file_read.o my_file_write.o my_file_seek.o
```

라이브러리에 정의된 함수에 관한 정보는 헤더 파일 정의를 통해 제공한다. 예를 들어 위의 libmyfilelib.a에 정의된 함수들을 'myfile.h' 헤더 파일에 선언하고, my_file_io_main.c 프로그램 작성시에 'myfile.h' 헤더 파일을 include함으로써 libmyfilelib.a에 정의된 함수들을 사용할 수 있게 한다. 라이브러리 파일이 존재하는 디렉토리를 지정하는 '-L' 옵션과 유사하게 헤더 파일이 존재하는 위치는 '-I' 옵션을 통해 지정한다. 다음 예제는 'myfile.h' 헤더 파일을 현재 디렉토리를에서 탐색할 것을 지시한다.

```
%gcc -o file_io_test my_file_io_main.c -lmyfilelib -L. -I.
```

2.4 make

일반적으로 규모가 큰 프로그램은 다수의 개발자에 의해 많은 수의 파일로 나뉘어 개발되고, 기존에 작성된 파일들을 사용하여 새로운 프로그램을 개발한다. 다수의 개발자가 작성한 많은 파일들이 통합되어 하나의 실행 파일로 만들어 지는 것이다. 개발에 참여하는 인원이 많아지고 실행 파일을 구성하는 파일의 수가 많아질수록 개별적인 파일들을 컴파일하여 하나의 실행 파일을 만드는 과정은 매우 복잡해진다. 특히 수정과 시험을 반복해야 할 필요가 있을 경우, 수정된 파일과 수정되지 않은 파일을 구분하여 수정된 파일들에 대해서만 컴파일하는 등 전체적인 컴파일 작업을 효율적으로 수행하기가 매우 어려워진다.

make는 복잡한 컴파일 작업을 자동화하는 도구이다. 컴파일 작업 내용을 makefile 또는 Makefile에 기록하고, make 도구가 makefile 또는 Makefile의 지시에 따라 컴파일 작업을 수행하게 함으로써 개발자가 컴파일 작업을 수동적으로 수행할 필요가 없게 한다. 따라서 make를 잘 활용하면 반복적인 컴파일 작업을 피할 수 있게 하고, 불필요한 컴파일 작업을 줄여주어 프로그래밍 작업의 효율을 크게 높일 수 있다.

컴파일 작업을 지시하는 makefile은 타겟(target)을 만들기 위한 명령의 집합으로 기술된다. 타겟은 make가 수행해야 할 작업의 이름 또는 목표 파일의 이름이다. 타겟은 여러 개가 정의될 수 있다. 특정 타겟은 다른 하위 타겟들에 의존할 수 있다. 타겟 생성을 위한 명령 집합은 타겟 파일이 존재하지 않거나 의존 하는 하위 타켓 파일중의 일부 또는 전부가 갱신될 때만 수행된다. 하위 타겟은 또 다른 하위 타겟에 의존할 수 있으므로 타겟의 의존성은 재귀적으로 표현된다. 일반적으로 makefile은 〈리스트 2.1〉 같이 구성된다.

〈리스트 2.1〉 makefile 문법

```
1  # '#'로 시작하는 문장은 주석이다.
2  # target1이 의존하는 하위 타켓 기술
3  target1 : sub_target1, …, sub_targetN
4  # target1을 만들기 위한 명령 예
5       gcc -o …
6  # sub_target1의 의존성 기술
7  sub_target1 : …
8  #sub_target1을 만들기 위한 명령 예
9       gcc -c …
…
10  #sub_targetN의 의존성 기술
2  sub_targetN : …
12  #sub_targetN을 만들기 위한 명령
13      gcc -c …

14  # target2가 의존하는 하위 타켓 기술
15  target2 : …
16  # target2를 만들기 위한 명령 예
17      gcc -o …
```

위 예제의 3번째 행은 target1이 하위 타겟인 sub_target1, …, sub_targetN에 의존함으로 표시하고, sub_target1, …, sub_targetN 중에 하나라도 변경되면 target1은 새로 만들어져야 한다는 것을 의미한다. 의존성이 다음과 같이 기술되면 file_io_target 타겟은 my_file_io_main.o, my_file_read.o, my_file_write.o, my_file_seek.o 오브젝트 파일에 의존하므로 해당 오브젝트 파일들이 변경되면 file_io_target을 다시 만들어야 한다는 것을 표시한다. \는 다음 줄을 같은 줄로 취급하라는 표시이다.

```
file_io_test : my_file_io_main.o my_file_read.o my_file_write.o \
               my_file_seek.o
```

타겟을 만들기 위한 명령은 주로 다양한 옵션의 컴파일 명령이 사용된다. 물론 앞에서 설명한 라이브러리 생성 명령인 ar을 포함한 다른 명령들이 사용될 수도 있다. 위의 file_io_test 타겟을 만들기 위한 명령의 예는 다음과 같다.

```
gcc -o file_io_test my_file_io_main.o my_file_read.o \
my_file_write.o my_file_seek.o
```

my_file_io_main.o 오브젝트 파일은 my_file_io_main.c 소스 파일이 변경되면 다시 만들어져야 한다. 즉, my_file_io_main.o는 my_file_io_main.c에 의존한다. 따라서 my_file_io_main.o 타겟을 위한 의존성과 생성을 위한 명령은 다음과 같이 주어질 수 있다.

```
my_file_io_main.o : my_file_io_main.c
gcc -c my_file_io_main.c
```

위에 주어진 의존성과 생성 명령은 my_file_read.o, my_file_write.o, my_file_seek.o에도 동일하게 적용되므로 다음과 같은 의존성과 명령 기술이 필요하다.

```
my_file_read.o : my_file_read.c
gcc -c my_file_read.c

my_file_write.o : my_file_write.c
gcc -c my_file_write.c
my_file_seek.o : my_file_seek.c
gcc -c my_file_seek.c
```

일반적으로 makefile 기술에서 공통적으로 정의되는 타켓중의 하나는 clean이다. clean 타겟은 말 그대로 지저분한 파일들을 정리하고 새롭게 컴파일 작업을 할 수 있는 환경을 만드는 작업이다. 대체로 clean 타겟은 기존에 존재하는 오브젝트 파일이나 실행 파일을 모두 삭제함으로써 컴파일 작업을 처음부터 시작할 수 있게 한다. clean 타겟의 예는 다음과 같다. clean 타겟은 특별한 의존성이 없다.

```
clean :
        rm *.o file_io_test
```

앞에서 예제로 설명한 내용을 정리하면 다음과 같은 makefile이 될 것이다.

〈리스트 2.2〉 makefile 예

```
file_io_test : my_file_io_main.o my_file_read.o my_file_write.o \
               my_file_seek.o
gcc -o file_io_test my_file_io_main.o my_file_read.o \
                    my_file_write.o my_file_seek.o
my_file_io_main.o : my_file_io_main.c
        gcc -c my_file_io_main.c
my_file_read.o : my_file_read.c
        gcc -c my_file_read.c
my_file_write.o : my_file_write.c
        gcc -c my_file_write.c
my_file_seek.o : my_file_seek.c
        gcc -c my_file_seek.c
clean :
        rm *.o file_io_test
```

make의 실행은 make 타겟 형태로 이루어진다. 그리고 make는 재귀적으로 동작하여 타겟을 만드는 데 필요한 모든 하위 타켓이 갱신되어 있을 때까지 의존성을 계속 확인한다. 만약 특정 타겟이 의존하고 있는 하위 타켓이 갱신되었음에도 불구하고 갱신되어 있지 않으면 make는 해당 타겟을 생성하기 위한 명령을 수행하여 갱신 작업을 수행한다. 하나의 타겟이 갱신되면 그 타겟에 의존하고 있는 상위의 타겟이 반복적으로 갱신된다.

위의 makefile 파일 예제를 사용하여 make file_io_test 명령을 지시했을 때 다른 파일들은 그대로 있고 my_file_seek.c만이 변경되어 있었다고 가정하자. make는 file_io_test이 의존하는 my_file_io_main.o my_file_read.o my_file_write.o my_file_ seek.o의 갱신 상태를 차례 대로 확인한다. 확인 과정에서 'make'는 my_file_seek.c에 의존하고 있는 my_file_seek.o 파일의 갱신이 필요함을 발견한다. 따라서 my_file_ seek.o 파일을 갱신하기 위해 gcc -c my_file_seek.c 명령을 수행한다. 그리고 my_file_seek.o에 의존하고 있는 타겟인 file_io_test 파일을 갱신하기 위해 gcc -o file_io_test my_file_io_main.o my_file_read.o my_file_write.o my_file_seek.o 명령 수행을 통해 오브젝트 파일들을 링크함으로써 file_io_test 실행 파일을 갱신한다. 즉, make는 변경된 소스 파일의 내용을 반영하기 위해 반드시 필요한 다음의 두 가지 컴파일 작업만 수행하고 갱신이 필요없는 나머지 파일들에 대한 컴파일 작업은 수행하지 않는다.

```
gcc -c my_file_seek.c
gcc -o file_io_test my_file_io_main.o my_file_read.o \
my_file_write.o my_file_seek.o
```

2.5 LINUX 프로그래밍 실습

다음 도서 목록 관리 예제는 앞에서 설명한 vi 편집기를 사용하여 실제로 LINUX 환경에서 C 프로그램을 작성하고, make를 사용하여 컴파일하고, 라이브러리를 작성하고 사용하는 방법을 실습할 수 있도록 주어졌다. 주어진 도서 목록 관리 프로그램은 새로운 도서를 목록에 추가, 도서 목록에서 원하는 도서 검색, 도서 목록에서 특정 도서 삭제, 도서 목록 출력, 도서 목록 전체 삭제, 도서 목록을 파일에 저장, 파일에 저장된 도서 목록 불러 오기 기능을 포함한다. 도서 목록 관리 프로그램은 두 개의 헤더 파일(book.h, list.h) 파일과 3개의 소스 파일(book.c, list.c book_main.c)로 구성된다. 소스 파일 중 book.c와 list.c는 book_main.c 파일에서 사용할 함수들을 정의한다.

예제의 프로그램 파일들을 컴파일하기 위해 다음과 같이 Makefile을 작성해 보라. 〈리스트 2.3〉의 Makefile의 처음 4 줄은 파일 리스트를 하나의 변수에 지정하는 방법을 보여준다. 변수를 사용할 때는 ${변수 이름}으로 사용한다.

〈리스트 2.3〉 도서 목록 관리 프로그램을 위한 Makefile

```
1   BIN = booklist
2   OBJECTS = book.o list.o book_main.o
3   HEADS = book.h list.h
4   SRCS = book.c list.c book_main.c
5
6   booklist : ${OBJECTS}
7       gcc -o ${BIN} ${OBJECTS}
8
9   book.o : book.c book.h
10      gcc -c book.c

11  list.o : list.c ${HEADS}
12      gcc -c list.c
13
```

```
book_main.o : book_main.c ${HEADS}
   gcc -c book_main.c

clean :
   rm *.o booklist
```

〈그림 2.22〉는 make 실행 과정을 보여주고 있다. 처음 make를 실행하였기 때문에 각 소스 파일에 대한 오브젝트 파일 생성과 실행 파일 생성을 모두 수행한다.

그림 2.22 도서 목록 관리 프로그램 Makefile 실행 결과

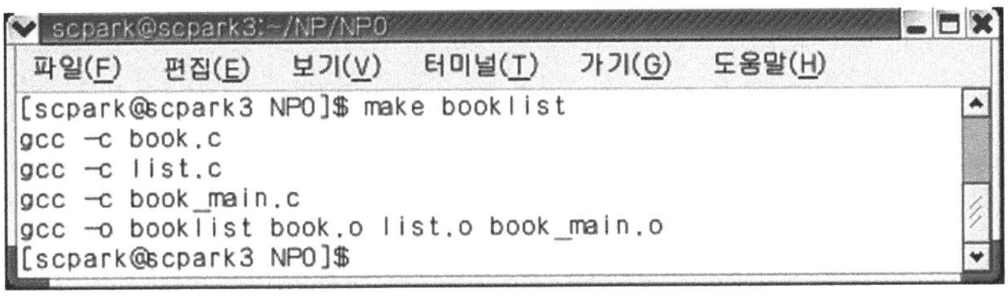

vi를 사용하여 list.c 파일을 간단하게 수정(마지막에 빈 줄 추가)한 다음 make를 실행하면 어떻게 될까. 〈그림 2.23〉은 list.c 파일 수정 후 make 실행 결과이다.

그림 2.23 list.c 수정 후 make 실행 결과

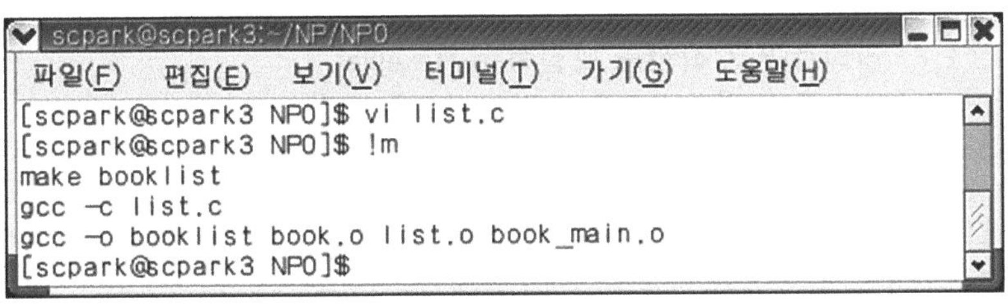

전체 5개의 파일 중 list.c 파일만 수정되었으므로 나머지 파일들은 그대로 두고 수정된 list.c 파일만 컴파일하여 새로운 오브젝트 파일 list.o를 생성한다. 그리고 list.o에 의존성을 가지는 타겟 booklist를 만들기 위한 링크 작업이 실행된다. 예제 프로그램에서 만약 book.h 파일이 수정되었다면 어떻게 될까. 독자 여러분들이 직접 book.h 파일을

수정하고 make 파일 실행 결과를 확인한 다음, 그와 같은 실행 결과를 만들어낸 이유를 알아보기 바란다.

컴파일된 실행 파일의 실행 결과는 〈그림 2.24〉와 같이 주어진다.

그림 2.24 booklist 실행 파일 실행 결과

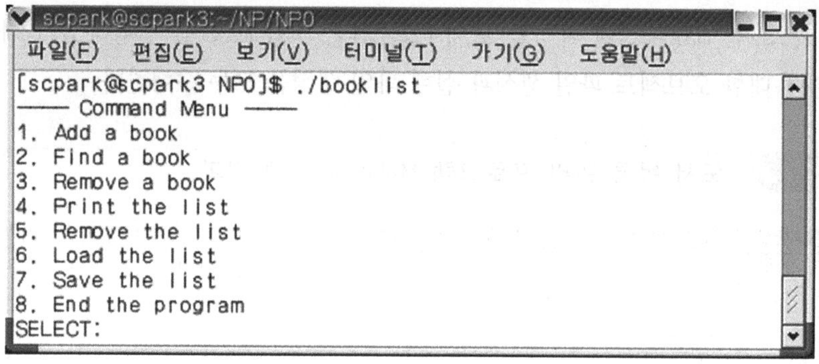

대형 프로그램 작성 시에 공통적으로 사용되는 함수들을 라이브러리로 작성해 두고 다른 기능 구현 시에 미리 작성된 라이브러리를 사용하는 것이 일반적인 프로그래밍 기법이다. 〈리스트 2.4〉는 예제 프로그램의 `book.c` 파일과 `list.c` 파일의 함수들을 라이브러리로 작성하고, 라이브러리를 사용하여 실행 파일을 만드는 `Makefile`를 예를 들어 보여주고 있다. 그리고 〈그림 2.25〉는 `make`를 사용하여 라이브러리(`libmybooklib.a`)와 실행 파일(booklist)을 생성하는 과정을 보여주고 있다.

〈리스트 2.4〉 라이브러리 작성을 포함하는 Makefile

```
BIN = booklist
OBJS = book_main.o
LIB = libmybooklib.a
HEADS = book.h list.h
LIB_OBJS = book.o list.o
LIB_SRCS = book.c list.c
MAIN_SRC = book_main.c

booklib : ${LIB_OBJS}
        ar rs libmybooklib.a ${LIB_OBJS}
        ar t libmybooklib.a
```

```
book.o : book.c book.h
	gcc -c book.c

list.o : list.c ${HEADS}
	gcc -c list.c

booklist : ${OBJS}
	gcc -o booklist book_main.o  lmybooklib  L.

book_main.o : book_main.c ${HEADS}
	gcc -c book_main.c

clean :
	rm *.o booklist libmybooklib.a
```

그림 2.25 라이브러리 및 실행 파일 생성 과정

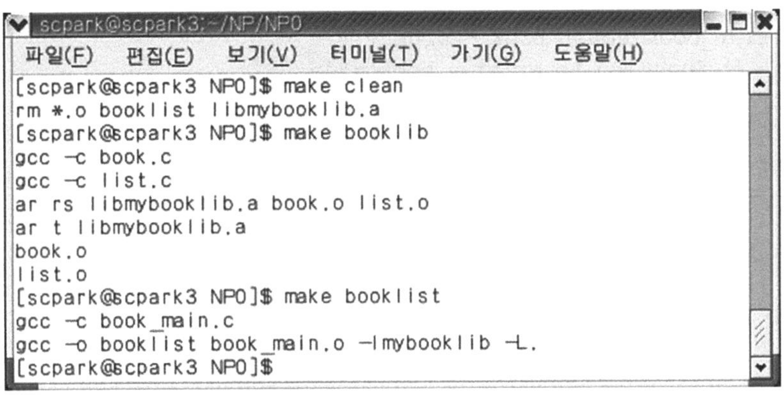

〈리스트 2.5〉 도서 목록 관리 프로그램 : book.h

```
#ifndef _BOOK_H
#define _BOOK_H

#include <stdlib.h>
```

```
#define NAMESIZE      20

/* data structure for book processing */
struct node {
        int     id;            /* book ID */
        char    name[NAMESIZE]; /* book name */
        int     price;          /* book price */
        struct node *next;  /* pointer to next node */
};

typedef struct node BOOK;

/* declaration of functions */

BOOK *make_book(const char *name, int price);
        /* function to make a new book node */
void release_book(BOOK *target);
        /* function to release a book node */
void print_book_all(const BOOK *target);
        /* function to print all book nodes */
void print_book(const BOOK *target);
        /* function to print a book node */
void print_book_header();
        /* function to print a header format */
void print_book_trailer();
        /* function to print a trailer format */

extern int cur_id;

#endif /* _BOOK_H */
```

〈리스트 2.6〉 도서 목록 관리 프로그램 : book.c

```
#include <stdio.h>
#include <stdlib.h>
#include <string.h>
#include "book.h"

/* current book ID, initial value = 1 */
int cur_id = 1;

/* initialize the book node */
```

```
static void init_book(BOOK *target, int id, const char *name, int
price);

/* make a book node */
BOOK *make_book(const char *name, int price) {

        BOOK *book;

        if ((book = (BOOK *)malloc(sizeof(BOOK))) == NULL)
                return NULL;
        init_book(book, cur_id++, name, price);

        return book;
}

/* release the book node */
void release_book(BOOK *target) {

        free(target);

}

/* print all book nodes */
void print_book_all(const BOOK *target) {
        if (target == NULL)
                print_book(target);
        else {
                print_book_header();
                print_book(target);
                print_book_trailer();
        }
}

/* print the book node */
void print_book(const BOOK *target) {
        if (target == NULL)
                printf("<Target book is invalid>\n");
        else
                printf("| %3d | % 20s | %6d |\n",
                        target->id, target->name, target->price);
}
void print_book_header() {
        printf("|--------|---------------------------+---|\n");
        printf("|  ID |     NAME             + PRICE  |\n");
```

```
        printf("|--------|--------------------------+----|\n");
}

void print_book_trailer() {
        printf("|--------|--------------------------+----|\n");
}

/* initialize the book node */
static void init_book(BOOK *target, int id, const char *name, int
price) {
        if (target != NULL) {
                target->id = id;
                strcpy(target->name, name != NULL ? name : "");
                target->price = price;
                target->next = NULL;
        }
}
```

〈리스트 2.7〉 도서 목록 관리 프로그램 : list.h

```
#ifndef _LIST_H
#define _LIST_H

#include "book.h"

/* function to initialize book node list */
void init_list();
/* function to delete all book nodes */
void remove_all();
/* function add a book node at the end of list */
BOOK *add(BOOK *item);
/* function to find a book by using book ID */
BOOK *find_by_id(int id);
/* function to find a book by using book name */
BOOK *find_by_name(const char *name);
/* function to delete a book node identified by book ID */
BOOK *remove_book(int id);
/* function to count total books */
int total_books();
/* function to print book list */
```

```
void print_list();
/* function to save book list to a file */
int save_list(const char *filename);
/* function to load book list to a node list from a file */
int load_list(const char *filename);

#endif /*_LIST_H */
```

〈리스트 2.8〉 도서 목록 관리 프로그램 : list.c

```
#include <stdio.h>
#include <string.h>
#include "list.h"

static BOOK *head;

/* initialize book list */
void init_list() {
        head = NULL;
}

/* remove all book nodes */
void remove_all() {
        BOOK *cur;
        BOOK *prev;

        cur = head;
        prev = NULL;
        while (cur != NULL) {
                prev = cur;
                cur = cur->next;

                prev->next = NULL;
                free(prev);
        }

        head = NULL;
}

/* add a book node at the end of book list */
BOOK *add(BOOK *item) {
        BOOK *cur;
```

```
        if (item == NULL)
                return NULL;

        if (head == NULL)
                head = item;
        else {
                cur = head;
                while (cur->next != NULL)
                        cur = cur->next;

                cur->next = item;
        }

        item->next = NULL;
        return item;
}


/* find a book by using a book ID */
BOOK *find_by_id(int id) {
        BOOK *cur;
        cur = head;
        while (cur != NULL) {
                if (cur->id == id)
                        return cur;
                cur = cur->next;
        }

        return NULL;
}

/* find a book by using a book name */
BOOK *find_by_name(const char *name) {
        BOOK *cur;

        cur = head;
        while (cur != NULL) {
                if (strcmp(cur->name, name) == 0)
                        return cur;
                cur = cur->next;
        }

        return NULL;
```

```
}

/* remove a book node identified by a book ID */
BOOK *remove_book(int id) {
        BOOK *cur;
        BOOK *prev;

        cur = head;
        prev = NULL;
        while(cur != NULL) {
                if (cur->id == id) {
                        if (cur == head)
                                head = head->next;
                        else
                                prev->next = cur->next;
                        cur->next = NULL;
                        return cur;
                }

                prev = cur;
                cur = cur->next;
        }
        return NULL;
}

/* count total book number */
int total_books() {
        BOOK *cur;
        int count = 0;

        cur = head;
        while (cur != NULL) {
                cur = cur->next;
                count++;
        }

        return count;
}

/* print book list */
void print_list() {
        BOOK *cur;

        cur = head;
        if (cur == NULL)
```

```
                printf("<List is empty>\n");
        else {
                print_book_header();
                while (cur != NULL) {
                        print_book(cur);
                        cur = cur->next;
                }
                print_book_trailer();
        }
}

/* save the book list to a file */
int save_list(const char *filename) {
        FILE *fp;
        BOOK *cur;

        if ((fp = fopen(filename, "w")) == NULL) {
                return -1;
        }

        fwrite(&cur_id, sizeof(cur_id), 1, fp);
        cur = head;
        while(cur != NULL) {
                fwrite(cur, sizeof(BOOK), 1, fp);
                cur = cur->next;
        }

        fclose(fp);

        return 0;
}

/* load book list to a node list from the file */
int load_list(const char *filename) {
        FILE *fp;
        long new_id;

        if ((fp = fopen(filename, "r")) == NULL) {
                return -1;
        }

        remove_all();

        if (fread(&new_id, sizeof(long), 1, fp) == 0)
```

```
            return -1;
    else
            cur_id = new_id;

    while(1) {
            BOOK *temp;
            temp = make_book(NULL, 0);
            if (fread(temp, sizeof(BOOK), 1, fp) == 0) {
                    release_book(temp);
                    return 0;
            }
            else
                    add(temp);
    }

    fclose(fp);
    return 0;
}
```

〈리스트 2.9〉 도서 목록 관리 프로그램 : book_main.c

```
#include <stdio.h>
#include <string.h>
#include "list.h"
#include "book.h"

enum MENUITEM {
        ADD_BOOK        =1,
        FIND_BOOK,
        REMOVE_BOOK,
        PRINT_LIST,
        REMOVE_LIST,
        LOAD_LIST,
        SAVE_LIST,
        END_PROGRAM
};

static int select_menu();
static void process_add();
static void process_find();
static void process_remove();
```

```
static void process_load();
static void process_save();

int main() {

        int choice;

        init_list();

        while ((choice = select_menu()) != END_PROGRAM) {
                switch(choice) {
                        case ADD_BOOK :
                                process_add();
                                break;
                        case FIND_BOOK :
                                process_find();
                                break;
                        case REMOVE_BOOK :
                                process_remove();
                                break;
                        case PRINT_LIST:
                                printf("\n<Print the List>\n");
                                print_list();
                                break;
                        case REMOVE_LIST:
                                printf("\n<Remove the List>\n");
                                remove_all();
                                break;
                        case LOAD_LIST:
                                process_load();
                                break;
                        case SAVE_LIST:
                                process_save();
                                break;
                }
                printf("\n\n");

        }
        return 0;
}

static int select_menu() {
        int choice;

        puts("--------Command Menu--------");
```

```
        puts("1. Add a book");
        puts("2. Find a book");
        puts("3. Remove a book");
        puts("4. Print the list");
        puts("5. Remove the list");
        puts("6. Load the list");
        puts("7. Save the list");
        puts("8. End the program");

        do {
                printf("SELECT: ");
                if(scanf("%d", &choice) != 1)
                        continue;
        } while (choice < ADD_BOOK || choice > END_PROGRAM);

        return choice;
}

static void process_add() {
        BOOK *book;

        printf("\n<Add a new book>\n");

        if ((book = make_book(NULL, 0)) == NULL) {
                fprintf(stderr, "Memory allocation error\n");
                return;
        }

        printf("\n");
        while (1) {
                printf("Input data for new book(name and price) : ");
                if (scanf("%s%d", book->name, &book->price) == 2)
                        break;
                else
                        printf("Input error ! Try again\n");
        }

        if (add(book) == NULL)
                fprintf(stderr, "Add is failed\n");
}

static void process_find() {
        int choice = 0;
        BOOK *book = NULL;
```

```
        printf("\n<Find a book>\n");

        puts("1. find by id ");
        puts("2. find by name ");

        do {
                printf("SELECT: ");
                if (scanf("%d", &choice) != 1)
                        continue;
        } while (choice < 1 || choice > 2);

        if (choice == 1) {
                int find_id;

                do {
                        printf("input ID : ");
                 } while (scanf("%d", &find_id) != 1);

                book = find_by_id(find_id);
        }
        else {
                char find_name[20];

                do {
                        printf("input name : ");
                } while (scanf("%s", find_name) != 1);

                book = find_by_name(find_name);
        }

        printf("\n");
        print_book_all(book);
}

static void process_remove() {
        int find_id;

        printf("\n<remove a book>\n");

        do {
                printf("input the books's id to remove: ");
        } while (scanf("%d", &find_id) != 1);

        if (remove_book(find_id) == NULL)
```

```
			printf("Remove is failed. ID is invalid.\n");
}

static void process_load() {
	char filename[100];

	printf("\n<Load from a file>\n");

	do {
		printf("input filename to load: ");
	} while (scanf("%s", filename) != 1);

	load_list(filename);
	print_list();
}

static void process_save() {
	char filename[100];
	printf("\n<Save to a file>\n");
	do {
		printf("input filename to save: ");
	} while (scanf("%s", filename) != 1);

	save_list(filename);
}
```

2.6 LINUX 파일 입출력

2.6.1 파일 시스템 자료 구조

LINUX에서는 우리가 공부하고자 하는 TCP/IP 네트워크 입출력 장치인 소켓(socket)을 하나의 특수한 파일 유형으로 취급하고 소켓에 대한 입출력을 파일 입출력과 거의 동일하게 취급한다. 따라서 소켓 기반의 TCP/IP 네트워크 프로그래밍을 이해하기 위해서는 LINUX 파일 입출력에 대해 잘 이해할 필요가 있다. 먼저 LINUX 파일 시스템의 구성과 파일 입출력을 위한 자료 구조에 대해 살펴보자.

그림 2.26 파일 시스템의 일반적인 구조

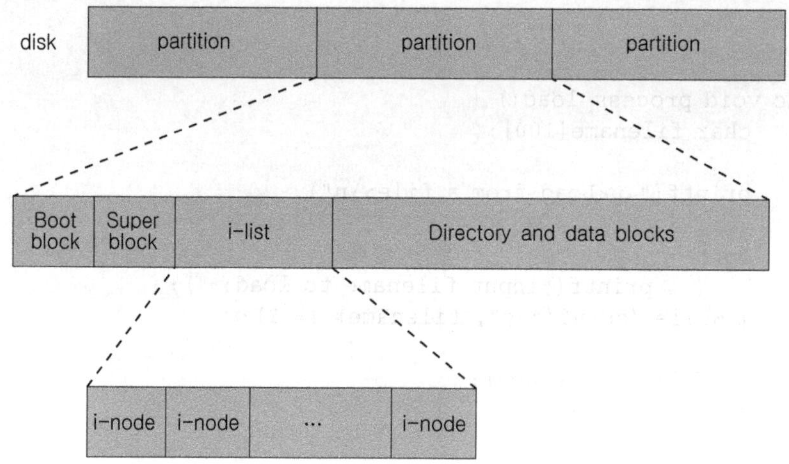

〈그림 2.26〉은 일반적인 LINUX 파일 시스템 구조를 보여준다. 컴퓨터의 하드 디스크는 여러 개의 영역(partition)으로 구분될 수 있고 각 영역에 설치되는 파일 시스템은 부트 블록(Boot Block), 수퍼 블록(Super Block), 아이노느 리스트(i-node List), 그리고 디렉토리를 포함하는 데이터 블록(Data Block)으로 구성된다.

파일 시스템의 첫 부분에 저장되는 부트 블록은 운영체제를 부팅하거나 초기화할 때 필요한 Bootstrap 코드가 저장되고, 수퍼 블록에는 파일 시스템의 크기, 현재 비어 있는 데이터 블록의 수, 아이노드 리스트 크기, 비어 있는 아이노드의 수 등 파일 시스템의 상태 정보가 저장된다. 파일에 대한 상태 정보를 저장하는 아이노드는 파일 소유자, 파일 유형, 파일 크기, 파일 접근 허가 정보, 파일 접근 시간, 저장 위치 등의 정보를 포함한다. 그리고 데이터 블록은 실제 파일 내용을 저장한다.

파일 시스템의 파일 입출력을 위해 LINUX는 3 개의 서로 다른 자료 구조를 사용한다. 사용자 파일 설명자 테이블(User File Descriptor Table)은 사용자 프로그램 실행시 생성되는 사용자 프로세스별로 유지되는 자료 구조로써 해당 프로세스가 개방하여 사용중인 파일에 관한 정보를 유지한다. 사용자 파일 설명자 테이블은 파일 개방 시에 운영체제가 프로세스에게 할당하는 일련 번호인 파일 설명자(File Descriptor), 해당 파일의 상태를 나타내는 파일 설명자 플래그(File Descriptor Flag), 그리고 커널이 유지하는 파일 테이블의 해당 엔트리에 대한 포인터 정보를 포함한다. 파일 설명자는 파일 입출력을 위한 함수(시스템 콜) 호출시 파일 식별자(File Identifier)로 사용는 값으로써 커널이 음이 아닌 정

그림 2.27 파일 처리를 위한 자료 구조

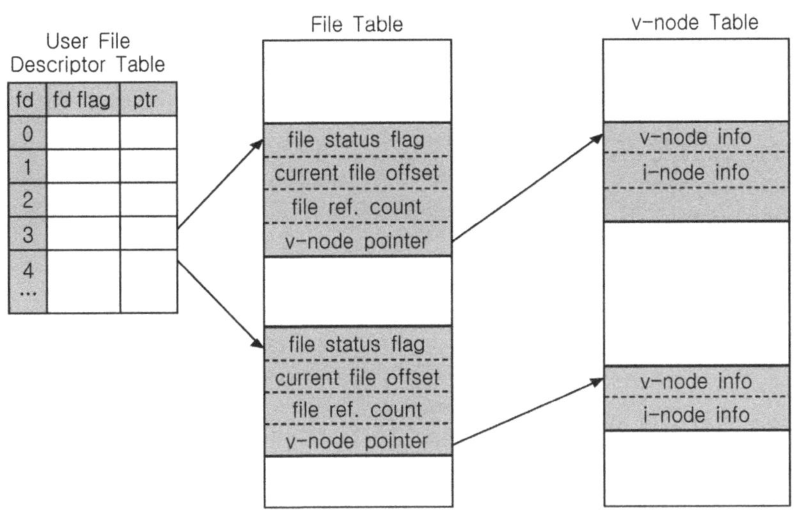

수 중 사용할 수 있는 가장 작은 정수부터 하나씩 할당한다. 모든 프로세스는 표준 입력(Standard Input), 표준 출력(Standard Output), 그리고 표준 에러(Standard Error) 파일 설명자를 나타내는 0, 1, 2 파일 설명자를 자신의 파일 설명자 테이블에 기본적으로 유지한다. 파일 설명자 플래그는 exec() 함수 호출시 현재 개방되어 있는 파일을 닫을 지 여부를 결정하는 데에 사용된다.

파일 테이블(File Table)은 커널이 현재 개방되어 사용중인 모든 파일에 관한 정보를 유지하는 자료 구조로써 파일 상태 플래그(read, write, append, sync, nonblocking 등), 현재 파일 옵셋, 파일 참조 계수(File Reference Count), 그리고 브이노드 테이블(v-node Table)의 해당 파일 엔트리에 대한 포인터 정보를 포함한다. 파일 상태 플래그는 open 함수를 통한 파일 개방시에 두번째 인자로 설정된다. 현재 파일 옵셋은 현재 파일의 접근(읽기, 쓰기 등) 위치를 나타내고, 파일로부터 데이터를 읽거나 파일에 쓰는 데이터의 크기만큼 현재 파일 옵셋은 증가하게 된다. 파일 참조 계수는 포인터를 통해 해당 파일 테이블 엔트리를 참조하고 있는 사용자 파일 설명자 테이블의 엔트리 수를 표시한다. 파일 테이블은 현재 개방되어 있는 파일 마다 하나의 엔트리를 유지한다.

브이 노드(v-node) 테이블은 하나의 시스템에서 다수의 파일 시스템을 지원하는 가상 파일 시스템의 범용 자료 구조로써 현재 사용중인 특정 파일 시스템의 아이노드 정보와 해당 파일에 대해 동작중인 함수들에 대한 포인터 정보를 포함하고 있다.

2.6.2 파일 입출력 기본 함수

open 함수

이 함수는 특정 파일을 사용하기 위해 개방할 때 호출되고 함수의 형식은 다음과 같다.

```
#include <sys/types.h>
#include <sys/stat.h>
#include <fcntl.h>

int open(const char *pathname, int oflag  /* , mode_t mode */ );

                         반환 : 성공시 파일 설명자, 실패시 -1
```

open 함수의 첫 번째 인자인 pathname은 개방할 파일의 이름(경로명)을 나타내고, 두 번째 인자인 oflag는 개방할 파일에 대한 접근 권한(access right) 요청과 파일 접근을 위한 부가적인 상태 옵션 설정을 위해 사용된다. oflag 인자는 각각 파일 접근 상태 정보를 표현하는 하나 이상의 상수들의 논리합(OR) 연산 방식('|'으로 표시)의 조합으로 구성된다. oflag 인자의 논리합은 파일 접근 권한 요청을 표시하는 다음 상태 값을 반드시 1개 포함해야 한다.

- O_RDONLY : 읽기만을 위한 파일 접근 권한 요청 표시
- O_WRONLY : 쓰기만을 위한 파일 접근 권한 요청 표시
- O_RDWR : 읽기와 쓰기 모두를 위한 파일 접근 권한 요청

다음 상태 값들은 oflag 인자 논리합에 선택적으로 포함될 수 있다.

- O_APPEND : 파일 쓰기 동작시 파일의 끝에 데이터 추가. 현재 파일 옵셋을 파일의 끝으로 설정.
- O_CREAT : 개방 파일이 존재하지 않으면 해당 파일 생성
- O_EXCL : O_CREAT 값이 설정되어 있고 파일이 이미 존재하는 경우 오류 생성. 파일의 존재 여부 확인과 존재하지 않을 경우의 해당 파일 생성을 하나의 동작으로 수행.
- O_TRUNC : 해당 파일이 존재하고 성공적으로 개방되는 경우 파일 크기를 0으로 설정. 파일의 내용을 모두 지움.

예를들어 open 함수에서 다음과 같은 oflag 인자 설정은 쓰기 모드로 파일을 개방하고 파일이 존재하지 않은 경우 해당 파일을 생성하며 파일이 존재하는 경우는 현재 파일 옵셋을 파일 끝으로 이동하여 파일 끝에서부터 쓰기 동작이 수행되도록 한다.

```
oflag 설정 예 : O_WRONLY | O_CREAT | O_APPEND
```

세 번째 mode 선택 인자는 O_CREAT 옵션을 통해 파일을 생성할 때만 요구되고 생성된 파일의 접근 권한 허가 정보를 설정한다. mode 인자는 다음 값을 가질 수 있다.

- S_IRWXU : 파일 소유주에게 읽기, 쓰기, 실행 권한 설정
- S_IRUSR : 파일 소유주에게 읽기 권한 설정
- S_IWUSR : 파일 소유주에게 쓰기 권한 설정
- S_IXUSR : 파일 소유주에게 실행 권한 설정
- S_IRWXG : 파일 그룹 소유주에게 읽기, 쓰기, 실행 권한 설정
- S_IRGRP : 파일 그룹 소유주에게 읽기 권한 설정
- S_IWGRP : 파일 그룹 소유주에게 쓰기 권한 설정
- S_IXGRP : 파일 그룹 소유주에게 실행 권한 설정
- S_IRWXO : 다른 사용자에게 읽기, 쓰기, 실행 권한 설정
- S_IROTH : 다른 사용자에게 읽기 권한 설정
- S_IWOTH : 다른 사용자에게 쓰기 권한 설정
- S_IXOTH : 다른 사용자에게 실행 권한 설정

open 함수는 성공적으로 실행될 때 해당 파일에 대한 파일 설명자(File Descriptor)를 반환하고 오류가 발생하면 -1을 반환한다. open 함수에 의해 반환되는 파일 설명자는 해당 프로세스내에서 현재 사용중이지 않는 최소의 설명자 값으로 할당된다.

creat 함수

이 함수는 새로운 파일을 생성할 때 호출되고 함수의 형식은 다음과 같다.

```
#include <sys/types.h>
#include <sys/stat.h>
#include <fcntl.h>

int creat( const char *pathname, mode_t mode );

                        반환 : 성공시 쓰기로 개방된 파일 설명자, 실패시 -1
```

creat 함수의 인자들은 open 함수의 관련 인자들과 동일하고, 성공적으로 수행될 때 이 함수는 쓰기(O_WRONLY) 상태로 개방된 파일 설명자를 반환한다. 따라서 creat 함수는 open(pathname, O_WRONLY | O_CREAT | O_TRUNC, mode) 함수와 동일함으로 알 수 있다. creat 함수를 사용할 때의 단점은 해당 파일이 단지 쓰기만을 위해 개방된다는 점이다. 즉, 파일을 생성한 후 데이터를 쓰는 동안에 데이터를 다시 읽고자 한다면 creat, close, open 함수를 차례대로 호출해야 된다. 이 경우 creat 함수 대신 open (pathname, O_RDWR | O_CREAT | O_TRUNC, mode) 함수를 사용하면 보다 효율적이다.

close 함수

이 함수는 개방되어 사용중인 특정 파일을 닫고 관련 자료구조를 해제하고자 할 때 호출되고 형식은 다음과 같다.

```
#include <unistd.h>

int close( int filedes );

                                        반환 : 성공시 0, 실패시 -1
```

close 함수를 수행하면 filedes 인자가 지정하는 사용자 파일 설명자 테이블의 엔트리가 해제되고, 해당 파일 설명자는 반환되어 해당 프로세스에 의한 다음 파일 개방시에 할당될 수 있게 한다. 그리고 close 함수가 한번 수행될 때 마다 커널 파일 테이블의 해당 파일 엔트리의 파일 참조 계수가 1씩 줄어든다. 참조 계수의 값이 0이되면 파일 테이블의 해당 엔트리는 해제되고 해당 파일은 사용할 수 있는 개방 상태에서 폐쇄 상태로 변환된다.

read 함수

이 함수는 개방된 파일로부터 데이터를 읽을 때 호출되고 형식은 다음과 같다.

```
#include <unistd.h>

ssize_t read( int filedes, void *buf, size_t nbytes );

      반환 : 성공시 읽은 데이터의 바이트 수, 파일 끝을 읽을 경우 0, 실패시 -1
```

read 함수의 filedes 인자는 개방되어 있는 파일의 설명자를 나타내고, buf 인자는 파일로부터 읽어들인 데이터를 저장한 자료구조의 포인터를 나타내며, nbytes 인자는 읽어들일 데이터의 바이트 수를 나타낸다. read 함수에 의한 파일 읽기 동작은 현재의 파일 옵셋에서 시작하고 읽기 동작이 성공적으로 완료되면 현재 파일 옵셋은 실제로 읽은 바이트 수만큼 증가한다. read 함수가 성공적으로 실행되면 실제로 읽은 데이터의 바이트 수를 반환한다. 이 반환값은 nbytes 인자를 통해 요청한 바이트 수보다 작을 수도 있다. 예를 들어 read 함수를 통해 100 바이트를 읽도록 요청하였으나 파일에 읽을 바이트가 30 바이트만 남아있는 경우 read 함수는 30을 반환한다. 그리고 그 다음 read 함수를 호출하면 파일의 끝(End of File)을 만나게 되어 0을 반환한다.

write 함수

이 함수는 개방된 파일에 데이터를 쓸 때 호출되고 형식은 다음과 같다.

```
#include <unistd.h>

ssize_t read( int filedes, const void *buf, size_t nbytes );

                          반환 : 성공시 쓰여진 데이터의 바이트 수, 실패시 -1
```

write 함수의 인자들은 read 함수의 그것들과 동일하다. write 함수의 반환값은 실제로 쓰여진 데이터의 바이트 수를 나타내고 이 값은 write 함수에서 쓰기를 요청한 바이트 수인 nbytes 인자값과 동일하다. 만약 그렇지 않다면 쓰기 동작에서 오류가 발생한 것을 의미한다. 쓰기 동작은 현재 파일 옵셋에서 시작하고 쓰기 동작이 성공적으로 완료되면 현재 파일 옵셋은 실제로 쓰여진 바이트 수만큼 증가한다. 만약 open 함수 호출시에 O_APPEND 옵션이 지정되었다면 파일의 옵셋은 현재 파일의 끝으로 설정되고, 파일 끝에서부터 쓰기 동작이 시작된다.

〈리스트 2.10〉은 지금까지 설명한 파일 입출력 기본 함수들을 사용하여 기존의 파일을 새로운 파일로 복사하는 예제 프로그램을 보여준다. 만약 새로운 파일이 이미 존재하면 기존 파일을 새로운 파일의 끝에 추가하는 방식으로 파일을 복사한다.

⊕ 〈리스트 2.10〉 파일 입출력 기본 함수를 이용한 파일 복사 프로그램 예제

```
#include <stdio.h>
#include <fcntl.h>
#define BUFLEN 256
int main (int argc, char *argv[])
{
        int readCnt, writeCnt, orgFile, newFile;
        char buf[BUFLEN];
        if (argc != 3) {
                printf("Usage : copy org_filename new_filename \n\n");
                return -1;
        }
        /* open the existing file */
        orgFile = open(argv[1], O_RDONLY);

        /* create a new file. if exists, append at the end */
        newFile = open(argv[2], O_WRONLY | O_CREAT | O_APPEND);
        /* print file descriptors */
        printf("orgFile : %d, newFile : %d\n", orgFile, newFile);
        /* check open errors */
        if (orgFile < 0 || newFile < 0) {
                printf("File Open Failed!\n");
                return -1;
        }
        /* copy from the original file to the new file */
        for (readCnt =1; readCnt > 0; ) {
                readCnt = read(orgFile, buf, BUFLEN);
                writeCnt = write(newFile, buf, readCnt);
                printf("readCnt  :  %d,  writeCnt  :  %d\n",  readCnt,
writeCnt);
        }
        close(orgFile);
        close(newFile);

        return 0;
}
```

2.6.3 파일 공유

파일 중복 개방

LINUX에서는 하나의 파일을 여러 번 개방하여 공유할 수 있다. 일단 open 함수(또는 creat 함수)를 사용하여 특정 파일을 개방 하면 커널의 파일 테이블에 하나의 엔트리가 생성된다. 따라서 〈그림 2.28〉에서 보는 바와 같이 하나의 프로세스가 같은 파일을 2번 이상 개방하는 경우 파일 테이블에 2개 이상의 엔트리가 만들어 지고 각각은 브이노드 테이블의 동일한 엔트리를 공유하게 된다. 이것은 서로 다른 2 개 이상의 프로세스가 같은 파일을 개방하는 경우에도 동일하게 적용된다.

이 경우 각 파일 테이블 엔트리는 독립적인 현재 파일 옵셋을 유지하므로 서로 다른 파일 설명자를 사용하여 동일한 파일의 서로 다른 위치를 접근할 수 있다. 2 개 이상의 프로세스를 사용하는 경우 각 프로세스는 동일한 파일의 서로 다른 위치를 동시에 접근(읽기 / 쓰기)할 수 있다. 〈리스트 2.11〉과 〈리스트 2.12〉는 각각 서로 다른 접근 상태 옵션을 사용하여 같은 파일을 여러 번 개방하여 접근하는 예제 프로그램을 보여준다. 각 프로그램을 분석하여 실행 결과가 어떻게 될 것인지 예상해보고 자신의 예상과 실제 실행 결과를 비교해 보기 바란다. 예상과 실행 결과가 다르다면 왜 다른 지 분석해보길 바란다.

그림 2.28 같은 파일을 2번 개방한(open) 프로세스

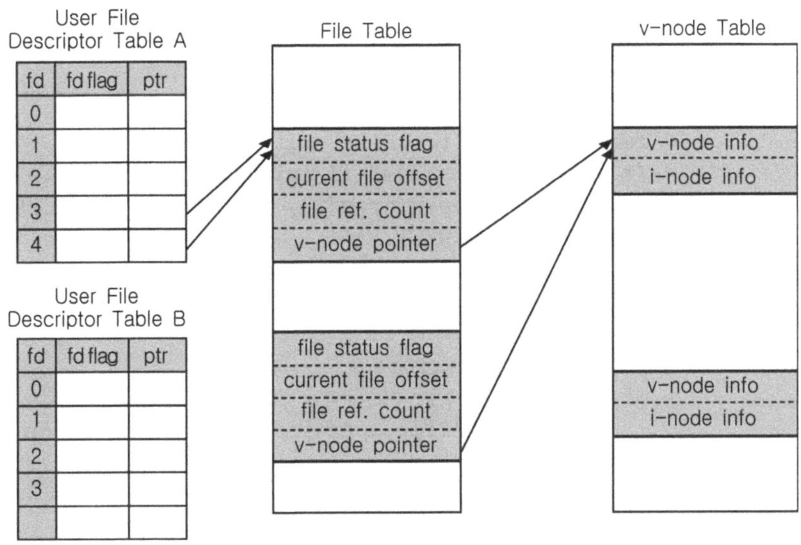

〈리스트 2.11〉 파일 공유 예제 1

```
#include <sys/types.h>
#include <sys/stat.h>
#include <fcntl.h>
#define BUFLEN 256
int main (int argc, char *argv[])
{
        int readCnt, writeCnt, orgFile, newFile;
        char buf[BUFLEN];
        if (argc != 3) {
                printf("Usage  :  copy  org_filename  new_filename
\n\n");
                return -1;
        }
        /* open the existing file */
        orgFile = open(argv[1], O_RDONLY);

        /* print file descriptor */
        printf("orgFile : %d\n", orgFile);

        /* check open errors */
        if (orgFile < 0 ) {
                printf("File Open for Reading Failed!\n");
                return  1;
        }
        /* 1. copy from the original file to the new file *
           2. open the new file multiple times with O_APPEND *
           3. check the result of file sharing */
        for (readCnt =1; readCnt > 0; ) {
                readCnt = read(orgFile, buf, BUFLEN);
                /* create a new file. if exists, append at the end */
                newFile  =  open(argv[2],  O_RDWR  |  O_CREAT  |
                O_APPEND, S_IRWXU);
                /* print file descriptor */
                printf("newFile : %d\n", newFile);

                /* check open errors */
                if (newFile < 0 ) {
                        printf("File Open for Writing Failed!\n");
                        return -1;
                }
                /* write buf into the new file */
                writeCnt = write(newFile, buf, readCnt);
```

```
            printf("readCnt : %d, writeCnt : %d\n", readCnt,
            writeCnt);
            /* write buf again into the standard output */
            writeCnt = write(1, buf, readCnt);
        }
        close(orgFile);
        close(newFile);

        return 0;
}
```

〈리스트 2.12〉 파일 공유 예제 2

```
#include <stdio.h>
#include <sys/types.h>
#include <sys/stat.h>
#include <fcntl.h>
#define BUFLEN 256
int main (int argc, char *argv[])
{
        int readCnt, writeCnt, orgFile, newFile;
        char buf[BUFLEN];
        if (argc != 3) {
                printf("Usage : copy org_filename new_filename \n\n");
                return -1;
        }
        /* open the existing file */
        orgFile = open(argv[1], O_RDONLY);

        /* print file descriptor */
        printf("orgFile : %d\n", orgFile);

        /* check open errors */
        if (orgFile < 0 ) {
                printf("File Open for Reading Failed!\n");
                return -1;
        }
        /* 1. copy from the original file to the new file *
           2. open the new file multiple times without O_APPEND *
           3. check the result of file sharing */
        for (readCnt =1; readCnt > 0; ) {
                readCnt = read(orgFile, buf, BUFLEN);
```

```
            /* create a new file. if not exists. */
            newFile = open(argv[2], O_RDWR | O_CREAT, S_IRWXU);
            /* print file descriptor */
            printf("newFile : %d\n", newFile);

            /* check open errors */
            if (newFile < 0 ) {
                printf("File Open for Writing Failed!\n");
                return -1;
            }
            /* write buf into the new file */
            writeCnt = write(newFile, buf, readCnt);
            printf("readCnt : %d, writeCnt : %d\n", readCnt,
            writeCnt);
            /* write buf again into the standard output */
            writeCnt = write(1, buf, readCnt);
        }
        close(orgFile);
        close(newFile);

        return 0;
}
```

dup와 dup2 함수

dup 함수와 dup2 함수는 기존 파일 설명자를 복사할 때 사용하는 함수이다. 이 함수는 exec 함수를 사용하여 소켓 기반의 통신을 수행하는 프로세스를 실행할 때 많이 사용될 수 있는 함수이다. 즉, exec 함수에 의해 실행 대상이 되는 프로그램은 소켓이 만들어지지 않은 상태에서 잘 알려진 파일 설명자(예 : 표준 입력 0 그리고/또는 표준 출력 1)를 통해 통신하도록 기술되고, exec 함수를 호출하는 프로세스는 실행될 프로세스를 위한 소켓을 생성한 다음 잘 알려진 파일 설명자로 복사함으로써 새롭게 실행되는 프로세스가 해당 소켓을 통해 통신할 수 있도록 한다. dup 함수와 dup2 함수의 형식은 다음과 같다.

```
#include <unistd.h>

int dup(int filedes);
```

```
int dup2(int filedes, int filedes2);
                                  반환 : 성공시 새로운 파일 설명자, 실패시 -1
```

dup 함수는 filedes 인자에 의해 지시되는 기존 파일 설명자가 지시하는 파일 테이블의 엔트리를 중복하여 지시하는 새로운 파일 설명자를 반환한다. dup 함수에 의해 반환되는 파일 설명자는 사용가능한 파일 설명자중에 가장 작은 번호이다. 〈그림 2.29〉는 dup(3)을 실행했을 때의 결과를 보여준다. dup2 함수는 새로운 파일 설명자를 filedes2 인자로 지정한다. filedes2 파일이 이미 개방되어 있으면 filedes2는 먼저 폐쇄(close)된다. 예를 들어 이미 개방되어 있는 표준 입력(0) 또는 표준 출력(1)을 새로운 filedes2 인자로 설정할 경우 이들은 먼저 폐쇄되어진다. 〈그림 2.29〉는 dup2(3, 4)를 실행했을 결과를 보여준다.

파일의 중복 개방의 경우와 달리 dup 함수는 파일 테이블의 엔트리를 공유하므로 현재 파일 옵셋을 공유한다. 따라서 dup 함수에 의해 복사되는 파일 설명자와 기존 파일 설명자 중에 어느 하나를 사용하여 파일을 접근(읽기, 쓰기)하면 다른 파일 설명자를 사용했을 경우와 동일한 결과를 가져온다. 〈리스트 13〉은 dup 함수에 의한 파일 공유 예를 보여준다. 이 프로그램의 실행 결과를 예상해보고 자신의 예상과 실제 실행 결과를 비교해 보기 바란다.

그림 2.29 파일 설명자(File Descriptor) 복사

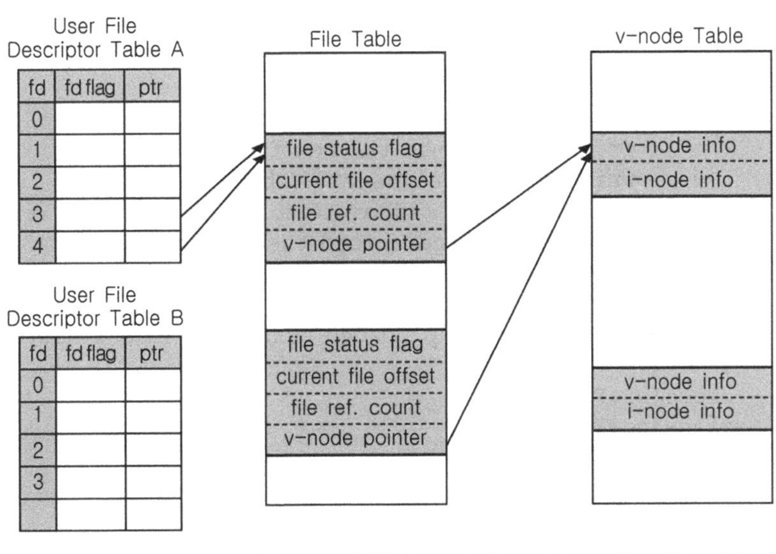

〈리스트 2.13〉 dup 함수에 의한 파일 공유 예제

```
#include <stdio.h>
#include <unistd.h>
#include <sys/types.h>
#include <sys/stat.h>
#include <fcntl.h>
#define BUFLEN 256
int main (int argc, char *argv[])
{
        int readCnt, writeCnt, orgFile, newFile;
        char buf[BUFLEN];
        if (argc != 3) {
                printf("Usage : copy org_filename new_filename \n\n");
                return -1;
        }
        /* open the existing file */
        orgFile = open(argv[1], O_RDONLY);

        newFile = open(argv[2], O_RDWR | O_CREAT | O_APPEND, S_IRWXU);
        /* print file descriptor */
        printf("orgFile : %d newFile : %d\n", orgFile, newFile);

        /* check open errors */
        if (orgFile < 0 || newFile < 0) {
                printf("File Open Failed!\n");
                return -1;
        }
        /* 1. copy from the original file to the new file *
           2. duplicate the new file multiple times *
           3. check the result of file sharing */
        for (readCnt =1; readCnt > 0; ) {
                readCnt = read(orgFile, buf, BUFLEN);
                /* write buf into the new file */
                writeCnt = write(newFile, buf, readCnt);
                printf("readCnt : %d, writeCnt : %d\n", readCnt, writeCnt);
                /* write buf again into the standard output */
                writeCnt = write(1, buf, readCnt);
                newFile = dup(newFile);
                printf("\n\nDuplicated newFile : %d\n", newFile);
        }
        close(orgFile);
        close(newFile);

        return 0;
}
```

실습문제

1 <리스트 2.5> - <리스트 2.9>의 도서 관리 프로그램을 10개의 파일로 나누어 작성하고, 라이브러리 작성을 포함하는 makefile을 작성하여 컴파일하시오. 특정 소스 파일을 수정한 후 make 실행 과정을 확인하고 분석하시오. 특정 헤더 파일을 수정한 후 make 실행 과정을 확인하고 분석하시오.

2 <리스트 2.11>, <리스트 2.12>, <리스트 2.13>을 실행한 후 결과를 분석하여 설명하시오.

Chapter 03 TCP/IP 소켓 API

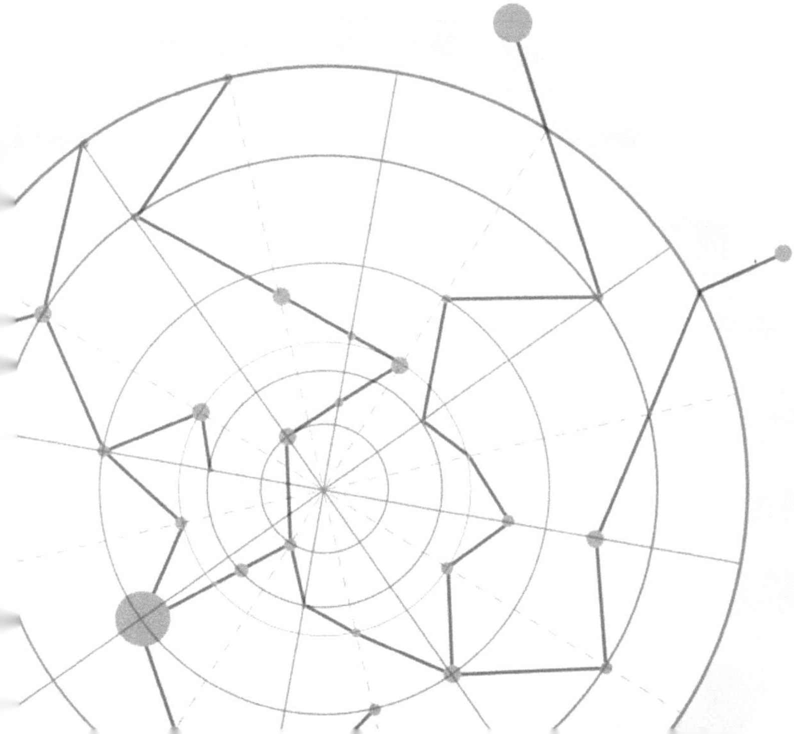

Network
Programming

Chapter 03 TCP/IP 소켓 API

3.1 TCP/IP 소켓 API 개요

3.1.1 계층 구조

소켓 API(Socket Application Programming Interface)는 1982년 BSD UNIX 4.1에 TCP/IP 소프트웨어를 사용하여 네트워크 응용 프로그램을 작성할 수 있는 프로그래밍 인터페이스로 처음 개발된 이후, 지금은 TCP/IP를 제공하는 대부분의 다른 운영 체제에서도 표준 네트워크 프로그래밍 인터페이스로 제공되고 있다. 여기서는 LINUX 환경에서 C언어로 제공되는 소켓 API를 중심으로 설명한다.

그림 3.1 소켓 API의 위치

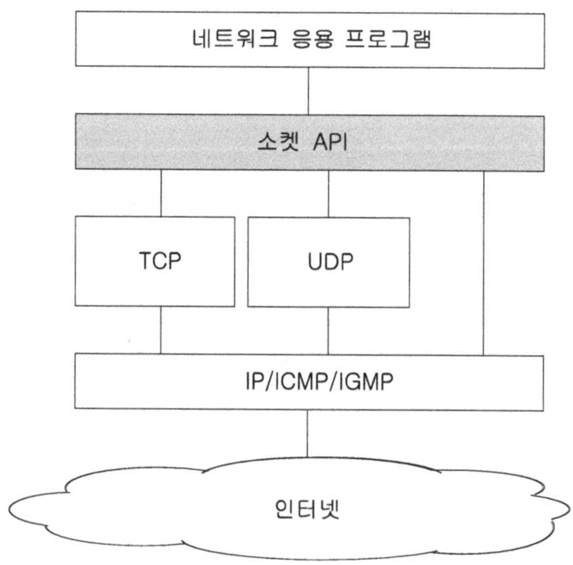

TCP/IP 통신 소프트웨어 체계에서 소켓 API는 〈그림 3.1〉에서와 같이 트랜스포트 계층과 응용 계층 사이에 위치한다. 네트워크 응용 프로그램을 작성하는 개발자는 소켓 API를 사용하여 TCP, UDP, IP와 같은 트랜스포트 계층 이하의 프로토콜 소프트웨어가 제공하는 기능을 이용할 수 있다. 소켓 API에서 소켓은 하위의 통신 프로토콜들이 응용 프로토콜에게 제공하는 통신 통로이다. 소켓 API는 하위 통신 프로토콜의 통신 통로를 제어하기 위한 자료 구조와 제어 함수를 포함한다.

3.1.2 클라이언트 소켓과 서버 소켓

TCP/IP 프로토콜은 클라이언트-서버 형태의 통신 서비스를 제공한다. 클라이언트는 특정 서버와의 통신 서비스를 능동적으로 기동하고, 서버는 클라이언트로부터 서비스 요청을 받아 수동적으로 처리한다. 따라서 클라이언트와 서버 응용 프로세스가 상호 통신하기 위해 각각 클라이언트 소켓과 서버 소켓을 구분하여 제어할 수 있어야 한다. 소켓 API는 클라이언트 소켓과 서버 소켓에 대한 API를 구분하여 제공한다.

그림 3.2 클라이언트 소켓, 서버 소켓, 그리고 주소 정보

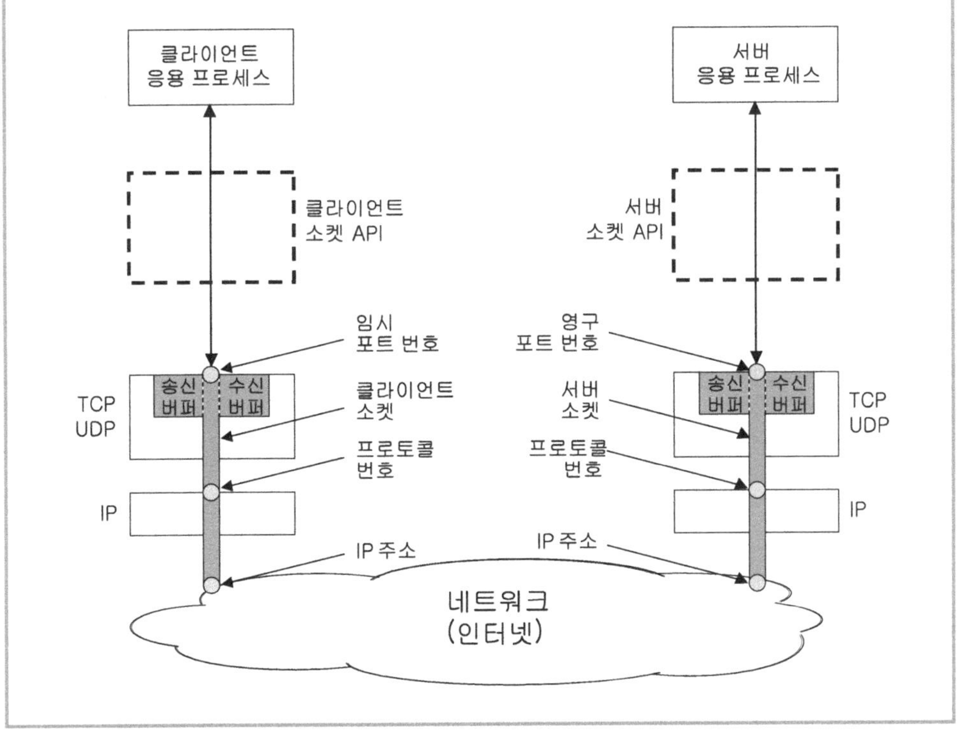

TCP/IP 프로토콜 체계에서 클라이언트 소켓, 서버 소켓, 그리고 클라이언트 소켓과 서버 소켓에 대한 주소 정보는 〈그림 3.2〉와 같이 표현된다. TCP/IP 프로콜 체계에서 응용 프로세스를 위한 통신 통로인 소켓은 트랜스포트 프로토콜의 포트 번호(Port Number), 트랜스포트 프로토콜 유형을 지정하는 IP의 프로토콜 번호, 그리고 호스트 컴퓨터의 IP 주소에 의해 전체 인터넷에서 유일하게 식별된다. 프로토콜 번호는 소켓이 사용하는 TCP 또는 UDP에 의해 자동으로 지정되기 때문에 일반적으로 소켓 주소는 {포트 번호, IP 주소}로 주어진다.

- 소켓 주소 : {트랜스포트 포트 번호, IP 주소}

클라이언트 소켓을 위한 포트 번호는 임시 포트(Ephemeral Port) 번호로 트랜스포트 프로토콜에 의해 유일하게 자동적으로 주어진다. 반면 서버 소켓을 위한 포트 번호는 영구 포트(Well-known Port) 번호로 다른 클라이언트들에게 알려져 있어, 임의의 클라이언트가 서버 IP 주소와 함께 영구 포트 번호로 서버 프로세스를 식별할 수 있게 한다.

- 클라이언트 소켓 주소 : {임시 포트 번호, 클라이언트 IP 주소}
- 서버 소켓 주소 : {영구 포트 번호, 서버 IP 주소}

3.1.3 연결형 소켓과 비연결형 소켓

TCP를 통해 통신 서비스를 제공하는 소켓은 연결형 소켓(Connection-oriented Socket)이다. 연결형 클라이언트 소켓은 언제나 특정 연결형 서버 소켓과 연결되어 사용되고 다른 서버의 소켓과는 통신할 수 없다. 따라서 연결형 클라이언트 소켓은 자신의 소켓 주소와 함께 연결된 서버 소켓의 주소를 가지고 있다.

- 클라이언트 연결 소켓 주소 : {클라이언트 포트 번호, 클라이언트 IP 주소, 서버 포트 번호, 서버 IP 주소}

하나의 TCP 서버와 통신하는 TCP 클라이언트와 달리 TCP 서버는 다수의 TCP 클라이언트에 대해 통신 서비스를 제공할 수 있어야 한다. 따라서 TCP 서버의 통신 통로인 서버 소켓은 모든 클라이언트 소켓에 개방된다. 서버 소켓이 특정 클라이언트 소켓으로부터 연결 설정 메시지(TCP SYN 세그먼트)를 수신하면 서버 소켓은 서버 연결 소켓을 생성하여

그림 3.3 연결형 소켓 구조

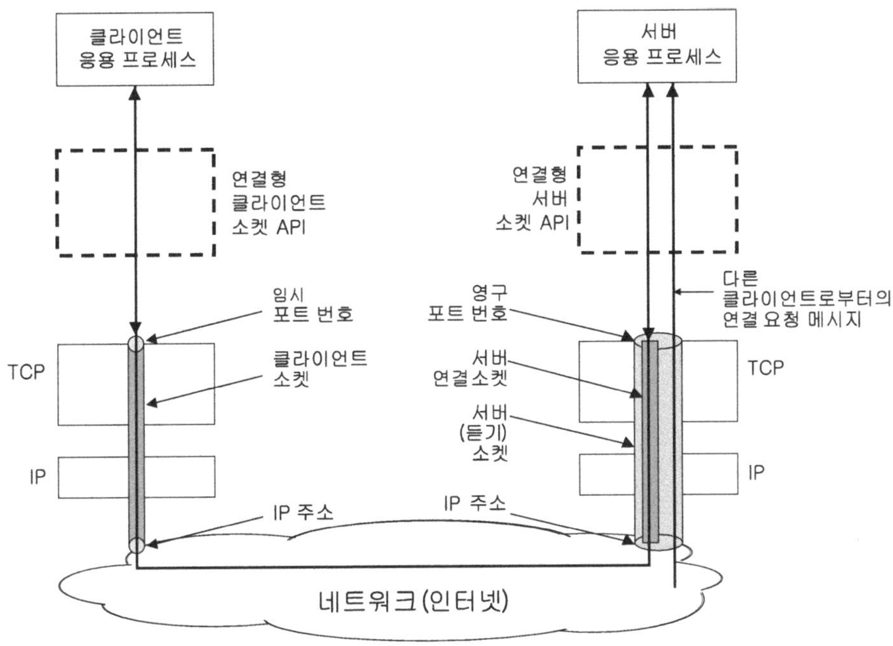

해당 클라이언트 연결 소켓과의 통신에 고정적으로 할당함으로써 연결형 통신 서비스를 제공한다. 특정 클라이언트 소켓에 연결된 서버 연결 소켓은 자신의 소켓 주소와 함께 연결된 클라이언트 소켓 주소를 가지고 있다.

- 서버 연결 소켓 주소 : {서버 포트 번호, 서버 IP 주소, 클라이언트 포트 번호, 클라이언트 IP 주소}

특정 클라이언트와 일단 연결이 설정되면 해당 클라이언트와의 서버측 통신은 서버 연결 소켓을 통해 이루어지고, 서버 소켓은 또 다른 클라이언트로부터의 연결 설정 요청 메시지 도착을 기다린다. 이와 같이 서버 소켓은 단지 연결 설정 요청 메시지의 도착을 기다리는 역할만 하기 때문에 듣기 소켓(Listening Socket)이라 한다. 〈그림 3.3〉에서 보는 바와 같이 연결형 소켓 구조에서 항상 하나의 서버 소켓에 연결되어 사용되는 클라이언트 소켓과 달리, 다수의 클라이언트와의 연결형 통신 서비스를 제공해야 하는 서버 소켓은 내부에 다수의 서버 연결 소켓을 포함하는 이중 구조를 가진다.

그림 3.4 비연결형 소켓 구조

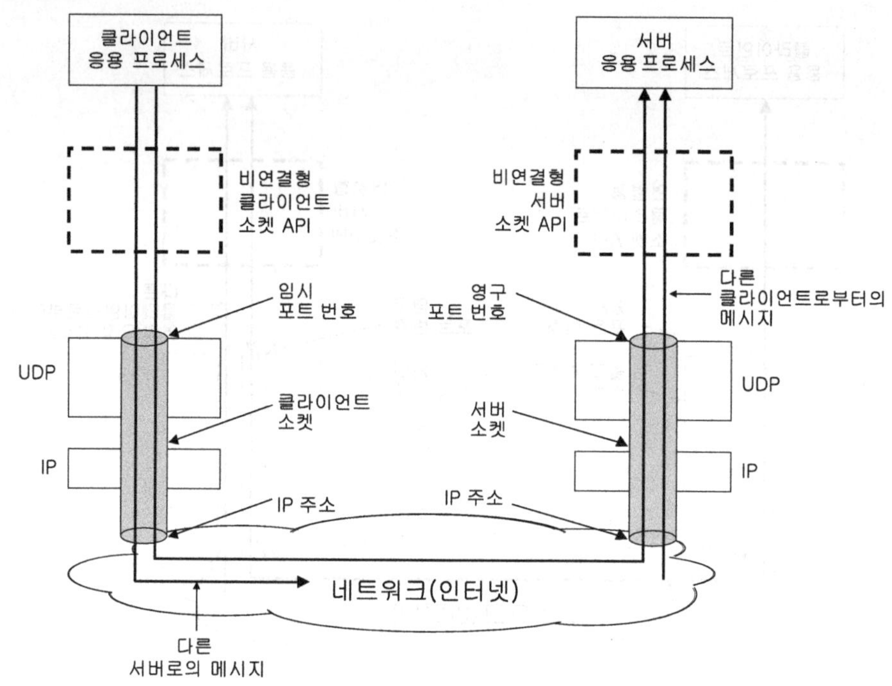

〈그림 3.4〉는 UDP를 통해 제공되는 비연결형 소켓의 구조를 보여주고 있다. 비연결형 소켓 구조에서 클라이언트 소켓과 서버 소켓은 상호간 아무런 연관 관계를 가지지 않는다. UDP 클라이언트는 비연결형 클라이언트 소켓을 통해 임의의 서버와 통신할 수 있다. 마찬가지로 UDP 서버는 비연결형 서버 소켓을 통해 임의의 클라이언트와 통신할 수 있다. UDP 클라이언트는 클라이언트 소켓으로 통해 데이터를 전송할 때마다 수신 서버의 소켓 주소를 지정해야 한다. 서버 소켓 주소는 멀티캐스트 주소를 포함할 수도 있다. UDP 서버는 서버 소켓으로부터 데이터를 수신할 때마다 송신 클라이언트의 소켓 주소를 제공받는다.

앞에서 설명한 대로 연결형 소켓과 비연결형 소켓은 서로 다른 구조를 가지기 때문에 소켓 API는 연결형 소켓과 비연결형 소켓에 대한 API를 구분하여 제공한다.

3.2 소켓 API 구조

소켓 API는 〈그림 3.5〉와 같이 소켓을 제어하고 관리하는 데에 필요한 소켓 자료 구조와 네트워크 응용 프로그램이 호출할 수 있는 소켓 제어 함수로 구성된다. 소켓 자료 구조는 다시 소켓 설명자(Socket Descriptor)와 소켓 정보 자료 구조(Socket Information Data Structure)로 나누어진다. 소켓 정보 자료 구조는 소켓의 유형과 주소 정보등 각 소켓의 특성을 규정하는 정보를 포함한다. 소켓 설명자는 특정 소켓 정보 자료 구조의 포인터 정보를 유지한다. 응용 프로그램의 실행 상태인 응용 프로세스는 소켓 설명자를 통해 특정 소켓을 식별하고 해당 소켓 식별자를 인자로 소켓 제어 함수를 호출함으로써 해당 소켓을 제어한다.

소켓 API의 구조는 파일 시스템 API 구조와 매우 유사하다. 사실 LINUX에서는 소켓을 특수한 파일로 취급한다. 따라서 소켓 설명자는 파일 생성(creat()) 또는 파일 개방(open()) 시에 생성되는 파일 설명자(File Descriptor)와 동일하게 취급된다. 일단 소켓이

그림 3.5 소켓 API 구조

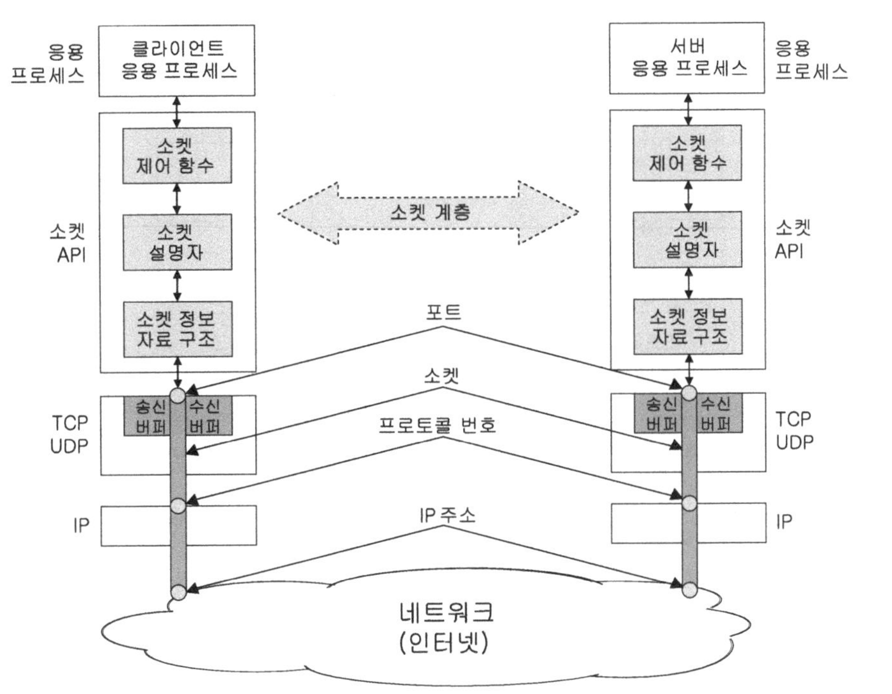

생성되어 대응되는 소켓 설명자가 생성되면 파일 시스템에서 사용하는 동일한 파일 시스템 콜 함수들을 사용하여 소켓에 데이터를 쓰고, 데이터를 읽고, 소켓을 닫을 수 있다. 다만 소켓은 파일과 달리 연관된 주소 정보(자신의 주소, 연결된 소켓 주소)를 가져야 하고, 세부적으로 다르게 취급되어야 하는 소켓 유형을 가지므로 파일 정보 자료 구조와 대응되는 자신의 소켓 정보 자료 구조를 가져야 한다. 그리고 소켓의 유형에 따라서 제어하는 방식이 달라져야 하기 때문에 파일 시스템에서 제공되는 시스템 콜 제어 함수 외에 추가적인 제어 함수가 정의 된다. 〈그림 3.6〉은 소켓 API 구조와 파일 시스템 API 구조를 비교하여 보여주고 있다.

그림 3.6 소켓 API와 파일 시스템 API

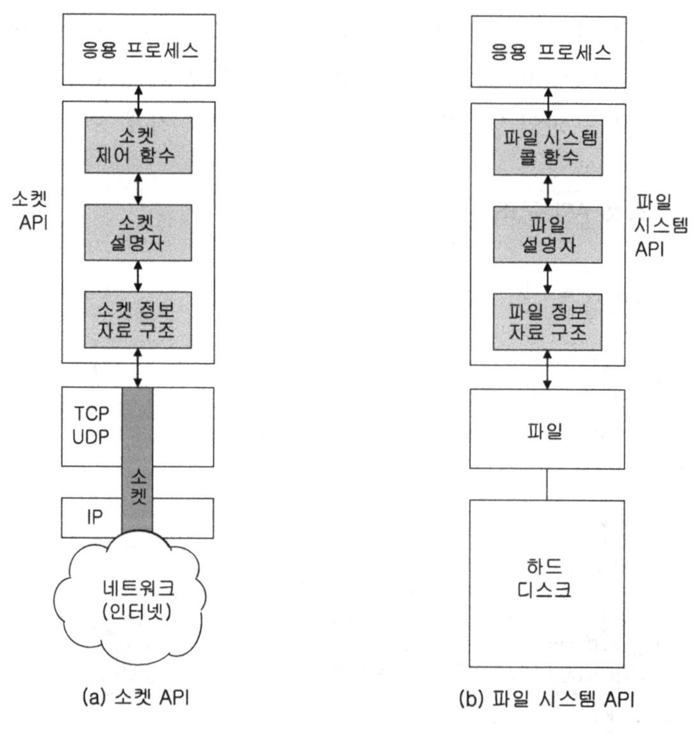

3.3 소켓 자료 구조

소켓 정보 자료 구조는 <그림 3.7>과 같이 5 가지 요소 정보를 가진다. 패밀리(Family) 정보는 프로토콜 체계를 표시한다. 현재 대부분의 소켓 API는 TCP/IP 체계의 프로토콜을 사용하지만, 소켓 API를 개발하던 초기에는 여러 가지 프로토콜 체계가 함께 사용되는 환경을 고려하고 개발되었음을 상기할 필요가 있다. 현재 소켓 API가 지원하는 프로토콜 패밀리는 IPv4, IPv6, IPX 노벨 프로토콜, 그리고 시스템 내부(LOCAL) 통신 프로토콜 등이 있다. 시스템 내부 통신 소켓은 네트워크를 거치지 않고 시스템내에서 서로 다른 프로세스간에 통신하고자 할 때 사용된다.

유형(Type) 정보는 같은 프로토콜 패밀리내에서 지원하는 서로 다른 소켓의 유형을 표시한다. 현재 소켓 API는 스트림(Stream) 소켓, 데이터그램(Datagram) 소켓, 그리고 생(Raw) 소켓 등의 유형을 지원한다.

스트림 소켓은 연결형 소켓(Connection-oriented Socket)으로써 TCP와 같은 연결형 프로토콜을 사용하여 특정 단위의 데이터를 연속적으로 송수신하기 위해 설계되었다. TCP를 사용하는 스트림 소켓의 데이터 단위는 바이트(Byte)이다. 데이터그램 소켓은

그림 3.7 소켓 자료 구조

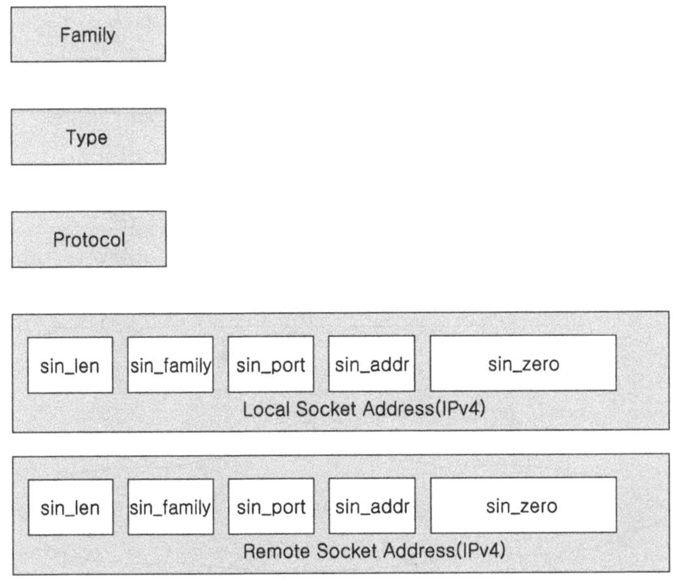

비연결형 소켓으로써 UDP와 같은 비연결형 프로토콜을 사용하여 특정 단위의 데이터를 독립적으로 송수신하기 위해 설계되었다. UDP를 사용하는 데이터그램 소켓의 최대 데이터 전송 단위는 UDP 데이터그램 크기를 초과할 수 없다. 생 소켓은 트랜스포트 프로토콜 없이 IP 수준의 프로토콜(IP, ICMP, IGMP 등)이 제공하는 통신 기능을 네트워크 응용 프로그램이 직접 이용할 수 있게 한다.

〈그림 3.8〉은 현재 IPv4 프로토콜 패밀리내에서 사용할 수 있는 소켓 유형을 보여주고 있다. 소켓 정보 자료 구조의 프로토콜(Protocol) 정보는 주어진 유형의 소켓을 위한 통신에 사용될 프로토콜을 표시한다. 현재 IPv4 프로토콜 패밀리내에서 스트림 소켓을 지원하는 프로토콜을 TCP가 유일하고, 데이터그램 소켓을 지원하는 프로토콜은 UDP가 유일하다. 따라서 IPv4 패밀리내에서 스트림 소켓과 데이터그램 소켓에 대해서는 굳이 TCP와 UDP를 각각 표시할 필요가 없다. 반면 생 소켓의 경우 IP, ICMP, IGMP 등의 프로토콜을 구분할 필요가 있다.

소켓 정보 자료 구조에는 기본적으로 자신의 지역(Local) 소켓 주소 정보가 포함되고, 연결형 소켓의 경우 연결된 원격(Remote) 소켓의 주소 정보도 포함된다. 소켓 주소의 구

그림 3.8 TCP/IP 소켓 유형

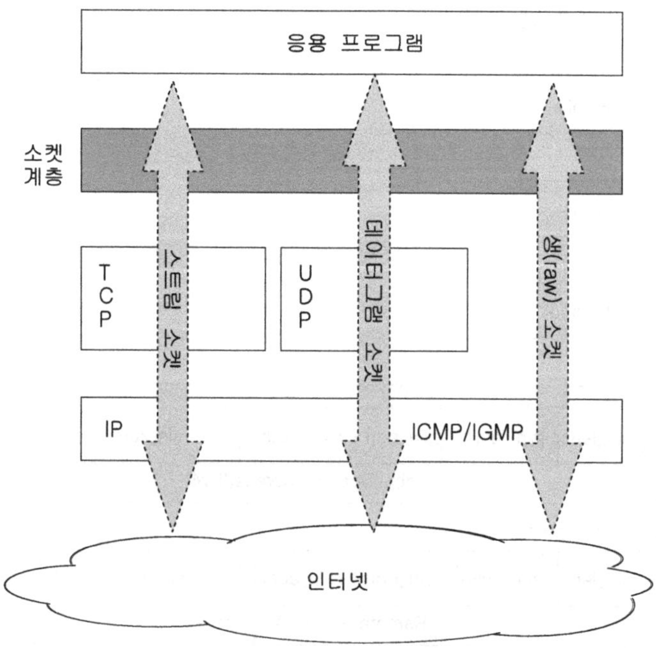

조는 여러 개가 존재할 수 있다. IPv4에서 사용되는 소켓 주소 구조는 소켓 주소의 길이(sin_len), 소켓 주소 패밀리(sin_family), 포트 번호(sin_port), 그리고 편리한 처리에 적합한 크기의 주소 구조 길이를 맞추기 위해 추가되는 부분(sin_zero)로 구성된다.

소켓 주소 패밀리는 프로토콜 패밀리와 유사한 개념으로써 하나의 프로토콜 패밀리내에 여러 개의 주소 패밀리가 사용될 수 있음을 가정하고 설계되었다. 그러나 현재 각 프로토콜 패밀리는 하나의 주소 패밀리만을 지원하기 때문에 프로토콜 패밀리와 주소 패밀리는 거의 같은 개념으로 사용된다. 〈그림 3.9〉는 프로토콜 패밀리 IPv4, IPv6, 그리고 LOCAL에 대응되는 주소 패밀리의 구조를 각각 보여주고 있다. 그림에서 AF_INET, AF_INET6, AF_LOCAL은 각각 IPv4, IPv6, 그리고 LOCAL 프로토콜 패밀리에서 사용되는 주소 패밀리의 이름을 나타낸다. IPv4를 제외한 나머지 주소 구조에 대한 자세한 설명은 생략한다.

그림 3.9 소켓 주소 구조 비교

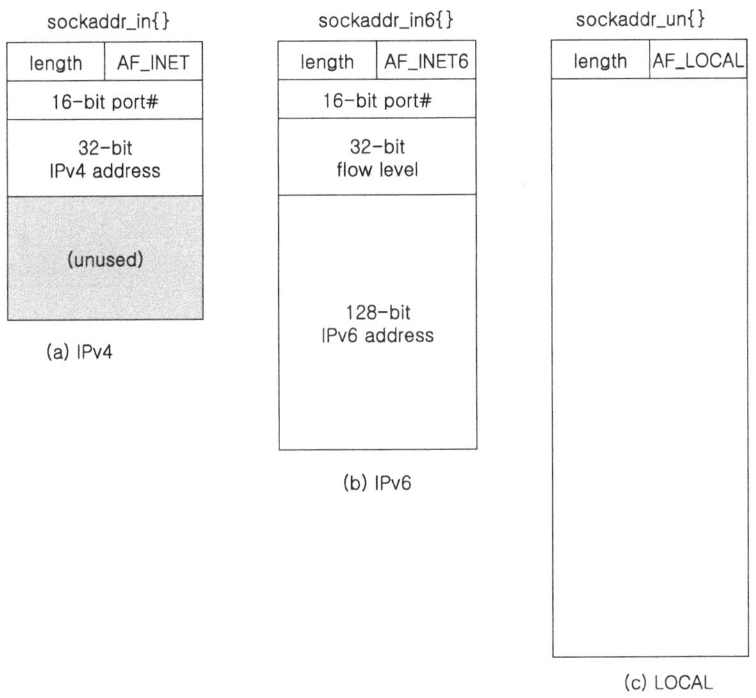

3.4 소켓 제어 함수

소켓을 제어하기 위한 함수들은 소켓 유형에 달라진다. 그리고 클라이언트 소켓과 서버 소켓은 응용 프로세스에 의해 서로 다른 제어 함수들을 통해 제어된다. 소켓 제어 함수들을 요약하면 〈그림 3.10〉과 같이 정리될 수 있다. 〈그림 3.10〉의 (a)는 TCP 클라이언트 프로세스가 사용하는 스트림 소켓에 대한 제어 함수와 호출 절차를 보여준다. (b)는 TCP 서버 응용 프로세스가 사용하는 소켓 제어 함수와 호출 절차다. (c)는 UDP 클라이언트 프로세스가 사용하는 데이터그램 소켓에 대한 제어 함수와 호출 절차를 나타내고, (d)는 UDP 서버 프로세스가 사용하는 제어 함수와 호출 절차를 보여준다.

그림 3.10 소켓 제어 함수와 호출 절차

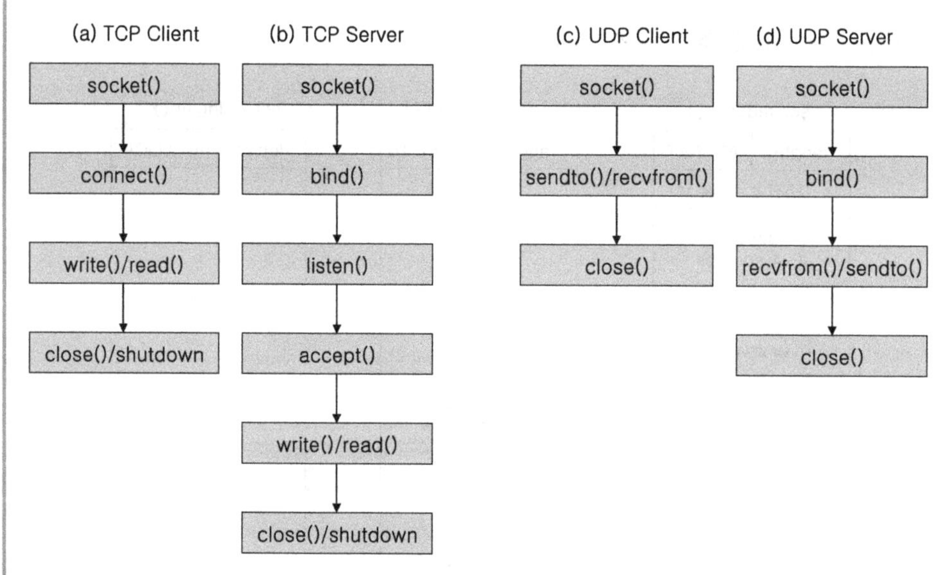

3.4.1 소켓 생성 함수 : socket()

네트워크 응용 프로세스가 소켓을 생성하기 위해 호출하는 함수는 socket()이다. 소켓 생성 함수는 〈그림 3.11〉의 (a)와 같이 선언된다. 일반적으로 소켓 제어 함수와 관련 자료 구조 및 상수의 선언은 표준 헤더 파일들이 위치하는 '/usr/include' 디렉토리내의 'sys/socket.h' 헤더 파일에 선언된다. 소켓 생성시에 응용 프로세스는 소켓 정보 자료 구조의 프로토콜 패밀리(family), 소켓 유형(type), 그리고 프로토콜(protocol) 정보를 인자로 제공한다. 〈그림 3.11〉의 (b)는 프로토콜 패밀리로 정의된 상수중 일부이다. 상수 PF_INET는 IPv4 인터넷 프로토콜 패밀리를 사용하는 소켓 생성을 지시하고, 상수 PF_INET6는 IPv6 인터넷 프로토콜 패밀리, 상수 PF_LOCAL은 LINUX 시스템 내부 응용 프로세스간 통신 프로토콜 패밀리, 그리고 PF_IPX는 노벨사의 IPX 프로토콜 패밀리를 사용하는 소켓 생성을 지시한다. 이 외에도 많은 프로토콜 패밀리 상수들이 정의되어 있다. 자세한 내용은 'socket.h' 헤더 파일을 참고하기 바란다.

〈그림 3.11〉의 (c)는 소켓 유형 상수 정의의 일부이다. 상수 SOCK_STREAM은 스트림 소켓 생성을 지시하고, SOCK_DGRAM은 데이터그램 소켓을, 그리고 SOCK_RAW는 트랜스포트 프로토콜을 사용하지 않는 생(raw) 소켓 생성을 지시한다.

소켓 생성 함수 `socket()`의 세 번째 인자 `protocol`은 생 소켓을 생성하는 경우를 제외하고 일반적으로 기본값인 0으로 설정된다. 그 이유는 인터넷 프로토콜 패밀리를 사용하는

그림 3.11 소켓 생성 함수와 관련 상수

```
#include <sys/socket.h>

int socket(int family, int type, int protocol)
```

성공 : 소켓 설명자 반환, 실패 : -1

(a) 소캣 생성 함수 : *socket()*

family	설명
PF _INET	IPv4 인터넷 프로토콜 계열
PF _INET6	IPv6 인터넷 프로토콜 계열
PF _LOCAL	시스템 내부 통신 프로토콜 계열
PF _IPX	IPX 노벨 프로토콜 계열

(b) 프로토콜 계열 상수 : *family*

type	설명
SOCK_STREAM	스트림 소켓
SOCK_DGRAM	데이터그램 소켓
SOCK_RAW	생 소켓

(c) 소켓 유형 상수 : *type*

경우 스트림 소켓은 항상 TCP 프로토콜을 사용하고, 데이터그램 소켓은 항상 UDP 프로토콜을 사용하기 때문에 굳이 프로토콜 인자를 명시할 필요가 없다. 그러나 생 소켓의 경우 IP, ICMP, IGMP 등을 구분할 필요가 있기 때문에 프로토콜 인자를 지정해야 한다. 생 소켓 생성을 위한 프로토콜 인자에 대한 정의는 추후 생 소켓을 다룰 때 구체적으로 설명한다.

소켓 생성 함수 socket()은 결과 값으로 정수형의 소켓 설명자(Socket Descriptor)를 반환한다. 소켓 설명자는 생성된 소켓을 위해 시스템(운영 체제)이 유지하는 소켓 정보 자료 구조에 대한 간편한 포인터 역할을 한다. 응용 프로세스내에서 소켓 설명자는 파일 시스템 API의 파일 설명자와 함께 관리되어 특수한 형태의 파일로 취급된다. 따라서 하나의 프로세스내에서 소켓 설명자와 파일 설명자는 중복되지 않도록 할당된다. 〈리스트 3.1〉 소켓 생성 예제 프로그램은 소켓 생성 함수(socket())에 의해 반환되는 소켓 설명자와 파일 개방 시스템 콜(open())에 의해 반환되는 파일 설명자가 어떻게 할당되는 지를 보여준다. 파일 개방 시스템 콜의 정의에 대해서는 제2장의 관련 부분을 참조하기 바란다.

〈리스트 3.1〉 소켓 생성 예제 프로그램

```
/* creat_socket.c
 * a test program to check socket creation, socket descriptors,
and
 * file descriptors
 */

#include <stdio.h>       /* standard input/output */
#include <stdlib.h>      /* general utilities */
#include <sys/socket.h> /* socket library */
#include <sys/types.h>  /* primitive system data types */
#include <sys/stat.h>   /* file characteristics */
#include <fcntl.h>       /* file control operations */

int main() {
  /* file descriptors and socket descriptors */
  int fd1, fd2, tcp_socket, udp_socket;

  /* open a file */
  fd1 = open("test_file1", O_RDWR | O_CREAT, 0);

  /* cerate a straem socket */
  tcp_socket = socket(PF_INET, SOCK_STREAM, 0);

  /* open another file */
```

```
    fd2 = open("test_file2", O_RDWR | O_CREAT, 0);

    /* cerate a datagram socket */
    udp_socket = socket(PF_INET, SOCK_DGRAM, 0);

    /* print descriptors */
    printf("test_file1's file descriptor : %d\n", fd1);
    printf("test_file2's file descriptor : %d\n", fd2);
    printf("tcp_socket descriptor : %d\n", tcp_socket);
    printf("udp_socket descriptor : %d\n", udp_socket);

    /* close descriptors */
    close(fd1);
    close(tcp_socket);
    close(fd2);
    close(udp_socket);
}
```

〈그림 3.12〉는 위의 예제 프로그램 실행 결과이다. 〈그림 3.12〉에서 우리는 파일 설명자와 소켓 설명자가 관련 함수의 실행 순서대로 정수형 값이 할당됨을 알 수 있다. 하나의 응용 프로세스에서 설명자 값이 3부터 할당되는 이유에 대해서는 여러분들이 확인해 보기 바란다.

그림 3.12 소켓 생성 예제 프로그램 실행 결과

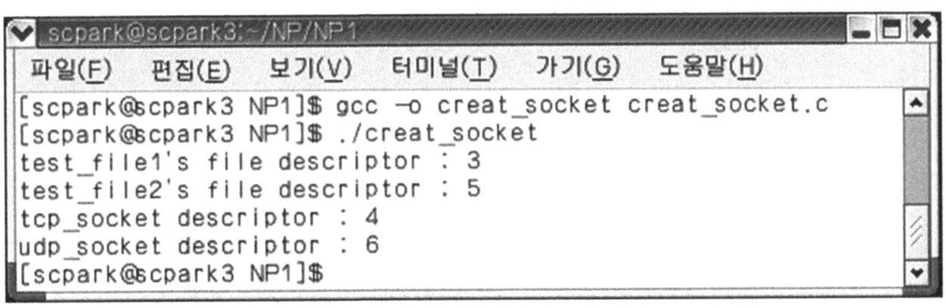

3.4.2 소켓 주소 결합 함수 : bind()

소켓 주소 결합 함수 bind()는 미리 생성된 소켓에 자신의 지역 소켓 주소(Local Socket Address)를 결합시키다. 즉, 소켓 정보 자료 구조에 지역 소켓 주소 정보를 할당한

다. 소켓 주소 결합 함수는 〈그림 3.13〉의 (a)와 같이 선언된다. bind() 함수의 첫 번째 인자는 이미 생성된 소켓의 설명자이고, 두 번째 인자는 소켓의 지역 주소이며, 세 번째 인자는 소켓 주소 구조의 길이이다.

소켓 API는 기본적으로 다양한 주소 체계(Address Family)를 지원하는 것을 전제로 개발되었기 때문에 가변적 소켓 주소 구조를 지원한다. 가변적 소켓 주소 구조를 지원하기 위해 소켓 API에서는 많이 사용되는 대부분의 주소 체계에 적용될 수 있는 일반적인 소켓 주소 구조를 〈그림 3.13〉과 같이 정의하였다. 일반적인 소켓 주소 구조는 주소 체계를 표시하는 2 바이트와 주소 체계에 따른 실제 주소를 표시하는 14 바이트로 구성된다. 소켓 주소 길이를 14 바이트로 정의한 이유는 소켓 API를 설계할 당시 인터넷 뿐만 아니라 X.25, XNS 등 다른 네트워크 프로토콜의 주소 구조를 고려하였기 때문이다. bind() 함수는 일반 소켓 주소 구조형의 자료 구조에 대한 포인터((struct sockaddr *)형의 값을 인자로 수신한다.

그림 3.13 주소 결합 함수와 소켓 주소 구조

```
#include <sys/socket.h>

int bind(int sockfd, struct sockaddr *myaddr, int addrlen);)
```

성공 : 0, 실패 : -1

(a) 주소 결합 함수 : bind()

```
struct sockaddr {
        sa_family_t         sin_family;
        char                sa_data[14];
};
```

(b) 일반 소켓 주소 구조

```
struct sockaddr_in {
        sa_family_t         sin_family;   /* 주소 체계 */
        unit16_t            sin_port;     /* 포트 번호 */
        struct in_addr      sin_addr;     /* IP 주소 */
        char                sin_zero[8];  /* 사용되지 않음 */
};
struct in_addr {
        unit32_t            s_addr; /* 32비트 IPv4 인터넷 주소 */
};
```

(c) IPv4 소켓 주소 구조

실제로 사용되는 소켓 주소 구조는 주소 체계에 따라 다르게 정의된다. 〈그림 3.13〉의 (c)는 IPv4 주소 체계의 소켓 주소 구조를 정의하고 있다. IPv4는 2 바이트 크기의 포트 번호(sin_port)와 4 바이트 크기의 IP 주소(sin_addr)로 소켓 주소를 정의하기 때문에 2 바이트 크기의 주소 체계 필드(sin_family)를 포함하여 총 8 바이트 크기의 소켓 주소 체계를 사용한다. IPv4 주소 구조의 마지막 8 바이트는 일반 소켓 주소 구조의 크기와 맞추기 위해 단순히 추가되는 바이트이다.

IPv4 소켓 주소 구조형(struct sockaddr_in)의 포인터 인자를 bind() 함수로 전달하기 위해서는 일반 소켓 주소 구조(struct sockaddr)형의 포인터로 변환해야 한다. 예를 들어 IPv4 소켓 주소 구조형인 'serv' 변수의 값을 bind() 함수에 전달하고자 할 때 다음과 같이 형 변환을 통해 포인터형을 일치시켜야 한다.

```
struct sockaddr_in serv; /* IPv4 socket address structure */
bind(sockfd, (struct sockaddr *) &serv, sizeof(serv));
```

3.4.3 듣기 함수 : listen()

소켓 API의 듣기 함수 `listen()`는 서버 프로세스에 의해서 사용되는 서버 소켓에 대해서만 사용되고, 서버 소켓으로의 연결 설정 요청을 듣도록 명령한다. 첫번째 인자에 의해 지정되는 서버 소켓은 미리 소켓 주소가 결합되어 있어야 한다. 두번째 인자인 백로그(backlog)는 서버 소켓내에서 한꺼번에 설정될 수 있는 연결 소켓의 최대 개수를 지정한다. 즉, 서버 소켓내에서 현재 연결중이거나 연결이 완료된 소켓중 응용 프로세스에 미할당 상태로 남아 있는 연결 소켓의 합이 백로그보다 작아야 한다. 과거 클라이언트로부터의 동시 연결 요청이 많지 않던 경우에는 백로그 값을 5로 설정하는 것이 일반적이었으나, 웹 서버와 같이 연결 설정 요청이 많은 서버의 경우 더 큰 값(예 : 15 이상)을 설정할 필요가 있다.

IP로부터 TCP 연결 설정 요청 세그먼트인 SYN 세그먼트가 도착하면 하나의 연결 소켓이 연결 소켓 대기열에 생성되고, 3-단계 핸드세이크 과정을 통해 해당 소켓을 연결 설정을 요청한 클라이언트 소켓과 연결한다. 연결 설정이 완료된 연결 소켓은 연결 완료 소켓 대기열로 이동되어 응용 프로세스로의 할당을 기다린다. 응용 프로세스에게 할당된 연결 소켓은 연결 완료 소켓 대기열을 벗어나 독자적인 자료 구조로 관리된다.

그림 3.14 듣기 함수와 듣기 소켓 구조

```
#include <sys/socket.h>

int listen( int sockfd, int backlog);
```

성공 : 0, 실패 : -1

(a) 주소 결합 함수 : bind()

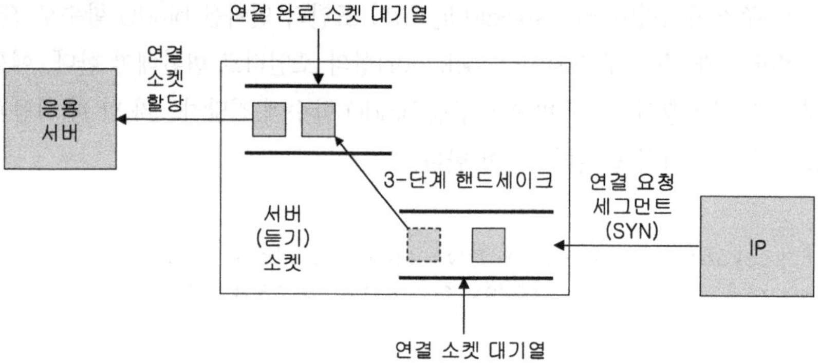

(b) 서버(듣기) 소켓 구조

3.4.4 연결 함수와 수락 함수 : connect()와 accept()

연결 함수 connect()는 클라이언트 프로세스가 자신의 클라이언트 소켓을 서버 소켓과 연결하고자 할 때 사용한다. 〈그림 3.15〉의 (a)는 연결 함수의 정의를 보여준다. 첫 번째 인자로 주어지는 소켓 설명자는 자신의 클라이언트 소켓을 가르킨다. 클라이언트 소켓에 대한 소켓 주소 결합은 연결 설정 과정에서 TCP/IP 소프트웨어에 의해 자동으로 이루어진다. 따라서 connect() 함수의 첫 번째 인자의 클라이언트 소켓에 대한 주소 결합 과정은 불필요하다. connect() 함수의 두 번째 인자는 서버 소켓의 주소에 대한 포인터이고, 세 번째 인자는 서버 소켓 주소 구조의 길이를 지시한다.

연결 함수는 기본적으로 봉쇄(Blocking) 함수이다. 응용 프로세스에 의해 연결 함수가 일단 한번 호출되면 연결 설정이 완료되거나 오류가 발생하여 연결 설정이 중단될 때까지 응용 프로세스는 대기 상태(Blocking)에 놓이게 된다. 연결 설정이 완료되면 클라이언트 소켓 정보 자료 구조에 지역 소켓 주소(Local Socket Address)와 원격 소켓 주소(Remote Socket Address) 필드가 채워진다.

그림 3.15 연결 함수와 수락 함수

```
#include <sys/socket.h>

int connect(int sockfd, struct sockaddr *servaddr, int addrlen);
```

성공 : 0, 실패 : -1

(a) 연결 함수 : connect()

```
#include <sys/socket.h>

int accept(int sockfd, struct sockaddr *cliaddr, int *addrlen);
```

성공 : 소켓 설명자, 실패 : -1

(b) 수락 함수 : accept()

수락 함수 accept()는 서버 응용 프로세스가 듣기 상태에 있는 서버 소켓으로의 연결 요청을 수락하고자 할 때 사용한다. 〈그림 3.15〉의 (b)는 수락 함수를 정의하고 있다. 수락 함수의 첫 번째 인자는 듣기 상태에 있는 서버 소켓의 설명자를 지시한다. 두 번째 인자는 서버 소켓과 연결을 설정한 클라이언트 소켓의 주소 구조에 대한 포인터이다. 이 주소는 서버 소켓의 연결 완료 소켓 대기열의 연결 소켓의 클라이언트 소켓 주소가 된다. 세 번째 인자는 클라이언트 소켓 주소 구조의 길이를 표시한다. 이 주소 길이 값은 TCP/IP 소프트웨어에 의해 할당되어 응용 프로세스에 의해 사용되어야 하므로 수락 함수 호출 시에 저장 공간이 할당된 변수의 포인터로 주어져야 한다.

수락 함수는 서버 소켓내에서 연결이 완료된 연결 소켓에 대한 설명자를 반환한다. 연결 소켓 설명자는 듣기 상태에 있는 서버 소켓의 설명자와 독립적인 식별자이다. 연결 완료 소켓 대기열에 연결 소켓이 없으면 완료된 연결 소켓이 만들어질 때까지 수락 함수는 응용 프로세스를 대기 상태에 놓이게 한다.

3.4.5 읽기 함수와 쓰기 함수 : read()와 write()

읽기 함수 read()는 파일 시스템 API에서 파일로부터 데이터를 읽고자 할 때 사용하는 함수로 소켓 API의 스트림(연결) 소켓에 대해 동일하게 적용된다. 스트림 소켓은 다른 스트림 소켓과 고정적으로 연결되어 있기 때문에 읽기 함수를 통해 수신하는 데이터의 송신자는 연결 설정 시에 이미 결정되어 있다. 〈그림 3.16〉의 (a)는 읽기 함수를 정의하고 있다.

그림 3.16 읽기와 쓰기 함수

```
#include <sys/types.h>
#include <unistd.h>

ssize_t read(int sockfd, void *buf, size_t nbytes);
```

성공 : 읽은 바이트 수, 실패 : -1

(a) 읽기 함수 : read()

```
#include <sys/types.h>
#include <unistd.h>

ssize_t write(int sockfd, void *buf, size_t nbytes);
```

성공 : 쓴 바이트 수, 실패 : -1

(b) 쓰기 함수 : write

읽기 함수의 첫 번째 인자는 연결 소켓의 설명자이고, 두 번째 인자는 연결 소켓으로부터 읽은 데이터를 저장할 공간에 대한 포인터이며, 세 번째 인자는 읽어 들일 바이트 수를 표시한다. 읽기 함수는 수신 버퍼에서 인자로 지정된 바이트 수만큼 데이터를 읽어들인다. 만약 수신 버퍼의 바이트수가 읽어들일 바이트 수보다 적으면 현재 버퍼의 모든 바이트를 읽어들이고 전체 바이트 수를 반환한다. 소켓의 수신 버퍼에 수신된 데이터가 없으면 읽기 함수는 대기 상태에 놓이게 된다. 읽기 함수는 연결 종료 시에 0을 반환한다.

쓰기 함수 write()도 파일 시스템 API에서 파일에 데이터를 쓰고자 할 때 사용하는 함수로 소켓 API의 스트림(연결) 소켓에 대해 동일하게 적용된다. 〈그림 3.16〉의 (b)는 쓰기 함수를 정의하고 있다. 쓰기 함수의 첫 번째 인자는 연결 소켓의 설명자이고, 두 번째 인자는 연결 소켓에 쓸 데이터가 저장된 공간에 대한 포인터이며, 세 번째 인자는 쓸 데이터의 바이트 수를 표시한다. 쓰기 동작이 완료되면 쓰기 함수는 쓴 데이터의 바이트 수를 반환한다.

3.4.6 목적지지정송신 함수와 출발지반환수신 함수 : sendto()와 recvfrom()

UDP를 사용하는 비연결형 데이터그램 소켓은 다른 소켓과 고정적으로 연결되지 않는다. 따라서 데이터그램을 송신할 때 마다 목적지 소켓 주소를 지정해 주어야 한다. 데이터를 수신하는 경우에도 송신자 소켓이 고정되어 있지 않기 때문에 데이터그램을 수신할 때마다 송신자의 소켓 주소 정보가 같이 반환되어야 한다. 따라서 소켓 API에서는 데이터그램 소켓을 위해 목적지지정송신 함수와 출발지반환수신 함수를 제공한다.

〈그림 3.17〉의 (a)는 목적지지정송신 함수 `sendto()`를 정의하고 있다. `sendto()` 함수의 첫 번째 인자는 데이터그램을 송신하고자 하는 데이터그램 소켓의 설명자를 나타내고, 두 번째 인자는 송신할 데이터가 저장된 공간에 대한 포인터를 나타내며, 세 번째 인자는 송신하고자 하는 데이터의 바이트 수를 나타낸다. 네 번째 플래그(flags) 인자는 대체로 0을 사용한다. 다른 사용에 대해서는 추후에 설명한다. 그리고 다섯 번째 인자는 송신하고자 하는 목적지 데이터그램 소켓의 주소 구조에 대한 포인터를, 마지막 인자는 목적지 소켓 주소 구조의 길이를 나타낸다.

TCP의 경우와 마찬가지로 UDP의 경우에도 클라이언트 소켓의 주소는 UDP/IP 소프트웨어가 자동으로 할당한다. 따라서 sendto() 함수를 사용하여 클라이언트 소켓으로 데이터그램을 송신하고자 하는 경우 자신의 지역 소켓 주소 결합 과정이 불필요하다. 반면 서버 소켓에 대해서는 `bind()` 함수를 통한 자신의 지역 소켓 주소 결합 과정이 선행되어야 한다.

출발지반환수신 함수는 데이터그램 소켓으로부터 데이터그램을 수신할 때 사용한다. `recvfrom()` 함수의 첫 번째 인자는 데이터그램 소켓의 설명자를 나타내고, 두 번째 인자는 수신할 데이터그램을 저장할 공간에 대한 포인터, 세 번째 인자는 수신할 데이터그램의 바이트 수를 표시한다. 플래그 인자는 sendto() 함수의 경우와 동일하고, 다섯 번째와 여섯 번째 인자는 데이터그램을 송신한 출발지 소켓의 주소 구조에 대한 포인터와 주소 길이 값을 저장할 공간에 대한 포인터를 각각 나타낸다.

그림 3.17 목적지지정송신 함수와 출발지반환수신 함수

```
#include <sys/types.h>
#include <sys/socket.h>

int sendto(int sockfd, void *buf, int nbytes, int flags,
           struct sockaddr *toaddr, int toaddrlen);
```

성공 : 송신한 바이트 수, 실패 : -1

(a) 목적지지정송신 함수 : sendto()

```
#include <sys/types.h>
#include <sys/socket.h>

int recvfrom(int sockfd, void *buf, int nbytes, int flags,
             struct sockaddr *fromaddr, int *fromaddrlen)
```

성공 : 수신한 바이트 수, 실패 : -1

(b) 출발지반환수신 함수 : recvfrom()

3.4.7 닫기 함수와 부분 닫기 함수 : close()와 shutdown()

닫기 함수 close()는 특정 소켓 설명자가 지시하는 소켓 정보 자료 구조를 폐쇄한다. 소켓 닫기 함수의 동작 방식은 파일 시스템의 파일 닫기 함수와 동일하다. 특정 응용 프로세스가 닫기 함수를 호출 했을 때 만약 해당 소켓 자료 구조를 다른 응용 프로세스가 사용하고 있으면 닫기 함수는 해당 소켓의 참조 계수(Reference Count)만 1 감소시킨다. 실제 소켓 자료 구조의 폐쇄는 참조 계수가 0이 될 때 일어난다. 참조 계수에 따른 소켓 폐쇄 절차는 다중 프로세스 서버 프로그래밍에서 다시 설명한다. 닫기 함수를 스트림 소켓에 적용하는 경우 소켓 참조 계수가 0이되면 4-단계 핸드세이크를 통해 TCP 연결을 완전히 종료한다.

부분 닫기 함수 shutdown()은 TCP 스트림 소켓을 부분적으로 닫고자 할 때 사용한다. shutdown() 함수의 두 번째 인자에 닫고자 하는 스트림의 방향을 지시함으로써 해당 방향의 스트림만 닫을 수 있다. close() 함수의 경우 TCP의 4-단계 핸드세이크를 통해 양방향 스트림을 모두 종료하는 반면 shutdown() 함수는 2-단계 핸드세이크를 통한 부분적인 스트림 종료를 가능하게 한다. 부분적인 닫기 함수의 사용 예에 대해서는 TCP 소켓 프로그밍에서 자세히 다루도록 한다.

그림 3.18 닫기 함수와 부분 닫기 함수

```
#include <unistd.h>

int close(int sockfd);
```

성공 : 0, 실패 : -1

(a) 닫기 함수 : close()

```
#include <sys/socket.h>

int shutdown(int sockfd, int howto);
```

성공 : 0, 실패 : -1

(b) 부분 닫기 함수 : shutdown()

howto	설명
SHUT_RD	입력 스트림 종료
SHUT_WR	출력 스트림 종료
SHUT_RDWR	입·출력 스트림 종료

(c) 부분 닫기 상수 : *howto*

3.4.8 소켓이름 얻기 함수와 상대방 소켓이름 얻기 함수 : getsockname()와 getpeername()

소켓이름 얻기 getsockname() 함수는 첫번째 인자의 소켓 설명자가 지시하는 소켓의 지역 주소 정보를 두 번째와 세 번째 인자를 통해 알려주고, 상대방 소켓이름 얻기 getpeername() 함수는 해당 소켓에 연결된 상대방의 소켓 주소 정보를 알려준다.

이 두 함수는 다음 같은 경우에 유용하게 활용될 수 있다.

- TCP 클라이언트에서 연결 connect() 함수를 성공적으로 수행한 후에 getsockname() 함수를 사용하여 지역 IP 주소와 커널이 자동적으로 부여한 지역 포트번호 정보를 얻을 수 있다.
- 시스템이 사용하고 있는 임의의 IP 주소로 결합된 서버 소켓이 특정 클라이언트 소켓과 연결이 된 경우(수락 accept() 함수가 성공하면) TCP 서버는 getsockname() 함수을 사용하여 연결에 부여된 지역 IP 주소를 얻을 수 있다.
- 클라이언트-서버 실행 환경에서 수락 accept() 함수를 호출한 서버가 새로운 프로그램을 실행한 경우(exec() 함수를 호출) 새롭게 실행된 프로세스는 getpeername() 함수를 사용하여 클라이언트의 소켓 주소 정보를 얻을 수 있다.

그림 3.19 소켓이름 얻기 함수와 상대방 소켓이름 얻기 함수

```
#include <sys/socket.h>

int getsockname(int sockfd, struct sockaddr *localaddr, socklen_t *addrlen);
```

성공 : 0, 실패 : -1

(a) 소켓이름 얻기 함수 : getsockname()

```
#include <sys/socket.h>

int getpeername(int sockfd, struct sockaddr *peeraddr, socklen_t *addrlen);
```

성공 : 0, 실패 : -1

(a) 상대방 소켓이름 얻기 함수 : getpeername()

3.5 소켓 주소 처리 함수

3.5.1 인터넷 주소 체계

IPv4를 사용하는 인터넷 프로토콜 체계에서 계층별로 사용되는 주소 정보 요소와 주소 표현 방식은 〈그림 3.20〉과 같다. 응용 계층에 위치하는 응용 프로그램은 십진수 점 표기법(DDN-Dotted Decimal Notation) 표현 방식의 IP 주소와 서버에 대한 영구 포트 번호(Well-known Port Number)를 주소 정보로 사용한다. 응용 계층에서는 사용자 편의성 제고와 IP 주소 변경과 무관한 서비스 제공을 위하여 IP 주소 대신 도메인 이름(Domain Name)을 주소 정보로 사용하기도 한다.

소켓 주소는 응용 프로그램이 사용하는 주소 정보를 트랜스포트 프로토콜과 인터넷 프로토콜이 사용할 수 있는 형태로 변환되어 유지되는 주소이다. 클라이언트 호스트의 TCP나 UDP와 같은 트랜스포트 프로토콜은 TCP 세그먼트(또는 UDP 데이터그램)를 통해 서버 호스트의 TCP 또는 UDP와 16 비트 크기의 포트 번호를 주고 받음으로써 통신 서비스

그림 3.20 인터넷(IPv4) 주소 체계

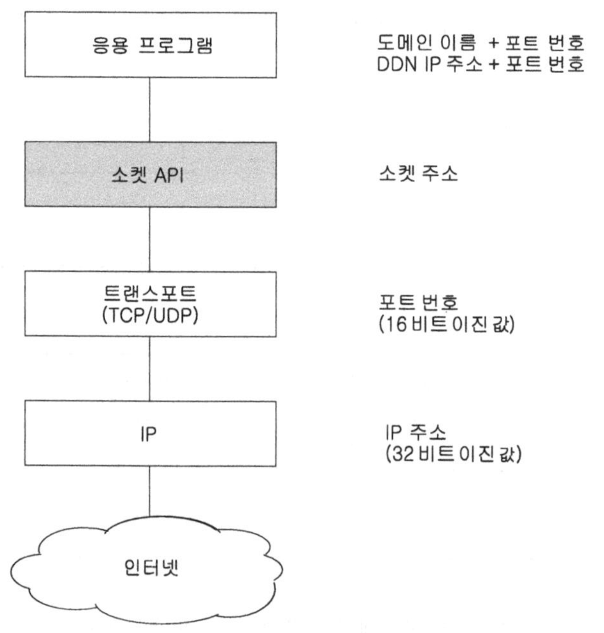

를 제공할 응용 프로세스를 지시한다. TCP 세그먼트나 UDP 데이터그램내에서 출발지 포트 번호와 목적지 포트 번호는 표준 표현 방식으로 표현되어야 한다. 만약 호스트 시스템이 사용하는 데이터 표현 방식이 TCP 또는 UDP에서 정한 포트 번호 표현 방식과 다르다면, 표준 방식으로 변환된 포트 번호를 소켓 주소의 포트 번호 필드에 유지해야 한다.

응용 프로그램은 DDN 방식의 IP 주소를 사용하는 반면 IP는 32 비트의 이진 IP 주소를 사용한다. 따라서 DDN 방식으로 주어지는 IP 주소는 IP가 사용할 수 있는 이진 형태로 변환되어 소켓 주소의 IP 주소 필드에 유지되어야 한다. 호스트의 IP는 IP 데이터그램을 통해 출발지 IP 주소와 목적지 IP 주소를 라우터 또는 목적지 호스트의 IP와 교환함으로써 해당 IP 데이터그램이 적절한 경로를 통해 목적지 호스트까지 전달될 수 있게 한다. IP 데이터그램내에서 IP 주소는 표준 표현 방식으로 표현되어야 한다. 만약 호스트 시스템이 사용하는 데이터 표현 방식이 IP에서 정한 IP 주소 표현 방식과 다르다면 표준 표현 방식으로 변환된 IP 주소를 소켓 주소의 IP 주소 필드에 유지해야 한다.

응용 프로그램이 IP 주소 대신 도메인 이름을 사용하는 경우 응용 프로그램은 DNS (Domain Name System)의 해석기(Resolver)를 통해 도메인 이름을 IP 주소로 변환한 다음 IP 주소를 소켓 주소에 유지해야 한다. DNS가 유지하는 IP 주소는 DDN 형태의 IP 주소이므로 DDN IP 주소를 이진 IP 주소로 변환하는 과정이 추가되어야 할 것이다.

3.5.2 바이트 순서 변환 함수

16 비트 포트 번호와 32 비트 이진 IP 주소는 일반적으로 호스트 시스템내에서 각각 2 바이트와 4 바이트 크기의 무부호 정수로 표현될 것이다. 그러나 정수 값 표현을 위한 2 바이트 또는 4 바이트를 메모리에 저장하는 방식은 시스템에 따라 차이가 있다. 예를 들어 빅-엔디안(Big-Endian) 표현 방식을 사용하는 시스템의 경우 정수 값의 가장 낮은 값의 바이트가 메모리의 시작 바이트에 배치되고 정수 값의 다음 바이트들이 메모리의 다음 바이트에 순서대로 저장되어 가장 높은 값의 바이트가 메모리의 마지막 바이트에 저장된다. 〈그림 3.21〉의 (a)는 A 변수에 저장된 '0x12345678' 정수 값이 빅-엔디안 방식으로 표현된 예를 보여주고 있다.

반면 리틀-엔디안(Little-Endian) 표현 방식을 사용하는 시스템의 경우 빅-엔디안과 반대의 순서로 정수 값을 구성하는 바이트들을 저장한다. 즉, 〈그림 3.21〉의 (b)와 같이 가장 높은 값의 바이트가 메모리의 시작 바이트에 저장되고, 가장 낮은 값의 바이트가 메모리의 마지막 바이트에 저장된다.

그림 3.21 Big-Endian과 Little-Endian 표현(0x12345678)

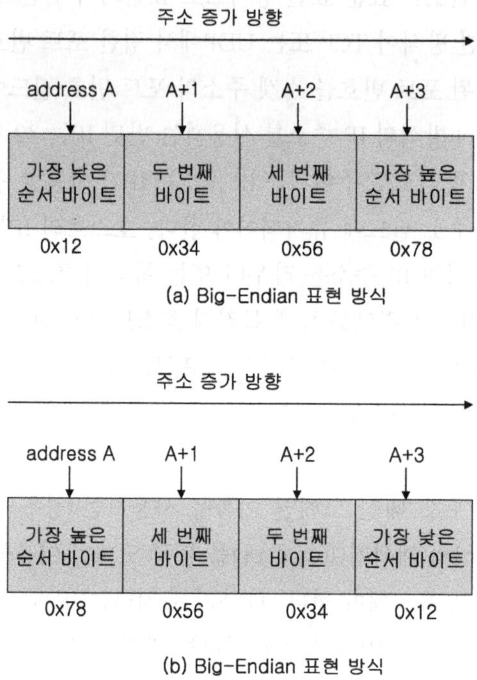

〈리스트 3.2〉는 시스템의 엔디안 방식을 확인하고 실제 메모리 내부의 바이트 배치를 보여주는 간단한 프로그램이고, 〈그림 3.22〉는 인텔 팬티엄4 CPU를 사용하는 시스템에서 엔디안 확인 프로그램을 실행한 결과이다. 〈그림 3.22〉에서 우리는 이 시스템이 리틀-엔디안 방식으로 정수 값을 저장함을 알 수 있고, 메모리 내부의 바이트 배치는 시작 주소에 높은 값의 바이트가 배치되어 있고, 낮은 값의 바이트들이 주소 순서대로 차례로 배치되어 있음을 확인할 수 있다.

〈리스트 3.2〉 엔디안 및 바이트 순서 확인 프로그램

```
/* endian_check.c
 * a test program to show host byte order of long integer
 */

#include <stdio.h>
```

```
int main(int argc, char **argv) {
  int      i;
  union {
    long  host_long;
    char  c[sizeof(long)];
  } un;

  un.host_long = 0x12345678;

  if (un.c[0] == 0x12)
    printf("Big  Endian !\n");
  else
    printf("Little  Endian !\n");

  printf("Internal Representation : ");
  for (i=0;i<sizeof(long); i++)
    printf("%x", un.c[i]);
  printf("\n");
}
```

그림 3.22 엔디안 및 바이트 순서 확인 프로그램 실행 결과

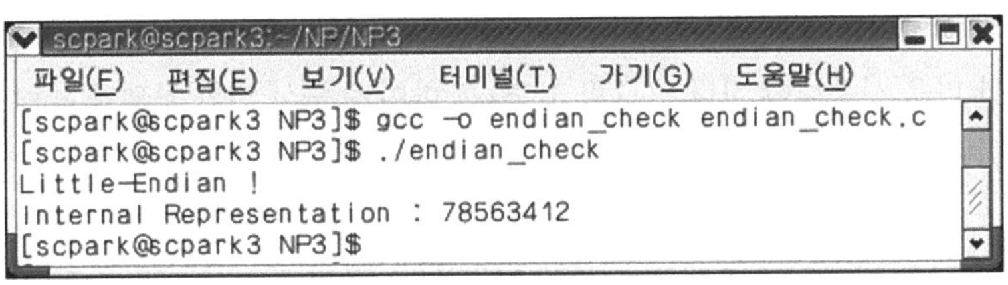

16 비트 포트 번호와 32 비트 IP 주소 값이 시스템 내부에서 사용될 때는 어떤 표현 방식을 사용하던 별 문제가 되지 않는다. 그렇지만 TCP나 UDP가 포트 번호 값을 다른 호스트로 전송하고 IP가 IP 주소를 라우터나 다른 호스트로 전송할 때는 문제가 달라진다. 만약 리틀-엔디안 표현 방식을 사용하는 시스템이 '0x12345678' 값을 빅-엔디안 방식을 사용하는 시스템에게 전송한다면 수신 시스템은 이 값을 '0x78563412'로 해석하여 통신상의 심각한 오류를 유발하게 된다. 따라서 네트워크를 통한 통신시에 포트 번호와 IP 주소 바이트 순서에 대한 표준이 사전에 정의되어 있어야 하고, 송신 호스트 시스템은 내부적인 바이트 순서를 표준(네트워크) 바이트 순서로 변환한 다음 전송해야 한다. 반면 수신 시스

그림 3.23 바이트 순서 변환 모델과 함수

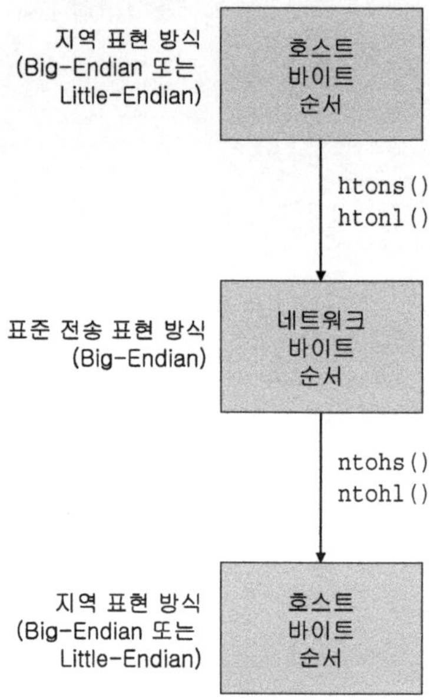

(a) 바이트 순서 변환 모델

```
#include <netinet/in.h>

unit16_t htons(unit16_t host16bitvalue);
unit32_t htonl(unit32_t host32bitvalue);
```

네트워크 바이트 순서 값 반환

(b) 네트워크 바이트 순서로 변환

```
#include <netinet/in.h>

unit16_t ntohs(unit16_t net16bitvalue);
unit32_t ntohl(unit32_t net32bitvalue);
```

호스트 바이트 순서 값 반환

(c) 호스트 바이트 순서로 변환

템은 네트워크 바이트 순서로 표현되어 수신된 포트 번호나 IP 주소 값을 내부 바이트 순서로 변환한 다음 사용해야 한다. 〈그림 3.23〉은 바이트 순서 변환 모델과 관련 함수들을 보여주고 있다.

htons() 함수는 "Host To Network Short"의 의미로 16 비트 short 정수에 대한 호스트 바이트 순서를 네트워크 바이트 순서로 변경한다. 그리고 htonl() 함수는 "Host To Network Long"의 의미로 32 비트 long 정수에 대한 호스트 바이트 순서를 네트워크 바이트 순서로 변경한다. 〈리스트 3.3〉은 호스트 바이트 순서를 네트워크 바이트 순서로 변환하고 그 결과를 비교하는 프로그램이고, 〈그림 3.24〉는 실행 결과 화면이다. 실행 결과 htonl() 함수를 통해 네트워크 바이트 순서로 변환한 후의 바이트 순서는 빅-엔디안과 동일함을 알 수 있다. 즉, TCP/IP에서는 표준 바이트 순서로 빅-엔디안 방식을 사용함을 알 수 있다. 따라서 리틀-엔디안 방식을 사용하는 시스템은 포트 번호와 IP 주소를 네트워크를 통해 전송하기 전에 각각 htons() 함수와 htonl() 함수를 통해 바이트 순서를 표준 바이트 순서로 변환하여야 하고, 반대로 포트 번호와 IP 주소를 수신하면 표준 바이트 순서를 자신의 내부 바이트 순서, 즉 호스트 바이트 순서로 변환한 다음 사용해야 함을 알 수 있다.

〈리스트 3.3〉 엔디안 변환 프로그램

```
/* endian_conv.c
 * a test program to show how to convert
 * host byte order to network byte order.
 */

#include <stdio.h>
#include <netinet/in.h>

int main(int argc, char **argv) {
  int     i;
  union {
    long  host_long;
    char  c[sizeof(long)];
  } un;
  uint32_t net_long;

  un.host_long = 0x12345678;

  if (un.c[0] == 0x12)
    printf("Big  Endian !\n");
  else
    printf("Little  Endian !\n");

  printf("Internal Representation : ");
  for (i=0;i<sizeof(long); i++)
    printf("%x", un.c[i]);
  printf("\n");

  net_long = htonl(un.host_long);
  un.host_long = net_long;

  printf("Network Representation : ");
  for (i=0;i<sizeof(long); i++)
    printf("%x", un.c[i]);
  printf("\n");
}
```

빅-엔디안 방식을 채택하고 있는 시스템의 경우 표준 바이트 순서로의 변환 과정이 필요없다. 그러나 빅-엔디안 방식의 시스템에서 작성되는 프로그램이 리틀-엔디안 방식의 시스템에서 실행될 수도 있기 때문에 설령 빅-엔디안 시스템에서 프로그램을 작성하더라도 호스트 바이트 순서와 네트워크 바이트 순서간 변환 과정이 반드시 포함되어야 한다.

ntohs() 함수는 "Network To Host Short"의 의미로 16 비트 short 정수에 대한 네트워크 바이트 순서를 호스트 바이트 순서로 변경한다. 그리고 ntohl() 함수는 "Network To Long Long"의 의미로 32 비트 long 정수에 대한 네트워크 바이트 순서를 호스트 바이트 순서로 변경한다.

그림 3.24 엔디안 변환 프로그램 실행 결과

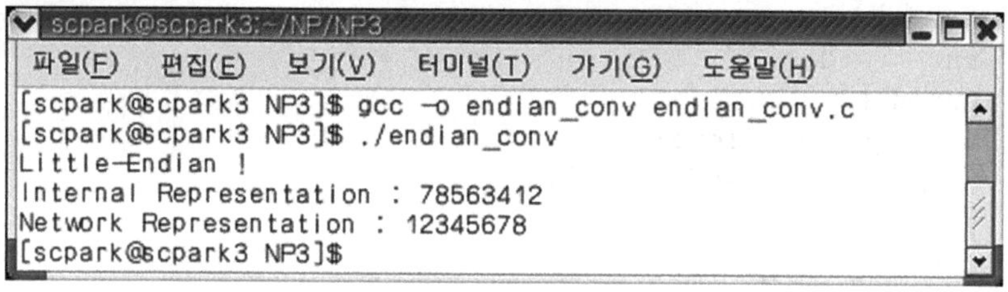

3.5.3 주소 변환 함수

응용 프로그램이 사용하는 DDN 방식의 IP 주소를 TCP/IP가 사용하기 위해서는 표준 네트워크 바이트 순서의 이진 IP 주소로 변환되어 소켓 주소의 IP 주소 필드에 저장되어 있어야 한다. inet_addr() 함수와 inet_aton() 함수는 DDN IP 주소를 표준 네트워크 바이트 순서의 이진 IP 주소로 변환한다. 반대로 inet_ntoa() 함수는 이진 IP 주소를 DDN IP 주소로 변환한다.

〈그림 3.25〉의 (b)의 inet_addr() 함수는 문자열로 주어지는 DDN IP 주소의 포인터를 입력 인자로 받아 unsigned long 정수형의 이진 IP 주소값을 반환하고, 만약 DDN IP 주소가 잘못 입력되면 INADDR_NONE(-1) 값을 반환한다. inet_addr() 함수에 의해 반환되는 이진 IP 주소값은 소켓 주소 구조체인 sockaddr_in의 in_addr 하부 구조체에 대입되어 소켓 주소의 일부를 형성하게 된다. 초기 소켓 주소 변환 함수로 정의되어 사용된 inet_addr() 함수의 문제는 현재 자신이 속한 하부망에 연결된 모든 호스트를 표시하기 위한 '제한된 브로드캐스트 방송 주소'인 255.255.255.255 IP 주소에 대한 변환이 정상적으로 수행되지 못한다는 점이다. 즉, DDN IP 주소 255.255.255.255를 이진 IP 주소로 변환하면 32 비트 전체가 1로 채워지고, 이는 -1로 해석되어 INADDR_NONE과 동일하게 취급되는 오류가 발생한다.

그림 3.25 주소 변환 모델과 변환 함수

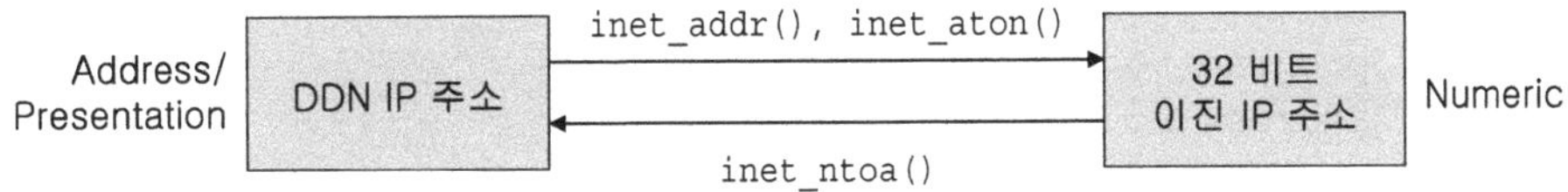

(a) 주소 변환 모델

```
#include <arpa/inet.h>

unsigned long   inet_addr( const char *strptr)
```

성공 : 32 비트 네트워크 순서 IP 주소, 실패 : INADDR_NONE

(b) inet_addr() 함수

```
#include <arpa/inet.h>

int inet_aton( const char *strptr, struct in_addr *addrptr)
```

성공 : 0이 아닌 값, 실패 : 0

(c) inet_aton() 함수

```
#include <arpa/inet.h>

char   *inet_ntoa(struct in_addr inaddr)
```

성공 : DDN 문자열에 대한 포인터

(d) inet_ntoa() 함수

〈그림 3.25〉의 (b)의 inet_aton() 함수는 inet_addr() 함수의 문제점을 개선하여 첫 번째 인자로 입력되는 DDN IP 주소를 in_addr 구체체의 두 번째 인자로 변환한다. inet_addr() 함수는 성공적인 변환 시에 0이 아닌 값을 반환하고 실패 시에 0을 반환한다. 〈리스트 3.4〉는 inet_aton() 함수를 사용하여 DDN IP 주소를 이진 IP 주소로 변환하는 과정과 변환된 이진 IP 주소의 바이트 순서를 보여주는 프로그램이다.

〈그림 3.26〉의 주소 변환 프로그램 실행 결과에서 변환된 이진 IP 주소는 네트워크 바이트 순서로 표현되었음을 알 수 있으며, 실제 호스트에서 저장되는 바이트 순서는 네트워크 바이트 순서와 반대로 표현되어 실행 시스템이 리틀-엔디안 방식을 사용하고 있음을 알 수 있다.

〈리스트 3.4〉 주소 변환 예제 프로그램

```
/* addr_conv.c
 * a test program to show how to convert
 * DDN IP address to binary IP address.
 */

#include <stdio.h>
#include <netinet/in.h>
#include <arpa/inet.h>

int main(int argc, char **argv) {
        int     i;
        union {
                uint32_t  net_long;
                char        c[sizeof(long)];
        } un;
        struct sockaddr_in addr_inet;
        char    *addr = "101.102.103.104";

        if ( !inet_aton(addr, &addr_inet.sin_addr)) {
                printf("Conversion Error !\n");
                exit(1);
        }

        un.net_long = addr_inet.sin_addr.s_addr;
        printf("Binary IP Addr : ");
        for (i=0;i<sizeof(long); i++)
                printf("%x", un.c[i]);
        printf("\n");

        un.net_long = ntohl(un.net_long);

        printf("Host Order : ");
        for (i=0;i<sizeof(long); i++)
                printf("%x", un.c[i]);
        printf("\n");
}
```

inet_ntoa() 함수는 이진 IP 주소를 사용자가 쉽게 이해할 수 있도록 DDN IP 주소로 변환하여 출력하고자 할 때 사용된다. inet_ntoa() 함수의 반환값은 DDN IP 주소 문자열에 대한 포인터가 된다.

그림 3.26 주소 변환 프로그램 실행 결과

3.5.4 바이트 조작 함수

일반적으로 문자열을 처리하는 함수들은 문자열이 널 문자(Null Character)인 \0으로 끝나는 것으로 간주한다. 그러나 IP 주소를 처리하기 위해서는 바이트 값이 0을 포함할 수 있기 때문에 기존 문자열 처리 함수를 사용할 할 경우 의도하지 않은 결과를 초래할 수 있다. 따라서 IP 주소 조작 시에는 널 문자를 가정하지 않는 별도의 바이트 조작 함수를 사용하여야 한다. 〈그림 3.27〉은 많이 사용되는 바이트 조작 함수들을 보여준다.

그림 3.27 바이트 조작 함수

```
#include <string.h>

void* memset(void *dest, int c, size_t len);
```

dest 주소로부터 len 바이트를 c 값으로 설정

(a) memset() 함수

```
#include <string.h>

void* memcpy(void *dest, const void *src, size_t nbytes);
```

src 주소로부터 nbytes 바이트를 dest 주소로 복사

(b) memcpy() 함수

```
#include <string.h>

int memcmp(const void *str1, const void *str2, size_t nbytes);
```

str1 과 str2 비교 결과 같으면 0, str1이 크면 양의 정수, str2가 크면 음의 정수

(c) memcmp() 함수

〈그림 3.27〉의 (a)의 memset() 함수는 소켓 주소 초기화 시에 많이 사용되는 함수로 써 dest 주소로부터 len 바이트를 c 값으로 설정한다. 소켓 주소 초기화 시에는 c 값을 일반적으로 0으로 설정한다. memcpy() 함수는 src 주소로부터 nbytes 바이트를 dest 주소로 복사한다. 그리고 memcmp() 함수는 str1 바이트열과 str2 바이트열의 nbytes 바이트를 비교하여 같으면 0을 반환하고, str1이 크면 양의 정수를, str2가 크면 음의 정수를 반환한다.

3.5.5 도메인 이름 해석 함수

www.kut.ac.kr은 IP 주소 156.152.×.×를 가지는 컴퓨터의 도메인 이름이다. 일반적으로 평면적인 구조의 숫자 나열로 표시되는 IP 주소에 비해 구조적인 의미를 표현할 수 있는 도메인 이름이 사용자가 사용하기에 편리하다. 그리고 도메인 이름은 사용자에게 고정적으로 할당되기 때문에 IP 주소가 변하더라도 도메인 이름은 그대로 사용할 수 있는 장점이 있다. 그러나 TCP/IP 소프트웨어는 도메인 이름을 처리할 수 없기 때문에 응용 프로그램이 사용하는 도메인 이름은 IP 주소로 변환되어 TCP/IP 소프트웨어에게 전달되어야 한다. 도메인 이름과 IP 주소간 변환 작업을 도메인 이름 해석(Domain Name Resolution)이라 한다.

도메인 이름에 대응되는 IP 주소는 도메인 이름 서버에 등록된다. 하나의 도메인 이름 서버로 전체 도메인 이름 정보를 유지하는 것이 불가능하기 때문에 도메인 이름 서버는 분산 데이터베이스 형태로 전세계에 분산 배치된다. 특정 도메인 이름은 자신의 도메인 이름 서버에 등록되고, 도메인 이름 서버간 상호 작용을 통해 특정 도메인 이름 서버는 다른 도메인 이름 서버의 정보를 접근할 수 있다. 〈그림 3.28〉의 (a)는 도메인 이름 해석 모델을 보여주고 있다. 응용 프로세스는 자신의 시스템에 존재하는 도메인 이름 해석기(Domain Name Resolver)에게 사용자로부터 입력받은 도메인 이름을 전달함으로써 도메인 이름 해석을 요청한다. 도메인 이름 해석기는 도메인 이름 서버에 대한 클라이언트 소프트웨어로 동작한다. 도메인 이름 해석기는 자신의 도메인 이름 서버에게 질의(Query) 메시지를 보내 IP 주소를 포함하는 응답 메시지를 수신하고, 수신한 응답 메시지로부터 IP 주소등 관련 정보를 추출하여 응용 프로세스에게 반환한다.

도메인 이름 해석기는 gethostbyname() 함수와 gethostbyaddr() 함수 등 도메인 이름 해석 함수를 통해 응용 프로세스에게 도메인 이름 해석 서비스를 제공한다.

〈그림 3.28〉의 (b)의 gethostbyname() 함수는 도메인 이름을 인자로 받아 hostent 구조체에 대한 포인터를 반환한다. 도메인 이름 서버의 데이터베이스는 정규 도메인 이름

그림 3.28 도메인 이름 해석 모델과 해석 함수

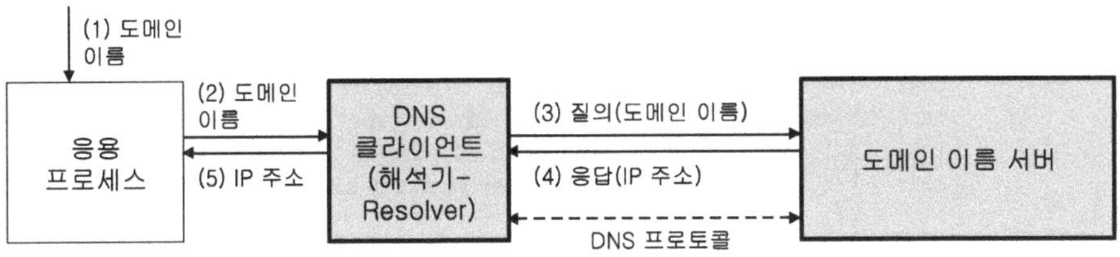

(a) DNS와 도메인 이름 해석 모델

```
#include <netdb.h>

struct hostent* gethostbyname( const char *hostname);
```

성공 : hostent 구조체 포인터, 실패 : NULL 포인터

(b) gethostbyname() 함수

```
#include <netdb.h>

struct hostent* gethostbyaddr( const char *addr, size_t len, int family);
```

성공 : hostent 구조체 포인터, 실패 : NULL 포인터

(c) gethostbyaddr() 함수

(Canonical/Official Domain Name)과 IP 주소외에 별칭 도메인 이름, 주소 체계 정보 등 여러 가지 관련 정보를 유지한다.

〈그림 3.29〉는 도메인 이름 해석을 위한 hostent 자료 구조와 관련 정보를 보여준다. `gethostbyname()` 함수는 정규 도메인 이름 또는 별칭 도메인 이름 중 하나를 인자로 입력 받을 수 있다. 정규 도메인 이름은 항상 하나만 존재하고 별칭 도메인 이름을 여러 개가 존재할 수 있다. 정규 도메인 이름과 별칭 도메인 이름은 널 문자(Null Character)로 끝나는 문자열로 구성된다. 특정 도메인 이름을 가지는 호스트 컴퓨터가 1개 이상의 IP 주소를 가질 수 있다. 따라서 `hostent` 자료 구조의 주소 리스트(`h_addr_list`) 필드는 `in_addr` 자료 구조체의 IP 주소에 대한 포인트 리스트 값을 가지도록 정의되어 있다.

〈그림 3.28〉의 (c) 의 `gethostbyaddr()` 함수는 IP 주소를 인자로 입력받아 `hostent` 자료 구조체에 대한 포인터를 반환한다. `gethostbyaddr()` 함수의 IP 주소 인자인 첫 번째 인

그림 3.29 도메인 이름 해석을 위한 hostent 자료 구조와 관련 정보

```
struct hostent {
        char   *h_name;          /*official(canonical) name of host*/
        char   **h_aliases;      /*pointer to array of pointers to alias names*/
        int    h_addrtype;       /*host address type : AF_INET*/
        int    h_length;         /*length of address : 4*/
        char   **h_addr_list;    /*pointer to array of pointers to addresses*/
};
```

(a) hostent 자료 구조

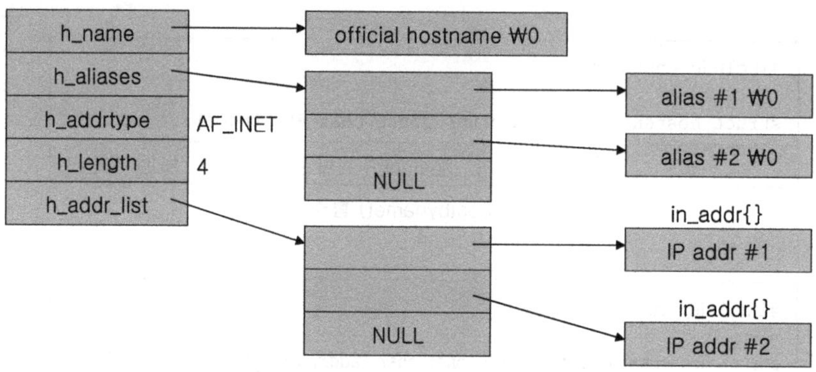

(b) hostent 관련 정보

자가 char *로 정의되어 있는 것은 IPv4 주소뿐만 아니라 다른 주소 체계를 지원하기 위해 일반적인 자료형으로 정의한 것이다. 따라서 IPv4 주소 체계를 사용하는 경우 실제 값은 다음과 같이 in_addr 구조체에 대한 포인터로 주어져야 하고 char *형으로의 변환 선언이 이루어져야 한다.

```
struct hostent *host;
struct sockaddr_in addr;

host = gethostbyaddr((char *)&addr.sin_addr, 4, AF_INET);
```

〈리스트 3.5〉는 gethostbyname() 함수를 사용하여 도메인 이름을 해석하고, 해석 결과로 반환되는 hostent 구조체의 관련 정보를 출력하는 프로그램이다.

〈리스트 3.5〉 도메인 이름 해석 예제 프로그램

```
/* domain_name_resolv.c
 * a test program to show how to resolve domain name
 * by using DNS
 */

#include        <stdio.h>
#include        <arpa/inet.h>
#include        <netdb.h>

int main(int argc, char **argv) {
        struct hostent *hptr;
        char **aptr;

        if (argc != 2) {
                printf("Type <Command> and <Domain Name>\n");
                exit(1);
        }

        /* resolve domain name by using gethostbyname() */
        hptr = gethostbyname(argv[1]);
        if (hptr == NULL) {
                printf("gethostbyname() error !\n");
                exit(1);
        }

        /* check official host name */
        printf("Official Host Name : %s\n", hptr  >h_name);

        /* check alias host names */
        for(aptr = hptr->h_aliases; *aptr != NULL; aptr++)
                printf("Alias Host Name : %s\n", *aptr);

        /* check IP address */
        for(aptr = hptr->h_addr_list; *aptr != NULL; aptr++)
                printf("IP Address : %s\n", inet_ntoa(*(struct
                in_addr *)aptr));

        exit(0);
}
```

그림 3.30 도메인 이름 해석 프로그램 실행 결과

그리고 〈그림 3.30〉은 도메인 이름 해석 프로그램을 www.kut.ac.kr 도메인 이름에 대해 실행한 결과이다. 실행 결과 우리는 www.kut.ac.kr은 kutwww.kut.ac.kr이라는 정규 도메인 이름을 가지는 호스트의 별칭 도메인 이름임을 알 수 있고, IP 주소는 156.152.×.×임을 알 수 있다.

3.6 소켓 프로그래밍 기초 실습

다음 예제는 앞에서 설명한 소켓 관련 함수를 이용하는 간단한 클라이언트-서버 프로그램이다. 〈리스트 3.6〉의 서버 프로그램은 서버 소켓을 생성하고 서버 소켓에 자신의 소켓 주소를 결합한 후 클라이언트 소켓으로부터 서버 소켓으로의 연결 설정 요청을 듣고 있다. 서버 소켓의 주소 정보 중 포트 번호는 프로그램 실행시 인자로 입력받고, IP 주소는 시스템이 유지하고 있는 임의의 IP 주소를 사용한다. 임의의 클라이언트로부터 연결 설정 요청이 있으면 이를 수락하여 서버 연결 소켓을 생성하고, 새롭게 생성된 서버 연결 소켓을 통해 클라이언트 소켓으로 'Hello World!"라는 메시지를 송신한 후 서버 연결 소켓을 닫는다.

〈리스트 3.6〉 hello_world_server 예제 프로그램

```
/*
 * hello_world_server.c
 * a simple TCP server program to show how to use
 * the TCP server socket API
 */

/* include the related header files */
#include <stdio.h>
```

```c
#include <stdlib.h>
#include <string.h>
#include <unistd.h>
#include <arpa/inet.h>
#include <sys/types.h>
#include <sys/socket.h>

void error_print(char *message);

int main(int argc, char **argv)
{
   int serv_sock; /* server socket descriptor */
   int conn_sock; /* server connection socket descriptor */
   struct sockaddr_in serv_addr;
   struct sockaddr_in conn_addr;
   int addrlen;
   char message[] = "Hello World!\n";

   /* input server port number when running the server program
   */
   if(argc != 2) {
     printf("Usage : %s <port>\n", argv[0]);
     exit(1);
   }

   /* create a stream socket for TCP and IP */
   serv_sock = socket(PF_INET, SOCK_STREAM, 0);

   if (serv_sock == -1)
     error_print("socket() error");

   /* initialize the server socket address structure */
   memset(&serv_addr, 0, sizeof(serv_addr));

   /* assign the server socket address */
   serv_addr.sin_family = AF_INET;
   /* wildcard for local address to be explained later  */
   /* htonl() converts the local 32  bit IP address to standard
   format */
   serv_addr.sin_addr.s_addr = htonl(INADDR_ANY);
   /* htons() converts the port number to standard format */
   serv_addr.sin_port = htons(atoi(argv[1]));
   /* bind server socket address to the server socket */
   if  (bind(serv_sock,  (struct  sockaddr  *)  &serv_addr,
   sizeof(serv_addr)) == -1)
```

```
    error_print("bind() error");

  /* listen to the server socket */
  if (listen(serv_sock,5) == -1)
    error_print("listen() error !");

  /* accept the connection request from a client */
  addrlen = sizeof(conn_addr);
  conn_sock = accept(serv_sock, (struct sockaddr *)
  &conn_addr, &addrlen);
  if (conn_sock == -1)
    error_print("accept() error");

  /* send the message through the new connection socket */
  write(conn_sock, message, sizeof(message));
  /* close the connection socket */
  close(conn_sock);
  return(0);
}

void error_print(char *message)
{
  fputs(message, stderr);
  fputc('\n', stderr);
  exit;
}
```

위 서버 예제 프로그램의 실행 예는 〈그림 3.31〉과 같다.

그림 3.31 hello_world_server 예제 프로그램 실행 예

〈리스트 3.7〉의 클라이언트 프로그램은 먼저 클라이언트 소켓을 생성하고 프로그램 실행시 입력되는 IP 주소와 포트 번호로 서버 소켓의 자료 구조를 작성한다. 그리고 자신의

클라이언트 소켓과 서버 소켓의 연결을 요청한다. 연결이 성공적으로 완료되면 서버 프로그램이 송신한 메시지를 수신하여 출력하고, 자신의 클라이언트 소켓을 닫는다.

〈리스트 3.7〉 hello_world_client 예제 프로그램

```
/*
 * hello_world_client.c
 * a simple TCP client program to show how to use
 * the TCP client socket API
 */

/* include the related header files */
#include <stdio.h>
#include <stdlib.h>
#include <string.h>
#include <unistd.h>
#include <arpa/inet.h>
#include <sys/types.h>
#include <sys/socket.h>

void error_print(char *message);

int main(int argc, char **argv)
{
  int cli_sock;
  struct sockaddr_in serv_addr;
  char message[30];
  int str_len;

  /* input server IP address and port number when running the program */
  if(argc != 3) {
    printf("Usage : %s <IP addr> <port>\n", argv[0]);
    exit(1);
  }

  /* create a clinet stream socket */
  cli_sock = socket(PF_INET, SOCK_STREAM, 0);

  if (cli_sock == -1)
  error_print("socket() error");
  /* initialize the server socket address structure */
  memset(&serv_addr, 0, sizeof(serv_addr));
```

```c
    /* assign the server socket address */
    serv_addr.sin_family = AF_INET;
    /* inet_addr() converts the DDN format to 32  bit IP address format */
    serv_addr.sin_addr.s_addr = inet_addr(argv[1]);
    serv_addr.sin_port = htons(atoi(argv[2]));

    /* connect the client socket to the server socket */
    if (connect(cli_sock, (struct sockaddr *) &serv_addr,  sizeof(serv_addr)) == -1)
      error_print("connect() error");

    /* read message sent from the server */
    str_len = read(cli_sock, message, sizeof(message));
    if (str_len == -1)
      error_print("read() error");
    message[str_len] = 0;
    printf("Mesasage from server : %s \n", message);

    /* close the client socket */
    close(cli_sock);
    return(0);
}

void error_print(char *message)
{
    fputs(message, stderr);
    fputc('\n', stderr);
    exit;
}
```

위 클라이언트 예제 프로그램의 실행 예는 다음과 같다. 클라이언트 실행 프로그램은 항상 관련 서버 실행 프로그램이 실행 중인 상태에서 실행되어야 한다.

그림 3.32 hello_world_client 프로그램 실행 예

연습문제

1 소켓 (정보) 자료 구조의 5가지 정보 요소를 쓰고 각각의 용도를 설명하시오.

2 TCP/IP 소켓의 3가지 유형을 쓰고 각각의 특징을 설명하시오.

3 클라이언트 소켓은 bind() 함수에 의한 주소 결합과정이 필요없는 이유를 설명하시오.

4 listen() 함수의 backlog 인자가 의미하는 바를 쓰고, backlog 크기 설정의 근거에 대해 설명하시오.

5 클라이언트 TCP 소켓 자료 구조에서 지역 소켓 주소(local socket address)는 언제 채워집니까?

6 클라이언트 TCP 소켓 자료 구조에서 원격 소켓 주소(remote socket address)는 언제 채워집니까?

7 서버 TCP 소켓 자료 구조에서 지역 소켓 주소(local socket address)는 언제 채워집니까?

8 서버 TCP 소켓 자료 구조에서 원격 소켓 주소(remote socket address)는 언제 채워집니까?

9 accept() 함수 수행 후 반환되는 서버 연결 소켓을 서버 소켓(듣기 소켓)과 구분하는 방법에 대해 설명하시오.

10 accept() 함수의 2번째, 3번째 인자를 call-by-reference 방식으로 전달해야 하는 이유를 설명하시오.

11 데이터그램 소켓에서 데이터 송수신 동작을 sendto()와 recvfrom() 대신 write()와 read() 함수를 통해 수행하려면 어떻게 하면 될까요?

12 닫기 함수(close())와 부분 닫기 함수(shutdown())의 차이를 설명하시오.

13 호스트 바이트 순서를 네트워크 바이트 순서로 변환해야 하는 이유를 2가지 쓰시오.

14 TCP/IP 주소 처리 과정에서 기존 문자열(string) 처리 함수 대신 바이트 처리 함수를 사용해야 하는 이유를 설명하시오.

15 정규 도메인 이름(Cannonical Domain Name)과 별칭(alias) 도메인 이름의 차이를 설명하시오.

실습문제

16 <리스트 3.1>, <리스트 3.2>, <리스트 3.3>, <리스트 3.4>를 실행한 후 결과를 분석하시오.

17 <리스트 3.6> 프로그램을 클라이언트로부터 메시지("Hello World!\n")를 수신한 후 다시 클라이언트로 송신하도록 수정하시오. <리스트 3.7> 프로그램을 서버에게 메시지("Hello World!\n")를 송신한 후 다시 서버로부터 메시지를 수신하여 출력하도록 수정하시오.

TCP/IP 네트워크 프로그래밍

Chapter 04 TCP/IP 소켓 프로그래밍 기초

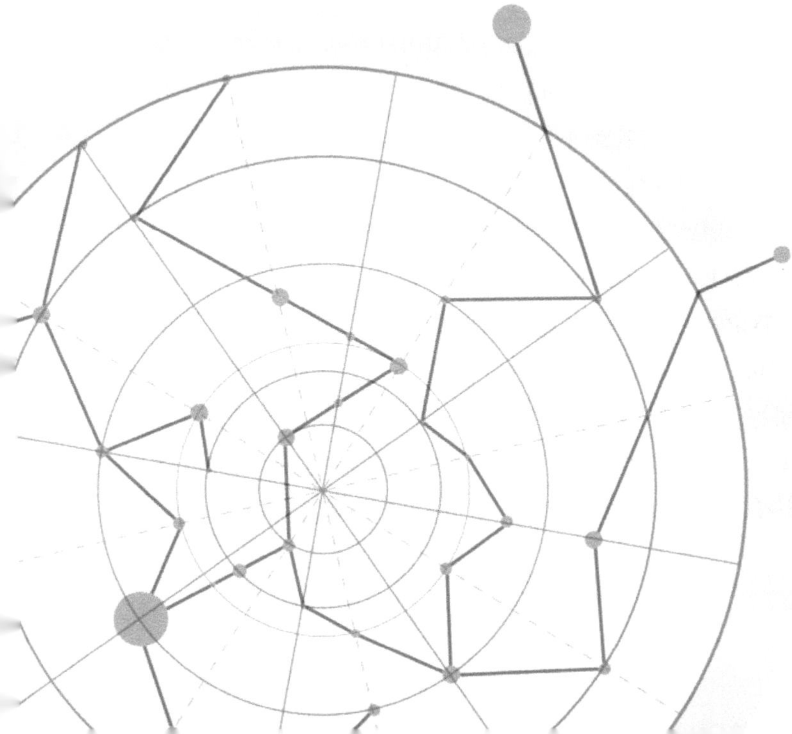

Network Programming

Chapter 04

TCP/IP 소켓 프로그래밍 기초

4.1 TCP 소켓 프로그래밍

4.1.1 TCP 상태 천이 다이어그램

본 절에서는 기본적인 TCP 소켓 프로그래밍에 대해 다룬다. TCP 소켓 프로그래밍은 TCP가 제공하는 통신 서비스를 이용하는 절차를 정의한다. 따라서 TCP 소켓 프로그래밍을 제대로 이해하기 위해서는 먼저 TCP의 동작 절차를 이해할 필요가 있다. TCP 동작 절차는 상태 천이 다이어그램(State Transition Diagram)으로 표현된다. TCP는 클라이어언트 응용 프로세스에 의해 사용될 경우와 서버 응용 프로세스에 의해 사용될 경우 서로 다른 절차에 의거하여 동작한다. 〈그림 4.1〉은 서버 TCP의 상태 천이 다이어그램을 보여준다.

서버 응용 프로세스를 위한 서버 TCP는 통신을 시작하기 전에 클라이언트 TCP로부터 연결 설정 요청 메시지, 즉 SYN 세그먼트 도착을 듣을 수 있는 상태에 놓여 있어야 한다. 응용 프로세스는 연결에 대한 수동 개방(Passive Open)을 지시함으로써 서버 TCP가 시작 상태(Initial State)에서 듣기 상태로(Listening State)로 천이하게 만든다.

듣기 상태의 서버 TCP가 클라이언트 TCP로부터 연결 설정 요청 메시지인 SYN 세그먼트를 수신하면, 서버 TCP는 해당 클라이언트에게 ACK와 SYN 세그먼트를 송신하고 SYN 수신 상태로 천이한다. SYN 수신 상태에서 서버 TCP가 클라이언트 TCP로부터 자신의 SYN 세그먼트에 대한 ACK 세그먼트를 수신하면, 해당 클라이언트 TCP와의 연결 설정이 완료되어 연결 설정(Connection Established) 상태로 천이한다. 연결 설정 상태에서 서버 TCP는 연결된 클라이언트 TCP와 DATA 세그먼트를 반복적으로 송・수신할 수 있다.

연결 설정 상태에 있는 서버 TCP가 클라이언트 TCP로부터 FIN 세그먼트를 수신하면 FIN 세그먼트 수신을 확인하는 ACK 세그먼트를 클라이언트 TCP에게 송신하고 닫기 상태(Closing State)로 천이한다. 닫기 상태에서 서버 TCP가 응용 프로세스로부터 닫기(Close) 명령을 지시받으면 자신의 FIN 세그먼트를 클라이언트 TCP에게 송신하고 마지막

그림 4.1 서버 TCP 상태 천이 다이어그램

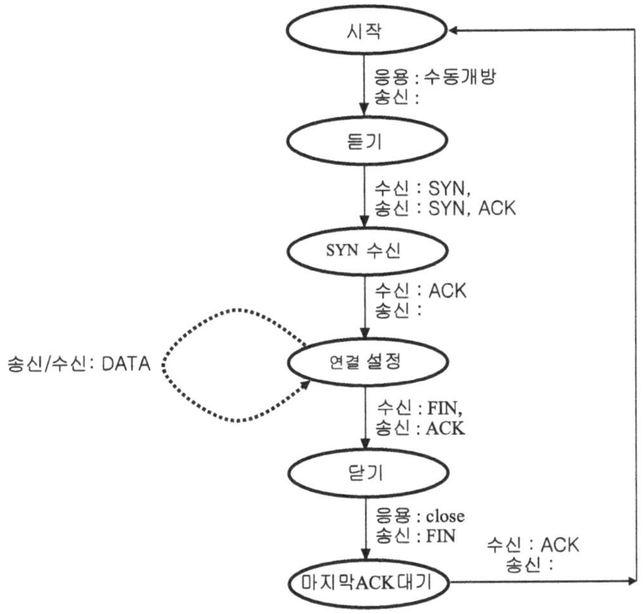

ACK 세그먼트를 기다리는 상태로 천이한다. 클라이언트 TCP로부터 자신의 FIN 세그먼트에 대한 ACK 세그먼트를 수신하면 서버 TCP는 해당 클라이언트 TCP와의 통신을 완전히 종료하고 시작 상태로 천이한다.

클라이언트 응용 프로세스는 기본적으로 통신을 능동적으로 기동하기 때문에 클라이언트 TCP의 동작 절차는 서버 TCP의 동작 절차와 확연한 차이를 가진다. 〈그림 4.2〉는 클라이언트 TCP의 상태 천이 다이어그램을 보여준다. 클라이언트 응용 프로세스는 시작 상태에 있는 클라이언트 TCP에게 연결에 대한 개방을 능동적으로 지시함으로써 특정 서버 TCP에 연결 설정 메시지, 즉 SYN 세그먼트를 송신하고 SYN 송신 상태로 천이하게 한다. SYN 송신 상태의 클라이언트 TCP가 서버 TCP로부터 SYN와 ACK 세그먼트를 수신하면 서버 TCP에게 ACK 세그먼트를 송신하고 연결 설정 상태로 천이한다. 연결 설정 상태에서 클라이언트 TCP는 연결된 서버 TCP와 DATA 세그먼트를 반복적으로 송・수신할 수 있다.

연결 설정 상태에서 응용 프로세스로부터 닫기(Close) 명령을 지시받으면 클라이언트 TCP는 서버 TCP에게 연결 해제 메시지인 FIN 세그먼트를 송신하고 4-단계 핸드세이크를 위한 대기 상태에 들어간다. 서버 TCP로부터 자신의 FIN 세그먼트에 대한 ACK 세그먼트

그림 4.2 클라이언트 TCP의 상태 천이 다이어그램

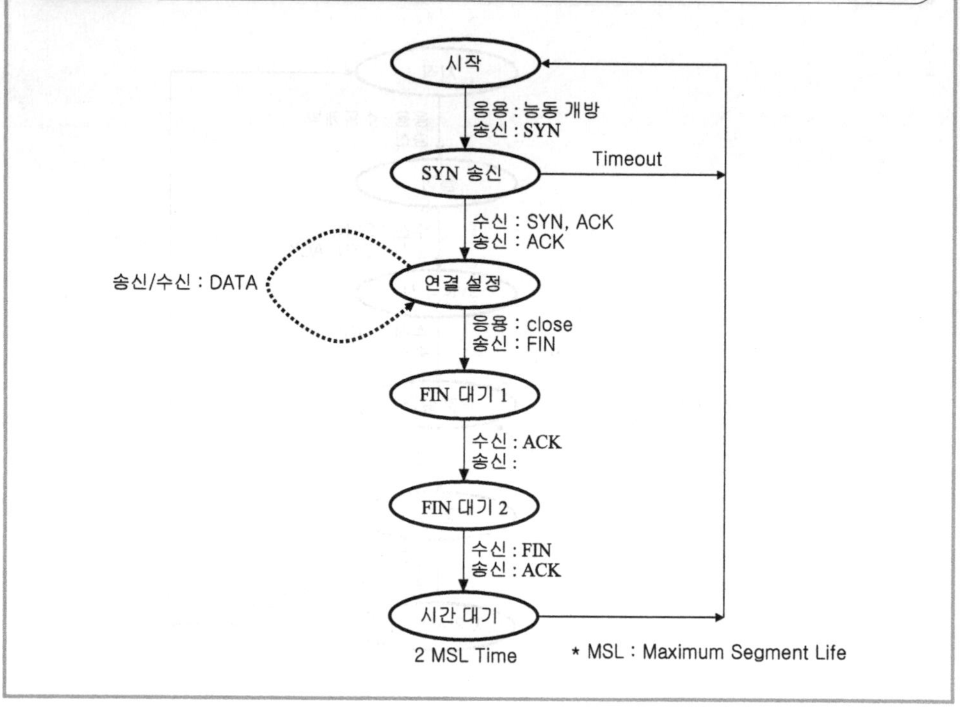

를 수신하고 다시 서버 TCP의 FIN 세그먼트를 수신하면, 클라이언트 TCP는 마지막 ACK 세그먼트를 서버 TCP에게 송신하고 일정 시간(최대 세그먼트 수명의 2배)이 경과하기를 기다린다.

마지막 ACK 송신 후 일정 시간을 기다리는 첫째 이유는 마지막 ACK가 손실되어 서버 TCP가 FIN 세그먼트를 재전송할 경우 이를 처리하기 위함이다. 그리고 두 번째 이유는 마지막 ACK 송신으로 TCP 연결이 해제된 후 일정 시간 동안 동일한 클라이언트 소켓 주소와 서버 소켓 주소에 의한 연결이 재설정되는 것을 방지하기 위함이다. TCP 연결이 해제된 직후에 직전 연결과 같은 클라이언트와 서버 소켓 주소를 가지는 TCP 연결이 설정되는 경우, 재전송 등에 의해 중복 발생되어 처리되지 않은 채로 인터넷에 존재하는 직전 연결의 세그먼트가 새로운 TCP 연결의 세그먼트로 오인되는 상황 발생을 방지하기 위함이다. 따라서 마지막 ACK 송신 후 클라이언트 TCP의 대기 시간은 직전 TCP의 모든 세그먼트가 인터넷에서 제거되기에 충분하게 최대 세그먼트 수명의 2배로 주어진다. 대기 시간 종료되면 비로소 클라이언트 TCP는 연결이 완전히 해제되어 다시 시작 상태로 천이된다.

4.1.2 소켓 제어 함수, TCP 상태, 그리고 TCP 세그먼트

TCP의 관점에서 볼 때 소켓 제어 함수들은 응용 프로세스가 TCP의 상태 변화를 기동하고 상태 변화 결과를 반환받기 위해 발생시키는 일종의 사건(Event)들이다. 즉, 소켓 제어 함수의 호출은 TCP로의 입력 사건(Input Event)이 되고, 소켓 제어 함수의 반환은 출력 사건(Output Event)이 된다. 응용으로부터의 입력 사건은 일반적으로 클라이언트 TCP와 서버 TCP간 세그먼트 교환 행위를 유발하고, TCP 세그먼트 교환 결과는 제어 함수 반환 값 형태의 출력 사건으로 응용에 전달된다. <그림 4.3>은 소켓 제어 함수, TCP 상태, 그리고 TCP 세그먼트 교환과의 상관 관계를 보여주고 있다.

클라이언트 응용은 가장 먼저 socket() 함수 호출을 통해 자신이 사용할 TCP 소켓을 생성한다. socket() 함수를 통해 하나의 소켓이 성공적으로 생성되면 응용은 자신의 클라이언트 소켓을 서버 소켓과 연결하기 위해 connect() 함수를 호출한다. 응용에 의한 connect() 함수 호출은 클라이언트 TCP로 하여금 SYN 세그먼트를 서버 TCP로 송신하고 SYN 송신 상태로 천이하게 한다.

그림 4.3 소켓 제어 함수, TCP 상태, 그리고 TCP 세그먼트

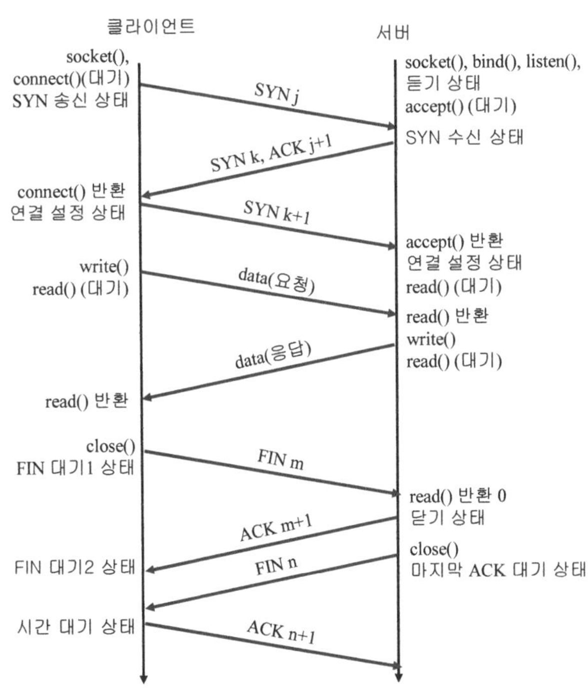

클라이언트 TCP에 의해 송신된 SYN 세그먼트를 적절하게 수신하기 위해서 해당 서버는 SYN 세그먼트를 수신할 수 있는 상태, 즉 듣기 상태에 있어야 한다. 서버 TCP가 듣기 상태로 천이하기 위해서 응용 프로그램은 먼저 socket() 함수 호출을 통해 서버 소켓을 생성하고, bind() 함수 호출을 통해 생성된 서버 소켓에 특정 소켓 주소를 결합한 다음 listen() 함수를 호출한다. 서버 응용이 듣고 있는 서버 소켓으로 여러 개의 SYN 세그먼트가 도착할 수 있으며, 서버 TCP는 서버 소켓에 하나의 SYN 세그먼트가 도착할 때마다 새로운 서버 연결 소켓을 생성하여 서버 응용에게 반환해야 한다. 서버 연결 소켓 반환은 서버 응용이 호출하는 accept() 함수를 통해 이루어진다. 서버 연결 소켓이 생성되는 즉시 서버 응용에 전달되기 위해서는 accept() 함수가 SYN 세그먼트 도착하기 전에 호출되어 SYN 세그먼트가 도착하기를 대기하고 있어야 한다. 서버 소켓으로 SYN 세그먼트가 도착하면 서버 TCP는 클라이언트 TCP에게 자신의 SYN와 ACK 세그먼트를 송신하고 SYN 수신 상태로 천이한다. 서버 TCP가 SYN 수신 상태에서 클라이언트 TCP로부터 ACK 세그먼트를 수신하면, 연결 설정을 위한 3-단계 핸드세이크가 종료되어 accept() 함수 반환을 통해 서버 연결 소켓을 서버 응용에게 반환하고 연결 설정 상태로 천이한다.

클라이언트 TCP가 SYN 송신 상태에서 서버 TCP로부터 SYN와 ACK 세그먼트를 수신하면, 자신의 ACK 세그먼트를 서버 TCP에게 송신하고 connect() 함수를 반환한 후 연결 설정 상태로 천이한다.

연결 설정 상태에서 클라이언트와 서버 응용은 write() 함수를 통해 데이터를 전송할 수 있다. write() 함수의 호출은 TCP로 하여금 상대방 TCP에게 DATA 세그먼트를 송신하게 한다. 연결 설정 상태에서 write() 함수는 반복적으로 호출될 수 있다. 응용이 소켓을 통해 데이터를 수신하고자 할 때 read() 함수를 호출한다. 만약 수신된 데이터가 없으면 read() 함수는 TCP로 하여금 DATA 세그먼트 도착을 대기하게 하고, read() 함수 역시 DATA 세그먼트가 도착할 때까지 대기한다. 만약 DATA 세그먼트가 도착하지 않고 연결 해제 메시지인 FIN 세그먼트가 도착하면 read() 함수는 0을 반환하여 응용으로 하여금 상대방이 데이터 전송을 종료하고 소켓 닫기를 요청했음을 알 수 있게 한다.

연결 설정 상태에서 클라이언트 응용이 close() 함수를 호출하면 클라이언트 TCP는 FIN 세그먼트를 서버 TCP에게 전송하고 FIN 대기1 상태로 천이한다. FIN 세그먼트를 수신한 서버 TCP는 클라이언트 TCP에게 ACK 세그먼트를 송신하고 read() 함수의 반환값으로 0을 반환한 후 연결 설정 상태로부터 닫기 상태로 천이한다. read() 함수의 수행 결과로 0을 반환받은 응용이 자신의 데이터 전송을 종료하고 서버 연결 소켓을 닫기 위한 close() 함수를 호출하면, 서버 TCP는 자신의 FIN 세그먼트를 클라이언트 TCP에게 송신하고 마지막 ACK 대기 상태로 천이한다.

FIN 대기1 상태의 클라이언트 TCP가 서버 TCP로부터 ACK 세그먼트를 수신하면 FIN 대기 2 상태로 천이하여 서버 TCP로부터 FIN 세그먼트가 도착하기를 기다린다. 클라이언트 TCP가 FIN 세그먼트를 수신하면 마지막 ACK 세그먼트를 서버 TCP에게 송신한 후 시간 대기 상태로 천이하여 정해진 시간 동안 대기함으로써 연결을 완전히 종료시킨다.

4.1.3 TCP 소켓 제어 함수 호출 순서

클라이언트 응용과 서버 응용이 하나의 TCP 연결을 통해 연결된 클라이언트 소켓과 서버 소켓을 통해 통신하기 위해 호출하는 소켓 제어 함수의 순서는 〈그림 4.4〉와 같이 정리될 수 있다. 서버 소켓의 경우 `bind()` 함수를 통해 소켓과 자신의 소켓 주소를 결합하는 과정이 필요한 반면, 클라이언트 소켓의 경우 소켓 주소 결합 과정이 불필요함을 알 수 있다.

그림 4.4 TCP 소켓 제어 함수 호출 순서

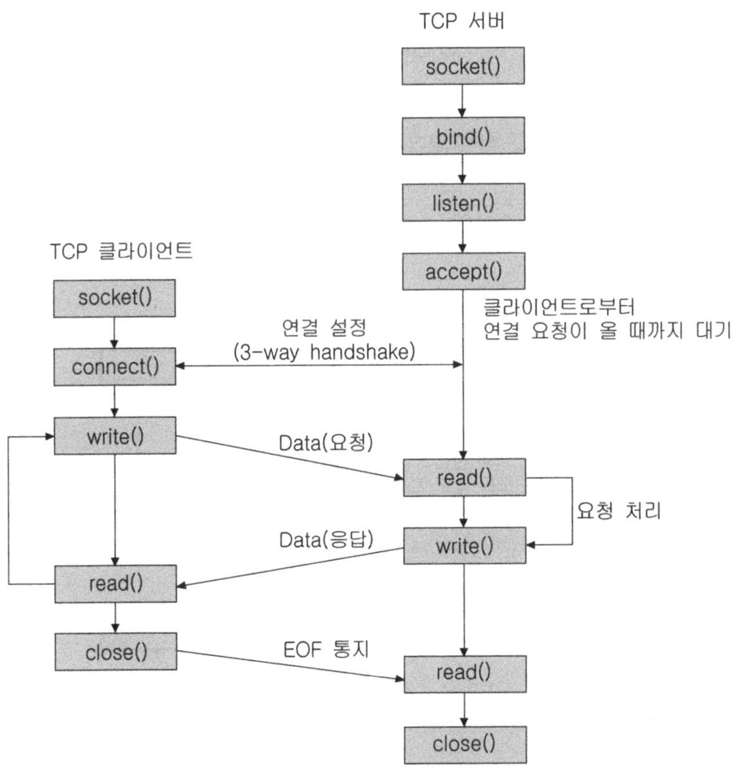

이것은 서버 TCP의 경우 응용에 의해 미리 정해진 영구 포트 번호(Well-known Port Number)을 사용하는 데 비해, 클라이언트 TCP의 경우 응용의 포트 번호 지정없이 임의의 임시 포트 번호(Ephemeral Port Number)를 자동으로 할당하고 자신의 IP 주소는 IP가 이미 알고 있기 때문에 응용이 굳이 포트 번호와 IP 주소로 구성되는 클라이언트 소켓 주소를 소켓에 결합할 필요가 없기 때문이다.

서버 응용은 언제 어떤 클라이언트 응용이 연결 설정 메시지인 FIN 세그먼트를 송신할지를 알 수 없다. 따라서 서버 응용은 소켓에 대한 주소 결합 과정이 종료되면 listen() 함수를 통해 서버 TCP를 서버 소켓에 대한 듣기 상태에 놓이게 하고, SYN 세그먼트가 도착하여 새롭게 생성되는 서버 연결 소켓을 반환받을 수 있도록 accept() 함수를 호출한다. 서버 응용이 accept() 함수를 호출하여 새로운 서버 연결 소켓 생성을 기다리고 있을 때 클라이언트 응용은 connect() 함수를 호출하여 서버 소켓과의 연결을 요청할 수 있다. 클라이언트 소켓에 대한 자신의 소켓 주소 결합은 TCP/IP에 의해 자동적으로 할당되는 반면, 클라이언트 소켓이 연결될 서버 소켓에 대한 주소는 명시적으로 지정되어야 한다. 연결될 서버 소켓의 주소는 connect() 함수의 인자로 전달된다. 클라이언트측에서는 〈그림 4.5〉에서 보는 바와 같이 클라이언트 소켓 주소와 서버 소켓의 주소가 결과적으로 connect() 함수 호출을 통해 할당되지만, 클라이언트 소켓 주소는 자동적으로 할당되고 서버 소켓 주소는 명시적으로 할당됨을 알 수 있다.

그림 4.5 클라이언트측에서의 소켓 주소 지정 방식

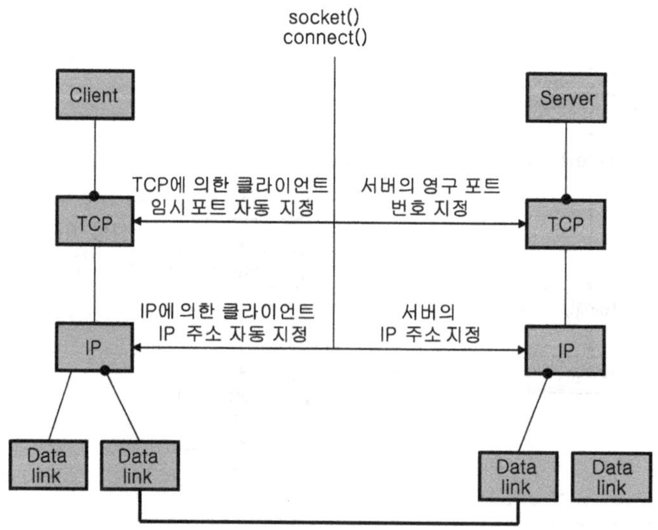

서버 응용의 경우 bind() 함수를 통해 자신의 소켓 주소는 명시적으로 지정하지만, 통신하고자 하는 클라이언트 소켓의 주소는 클라이언트에 의해 연결 설정 요청 메시지인 SYN 세그먼트가 도착할 때까지 알 수 없다. 따라서 서버측에서 통신하고자 하는 클라이언트 소켓의 주소는 SYN 세그먼트가 도착할 때의 IP 데이터그램의 출발지 IP 주소와 SYN 세그먼트의 출발지 포트 번호로 지정되고, 클라이언트 소켓 주소 지정 결과는 accept() 함수의 반환값으로 서버 응용에게 전달된다.

서버측에서 bind() 함수로 서버 소켓 주소의 IP 주소 항목을 지정할 때 특정 IP 주소를 명시적으로 지정할 수도 있지만 일반적으로 임의의 IP 주소를 나타내는 wildcard (INADDR_ANY)를 지정한다. INADDR_ANY는 wildcard를 의미하도록 미리 정의된 정수값으로 시스템의 TCP/IP로 하여금 임의의 IP 주소를 설정하도록 한다. 서버 소켓의 IP 주소에 대해 wildcard 형태로 주소를 지정하는 이유는 서버 호스트가 두 개 이상의 IP 주소를 가지는 경우에도 소켓을 통한 통신이 가능하도록 하기 위함이다. 즉, 두 개 이상의 IP 주소를 가지는 호스트에서 특정 IP 주소를 명시적으로 서버 소켓 주소로 지정하면 다른 IP 주소로 요청된 연결 설정 메시지를 받아들일 수 없는 문제를 해결하기 위한 것이다. 서버 소켓의 IP 주소가 wildcard로 주어질 때 실제 IP 주소는 연결 설정 메시지인 SYN 세그먼트를 담은 IP 데이터그램의 목적지 IP 주소로 설정된다. wildcard 형태의 주소지정의 또

그림 4.6 서버측에서의 소켓 주소 지정 방식

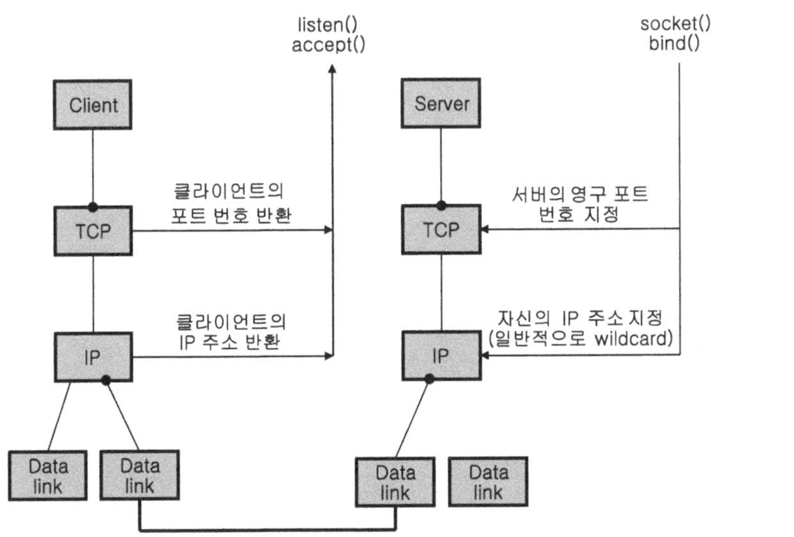

다른 장점은 IP 주소가 변경되는 경우에도 프로그램을 수정할 필요가 없으므로 프로그램의 이식성을 높여주는 것이다. 서버측에서의 소켓 주소 지정 방식은 〈그림 4.6〉과 같다.

클라이언트 응용이 connect() 함수 호출을 통해 클라이언트 소켓과 서버 소켓의 연결을 성공적으로 완료하면, 클라이언트 응용은 write() 함수 호출을 통해 클라이언트 소켓을 통해 서버 응용에게 임의의 바이트의 데이터를 전송할 수 있고, 반대로 서버 응용이 write() 함수 호출을 통해 클라이언트 소켓에 전송한 데이터를 read() 함수 호출을 통해 수신할 수 있다. 클라이언트 응용과 서버 응용은 write() 함수와 read() 함수 호출을 반복적으로 수행할 수 있다. write() 함수와 read() 함수를 통한 데이터 송・수신을 종료한 클라이언트 응용은 close() 함수를 호출함으로써 클라이언트 소켓을 닫고 서버 응용에게 데이터 송신 종료(EOF-End Of File) 신호(FIN 세그먼트)를 보낸다. EOF 신호는 read() 함수의 반환값 0을 통해 서버 응용에게 전달되고, 서버 응용은 close() 함수를 호출함으로써 서버 연결 소켓을 닫고 클라이언트 응용과의 통신을 종료한다.

4.1.4 TCP 소켓 예제 프로그램 분석

TCP 소켓 제어 함수들을 사용하여 간단한 에코 클라이언트-서버 프로그램을 작성해보자. 에코 서버 프로그램은 하나의 에코 클라이언트 프로그램으로부터 TCP 연결 설정 요구를 수락하고, 에코 클라이언트가 전송하는 데이터를 수신하여 출력한 후 다시 에코 클라이언트 프로그램에게 되돌려 주는 작업을 반복한다. 에코 클라이언트 프로그램은 에코 서버 프로그램과 TCP 연결을 설정하고, 사용자가 입력한 데이터를 에코 서버에게 전송한 후 에코 서버가 되돌려 주는 데이터를 출력하는 작업을 반복한다. 〈리스트 4.1〉과 〈리스트 4.2〉는 각각 TCP 소켓을 사용한 에코 서버 프로그램과 에코 클라이언트 예제 프로그램이다.

〈리스트 4.1〉 TCP Echo Server 예제 프로그램

```
/*
 * echo_server.c
 * a simple iterative TCP server program to echo back byte stream
 * sent by a client program.
 */

/* include the related header files */
#include <stdio.h>
#include <stdlib.h>
#include <string.h>
```

```c
#include <unistd.h>
#include <arpa/inet.h>
#include <sys/types.h>
#include <sys/socket.h>

#define    BUFSIZE 1024
void error_print(char *message);

int main(int argc, char **argv)
{
    int serv_sock; /* server socket descriptor */
    int conn_sock; /* server connection socket descriptor */
    struct sockaddr_in serv_addr;
    struct sockaddr_in conn_addr;
    int addrlen, datalen;
    char buf[BUFSIZE];

    /* input server port number when running the server program */
    if(argc != 2) {
        printf("Usage : %s <port>\n", argv[0]);
        exit(1);
    }

    /* create a stream socket for TCP and IP */
    serv_sock = socket(PF_INET, SOCK_STREAM, 0);

    if (serv_sock == -1)
        error_print("socket() error");

    /* initialize the server socket address structure */
    memset(&serv_addr, 0, sizeof(serv_addr));

    /* assign the server socket address */
    serv_addr.sin_family = AF_INET;
    /* wildcard for local address */
    /* htonl() converts the local 32  bit IP address to standard format */
    serv_addr.sin_addr.s_addr = htonl(INADDR_ANY);
    /* htons() converts the port number to standard format */
    serv_addr.sin_port = htons(atoi(argv[1]));

    /* bind server socket address to the server socket */
```

```
43    if (bind(serv_sock, (struct sockaddr *) &serv_addr, sizeof(serv_addr)) == -1)
44        error_print("bind() error");

45    /* listen to the server socket */
46    if (listen(serv_sock,5) == -1)
47        error_print("listen() error !");

48    /* accept the connection request from a client */
49    addrlen = sizeof(conn_addr);
50    conn_sock = accept(serv_sock, (struct sockaddr *) &conn_addr, &addrlen);
51    if (conn_sock == -1)
52        error_print("accept() error");

53    /* 1) read data from the client
54     * 2) send back the data
55     * 3) repeat 1) & 2)
56     */
57    while ((datalen = read(conn_sock, buf, BUFSIZE)) != 0) {
58        write(conn_sock, buf, datalen);
59        buf[datalen] = 0;
60        printf("data from client : %s\n", buf);
61        memset(buf, 0, BUFSIZE);
62    }
63    /* close the connection socket */
64    close(conn_sock);
65    return(0);
66 }

67 void error_print(char *message)
68 {
69    fputs(message, stderr);
70    fputc('\n', stderr);
71    exit;
72 }
```

에코 서버 프로그램의 25-28 행은 에코 서버가 실행 인자로 서버 포트 번호를 입력받는지를 확인한다. 입력된 서버 포트 번호는 서버 소켓 주소의 일부를 형성한다. 30 행에서 에코 서버는 IPv4 프로토콜 계열의 TCP 스트림 소켓을 서버 소켓으로 생성한다.

에코 서버 프로그램의 33-41 행은 서버 소켓에 대한 소켓 주소 지정 과정을 실행한다. 우선 34 행에서 소켓 주소 구조체의 전체 바이트를 0으로 초기화하고, 36 행에서 주소 체계를 IPv4 주소 체계(AF_INET)로 설정한다. 39 행에서 서버 소켓 주소의 IP 주소는 와일드카드 주소를 의미하는 32 비트 정수값인 INADDR_ANY를 지정하여, 호스트가 2 개 이상의 IP 주소를 사용하는 경우에도 에코 서버가 동작할 수 있게 하고 이식성을 좋게 만든다. 호스트 바이트 순서로 표현된 32 비트 정수값은 htonl() 함수를 통해 표준 바이트 순서로 변환되어 소켓 주소의 IP 주소 필드에 저장된다. 마지막으로 41 행은 실행 인자로 입력받은 포트 번호를 서버 소켓 주소의 포트 번호 필드에 할당한다. atoi() 함수는 문자열 형태로 입력된 포트 번호를 정수값으로 변환하고, htons() 함수는 호스트 바이트 순서로 표현된 16 비트 정수값을 표준 바이트 순서로 변환한다.

에코 서버 프로그램의 43 행은 bind() 함수를 사용하여 서버 소켓에 대한 서버 소켓 주소 결합을 실행한다. bind() 함수는 socket() 함수를 통해 생성된 서버 소켓 설명자와 sockaddr_in 구조체를 가지는 소켓 주소 자료 구조에 대한 포인트, 그리고 서버 소켓 자료 구조의 크기를 인자로 입력받는다. 소켓 주소 자료 구조의 포인터가 sockaddr 자료 구조체의 포인터로 형 변환이 선언된 이유는, bind() 함수의 sockaddr 구조체의 포인터형 인자와 형 일치를 유지하기 위한 것이다.

46 행은 에코 서버 프로그램이 listen() 함수를 호출함으로써 TCP로 하여금 주소가 결합된 서버 소켓을 통해 클라이언트의 연결 설정 요청 메시지 도착을 수동적으로 듣게 만든다.

그리고 50 행에서 accept() 함수를 호출하여 클라이언트의 연결 설정 요청으로 만들어지는 서버 소켓내의 새로운 서버 연결 소켓을 반환받는다. 함수의 첫 번째 인자는 서버 TCP가 듣고 있는 서버 소켓의 설명자이고, 두 번째와 세 번째 인자는 새롭게 만들어진 서버 연결 소켓에 연결된 클라이언트 소켓의 주소와 주소 구조의 길이값이 저장될 공간에 대한 포인터로 주어진다. 주소 구조체의 포인터에 대한 형 변환의 이유는 bind() 함수의 경우와 동일하다. accept() 함수는 봉쇄(Blocking) 함수로써 클라이언트로부터 연결 설정 요청이 올 때까지 기다린다.

accept() 함수에 의해 반환된 서버 연결 소켓을 위한 소켓 자료 구조체의 지역 소켓 주소는 서버 소켓의 주소를 물려받는다. 그러나 서버 소켓의 IP 주소가 와일드카드로 주어져 서버 소켓 주소의 IP 주소를 사용할 수 없기 때문에, 서버 연결 소켓을 위한 자료 구조의 지역 소켓 주소의 IP 주소는 TCP 연결 설청 요청 메시지인 SYN 세그먼트를 담은 IP 데이터그램의 목적지 IP 주소로 지정된다. 그리고 서버 연결 소켓을 위한 자료 구조의 원격 소켓 주소는 클라이언트 TCP의 SYN 세그먼트를 담은 IP 데이터그램의 출발지 IP 주소와

SYN 세그먼트의 출발지 포트 번호로부터 지정된다.

일단 accept() 함수를 통해 서버 연결 소켓이 반환되면, 에코 서버는 서버 연결 소켓을 통해 연결된 클라이언트 소켓을 사용하는 에코 클라이언트와 통신할 수 있다. 57-62 행은 에코 서버가 read() 함수의 반환값이 0이 될 때, 즉 FIN 세그먼트가 도착할 때까지 에코 클라이언트로부터 데이터를 수신하고, 수신된 데이터를 다시 되돌려 에코 클라이언트에게 송신하고, 수신된 데이터를 출력하는 작업을 반복적으로 수행한다.

서버 연결 소켓에 대한 read() 함수의 반환값 0은 에코 클라이언트 프로그램이 자신의 클라이언트 소켓을 닫고 더 이상 데이터를 송신하지 않는다는 신호이다. 따라서 에코 서버도 64 행에서와 같이 close() 함수를 호출하여 서버 TCP로 하여금 자신의 FIN 세그먼트를 클라이언트 TCP로 송신하게 함으로써, TCP 연결의 완전 해제를 위한 4-단계 핸드세이크를 완성하게 한다.

〈리스트 4.2〉 TCP Echo Client 예제 프로그램

```
/*
 * echo_client.c
 * a simple iterative TCP client program to send input data to a
 * server program, receive the data sent from the server, and print
 * the received data.
 */

/* include the related header files */
#include <stdio.h>
#include <stdlib.h>
#include <string.h>
#include <unistd.h>
#include <arpa/inet.h>
#include <sys/types.h>
#include <sys/socket.h>

#define BUFSIZE 1024
void error_print(char *message);

int main(int argc, char **argv)
{
    int cli_sock;
    struct sockaddr_in serv_addr;
    char buf[BUFSIZE];
    int datalen;
```

```
    /* input server IP address and port number when running the program */
    if(argc != 3) {
        printf("Usage : %s <IP addr> <port>\n", argv[0]);
        exit(1);
    }

    /* create a clinet stream socket */
    cli_sock = socket(PF_INET, SOCK_STREAM, 0);

    if (cli_sock == -1)
        error_print("socket() error");

    /* initialize the server socket address structure */
    memset(&serv_addr, 0, sizeof(serv_addr));

    /* assign the server socket address */
    serv_addr.sin_family = AF_INET;
    /* inet_addr() converts the DDN format to 32  bit IP address format */
    serv_addr.sin_addr.s_addr = inet_addr(argv[1]);
    serv_addr.sin_port = htons(atoi(argv[2]));

    /* connect the client socket to the server socket */
    if (connect(cli_sock, (struct sockaddr *) &serv_addr, sizeof(serv_addr)) == -1)
        error_print("connect() error");

    /* 1) read data from standard input device
     * 2) send the data to echo server program
     * 3) receive the data echoed back from the server
     * 4) print the received data
     * 5) repeat 1) - 4)
     */
    while (1) {
        printf("input data : ");
        fgets(buf, BUFSIZE, stdin);
        if (strcmp(buf,"quit\n") == 0)
            break;
        if (write(cli_sock, buf, strlen(buf)) < 0)
            error_print("write() error");

        datalen = read(cli_sock, buf, BUFSIZE);
        if (datalen == -1)
            error_print("read() error");
        buf[datalen] = 0;
        printf("echo from server : %s\n", buf);
```

```
60      }

61      /* close the client socket */
62      close(cli_sock);
63      return(0);
64  }

65  void error_print(char *message)
66  {
67      fputs(message, stderr);
68      fputc('\n', stderr);
69      exit;
70  }
```

에코 클라이언트 프로그램의 24-27 행은 에코 클라이언트가 실행 인자로 에코 서버의 IP 주소와 포트 번호를 입력 받는 지를 확인한다. 입력된 IP 주소와 포트 번호는 에코 클라이언트가 TCP를 통해 연결할 서버 소켓 주소를 형성한다. 29 행에서 에코 클라이언트는 socket() 함수를 통해 IPv4 프로토콜 계열의 TCP 스트림 소켓을 클라이언트 소켓으로 생성한다.

에코 클라이언트 프로그램의 32-38 행은 클라이언트 소켓을 연결할 서버 소켓의 주소를 지정하는 절차를 실행한다. 33 행에서 먼저 서버 소켓 주소 구조체의 전체 바이트를 0으로 초기화하고, 35 행에서 주소 구조체의 주소 체계(패밀리) 필드를 초기화한다. 그리고 37 행에서는 inet_addr() 함수를 사용하여 DDN 형태로 입력된 IP 주소를 32 비트 네트워크 바이트 순서 IP 주소로 변환하여 소켓 주소 구조체의 IP 주소 필드에 저장한다. 38 행에서는 문자열로 입력된 에코 서버의 포트 번호를 atoi() 함수로 정수로 변환한 다음, 소켓 주소 구조체의 포트 번호 필드에 저장한다.

에코 클라이언트 프로그램의 40 행의 connect() 함수는 29 행에서 생성한 클라이언트 소켓을 32-38 행에서 지정된 소켓 주소를 가지는 서버 소켓과 연결한다. connect() 함수가 성공적으로 실행되면 클라이언트 소켓을 위한 소켓 자료 구조의 지역 소켓 주소와 원격 소켓 주소가 설정되고, 클라이언트 TCP는 이 주소들을 사용하여 연결이 해제될 때까지 서버 TCP와 통신한다. 지역 소켓 주소의 포트 번호는 TCP에 의해 자동적으로 할당되고, IP 주소는 IP에 의해 자동적으로 할당된다. 반면 원격 소켓 주소는 클라이언트 응용 프로그램이 connect() 함수 호출 시에 인자로 전달한다. connect() 함수의 소켓 주소 인자 구조체의 포인터에 대한 형 변환이 필요한 이유는 에코 서버 프로그램의 bind() 함수의 경우와 같다.

그림 4.7 에코 클라이언트-서버 프로그램 실행 결과

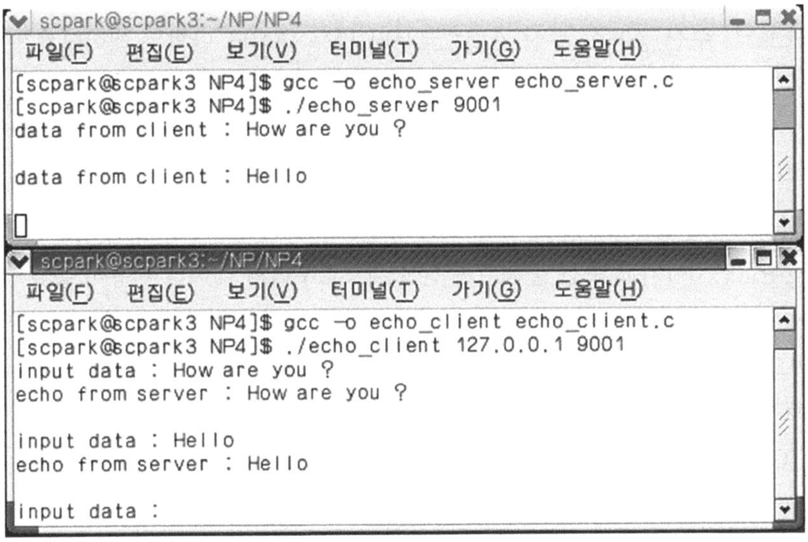

에코 클라이언트 프로그램의 48-60 행은 표준 입력 장치로부터 한 줄의 데이터를 입력 받고, 클라이언트 소켓을 통해 에코 서버로 입력된 데이터를 전송하고, 에코 서버가 되돌려 준 데이터를 수신하여 출력하는 작업을 반복한다. 만약 사용자가 "quit" 명령을 입력하여 프로그램을 종료시키고 하면 에코 클라이언트 프로그램은 `close()` 함수를 통해 클라이언트 소켓을 닫고 종료한다.

〈그림 4.7〉은 에코 클라이언트-서버 프로그램의 실행결과를 보여준다.

4.1.5 바이트 스트림 전송

TCP는 기본적으로 바이트 스트림 전송 서비스를 제공하고, TCP에 의해 제공되는 소켓은 스트림 유형의 소켓으로써 바이트 스트림 전송을 지원한다. 바이트 스트림이란 바이트의 연속으로써 바이트 단위외에 전송 데이터에 특별한 경계가 존재하지 않는다. 스트림 소켓을 통한 바이트 스트림 전송은 송신자 소켓에 쓰여진 전체 바이트를 순서에 맞게 수신자 소켓까지 전달하도록 요구할 뿐, 송・수신자 소켓간 전달하는 데이터 단위에 대한 어떤 제약도 가하지 않는다. 따라서 송신자 응용이 송신 소켓에 쓴 데이터는 TCP에 의해 하나의 DATA 세그먼트로 수신 소켓으로 전달될 수도 있고, 2개 이상의 DATA 세그먼트로 나누어져 전달될 수도 있다. 그리고 TCP는 송신자 응용이 여러 번에 걸쳐 쓴 데이터를 하나의 DATA 세그먼트로 수신 소켓으로 전송할 수도 있다.

수신 소켓의 버퍼에 수신된 데이터에는 바이트 단위외에 어떤 데이터 단위도 포함되어 있지 않으므로, 수신 응용이 수신 소켓으로부터 읽는 데이터 단위는 데이터가 도착하는 단위와 무관하다. 즉, 수신 응용은 수신 TCP에 현재 존재하는 데이터 중 임의의 크기의 바이트를 읽을 수 있다. 만약 수신 응용이 읽고자 하는 데이터의 바이트 수가 수신 소켓 버퍼에 존재하는 전체 데이터의 바이트 수보다 크면, 수신 응용은 수신 소켓의 버퍼에 존재하는 전체 데이터를 읽어 들인다. 그리고 수신 TCP에 FIN 세그먼트가 도착하면 읽기 함수의 반환값은 0이되고 수신 응용은 송신 소켓으로부터의 데이터 전송이 종료되었음을 인지한다.

결론적으로 송신 TCP 소켓에 쓰여진 데이터는 쓰여질 때의 데이터 단위와 무관하게 단지 바이트 스트림으로 수신 TCP 소켓으로 전달되고, 수신 TCP 소켓에 전달된 바이트 스트림은 TCP DATA 세그먼트의 크기와 무관하게 임의의 크기로 읽혀질 수 있다. 〈그림 4.8〉은 TCP 소켓을 통한 바이트 스트림 전송 모델을 보여주고 있다.

바이트 스트림 전송을 이해하기 위해 에코 클라이언트-서버 프로그램을 다음과 같이 수정해 보자. 수정된 에코 서버는 에코 클라이언트 프로그램으로부터 수신한 데이터를 두번에 나누어 에코 클라이언트로 되돌려 송신한다. 수정된 에코 서버의 첫 번째 `write()` 함수

그림 4.8 TCP 소켓의 바이트 스트림 전송 모델

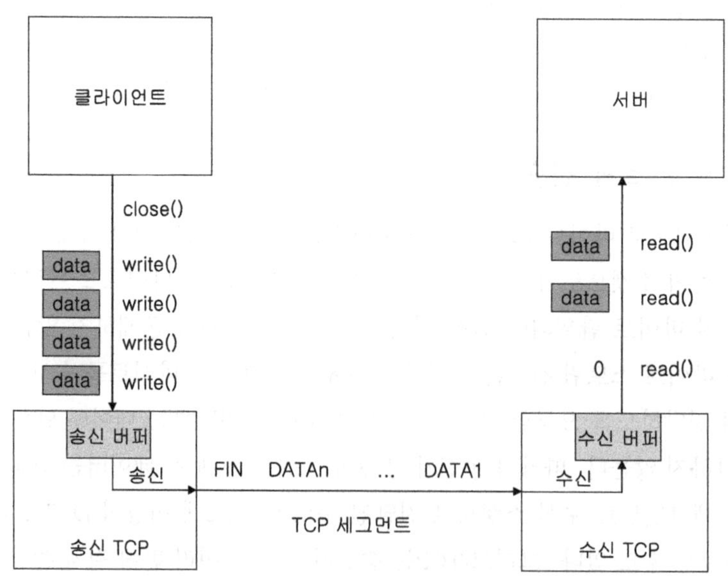

는 수신한 데이터중에 한 바이트만 에코 클라이언트에게 송신하고, 두 번째 write() 함수는 나머지 바이트들을 송신한다. 그리고 수정된 에코 클라이언트 프로그램은 실행 인자로 입력 받은 '읽을 바이트 수'만큼씩 에코 서버로부터 되돌아온 데이터를 읽고 출력한다. 즉, 수정된 에코 클라이언트 프로그램은 사용자 입력 데이터 전체를 한 번의 write() 함수를 통해 송신하고, 수정된 에코 서버 프로그램은 전체 데이터를 두 번에 나누어 다시 에코 클라이언트 프로그램에게 송신하고, 에코 클라이언트 프로그램은 되돌아온 데이터를 '읽을 바이트 수'만큼씩 여러 번 읽고 출력한다.

〈리스트 4.3〉은 수정된 에코 서버 프로그램이다. 원래의 에코 서버 프로그램에서 59-66행이 수정된 내용을 반영하고 있다.

〈리스트 4.3〉 수정된 에코 서버 프로그램

```
1   /*
2    * echo_stream_server.c
3    * a simple iterative TCP stream server program to echo back byte  stream
4    * sent by a client program by calling write() function twice.
5    */

6   /* include the related header files */
7   #include <stdio.h>
8   #include <stdlib.h>
9   #include <string.h>
10  #include <unistd.h>
11  #include <arpa/inet.h>
12  #include <sys/types.h>
13  #include <sys/socket.h>

14  #define   BUFSIZE 1024
15  void error_print(char *message);

16  int main(int argc, char **argv)
17  {
18      int serv_sock; /* server socket descriptor */
19      int conn_sock; /* server connection socket descriptor */
20      struct sockaddr_in serv_addr;
21      struct sockaddr_in conn_addr;
22      int addrlen, datalen, writelen;
23      char buf[BUFSIZE];
24      char *str;
```

```
    /* input server port number when running the server program */
    if(argc != 2) {
        printf("Usage : %s <port>\n", argv[0]);
        exit(1);
    }

    /* create a stream socket for TCP and IP */
    serv_sock = socket(PF_INET, SOCK_STREAM, 0);

    if (serv_sock == -1)
        error_print("socket() error");

    /* initialize the server socket address structure */
    memset(&serv_addr, 0, sizeof(serv_addr));

    /* assign the server socket address */
    serv_addr.sin_family = AF_INET;
    /* wildcard for local address */
    /* htonl() converts the local 32  bit IP address to standard format */
    serv_addr.sin_addr.s_addr = htonl(INADDR_ANY);
    /* htons() converts the port number to standard format */
    serv_addr.sin_port = htons(atoi(argv[1]));

    /* bind server socket address to the server socket */
    if (bind(serv_sock, (struct sockaddr *) &serv_addr, sizeof(serv_addr)) == -1)
    error_print("bind() error");

    /* listen to the server socket */
    if (listen(serv_sock,5) == -1)
    error_print("listen() error !");

    /* accept the connection request from a client */
    addrlen = sizeof(conn_addr);
    conn_sock = accept(serv_sock, (struct sockaddr *) &conn_addr, &addrlen);
    if (conn_sock == -1)
    error_print("accept() error");

    /* 1) read data from the client
     * 2) send back just one byte of the reecived bytes to the client
     * 3) send back the remained bytes to the client
     * 4) repeat 1) - 3)
     */
    while ((datalen = read(conn_sock, buf, BUFSIZE)) != 0) {
        str = buf;
```

```
        write(conn_sock, str++, 1);
        write(conn_sock, str, datalen-1);
        buf[datalen] = 0;
        printf("data from client : %s\n", buf);
        memset(buf, 0, BUFSIZE);
    }
    /* close the connection socket */
    close(conn_sock);
    return(0);
}

void error_prin t(char *message)
{
    fputs(message, stderr);
    fputc('\n', stderr);
    exit;
}
```

〈리스트 4.4〉는 에코 클라이언트 프로그램을 수정한 프로그램이다. 26-29 행에서 '읽을 바이트 수' 인자를 포함하여 실행 인자가 4개임을 확인한다. 53-72 행은 에코 서버가 두 번에 나누어 송신한 데이터를 '읽을 바이트 수' 실행 인자 수만큼씩 여러 번 읽어 출력하도록 수정된 부분이다.

〈리스트 4.4〉 수정된 에코 클라이언트 프로그램

```
1    /*
2     * echo_stream_client.c
3     * a simple iterative TCP stream client program to send input data to
4     * a server program by calling write() function once, receive the data
5     * echoed back from the server by calling read() function multiple
6     * times, and print the received data one by one.
7     */

8    /* include the related header files */
9    #include <stdio.h>
10   #include <stdlib.h>
11   #include <string.h>
12   #include <unistd.h>
13   #include <arpa/inet.h>
14   #include <sys/types.h>
15   #include <sys/socket.h>
```

```
#define      BUFSIZE 1024
void error_print(char *message);

int main(int argc, char **argv)
{
    int cli_sock;
    struct sockaddr_in serv_addr;
    char buf[BUFSIZE];
    int datalen, write_len, read_len, byte_number;

    /* input server IP address, port number, and byte number to read
    when running the program */
    if(argc != 4) {
        printf("Usage : %s <IP addr> <port> <byte number>\n", argv[0]);
        exit(1);
    }

    /* create a clinet stream socket */
   cli_sock = socket(PF_INET, SOCK_STREAM, 0);

   if (cli_sock == -1)
   error_print("socket() error");

   /* initialize the server socket address structure */
   memset(&serv_addr, 0, sizeof(serv_addr));

   /* assign the server socket address */
   serv_addr.sin_family = AF_INET;
   /* inet_addr() converts the DDN format to 32  bit IP address format */
   serv_addr.sin_addr.s_addr = inet_addr(argv[1]);
   serv_addr.sin_port = htons(atoi(argv[2]));

  /* connect the client socket to the server socket */
   if (connect(cli_sock, (struct sockaddr *) &serv_addr, sizeof(serv_addr)) == -1)
   error_print("connect() error");

   /* 1) read data from standard input device
    * 2) send the data to a echo server program
    * 3) receive the data echoed back from the server according to
    * the byte number to read given as the 4th argument of main
    * function
    * 4) print the received data
    * 5) repeat 3) - 4) until whole echoed bytes are received
    * 6) repeat 1) - 5)
```

```
     */
    byte_number = atoi(argv[3]);
    while (1) {
        printf("input data : ");
        fgets(buf, BUFSIZE, stdin);
        if (strcmp(buf,"quit\n") == 0)
            break;
        write_len = strlen(buf);
        if (write(cli_sock, buf, write_len) < 0)
            error_print("write() error");

        printf("echo from server : ");
        for (read_len = 0; read_len < write_len; ) {
            datalen = read(cli_sock, buf, byte_number);
            read_len += datalen;
            if (datalen == -1)
                error_print("read() error");
            buf[datalen] = 0;
            printf("%s ", buf);
        }
        printf("\n");
    }

    /* close the client socket */
    close(cli_sock);
    return(0);
}

void error_print(char *message)
{
    fputs(message, stderr);
    fputc(' \n', stderr);
    exit;
}
```

〈그림 4.9〉는 수정된 에코 클라이언트-서버의 실행 결과를 보여준다. 수정된 에코 클라이언트-서버 프로그램이 원래의 에코 클라이언트-서버 프로그램에 비해 여러 번의 write() 함수 호출과 read() 함수 호출을 수행하지만, 송・수신하는 바이트 수가 동일하고 TCP가 바이트 단위외의 어떤 경계 정보도 제공하지 않기 때문에 동일한 실행 결과를 얻을 수 있음을 알 수 있다.

그림 4.9 수정된 에코 클라이언트-서버 프로그램 실행 결과

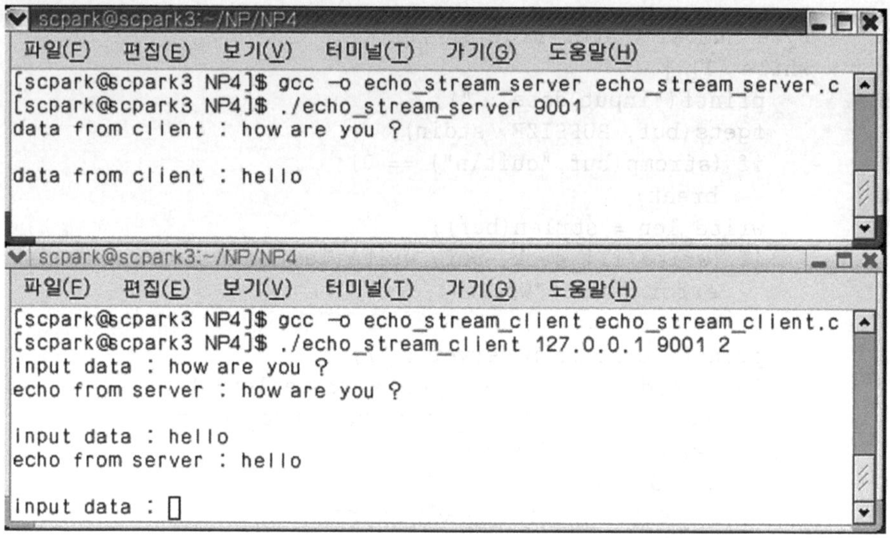

수정된 에코 클라이언트-서버 프로그램에서 주의할 부분은 서버 프로그램과 클라이언트 프로그램의 데이터 전송 종료 확인에 대한 차이 인식이다. 서버 에코 프로그램의 경우 클라이언트가 TCP 연결을 종료할 때까지 데이터 전송을 계속한다. 따라서 클라이언트로부터 FIN 세그먼트가 도착하여 read() 함수의 반환값이 0이 되면 데이터 전송이 종료되었음을 확인하면 된다. 반면 클라이언트가 서버로부터 여러 번 데이터를 읽어 들일 때 읽기 작업의 종료 시점을 read() 함수 반환값이 0이 되는 시점으로 확인할 수 없다. 왜냐하면 에코 서버 프로그램은 클라이언트가 TCP 연결을 종료하기 전에는 FIN 세그먼트를 보내지 않고, 따라서 클라이언트의 read() 함수의 반환값은 0이 될 수 없기 때문이다.

4.1.6 소켓 닫기(close)와 부분 닫기(shutdown)

소켓 닫기 함수 close()는 소켓 설명자의 참조 계수를 1 감소시키고, 참조 계수의 값이 0이 되면 해당 소켓 자료 구조를 폐쇄하고, TCP 연결 해제 절차를 개시한 후 즉시 반환한다. 〈그림 4.10〉의 (a)는 close() 함수를 통한 소켓 닫기 절차를 보여준다. 여기서는 해당 소켓을 사용하는 프로세스가 하나만 존재하여 소켓 참조 계수가 1인 상황을 가정한다. close() 함수는 소켓 자료 구조를 폐쇄하고 즉시 반환하므로 이후 서버로부터의 소켓 닫기 절차의 실행 상황을 확인할 방법이 없다. 예를 들어 서버가 클라이언트로부터 데이터

그림 4.10 close() 함수와 shutdown() 함수의 동작 절차

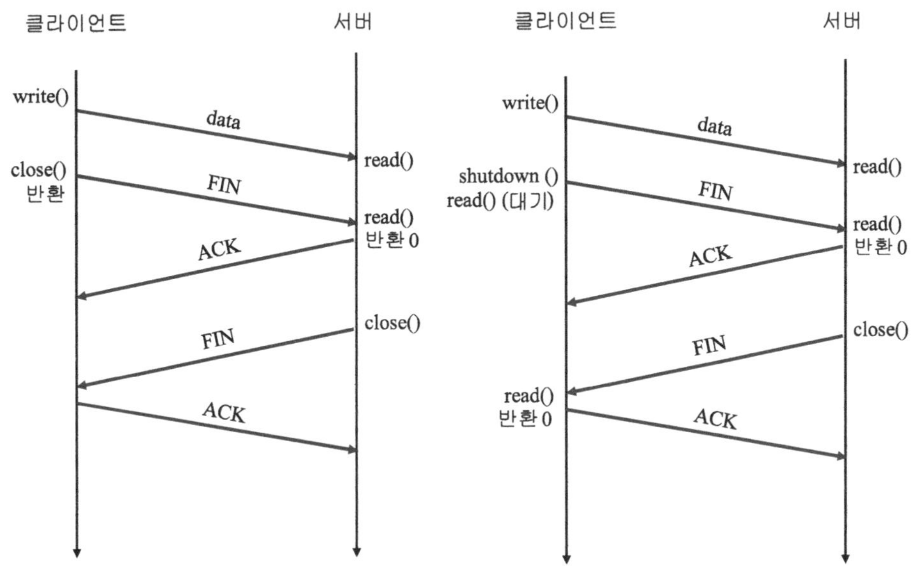

(a) close() 함수 동작 절차 (b) shutdown() 함수 동작 절차

전송 종료를 확인(FIN 세그먼트 수신)한 후 어떤 작업을 수행하고 그 결과를 클라이언트로 전달할 필요가 있을 경우, 클라이언트는 이미 소켓을 완전히 닫은 상태이기 때문에 이를 확인할 방법이 없어진다.

소켓 부분 닫기 함수 shutdown()은 송신 소켓 버퍼와 수신 소켓 버퍼를 구분하여 닫을 수 있게 한다. 예를 들어 SHUT_RD 인자를 사용하여 shutdown() 함수를 호출하는 경우 수신 버퍼를 닫아 더 이상 해당 소켓에 대한 읽기 함수를 호출할 수 없지만 쓰기 함수는 계속 사용할 수 있다. SHUT_WR 인자로 shutdown() 함수를 호출하면 송신 버퍼를 닫아 더 이상 해당 소켓에 쓰기 함수를 호출할 수 없는 반면 읽기 함수는 계속 사용할 수 있다. SHUT_WR로 shutdown() 함수를 호출하면 소켓 참조 계수와 무관하게 TCP 연결 해제 절차를 즉시 개시하여 클라이언트의 데이터 전송 종료 사실을 서버가 확인할 수 있게 한다. FIN 세그먼트를 받은 서버는 자신의 작업 수행 결과를 클라이언트에게 전송할 수 있고, 클라이언트는 해당 소켓의 수신 버퍼를 닫지 않았기 때문에 이를 확인할 수 있다. SHUT_RDWR 인자로 shutdown() 함수를 호출하는 경우에는 SHUT_RD 인자와 SHUT_WR 인자로 두 번 shutdown() 함수를 호출하는 것과 동일하다.

shutdown() 함수를 사용하여 에코 클라이언트-서버 프로그램을 다음과 같이 수정해 보자. 에코 클라이언트가 데이터 전송을 종료하면 에코 서버는 클라이언트의 데이터 전송 횟수를 계산하여 클라이언트에게 알려주고, 클라이언트는 전송 횟수를 수신하여 출력한다. 즉, 에코 클라이언트-서버 프로그램의 실행 결과가 〈그림 4.11〉과 같이 되도록 수정한다.

〈리스트 4.5〉는 에코 횟수를 반환하도록 수정된 에코 서버 프로그램이다. 61-67 행에서 클라이언트로부터 데이터 전송이 종료되었음을 확인한 후에 곧바로 서버의 소켓을 닫지 않고, 70 행에서 에코 횟수를 클라이언트에게 전송한 후에 72 행에서 소켓을 닫는다.

그림 4.11 에코 횟수 클라이언트-서버 프로그램 실행 결과

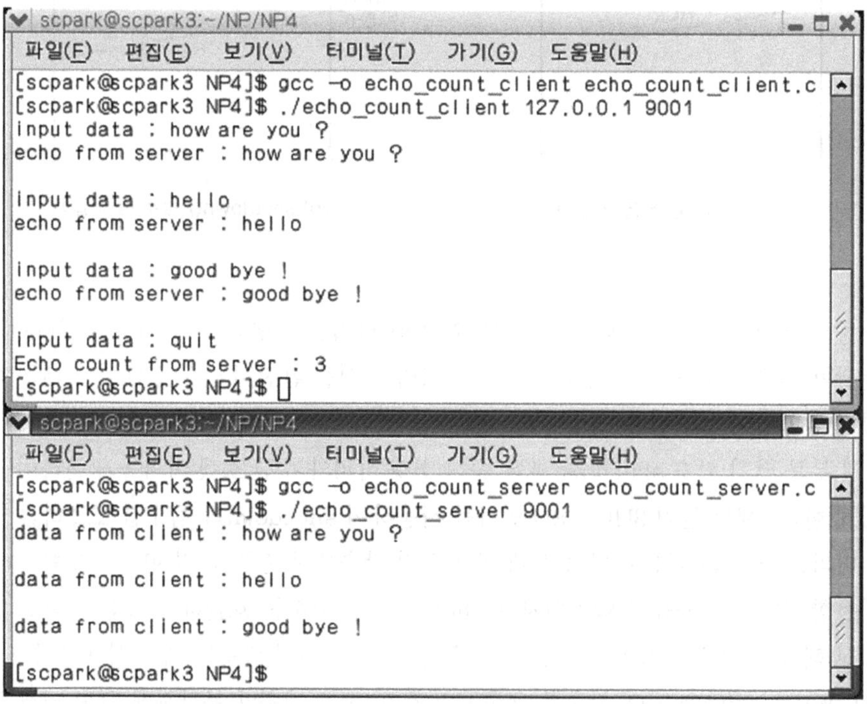

〈리스트 4.5〉 에코 횟수 반환 서버 프로그램

```
/*
 * echo_count_server.c
 * a simple iterative TCP server program to echo back byte stream
 * sent by a client program.
 * Count total number of echoes, and send the number to the client.
 */

/* include the related header files */
#include <stdio.h>
#include <stdlib.h>
#include <string.h>
#include <unistd.h>
#include <arpa/inet.h>
#include <sys/types.h>
#include <sys/socket.h>

#define    BUFSIZE 1024
void error_print(char *message);

int main(int argc, char **argv)
{
    int serv_sock; /* server socket descriptor */
    int conn_sock; /* server connection socket descriptor */
    struct sockaddr_in serv_addr;
    struct sockaddr_in conn_addr;
    int addrlen, datalen;
    char buf[BUFSIZE];
    int echo_count_hs, echo_count_ns;

    /* input server port number when running the server program */
    if(argc != 2) {
        printf("Usage : %s <port>\n", argv[0]);
        exit(1);
    }

    /* create a stream socket for TCP and IP */
    serv_sock = socket(PF_INET, SOCK_STREAM, 0);

    if (serv_sock == -1)
```

```
        error_print("socket() error");
    /* initialize the server socket address structure */
    memset(&serv_addr, 0, sizeof(serv_addr));

    /* assign the server socket address */
    serv_addr.sin_family = AF_INET;
    /* wildcard for local address */
    /* htonl() converts the local 32  bit IP address to standard format */
    serv_addr.sin_addr.s_addr = htonl(INADDR_ANY);
    /* htons() converts the port number to standard format */
    serv_addr.sin_port = htons(atoi(argv[1]));

    /* bind server socket address to the server socket */
    if  (bind(serv_sock,  (struct  sockaddr  *)  &serv_addr, sizeof(serv_addr)) == -1)
        error_print("bind() error");

    /* listen to the server socket */
    if (listen(serv_sock,5) == -1)
        error_print("listen() error !");

    /* accept the connection request from a client */
    addrlen = sizeof(conn_addr);
    conn_sock = accept(serv_sock, (struct sockaddr *) &conn_addr, &addrlen);
    if (conn_sock ==   -1)
        error_print("accept() error");

    /* 1) read data from the client
     * 2) send back the data
     * 3) increase the echo counter
     * 4) repeat 1) - 3)
     */
    echo_count_hs = 0;
    while ((datalen = read(conn_sock, buf, BUFSIZE)) != 0) {
        write(conn_sock, buf, datalen);
        buf[datalen] = 0;
        printf("data from client : %s\n", buf);
        memset(buf, 0, BUFSIZE);
        echo_count_hs++;
    }
    echo_count_ns = htons(echo_count_hs);
    /* send the echo number to the client */
```

```
    write(conn_sock, (char *)&echo_count_ns, sizeof(int));
    /* close the connection socket */
    close(conn_sock);
    return(0);
}

void error_pri nt(char *message)
{
    fputs(message, stderr);
    fputc('\n', stderr);
    exit;
}
```

〈리스트 4.6〉은 에코 서버로부터 에코 횟수를 반환받기 위하여 shutdown() 함수를 사용하는 클라이언트 예제 프로그램을 보여준다. 64 행에서 close() 함수를 호출하는 대신 shutdown() 함수를 호출하여 서버 프로그램에게 데이터 전송 종료 신호(FIN 세그먼트)를 보내고, 65 행에서 서버로부터 에코 횟수를 읽도록 에코 클라이언트 프로그램이 수정되었다.

〈리스트 4.6〉 shutdown() 함수 사용 에코 클라이언트 프로그램

```
1  /*
2   * echo_count_client.c
3   * a simple iterative TCP client program to send input data to a server
4   * program, receive the data sent from the server, and print the received
5   * data. Receive the number of echoes from the server and
6   * print the received number.
7   */

8  /* include the related header files */
9  #include <stdio.h>
10 #include <stdlib.h>
11 #include <string.h>
12 #include <unistd.h>
13 #include <arpa/inet.h>
14 #include <sys/types.h>
15 #include <sys/socket.h>

16 #define    BUFSIZE 1024
17 void error_print(char *message);
```

```c
int main(int argc, char **argv)
{
    int cli_sock;
    struct sockaddr_in serv_addr;
    char buf[BUFSIZE];
    int datalen;
    int echo_count;

    /* input server IP address and port number when running the program */
    if(argc != 3) {
        printf("Usage : %s <IP addr> <port>\n", argv[0]);
        exit(1);
    }

    /* create a clinet stream socket */
    cli_sock = socket(PF_INET, SOCK_STREAM, 0);

    if (cli_sock == -1)
        error_print("socket() error");

    /* initialize the server socket address structure */
    memset(&serv_addr, 0, sizeof(serv_addr));

    /* assign the server socket address */
    serv_addr.sin_family = AF_INET;
    /* inet_addr() converts the DDN format to 32  bit IP address format */
    serv_addr.sin_addr.s_addr = inet_addr(argv[1]);
    serv_addr.sin_port = htons(atoi(argv[2]));

    /* connect the client socket to the server socket */
    if (connect(cli_sock, (struct sockaddr *) &serv_addr, sizeof(serv_addr)) == -1)
        error_print("connect() error");

    /* 1) read data from standard input device
     * 2) send the data to echo server program
     * 3) receive the data echoed back from the server
     * 4) print the received data
     * 5) repeat 1) - 4)
     */
    while (1) {
        printf("input data : ");
        fgets(buf, BUFSIZE, stdin);
        if (strcmp(buf,"quit\n") == 0)
            break;
```

```
        if (write(cli_sock, buf, strlen(buf)) < 0)
            error_print("write() error");

        datalen = read(cli_sock, buf, BUFSIZE);
        if (datalen == -1)
            error_print("read() error");
        buf[datalen] = 0;
        printf("echo from server : %s\n", buf);
    }

    /* shutdown the client socket */
    shutdown(cli_sock, SHUT_WR);
    read(cli_sock, (char *)&echo_count, sizeof(int));
    printf("Echo count from server : %d\n", ntohs(echo_count));
    close(cli_sock);
    return(0);
}

void error_print(char *message)
{
    fputs(message, stderr);
    fputc('\n', stderr);
    exit;
}
```

4.1.7 소켓 옵션

소켓은 다양한 옵션들을 가진다. 소켓 옵션은 〈그림 4.12〉의 (a)의 getsockopt() 함수를 통해 확인될 수 있고, setsockopt() 함수를 통해 새로운 옵션 값을 설정할 수 있다.

소켓 조작 함수의 첫 번째 인자는 열린 소켓의 설명자이고, 두 번째 인자는 옵션 레벨을 표시한다. SOL_SOCKET 레벨은 소켓에 대한 일반적인 옵션을 가리키고, IPPROTO_TCP 레벨은 TCP에 관련된 옵션을 가리킨다. IPPROTO_IP 레벨은 IP에 관련된 옵션인 데 추후 설명한다. 세 번째 인자는 옵션 이름을 나타내고, 네 번째 인자는 확인할 옵션 값이 저장되거나 변경될 옵션 값이 저장되어 있는 공간에 대한 포인터를 나타낸다. 마지막 다섯 번째 인자는 옵션 값 저장 공간 크기를 나타내는 것으로써 getsockopt() 함수의 경우 포인터 형태로 주어진다.

〈그림 4.12〉의 (b)는 소켓 옵션의 일부를 요약해서 보여주고 있다. 여기서 optname 항목은 소켓 옵션의 이름에 대한 정의를 나타내고, 해당 옵션 값의 확인과 설정 가능 여부를

그림 4.12 소켓 옵션 조작 함수와 소켓 옵션 요약

```
#include <sys/socket.h>

int getsockopt(int sockfd, int level, int optname, void *optval, socklen_t *optlen);

int setsockopt(int sockfd, int level, int optname, const void *optval, socklen_t optlen);
```

성공 : 0, 실패 : -1

(a) 소켓 옵션 조작 함수

level	optname	설명	get	set	data type
SOL_SOCKET	SO_SNFBUF	송신 버퍼 크기	•	•	int
	SO_RCVBUF	수신 버퍼 크기	•	•	int
	SO_REUSEADDR	지역 주소 재사용 허용	•	•	int
	SO_KEEPALIVE	주기적으로 연결 상태 확인	•	•	int
	SO_BROADCAST	브로드캐스트 데이터그램 허용	•	•	int
	SO_TYPE	소켓 유형	•		int
	...				
IPPROTO_TCP	TCP_KEEPALIVE	킵얼라이브 프로브간 시간 간격	•	•	int
	TCP_NODELAY	Nagle 알고리즘 on/off	•	•	int
	TCP_MAXSEG	최대 세그먼트 크기	•	•	int
	TCP_MAXRT	최대 재전송 시간	•	•	int

(b) 소켓 옵션 요약

get과 set 항목에서 나타내고 있다. 마지막 데이터 유형(data type)은 각 옵션 값의 데이터 유형을 보여준다. 대부분 옵션 값의 유형은 `int` 유형을 가지나, 다른 데이터 유형을 가지는 옵션들도 존재한다. 여기서는 소켓 옵션 확인과 새로운 옵션 설정 방법을 설명하기 위해 SO_RCVBUF, SO_SNDBUF, 그리고 SO_REUSEADDR 소켓 옵션을 선택하여 간략히 소개한다.

SO_RCVBUF 소켓 옵션과 SO_SNDBUF 소켓 옵션

모든 소켓은 송신 버퍼와 수신 버퍼를 가진다. 〈리스트 4.7〉은 TCP 소켓과 UDP 소켓의 기본 송신 버퍼 크기와 수신 버퍼의 크기를 확인하는 프로그램이고, 〈그림 4.13〉은 버퍼 크기 확인 프로그램의 실행 예를 보여준다.

〈리스트 4.7〉 버퍼 크기 확인 예제 프로그램

```
/* buffer_check.c
 * a simple program to check send buffer size and receive buffer size
 * of TCP socket and UDP socket.
 */

#include <stdio.h>
#include <sys/socket.h>

int main()
{
        int tcp_sock, udp_sock;
        int snd_buf, rcv_buf;
        socklen_t len;

        tcp_sock = socket(PF_INET, SOCK_STREAM, 0);
        udp_sock = socket(PF_INET, SOCK_DGRAM, 0);

        if(getsockopt(tcp_sock, SOL_SOCKET, SO_SNDBUF, &snd_buf, &len)) {
                printf("getsockopt() error !\n");
                exit(1);
        }

        if(getsockopt(tcp_sock, SOL_SOCKET, SO_RCVBUF, &rcv_buf, &len)) {
                printf("getsockopt() error !\n");
                exit(1);
        }

        printf("TCP send buffer size : %d\n", snd_buf);
        printf("TCP receive buffer size : %d\n", rcv_buf);

        if(getsockopt(udp_sock, SOL_SOCKET, SO_SNDBUF, &snd_buf, &len)) {
                printf("getsockopt() error !\n");
                exit(1);
        }

        if(getsockopt(udp_sock, SOL_SOCKET, SO_RCVBUF, &rcv_buf, &len)) {
                printf("getsockopt() error !\n");
                exit(1);
        }

        printf("UDP send buffer size : %d\n", snd_buf);
        printf("UDP receive buffer size : %d\n", rcv_buf);
```

```
        return 0;
}
```

그림 4.13 버퍼 크기 확인 프로그램 실행 예

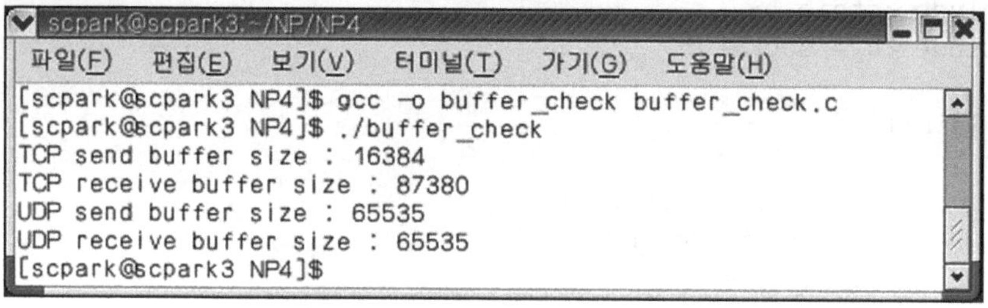

소켓의 버퍼 크기는 setsockopt() 함수를 통해 바꿀 수 있다. 수신 버퍼 크기는 초기 연결 설정 과정에서 송신자에게 알려주는 수신윈도우크기(Receiver Window Size)로 사용된다. 따라서 수신 버퍼 크기 변경은 변경 시점이 중요하다. 클라이언트의 경우 수신 버퍼 크기(SO_RCVBUF) 변경을 위한 setsockopt() 함수는 연결 설정을 위한 3단계 핸드세이크(3-way Handshake)가 시작되기 전에 호출되어야 하므로 connect() 함수가 호출되기 전에 호출되어야 한다. 그리고 서버의 경우 listen() 함수가 호출되기 전에 수신 버퍼 크기 변경을 위한 setsockopt() 함수가 호출되어야 한다. 일단 연결 설정 과정에서 수신 버퍼의 크기가 결정된 후에는 수신 버퍼 크기를 변경할 수 없다.

SO_RESUEADDR 소켓 옵션

TCP 연결 해제는 4단계 핸드세이크 과정을 통해 이루어지고, 연결을 해제하는 측에서는 마지막 수신 확인을 위한 ACK 세그먼트 전송 후 일정 시간 동안(최대 세그먼트 생존 시간의 2배) 대기 상태에 있다. 이 시간 동안에는 기존 TCP가 사용하던 소켓 주소를 사용할 수가 없다. 왜냐하면 동일한 소켓 주소를 사용하는 새로운 TCP 연결이 곧 바로 연결될 경우, 해제된 연결을 통해 전송된 TCP 세그먼트 중 네트워크에 살아있는 세그먼트가 새로운 TCP 연결에 영향을 줄 수 있기 때문이다. 〈그림 4.14〉는 에코 서버를 Ctrl-C 키를 사용하여 중지시킨 후 곧 바로 재시작 했을 때 주소 재사용 오류로 인해 발생하는 bind() 함수 오류를 보여준다. Ctrl-C 키를 사용하여 에코 서버를 중지시키면 에코 서버는 TCP 연결 해제를 기동하고, 4단계 연결 해제가 종료된 후 일정 시간 동안 소켓 주소를 재사용할 수

그림 4.14 소켓 주소 재사용 오류 발생 예

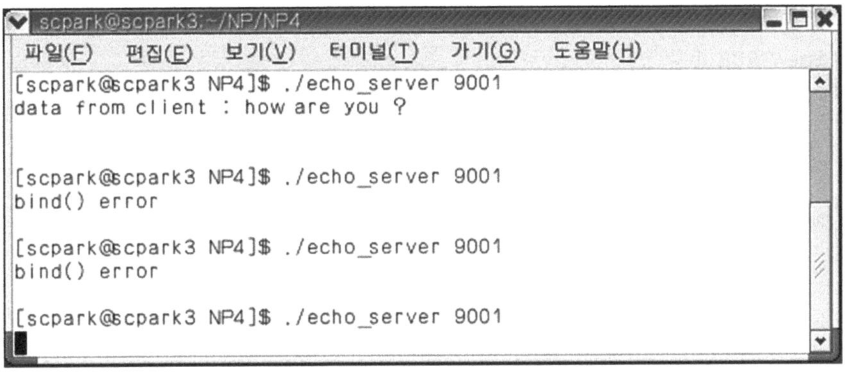

없음에도 불구하고 bind() 함수가 동일한 소켓 주소로 호출되었기 때문에 발생하는 오류이다.

SO_REUSEADRR 소켓 옵션은 시간 대기 상태에서 기존 소켓 주소를 재사용 가능하도록 설정한다. 〈리스트 4.8〉은 에코 서버 프로그램을 SO_REUSEADDR 옵션을 TRUE(1)로 설정도록 수정한 예를 보여준다. 그리고 〈그림 4.15〉는 SO_REUSEADDR 옵션을 설정한 에코 서버 프로그램을 실행한 후 Ctrl-C로 중지시키고 즉시 다시 실행하기를 두 번 반복한 결과를 보여준다. 여기서는 bind() 함수 오류없이 서버가 정상적으로 실행됨을 알 수 있다.

〈리스트 4.8〉 SO_REUSEADDR 소켓 옵션 지정 에코 서버 프로그램

```
/*
 * echo_server.c
 * a simple iterative TCP server program to echo back byte stream
 * sent by a client program.
 * set SO_REUSEADDR socket option.
 */

/* include the related header files */
#include <stdio.h>
#include <stdlib.h>
#include <string.h>
#include <unistd.h>
#include <arpa/inet.h>
```

```
#include <sys/types.h>
#include <sys/socket.h>

#define TRUE 1
#define FALSE 0
#define BUFSIZE 1024
void error_print(char *message);

int main(int argc, char **argv)
{
        int serv_sock; /* server socket descriptor */
        int conn_sock; /* server connection socket descriptor */
        struct sockaddr_in serv_addr;
        struct sockaddr_in conn_addr;
        int addrlen, datalen;
        char buf[BUFSIZE];

        int option;
        socklen_t optlen;

        /* input server port number when running the server program */
        if(argc != 2) {
                printf("Usage : %s <port>\n", argv[0]);
                exit(1);
        }

        /* create a stream socket for TCP and IP */
        serv_sock = socket(PF_INET, SOCK_STREAM, 0);

        if (serv_sock == -1)
                error_print("socket() error");

        /* initialize the server socket address structure */
        memset(&serv_addr, 0, sizeof(serv_addr));

        /* assign the server socket address */
        serv_addr.sin_family = AF_INET;
        /* wildcard for local address */
        /* htonl() converts the local 32  bit IP address to standard format */
        serv_addr.sin_addr.s_addr = htonl(INADDR_ANY);
        /* htons() converts the port number to standard format */
        serv_addr.sin_port = htons(atoi(argv[1]));

        /* set SO_REUSEADDR socket option */
```

```
    option = TRUE;
    optlen = sizeof(option);
    setsockopt(serv_sock, SOL_SOCKET, SO_REUSEADDR, &option, optlen);

    /* bind server socket address to the server socket */
    if (bind(serv_sock, (struct sockaddr *) &serv_addr, sizeof(serv_addr)) == -1)
        error_print("bind() error");

    /* listen to the server socket */
    if (listen(serv_sock,5) == -1)
        error_print("listen() error !");

    /* accept the connection request from a client */
    addrlen = sizeof(conn_addr);
    conn_sock = accept(serv_sock, (struct sockaddr *) &conn_addr, &addrlen);
    if (conn_sock == -1)
        error_print("accept() error");

    /* 1) read data from the client
     * 2) send back the data
     * 3) repeat 1) - 2)
     */
    while ((datalen = read(conn_sock, buf, BUFSIZE)) != 0) {
        write(conn_sock, buf, datalen);
        buf[datalen] = 0;
        printf("data from client : %s\n", buf);
        memset(buf, 0, BUFSIZE);
    }
    /* close the connection socket */
    close(conn_sock);
    return(0);
}

void error_print(char *message)
{
    fputs(message, stderr);
    fputc('\n', stderr);
    exit;
}
```

그림 4.15 SO_REUSEADDR 소켓 옵션 지정 에코 서버 프로그램 실행 결과

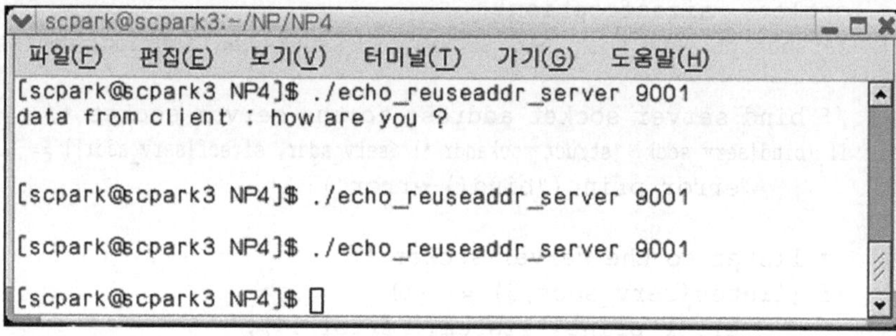

4.2 UDP 소켓 프로그래밍

4.2.1 UDP 소켓의 동작 원리

UDP는 TCP와 달리 비연결형(connectionless)으로 동작하기 때문에 클라이언트 UDP 소켓과 서버 UDP 소켓은 서로 연결되지 않는다. 비연결형 UDP 소켓은 다음과 같은 세 가지 측면에서 연결형 TCP 소켓과 차이가 있다.

첫째, UDP 소켓은 통신하고자 하는 특정 소켓과의 연결 정보를 가지지 않는다. 따라서 UDP 소켓에 데이터를 쓸 때 마다 목적지 주소 정보가 같이 제공되어야 UDP가 데이터를 어디로 전송할 것인지를 판단할 수 있다. 마찬가지로 UDP 소켓으로부터 데이터를 읽을 때에도 출발지 주소 정보가 제공되어야 해당 데이터의 송신자가 누구인지를 파악할 수 있다. 따라서 〈그림 4.16〉에서 보는 바와 같이 UDP 소켓을 통해 데이터를 송신하고자 할 때에는 목적지지정송신(sendto()) 함수를 사용하고, 데이터를 수신하고자 할 때에는 출발지반환수신(recvfrom()) 함수를 사용해야 한다.

둘째, TCP 연결형 소켓의 경우 하나의 클라이언트 소켓은 반드시 하나의 서버 연결 소켓과 통신하는 데에 반해, UDP 비연결형 클라이언트 소켓과 서버 소켓은 각기 다수의 서버 소켓 또는 클라이언트 소켓과 통신 할 수 있다. TCP 연결형 소켓을 사용하여 서버 프로그램을 작성하는 경우 연결 요청 메시지를 수신하는 서버 소켓과 클라이언트 단위의 통신을 지원하는 서버 연결 소켓을 구분해야 하고, 다수의 클라이언트와의 통신을 위해 다수의 서버 연결 소켓을 생성해야 한다. 반면, UDP 비연결형 소켓은 다수의 클라이언트와의 통

그림 4.16 UDP 소켓 동작 원리

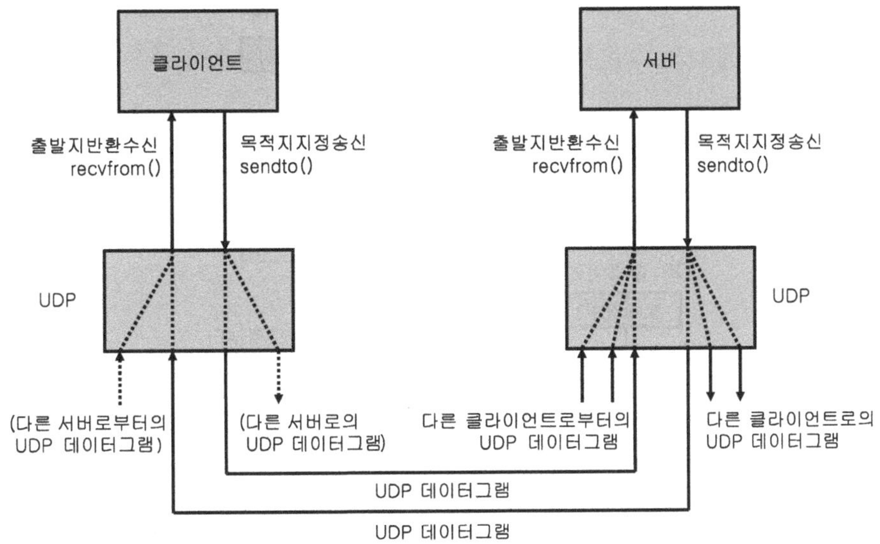

신을 지원하므로 하나의 서버 소켓만 생성하면 된다. 뿐만 아니라 UDP 소켓을 통해 수신자가 다수인 멀티캐스트 전송을 수행할 수 있고, UDP 소켓의 IP 주소가 멀티캐스트 주소가 될 수도 있다.

셋째, UDP 비연결형 소켓으로 송신되는 데이터는 각기 목적지가 다를 수 있고 수신되는 데이터의 출발지도 각각 다를 수 있기 때문에, UDP는 소켓에 쓰여지는 데이터를 각각 서로 다른 데이터그램으로 송신하고, 서로 다른 데이터그램에 의해 수신된 데이터는 각각 구분되어 응용에게 전달되어야 한다.

4.2.2 UDP 소켓 제어 함수 호출 순서

UDP 클라이언트 응용과 서버 응용이 상호 통신을 위해 호출하는 UDP 소켓 제어 함수의 순서는 〈그림 4.17〉과 같이 정리될 수 있다. TCP 소켓 제어 함수의 경우와 마찬가지로 서버 UDP 소켓은 `socket()` 함수를 통해 소켓을 생성한 후 `bind()` 함수를 통한 소켓 주소 결합 과정이 필요한 반면, 클라이언트 소켓은 UDP와 IP가 소켓 주소를 자동으로 결합한다. UDP 서버 소켓은 여러 개의 소켓과 통신이 가능하기 때문에 `listen()`과 `accept()` 함수를 통한 서버 연결 소켓 생성과정이 필요없고, `recvfrom()` 함수의 반복적인 호출을 통하여 하나의 서버 소켓을 통해 모든 클라이언트 응용으로부터 전송되는 메시지를 수신

그림 4.17 UDP 소켓 제어 함수 호출 순서

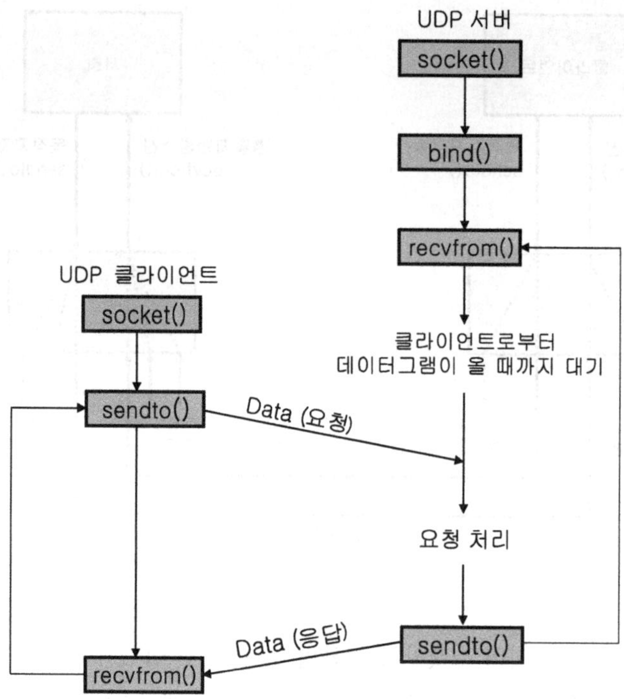

할 수 있다. recvfrom() 함수는 봉쇄 함수로써 수신된 데이터가 없으면 대기한다. UDP 서버 응용이 클라이언트에게 데이터를 전송할 필요가 있으면 sendto() 함수를 호출한다.

UDP 클라이언트 소켓은 서버 소켓과의 연결 절차를 요구하지 않는다. 따라서 socket() 함수에 의해 소켓이 생성되면 클라이언트 응용은 sendto() 함수와 recvfrom() 함수를 사용하여 곧바로 서버 응용과 통신할 수 있다. UDP 소켓을 통한 데이터 전송은 단지 데이터를 전송할 뿐 데이터 전송 시작과 종료에 대한 어떤 정보도 전달하지 않는다. 즉, TCP 소켓의 경우와 같이 FIN 세그먼트 송수신을 통한 데이터 전송 종료 신호 전달 서비스를 기대할 수가 없다. 따라서 UDP 응용은 반복적인 데이터 수신이 필요한 경우 자체적인 데이터 전송 종료 조건을 사용하여야 한다.

클라이언트 응용이 sendto() 함수를 호출하기 위해서는 항상 서버 소켓 주소(서버 IP 주소와 포트 번호)를 지정해야 한다. 클라이언트 소켓 주소(클라이언트 IP 주소와 포트 번호)는 UDP와 IP에 의해 자동으로 할당된다. 특정 클라이언트 UDP 소켓에 대한 IP 주소와 포트 번호 할당은 sendto() 함수가 처음 호출될 때 이루어진다. 포트 번호는 임시 포트

그림 4.18 클라이언트측에서의 UDP 소켓 주소 지정 방식

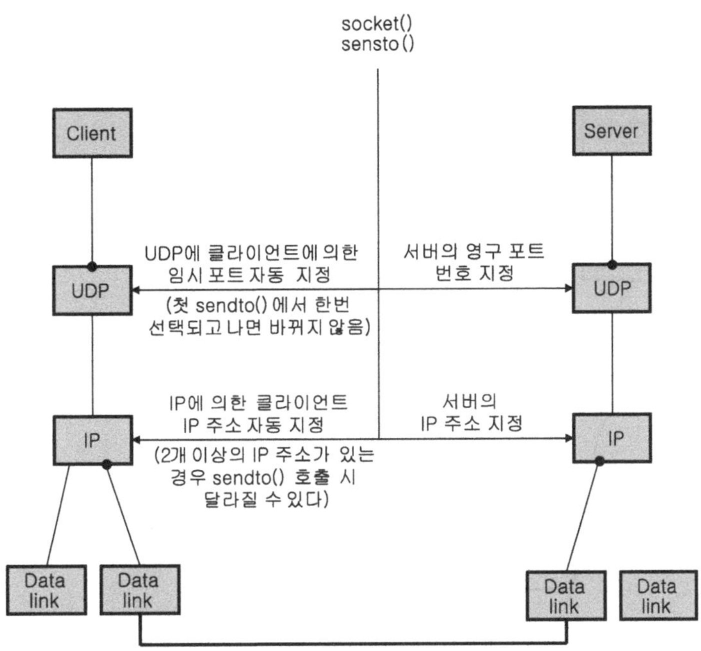

번호로 할당되고 한번 할당된 후에는 바뀌지 않는다. 〈그림 4.18〉은 UDP 클라이언트 응용측에서의 소켓 주소 지정 방식을 보여주고 있다. 클라이언트 UDP 소켓을 위한 IP 주소도 IP에 의해 자동으로 할당된다. 만약 클라이언트 호스트가 여러 개의 IP 주소를 가진다면 sendto() 함수 호출 때마다 클라이언트 IP 주소가 다르게 할당될 수 있을 것이다.

서버 응용은 bind() 함수를 통해 자신의 지역 소켓 주소를 서버 소켓에 결합한다. 이 때 포트 번호는 영구 포트(Well-known) 번호가 할당되는 데에 비해, IP 주소는 일반적으로 와일드카드(Wildcard)로 설정되어 두 개 이상의 IP 주소를 가지는 서버 호스트상에서 서버 응용을 구현할 수 있게 하고 이식성을 높여준다. 서버 소켓과 통신하는 클라이언트 소켓의 주소는 recvfrom() 함수 인자를 통해 UDP와 IP가 반환한다. 서버 소켓에 도착하는 데이터그램은 다수의 클라이언트 응용에 의해 전송될 수 있으므로 recvfrom()에 의해 반환되는 소켓 주소는 각기 서로 다를 수 있다. 서버 응용은 클라이언트 소켓 주소를 해석하여 데이터의 송신자를 확인하고, 해당 클라이언트에게 데이터를 송신할 필요가 있을 경우 반환된 클라이언트 소켓 주소를 목적지 소켓 주소로 지정하여 sendto() 함수를 호출한다. 〈그림 4.19〉는 서버측에서의 UDP 소켓 주소 지정 방식을 보여준다.

그림 4.19 서버측에서의 UDP 소켓 주소 지정 방식

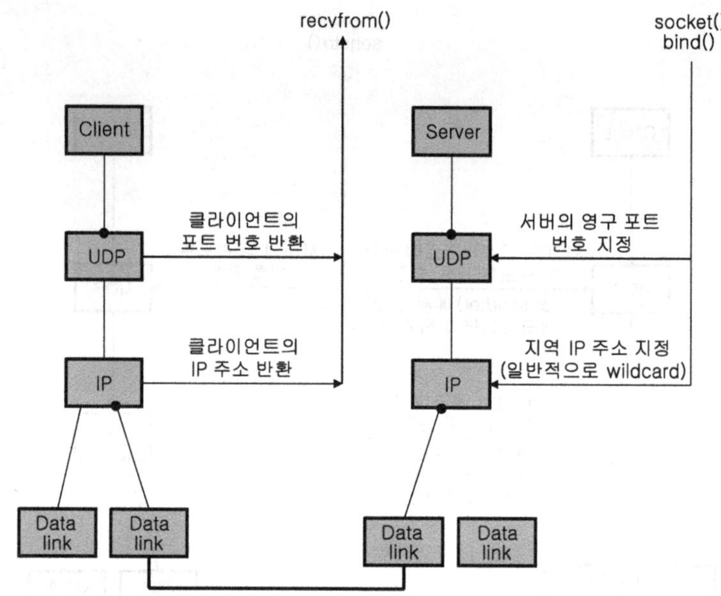

4.2.3 UDP 소켓 예제 프로그램 분석

UDP 소켓 제어 함수 호출 순서를 설명하기 위해 에코 클라이언트-서버 프로그램을 작성해 보고자 한다. 〈리스트 4.9〉는 UDP 에코 서버 프로그램이다. 서버 소켓을 생성하고 소켓 주소를 결합하는 과정은 TCP 서버 프로그램의 경우와 유사하다. UDP 서버 소켓의 경우 `listen()` 함수와 `accept()` 함수를 통한 연결 설정 과정이 필요없이 서버 소켓을 통해 데이터를 송수신할 수 있다. 48-58 행은 서버 소켓을 통해 클라이언트로부터 전송되는 데이터그램을 수신하고, 수신된 데이터그램을 다시 해당 클라이언트 소켓 주소로 송신하는 과정을 반복한다. 프로그램에서 보는 것처럼 UDP 소켓에서는 데이터그램 전송의 종료 신호를 나타내는 특수한 데이터그램을 제공하지 않는다. 따라서 UDP 소켓에서 데이터그램 전송 종료 조건이 필요한 경우 특수한 내용을 담은 데이터그램 전송과 해석 등을 통한 통신 종료 과정을 응용 차원에서 만들어야 한다. 본 예제의 UDP 에코 서버는 데이터그램 수신과 메아리 방식의 데이터그램 송신을 영원히 반복한다.

UDP 에코 서버는 50-51 행의 `recvfrom()` 함수의 클라이언트 소켓 주소 인자를 통해 데이터그램 송신자의 주소를 반환받아 각각의 데이터그램의 송신자를 파악할 수 있다. 즉,

UDP 서버가 특정 데이터그램에 대한 응답 데이터그램을 전송하고자 하는 경우 recvfrom() 함수의 소켓 주소 인자 값을 사용할 수 있다. 따라서 서버가 두 개 이상의 클라이언트와 통신하는 경우에도 각 클라이언트로의 데이터그램을 적절하게 전송할 수 있다.

〈리스트 4.9〉 UDP 에코 서버 예제 프로그램

```
/*
 * udp_echo_server.c
 * a simple iterative UDP server program to echo back datagrams
 * sent by udp client program.
 */

/* include the related header files */
#include <stdio.h>
#include <stdlib.h>
#include <string.h>
#include <unistd.h>
#include <arpa/inet.h>
#include <sys/types.h>
#include <sys/socket.h>

#define    BUFSIZE 1024
void error_print(char *message);

int main(int argc, char **argv)
{
    int serv_sock; /* server socket descriptor */
    struct sockaddr_in serv_addr;
    struct sockaddr_in cli_addr;
    int addrlen, rcvlen, sndlen;
    char buf[BUFSIZE];

    /* input server port number when running the server program */
    if(argc != 2) {
         printf("Usage : %s <port>\n", argv[0]);
         exit(1);
    }

    /* create a datagram socket for UDP and IP */
    serv_sock = socket(PF_INET, SOCK_DGRAM, 0);

    if (serv_sock == -1)
         error_print("socket() error");
```

```
    /* initialize the server socket address structure */
    memset(&serv_addr, 0, sizeof(serv_addr));

    /* assign the server socket address */
    serv_addr.sin_family = AF_INET;
    /* wildcard for local address */
    /* htonl() converts the local 32 bit IP address to standard format */
    serv_addr.sin_addr.s_addr = htonl(INADDR_ANY);
    /* htons() converts the port number to standard format */
    serv_addr.sin_port = htons(atoi(argv[1]));

    /* bind server socket address to the server socket */
    if (bind(serv_sock, (struct sockaddr *) &serv_addr,
                            sizeof(serv_addr)) == -1)
        error_print("bind() error");

    /* 1) receive datagram from a client
     * 2) send back the datagram to the client
     * 3) repeat 1) & 2)
     */
    while (1) {
        addrlen = sizeof(cli_addr);
        rcvlen = recvfrom(serv_sock, buf, BUFSIZE, 0,
                (struct sockaddr *)&cli_addr, &addrlen);
        if (rcvlen == -1)
                error_print("recvfrom() error");
        sndlen = sendto(serv_sock, buf, rcvlen, 0,
                (struct sockaddr *)&cli_addr, addrlen);
        if (sndlen == -1)
                error_print("sendto() error");

    }
    /* close the server socket */
    close(serv_sock);
    return(0);
}

void error_print(char *message)
{
    fputs(message, stderr);
    fputc('\n', stderr);
    exit;
}
```

그림 4.20 두 개의 에코 서버와 통신하는 한 개의 에코 클라이언트

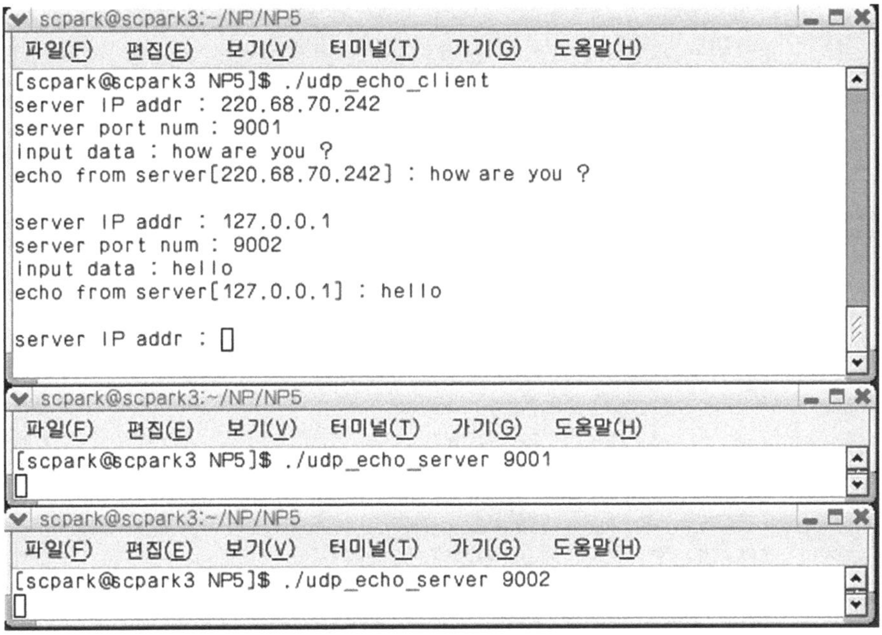

〈리스트 4.10〉은 UDP 에코 클라이언트 예제 프로그램이다. 이 예제 프로그램은 TCP 에코 클라이언트 예제 프로그램과 달리 서버 소켓의 주소 정보를 데이터그램 입력과 동시에 표준 입력 장치로 입력받는다. 따라서 사용자는 매번 데이터그램을 입력할 때 마다 서버의 주소를 다르게 입력할 수 있다. 〈그림 4.20〉은 두 개의 에코 서버와 통신하는 하나의 에코 클라이언트 프로그램의 실행 결과를 보여주고 있다. 즉, 에코 클라이언트 프로그램은 하나의 클라이언트 소켓을 통해 두 개의 서버 소켓과 통신할 수 있음을 보여준다.

반대로 〈그림 4.21〉은 한 개의 에코 서버와 두 개의 에코 클라이언트의 통신 결과를 보여준다.

그림 4.21 한 개의 에코 서버와 두 개의 에코 클라이언트

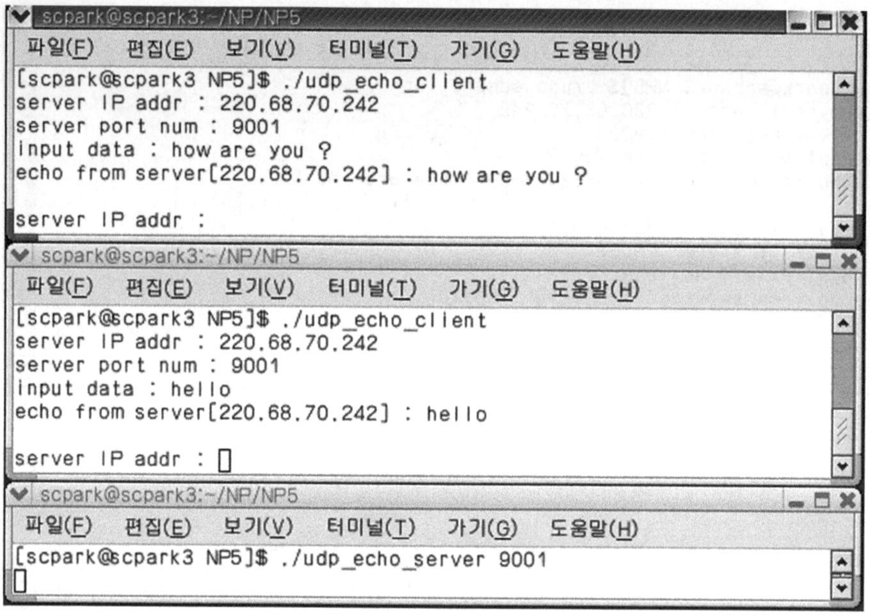

〈리스트 4.10〉 UDP 에코 클라이언트 예제 프로그램

```
/*
* udp_echo_client.c
* a simple iterative UDP client program to send input datagram to a server
* program, receive the datagram sent from the server, and print the
* received datagram together with the server IP address.
*/

/* include the related header files */
#include <stdio.h>
#include <stdlib.h>
#include <string.h>
#include <unistd.h>
#include <arpa/inet.h>
#include <sys/types.h>
#include <sys/socket.h>

#define     BUFSIZE 1024
void error_print(char *message);
```

```
int main( )
{
    int cli_sock;
    char ddn_addr[20], port[10];
    struct sockaddr_in serv_addr;
    struct sockaddr_in from_addr;
    char buf[BUFSIZE];
    int addrlen, sndlen, rcvlen;

    /* create a client datagram socket */
    cli_sock = socket(PF_INET, SOCK_DGRAM, 0);

    if (cli_sock == -1)
            error_print("socket() error");

    /* 1) read server IP address and port number
     * 2) read data from standard input device
     * 3) send the data to echo server program
     * 4) receive the data echoed back from the server
     * 5) print the received data
     * 6) repeat 1) - 5)
     */
    while (1) {
            /* initialize the server socket address structure */
            memset(&serv_addr, 0, sizeof(serv_addr));

            /* assign the server socket address */
            serv_addr.sin_family = AF_INET;
            printf("server IP addr : ");
            fgets(ddn_addr, sizeof(ddn_addr), stdin);
            serv_addr.sin_addr.s_addr = inet_addr(ddn_addr);

            printf("server port num : ");
            fgets(port, sizeof(port), stdin);
            serv_addr.sin_port = htons(atoi(port));

            printf("input data : ");
            fgets(buf, BUFSIZE, stdin);
            if (strcmp(buf,"quit\n") == 0)
                break;
            sndlen = sendto(cli_sock, buf, strlen(buf), 0,
                (struct sockaddr *)&serv_addr, sizeof(serv_addr));
            if (sndlen == -1)
                error_print("sendto() error");
```

```
            addrlen = sizeof(from_addr);
            rcvlen = recvfrom(cli_sock, buf, BUFSIZE, 0,
                    (struct sockaddr *)&from_addr, &addrlen);
            if (rcvlen == -1)
                    error_print("recvfrom() error");

            buf[rcvlen] = 0;
            printf("echo from server[%s] : %s\n",
                    inet_ntoa(from_addr.sin_addr), buf);
    }

    /* close the client socket */
    close(cli_sock);
    return(0);
}

void error_print(char *message)
{
    fputs(message, stderr);
    fputc('\n', stderr);
    exit;
}
```

4.2.4 멀티캐스트 소켓 프로그래밍

UDP 소켓은 기본적으로 여러 개의 UDP 소켓과 통신할 수 있으므로 UDP 소켓을 통해 데이터그램을 송신할 때 목적지 주소를 멀티캐스트 주소로 사용할 수 있다. 멀티캐스트 주소로 송신된 데이터그램을 수신하기 위해서는 IGMP (Internet Group Management Protocol)를 통해 해당 멀티캐스트 주소에 가입(Join)해야 한다. 〈리스트 4.11〉은 UDP 에코 서버 프로그램을 멀티캐스트 데이터그램을 수신할 수 있도록 수정한 프로그램이다.

〈리스트 4.11〉에서 멀티캐스트 에코 서버가 가입할 멀티캐스트 주소는 실행 인자로 주어지고, 특정 소켓의 멀티캐스트 주소 가입은 소켓 옵션 설정 함수인 `setsockopt()` 함수를 통해 이루어진다. 47-52 행은 멀티캐스트 주소 가입 과정을 수행한다. `setsockopt()` 함수를 통한 멀티캐스트 주소 가입에서 가입하고자하는 멀티캐스트 주소 정보는 다음과 같은 `ip_mreq` 구조체에 의해 표현된다. `ip_mreq` 구조체의 `imr_multiaddr` 필드는 가입할 멀티캐스트 주소를 명시하고, `imr_interface` 필드에는 멀티캐스트 주소에 가입하는 호스트의 주소 정보를 명시한다. 호스트 주소 정보는 와일드카드(INADDR_ANY)로 지정할 수 있다.

```
struct ip_mreq {
      struct in_addr imr_multiaddr; /* IPv4 class D multicast
      address */
      struct in_addr imr_interface; /* IPv4 address of local
      interface */
  };
```

멀티캐스트 주소 가입 옵션의 레벨은 IPPROTO_IP이고, 옵션 이름은 IP_ADD_MEMBERSHIP으로 주어진다. 참고로 가입한 멀티캐스트 주로로부터 탈퇴하기 위한 소켓 옵션 이름은 IP_DROP_MEMBERSHIP이다. 일단 서버 소켓이 멀티캐스트 주소에 가입하면 해당 멀티캐스트 주소로 전송된 데이터를 서버 소켓을 통해 수신할 수 있다. 〈그림 4.22〉는 UDP 에코 클라이언트가 멀티캐스트 주소로 데이터그램을 전송하고, 멀티캐스트 에코 서버는 멀티캐스트 주소로 데이터그램을 수신하여 해당 클라이이언트에게 다시 데이터그램을 되돌려 주는 프로그램 실행 과정을 보여주고 있다.

〈리스트 4.11〉 UDP 멀티캐스트 에코 서버 프로그램

```
/*
 * udp_multicast_echo_server.c
 * a simple iterative UDP server program which receives multicast
 * datagrams and echo back the datagrams to the clients.
 */

/* include the related header files */
#include <stdio.h>
#include <stdlib.h>
#include <string.h>
#include <unistd.h>
#include <arpa/inet.h>
#include <sys/types.h>
#include <sys/socket.h>

#define    BUFSIZE 1024
void error_print(char *message);

int main(int argc, char **argv)
{
    int serv_sock; /* server socket descriptor */
    struct sockaddr_in serv_addr;
```

```
    struct sockaddr_in cli_addr;
    int addrlen, rcvlen, sndlen;
    char buf[BUFSIZE];
    struct ip_mreq join_addr;

    /* input server port number and multicast address
    when running the server program */
    if(argc != 3) {
        printf("Usage : %s <port> <multicast address>\n", argv[0]);
        exit(1);
    }

    /* create a datagram socket for UDP and IP */
    serv_sock = socket(PF_INET, SOCK_DGRAM, 0);

    if (serv_sock == -1)
    error_print("socket() error");

    /* initialize the server socket address structure */
    memset(&serv_addr, 0, sizeof(serv_addr));
        /* assign the server socket address */
        serv_addr.sin_family = AF_INET;
        /* wildcard for local address */
        /* htonl() converts the local 32  bit IP address to standard format */
        serv_addr.sin_addr.s_addr = htonl(INADDR_ANY);
        /* htons() converts the port number to standard format */
        serv_addr.sin_port = htons(atoi(argv[1]));

        /* bind server socket address to the server socket */
        if (bind(serv_sock, (struct sockaddr *) &serv_addr,
            sizeof(serv_addr)) == -1)
            error_print("bind() error");

        /* join multicast address */
        join_addr.imr_multiaddr.s_addr = inet_addr(argv[2]);
        join_addr.imr_interface.s_addr = htonl(INADDR_ANY);
        if(setsockopt(serv_sock, IPPROTO_IP, IP_ADD_MEMBERSHIP,
            (void *)&join_addr, sizeof(join_addr)) < 0)
            error_print("multicast_join() error");

        /* 1) receive datagram from a client
         * 2) send back the datagram to the client
         * 3) repeat 1) & 2)
         */
```

```
    while (1) {
        addrlen = sizeof(cli_addr);
        rcvlen = recvfrom(serv_sock, buf, BUFSIZE, 0,
            (struct sockaddr *)&cli_addr, &addrlen);
        if (rcvlen == -1)
            error_print("recvfrom() error");
        sndlen = sendto(serv_sock, buf, rcvlen, 0,
            (struct sockaddr *)&cli_addr, addrlen);
        if (sndlen == -1)
            error_print("sendto() error");

    }
    /* close the connection socket */
    close(serv_sock);
    return(0);
}

void error_print(char *message)
{
    fputs(message, stderr);
    fputc('\n', stderr);
    exit;
}
```

그림 4.22 UDP 멀티캐스트 클라이언트-서버 프로그램 실행 결과

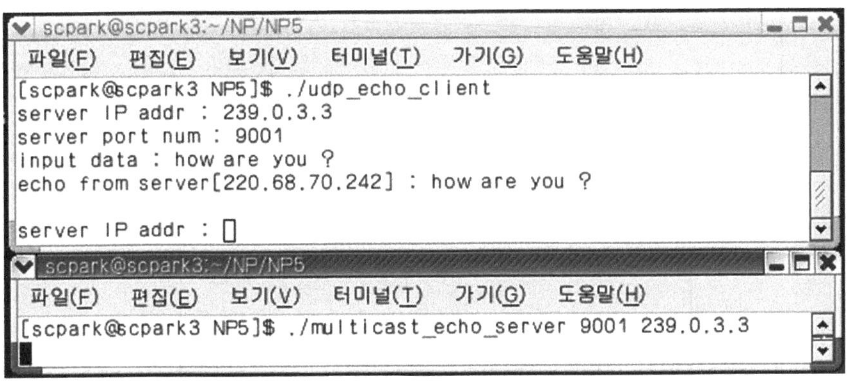

4.2.5 UDP 데이터그램 전송

바이트 스트림 전송 서비스를 제공하는 TCP와 달리 UDP는 데이터그램 전송 서비스를 제공한다. UDP의 데이터그램 전송 서비스는 송신자 응용이 송신 버퍼에 쓰는 데이터를 하나의 데이터그램으로 만들어 송신하고, 수신 버퍼에 수신된 데이터그램은 하나의 단위로 수신자 응용에게 전달한다. UDP 소켓을 통해 전송되는 데이터그램은 전송되는 단위 마다 경계(Boundary) 정보가 존재하고, 경계에 따라 구분되어 독립적으로 처리된다. UDP 데이터그램은 전체 길이 정보를 유지하고 있어 데이터그램간 경계를 구분할 수 있게 한다.

〈그림 4.23〉은 UDP 소켓을 통한 데이터그램 전송 모델을 보여준다. UDP 송신 응용이 `sendto()` 함수를 통해 한번에 소켓에 쓸 수 있는 데이터의 크기는 송신 버퍼의 크기에 의해 제한된다. 송신 버퍼에 쓰여진 데이터는 UDP에 의해 UDP 헤더를 포함하는 하나의 데이터그램으로 만들어져 수신 소켓의 수신 버퍼에 저장된다. 하나의 데이터그램으로 수신된 수신 버퍼의 데이터는 `recvfrom()` 함수를 통해 한 번만에 수신된다.

UDP 소켓을 통한 데이터그램 전송 서비스는 다음의 예제 프로그램을 통해 확인할 수 있다. 〈리스트 4.12〉의 수정된 UDP 데이터그램 에코 서버는 클라이언트로부터 수신한 데이터그램을 단순히 두번 반복하여 클라이언트에게 되돌려 준다. 〈리스트 4.13〉의 수정된

그림 4.23 UDP 소켓의 데이터그램 전송 모델

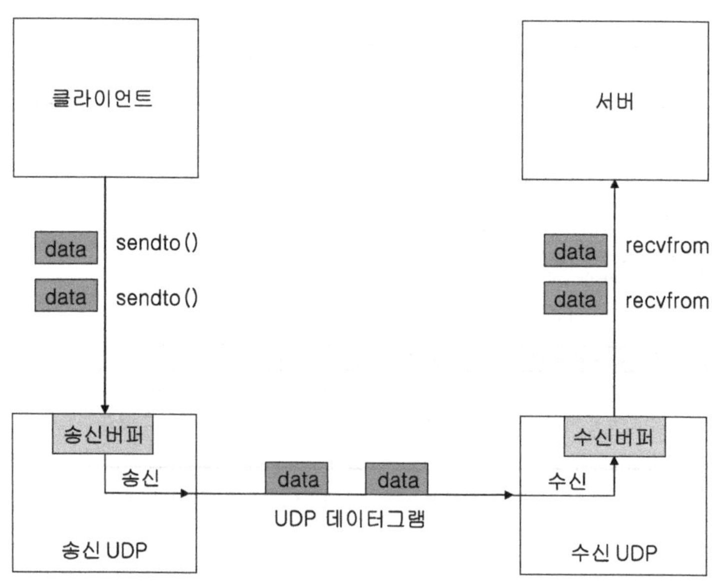

UDP 데이터그램 에코 클라이언트 프로그램은 서버로부터 되돌려진 두 개의 데이터그램이 도착할 수 있는 충분한 시간을 주기 위해 2초간을 기다린 후 충분히 큰 버퍼로 읽어들인다.

수정된 UDP 데이터그램 에코 클라이언트-서버 프로그램의 실행 결과는 〈그림 4.24〉에서 볼 수 있다. 서버로부터 클라이언트의 수신 버퍼에 도착한 두 개의 데이터그램들이 각각 하나씩 구분되어 recvfrom() 함수에 의해 읽혀짐을 알 수 있다. 만약 동일한 방식의 실험을 TCP 에코 클라이언트-서버 프로그램에 적용한다면 다른 결과가 발생함을 알 수 있다. 〈그림 4.25〉는 TCP 에코 클라이언트-서버 프로그램에 동일한 실험을 수행했을 때의 결과이다. TCP 에코 클라이언트-서버 프로그램을 수정하여 확인해 보기 바란다.

〈리스트 4.12〉 UDP 데이터그램 에코 서버 프로그램

```
/*
 * udp_datagram_echo_server.c
 * a simple iterative UDP server program to echo back datagram twice
 * to the client program.
 */

/* include the related header files */
#include <stdio.h>
#include <stdlib.h>
#include <string.h>
#include <unistd.h>
#include <arpa/inet.h>
#include <sys/types.h>
#include <sys/socket.h>

#define BUFSIZE 1024
void error_print(char *message);

int main(int argc, char **argv)
{
        int serv_sock; /* server socket descriptor */
        struct sockaddr_in serv_addr;
        struct sockaddr_in cli_addr;
        int addrlen, rcvlen, sndlen;
        char buf[BUFSIZE];

        /* input server port number when running the server program */
        if(argc != 2) {
```

```
        printf("Usage : %s <port>\n", argv[0]);
        exit(1);
    }

    /* create a datagram socket for UDP and IP */
    serv_sock = socket(PF_INET, SOCK_DGRAM, 0);

    if (serv_sock == -1)
        error_print("socket() error");

    /* initialize the server socket address structure */
    memset(&serv_addr, 0, sizeof(serv_addr));

    /* assign the server socket address */
    serv_addr.sin_family = AF_INET;
    /* wildcard for local address */
    /* htonl() converts the local 32  bit IP address to standard format */
    serv_addr.sin_addr.s_addr = htonl(INADDR_ANY);
    /* htons() converts the port number to standard format */
    serv_addr.sin_port = htons(atoi(argv[1]));

    /* bind server socket address to the server socket */
    if (bind(serv_sock, (struct sockaddr *) &serv_addr,
                        sizeof(serv_addr)) == -1)
        error_print("bind() error");


    /* 1) receive datagram from a client
    * 2) send back the datagram to the client
     * 3) repeat 1) & 2)
     */
    while (1) {
        addrlen = sizeof(cli_addr);
        rcvlen = recvfrom(serv_sock, buf, BUFSIZE, 0,
                (struct sockaddr *)&cli_addr, &addrlen);
        if (rcvlen == -1)
                error_print("recvfrom() error");

       /* echo back twice */
        sndlen = sendto(serv_sock, buf, rcvlen, 0,
                (struct sockaddr *)&cli_addr, addrlen);
        if (sndlen == -1)
                error_print("sendto() error");
```

```
            sndlen = sendto(serv_sock, buf, rcvlen, 0,
                    (struct sockaddr *)&cli_addr, addrlen);
            if (sndlen == -1)
                    error_print("sendto() error");

        }
        /* close the connection socket */
        close(serv_sock);
        return(0);
}

void error_print(char *message)
{
        fputs(message, stderr);
        fputc('\n', stderr);
        exit;
}
```

〈리스트 4.13〉 UDP 데이터그램 에코 클라이언트 프로그램

```
/*
 * udp_datagram_echo_client.c
 * a simple iterative UDP client program to send input datagram to a server
 * program, receive the duplicated datagrams sent from the server after
* 2 second delay, and print the received datagrams.
 */

/* include the related header files */
#include <stdio.h>
#include <stdlib.h>
#include <string.h>
#include <unistd.h>
#include <arpa/inet.h>
#include <sys/types.h>
#include <sys/socket.h>

#define BUFSIZE 1024
void error_print(char *message);

int main( )
{
        int cli_sock;
```

```
    char ddn_addr[20], port[10];
    struct sockaddr_in serv_addr;
    struct sockaddr_in from_addr;
    char buf[BUFSIZE];
    int addrlen, sndlen, rcvlen;

    /* create a client datagram socket */
    cli_sock = socket(PF_INET, SOCK_DGRAM, 0);

    if (cli_sock == -1)
            error_print("socket() error");

    while (1) {
            /* initialize the server socket address structure */
            memset(&serv_addr, 0, sizeof(serv_addr));

            /* assign the server socket address */
            serv_addr.sin_family = AF_INET;
            printf("server IP addr : ");
            fgets(ddn_addr, sizeof(ddn_addr), stdin);
            serv_addr.sin_addr.s_addr = inet_addr(ddn_addr);

            printf("server port num : ");
            fgets(port, sizeof(port), stdin);
            serv_addr.sin_port = htons(atoi(port));

            printf("input data : ");
            fgets(buf, BUFSIZE, stdin);
            if (strcmp(buf,"quit\n") == 0)
                  break;
            sndlen = sendto(cli_sock, buf, strlen(buf), 0,
                  (struct sockaddr *)&serv_addr, sizeof(serv_addr));
            if (sndlen == -1)
                  error_print("sendto() error");

          /* 2 second delay */
            sleep(2);
            addrlen = sizeof(from_addr);
            rcvlen = recvfrom(cli_sock, buf, BUFSIZE, 0,
                  (struct sockaddr *)&from_addr, &addrlen);
            if (rcvlen == -1)
                  error_print("recvfrom() error");

            buf[rcvlen] = 0;
```

```
        printf("echo from server[%s] : %s\n",
            inet_ntoa(from_addr.sin_addr), buf);

        addrlen = sizeof(from_addr);
        rcvlen = recvfrom(cli_sock, buf, BUFSIZE, 0,
            (struct sockaddr *)&from_addr, &addrlen);
        if (rcvlen == -1)
            error_print("recvfrom() error");

        buf[rcvlen] = 0;
        printf("echo from server[%s] : %s\n",
            inet_ntoa(from_addr.sin_addr), buf);
    }

    /* close the client socket */
    close(cli_sock);
    return(0);
}

void error_print(char *message)
{
    fputs(message, stderr);
    fputc('\n', stderr);
    exit;
}
```

그림 4.24 UDP 데이터그램 에코 클라이언트-서버 프로그램 실행 결과

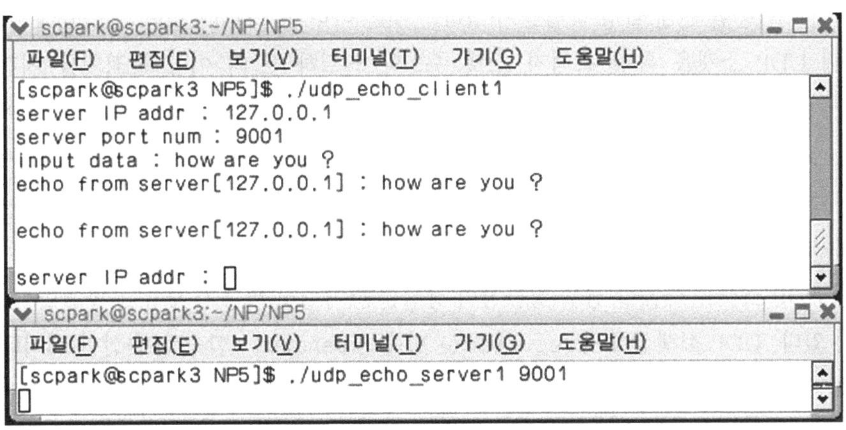

그림 4.25 동일하게 수정된 TCP 에코 클라이언트-서버 프로그램 실행 결과

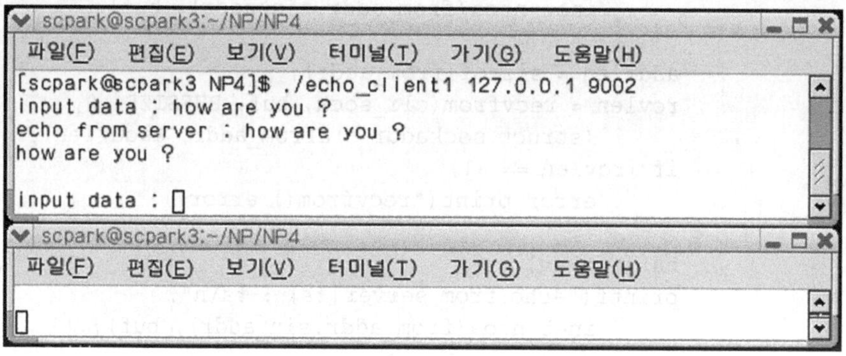

4.2.6 연결 UDP 소켓

UDP 소켓을 통해 데이터그램을 송신할 경우 sendto() 함수를 호출할 때 마다 목적지 IP 주소와 포트 번호를 포함하는 UDP 소켓 주소 구조를 생성해야 하고, 데이터그램 전송 후에는 소켓 주소 구조를 해제한다. 소켓 주소 구조의 반복적인 생성과 해제에 따른 처리 시간 지연은 UDP 소켓을 통한 데이터 통신 성능에 큰 영향을 미친다. 만일 특정 UDP 소켓이 항상 하나의 상대방 소켓과 통신한다면 UDP 소켓 주소 구조를 미리 생성하고 통신이 종료될 때까지 사용하게 함으로써 성능을 향상할 수 있을 것이다. UDP 소켓에서도 TCP에서와 같이 connect() 함수를 사용하여 UDP 소켓에 소켓 주소 구조를 연결할 수 있다.

UDP 소켓에서의 connect() 함수는 단지 소켓 주소 구조를 설정할 뿐 TCP와 같은 3 단계 핸드세이크를 통한 연결 설정 작업을 수행하는 것은 아니다. 그러나 일단 connect() 함수를 통해 UDP 소켓을 특정 목적지 소켓 주소와 연결하면, 더 이상 목적지를 지정하는 sendto() 함수나 출발지를 반환하는 recvfrom() 함수를 쓸 필요가 없고 TCP 소켓에서와 같은 write()와 read() 함수를 사용하면 된다. 이것은 connect() 함수 호출시에 지정한 목적지 소켓 주소로만 데이터를 송신할 수 있고, 지정된 소켓 주소로부터 송신된 데이터만 수신할 수 있음을 의미한다. <그림 4.26>은 연결 UDP 소켓을 통한 통신 모델을 보이고 있다.

연결 UDP 소켓을 사용할 경우 성능상의 장점뿐만 아니라 비동기 오류를 확인할 수 있는 장점이 있다. UDP 소켓상에서 recvfrom() 함수는 sendto() 함수로 송신한 데이터그램의 도착 오류를 응용 프로그램에게 전달할 수 없다. 즉, 에코 클라이언트-서버 프로그램에서 서버가 존재하지 않는 경우라 할 지라도 에코 클라이언트 프로그램은 recvfrom() 함수

그림 4.26 연결 UDP 소켓 통신 모델

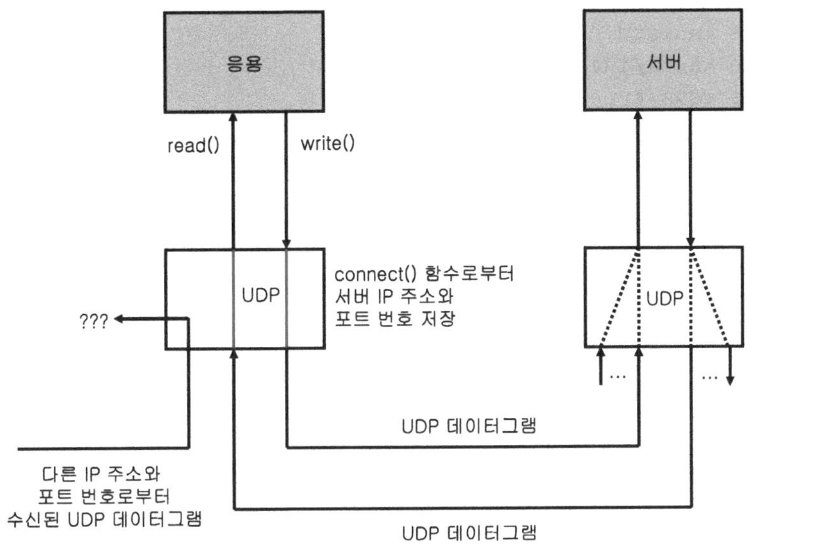

에서 대기할 뿐, ICMP를 통해 전달된 UDP 데이터그램 도착 오류 메시지를 응용 프로그램에 전달할 수 없는 것이다. 그러나 connect() 함수를 사용하여 UDP 소켓을 특정 서버 소켓에 연결하면 ICMP를 통해 전달된 UDP 데이터그램 도착 오류를 read() 함수의 반환값으로 전달할 수 있다.

〈리스트 4.14〉는 UDP 에코 클라이언트 프로그램을 연결 UDP 소켓을 사용하도록 수정한 프로그램이다. 서버가 없는 상태에서 연결 UDP 에코 클라이언트 프로그램과 원래의 UDP 에코 클라이언트 프로그램을 실행해 보고 결과를 비교해 보기 바란다.

〈리스트 4.14〉 연결 UDP 소켓 에코 클라이언트 프로그램

```
/*
 * udp_conn_echo_client.c
 * a simple iterative UDP client program which uses connect() function.
 * connect UDP socket support asynchronous transmission error of UDP
 * socket.
 */

/* include the related header files */
#include <stdio.h>
```

```
#include <stdlib.h>
#include <string.h>
#include <unistd.h>
#include <arpa/inet.h>
#include <sys/types.h>
#include <sys/socket.h>

#define BUFSIZE 1024
void error_print(char *message);

int main( )
{
        int cli_sock;
        char ddn_addr[20], port[10];
        struct sockaddr_in serv_addr;
        char buf[BUFSIZE];
        int datalen;

        /* create a client datagram socket */
        cli_sock = socket(PF_INET, SOCK_DGRAM, 0);

        if (cli_sock == -1)
                error_print("socket() error");

        /* 1) read server IP address and port number
         * 2) connect UDP socket with the server socket address
         * 3) read data from standard input device
         * 4) send the data to echo server program
         * 5) receive the data echoed back from the server
         * 6) print the received data
         * 7) repeat 1) - 6)
         */

        while (1) {
                /* initialize the server socket address structure */
                memset(&serv_addr, 0, sizeof(serv_addr));

                /* assign the server socket address */
                serv_addr.sin_family = AF_INET;
                printf("server IP addr : ");
                fgets(ddn_addr, sizeof(ddn_addr), stdin);
                serv_addr.sin_addr.s_addr = inet_addr(ddn_addr);

                printf("server port num : ");
```

```
            fgets(port, sizeof(port), stdin);
            serv_addr.sin_port = htons(atoi(port));

            /* connect client UDP socket with server socket addr */
            connect(cli_sock, (struct sockaddr *)&serv_addr,
                 sizeof(serv_addr));

            printf("input data : ");
            fgets(buf, BUFSIZE, stdin);
            if (strcmp(buf,"quit\n") == 0)
                 break;
            if(write(cli_sock, buf, strlen(buf)) < 0)
                 error_print("write() error");

            datalen = read(cli_sock, buf, BUFSIZE);
            if( datalen == -1)
                 error_print("read() error");
            buf[datalen] = 0;
            printf("echo from server: %s\n", buf);
      }

      /* close the client socket */
      close(cli_sock);
      return(0);
}

void error_print(char *message)
{
      fputs(message, stderr);
      fputc('\n', stderr);
      exit;
}
```

연습문제

1 서버 프로세스 종료 후 일정 시간 이상의 대기 시간 없이 프로세스를 동일하게 재수행하는 경우 어떤 오류가 발생합니까?

2 소켓 제어 함수, TCP 상태, TCP 세그먼트 교환 절차의 상관관계를 설명하시오.

3 클라이언트 프로세스에서 TCP 포트 번호는 언제 할당됩니까?

4 서버 프로세스에서 TCP 포트 번호는 언제 할당됩니까?

5 서버 소켓의 IP 주소를 wildcard로 지정하는 이유를 설명하시오.

6 2개 이상의 주소를 가진 서버 TCP 소켓의 IP 주소가 wildcard로 주어지는 경우 서버 연결 소켓의 서버 IP 주소는 어떻게 할당됩니까? 이 때 할당된 서버 IP 주소를 확인할 수 있는 방법을 설명하시오.

7 TCP에서 바이트 스트림 종료를 확인하는 절차를 설명하시오.

8 소켓 제어 함수 중에 봉쇄(대기) 함수를 모두 대시오.

9 부분 닫기 함수를 사용해야할 필요가 있는 경우를 예를 들어 설명하시오.

10 1항의 문제가 발생하지 않도록 만드는 방법을 설명하시오.

11 클라이언트와 서버의 수신버퍼 크기 변경가능 시점을 대고 이유를 설명하시오.

12 TCP 소켓 대비 UDP 소켓의 차이점을 설명하시오.

13 클라이언트 UDP의 포트 번호는 언제 할당됩니까?

14 멀티캐스트 주소 가입과 탈퇴를 위해 사용되는 함수는 무엇입니까?

15 TCP와 달리 UDP는 전송 데이터에 경계 정보가 필요한 이유를 설명하시오.

16 연결 UDP 소켓을 사용하는 경우의 장점을 설명하시오.

실습문제

17 TCP 에코 서버 프로그램을 다수의 클라이언트가 순차적으로 접근할 수 있는 반복 처리 서버(Iterative Server)로 수정하시오.

18 <리스트 4.3>과 <리스트 4.4>의 프로그램을 실행한 후 결과를 확인하고 분석하시오.

19 <리스트 4.5>와 <리스트 4.6>의 프로그램을 shutdown() 함수 대신 close() 함수를 사용하여 수정한 후 결과를 확인하고 분석하시오.

20 <리스트 4.11>의 에코 서버 프로그램 대신 에코 클라이언트 프로그램이 멀티캐스트 주소를 사용하도록 <리스트 4.10> 프로그램을 수정하시오.

21 <리스트 4.1>과 <리스트 4.2>의 에코 서버-클라이언트 프로그램을 <리스트 4.12>와 <리스트 4.13>과 같이 동작하도록 수정한 후 그 결과를 확인하고 분석하시오.

22 <리스트 4.10> UDP 에코 클라이언트 프로그램과 <리스트 4.14> 연결 UDP 에코 클라이언트 프로그램을 서버가 없는 상태에서 실행 한후 결과를 비교 분석하시오.

Chapter 05 동시 처리 서버(Concurrent Server) 프로그래밍

Chapter 05 동시 처리 서버(Concurrent Server) 프로그래밍

5.1 동시 처리 서버 모델

일반적으로 서버 프로그램은 불특정 다수의 클라이언트로부터 서비스 요청을 처리할 수 있는 다중 사용자 서버(Multi-user Server)로 개발된다. 다중 사용자 서버는 반복 처리 서버(Iterative Server)와 동시 처리 서버(Concurrent Server)로 개발될 수 있다. 반복 처리 서버는 다수로부터의 서비스 요청을 순서대로 반복해서 처리한다. 반복 처리 서버는 간단하여 개발하기 쉽고 이해하기 쉬우나 사용자가 많아질 경우 클라이언트가 서비스를

그림 5.1 다중 프로세스 기반의 동시 처리 서버 모델

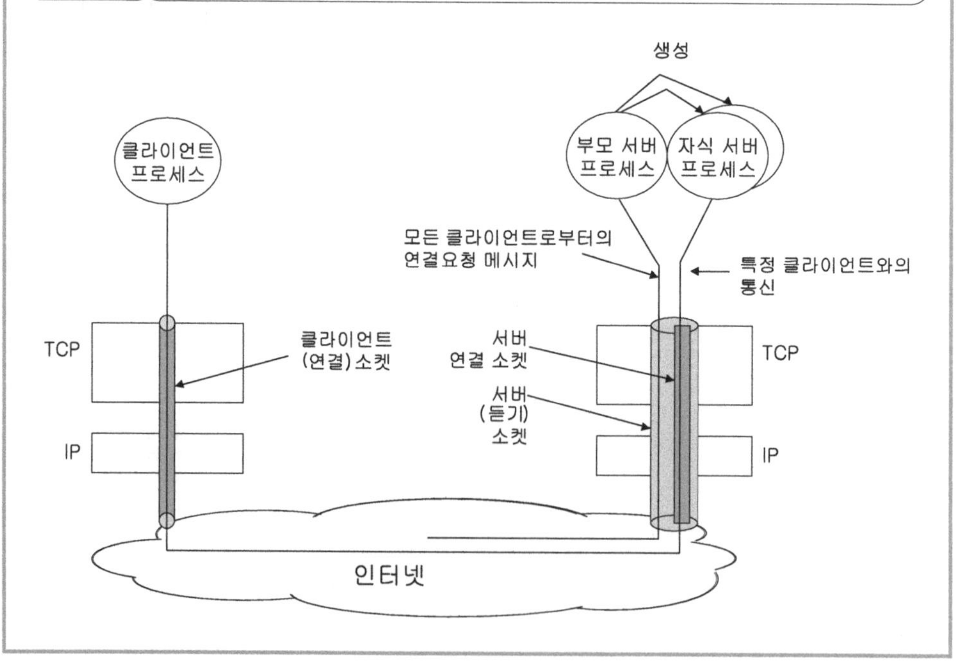

위해 대기하는 시간이 길어질 수 있기 때문에 현실적으로 사용되기 어렵다. 반면 동시 처리 서버는 다수의 클라이언트로부터의 서비스 요청을 동시에 처리함으로써 공정한 서비스 제공을 보장한다. LINUX 환경에서 동시 처리 서버 개발을 위한 대표적인 모델은 〈그림 5.1〉과 같은 다중 프로세스 기반의 모델이다.

다중 프로세스 기반의 동시 처리 서버 모델은 다수의 클라이언트로부터의 서비스 요청 처리를 위해 LINUX 환경에서 독립적인 작업(task) 단위이자 시간 공유(Time Sharing) 기법으로 CPU에 의해 동시에 처리되는 다수의 프로세스를 활용한다. 즉, 서버는 클리언트로부터 연결 설정 요청을 수락(accept)할 때 마다 해당 연결을 통한 서비스 처리를 담당할 새로운 프로세스를 생성하고 자신은 또 다른 클라이언트로부터의 연결 요청을 처리한다. 이 때 서버 프로세스에 의해 생성되는 새로운 프로세스는 자식 프로세스(Child Process)가 되고 서버 프로세스는 부모 프로세스(Parent Process)가 된다. 자식 프로세스는 동시 처리 클라이언트 수에 따라 다수 생성되어 동시에 서비스를 제공하고, 서비스가 종료되면 부모 프로세스에게 시그널(signal)을 통해 종료 사실을 통보한다.

5.2 프로세스 제어

5.2.1 프로세스의 이해

LINUX에서 프로세스(process)는 CPU 레지스터, 프로그램 메모리 등의 시스템 자원과 사용자 파일 설명자 테이블, 프로세스 제어 자료 구조 등의 자료 구조를 할당받아 실행중인 프로그램을 의미한다. 프로세스내의 프로그램 메모리 구조는 〈그림 5.2〉와 같다. 가장 낮은 주소에 위치하는 텍스트(text) 영역에는 실행 프로그램 코드가 저장된다. 데이터(data) 영역에는 초기화된 글로벌 변수(Global Variables)와 고정 변수(Static Variables), 그리고 초기화되지 않은 글로벌 변수와 고정 변수를 각각 구분하여 저장한다. 스택(stack) 영역은 호출된 특정 함수내에 정의된 자동 변수(Automatic Variables)들이 저장될 공간, 함수 실행 후에 되돌아갈 위치와 관련 정보 등이 포함된다. 스택 영역의 특정 함수 관련 자동 변수와 정보는 해당 함수의 실행이 완료되면 삭제된다. 함수 실행 종료와 상관없이 유지되도록 malloc() 함수 등에 의해 할당되는 메모리는 힙(heap) 영역에 할당된다. 힙 영역에 할당된 메모리는 주로 free() 함수에 의해 해제된다. 프로그램 메모리 구조상의 가장 높은 주소에는 명령행 인자(argc, argv)와 환경 변수(사용자 명, 현재 디렉토리 명, 경로 정보, 사용중인 셀 명 등) 정보가 위치한다.

그림 5.2 프로세스의 메모리 구조

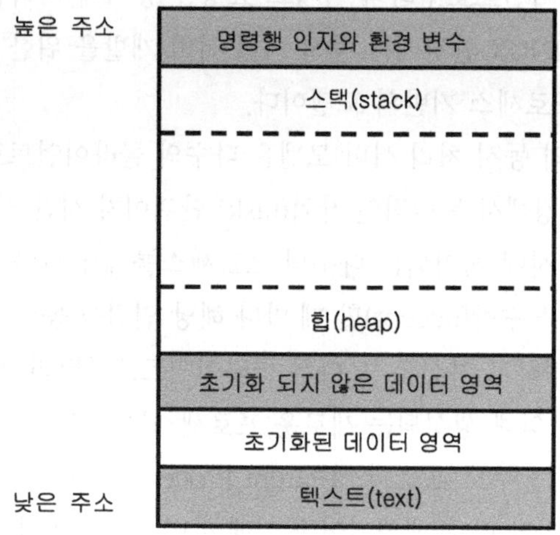

각 프로세스에 할당되는 메모리는 독립적으로 관리됨으로써 프로세스들은 서로 무관하게 동작할 수 있다. 하나의 CPU 환경에서 다수의 프로세스 동시 처리는 스케줄러(scheduler)가 CPU로 하여금 단위 시간별로 각 프로세스를 번갈아 가며 처리하도록 함으로써 가능해진다. 스케줄러에 의한 실행 프로세스 교체 작업을 콘텍스트 교환(Context Switching)이라 하고, 콘텍스트 교환시에는 실행이 중단되는 프로세스가 재실행되는 데에 필요한 정보를 해당 프로세스 제어 자료 구조에 유지하며, 스케줄러에 의해 실행되는 프로세스는 하드 디스크로부터 메모리로 옮겨져 활성화된다.

프로세스의 상태는 시간에 따라 변경될 수 있다. 특정 프로세스의 상태 변화는 〈그림 5.3〉과 같이 표현할 수 있다. 특정 프로세스가 생성되어 메모리, 제어 자료 구조 등과 같은 자원 할당이 완료되면 해당 프로세스는 스케줄러에 의해 선택될 수 있는 준비 상태(Ready State)가 된다. 스케줄러가 해당 프로세스를 선택하여 CPU에 할당하면 해당 프로세스의 상태는 실행 상태(Running State)로 변경되고, CPU에 의해 해당 프로세스에 할당된 시간(Quantum)이 종료되면 다시 준비 상태로 변경되어 스케줄러의 선택을 대기하게 된다. 막힌 상태(Blocked State)는 프로세스가 특정 이벤트가 발생하기를 기다리고 있는 상태를 나타낸다. 막힌 상태에서는 해당 이벤트가 발생할 때까지 스케줄러에 의해 선택될 수 없다. 프로세스는 주로 시스템에게 I/O 요청을 할 때(입출력 관련 시스템 함 수 호출) 해당 I/O 요청이 종료될 때까지 막힌 상태로 이동한다. 때로 sleep() 함수와 같은 특정 함수를 호출함으로써 의도적으로 막힌 상태로 이동할 수도 있다.

그림 5.3 프로세스 상태 변화

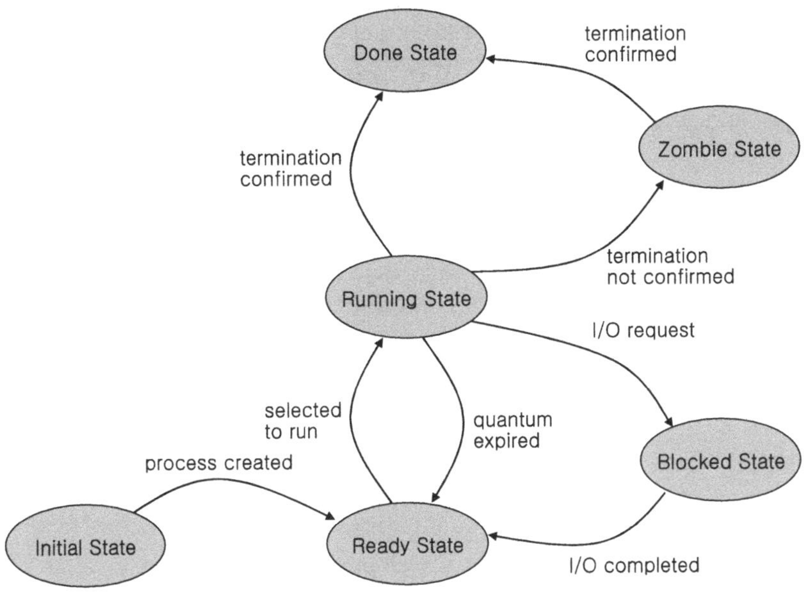

프로세스가 실행을 종료하면 시스템은 해당 프로세스에 할당된 메모리가 모두 해제시키고 종료 상태를 부모 프로세스에게 통보한다. 부모 프로세스가 종료 상태를 접수하면 해당 프로세스는 종료 상태(Done State)로 이동하여 생명주기를 마치게 된다. 만일 부모가 자식 프로세스의 종료 상태를 즉시 접수하지 않으면 해당 프로세스는 할당된 메모리가 전혀없는 좀비 상태(Zombie State)로 이동하여 부모 프로세스의 종료 상태 접수를 대기하게 된다. 좀비 상태의 프로세스라 할지라도 시스템은 해당 프로세스를 위한 제어 자료 구조를 유지해야 하므로 좀비 프로세스의 존재는 시스템 자원의 낭비를 초래한다. 따라서 프로그램 작성시에 부모 프로세스는 자식 프로세스의 종료 상태를 즉시 접수하여 처리하도록 작성하는 것이 중요하다.

각 프로세스는 고유한 식별자(Process ID)를 통해 유일하게 지시된다. 부팅시에 시스템에서 정의된 초기화 프로그램들을 실행시키는 INIT 프로세스의 식별자는 1이다. 사용자 프로그램의 실행 환경을 제공하는 쉘 프로그램은 INIT 프로세스에 의해 생성된 프로세스에 의해 초기화되는 프로그램중의 하나이다. 셸 환경에서 사용자가 실행 프로그램의 이름과 명령행 인자를 입력하면 쉘 프로세스는 고유한 ID를 가진 새로운 프로세스를 하나 생성하고 사용자가 지정한 프로그램을 실행하는 것이다. 이와 같이 모든 프로세스는 각각 생성자와 피생성자인 부모와 자식의 관계를 가지고, 모든 자식 프로세스는 반드시 하나의 부모 프로세스를 가지며 부모 프로세스의 ID를 알고 있다. 만약 자식 프로세스가 동작중인 상태에서 부모 프로세스가 종료되면 해당 자식 프로세스의 부모 프로세스는 INIT 프로세스가 된다. 자신의 프로세스 ID와 부모 프로세스의 ID는 각각 getpid() 함수와 getppid() 함수를 통해 얻을 수 있고 이 함수들의 형식은 다음과 같다.

```
#include <sys/types.h>
#include <unistd.h>

pid_t getpid( void );
                                        반환 : 자신의 프로세스 ID

pid_t getppid( void );
                                        반환 : 부모 프로세스 ID
```

5.2.2 프로세스의 생성

INIT 프로세스와 같이 시스템 부팅시에 생성되는 특수한 프로세스를 제외한 새로운 프로세스는 기존 프로세스가 fork() 함수를 호출함으로써 생성된다. fork() 함수를 호출하여 새로운 프로세스를 생성하는 프로세스는 부모가 되고 fork() 함수 호출로 생성되는 프로세스는 자식이 된다. fork() 함수의 형식은 다음과 같다.

```
#include <sys/types.h>
#include <unistd.h>

pid_t fork( void );

     반환 : 자식 프로세스는 0, 부모 프로세스는 자식의 프로세스 ID, 실패시 -1
```

fork() 함수는 호출한 프로세스와 동일한 프로세스를 복제함으로써 새로운 프로세스를 생성하고 부모 프로세스에게 생성된 자식 프로세스의 ID를 반환한다. fork() 함수 호출로 생성된 자식 프로세스의 경우 자식 프로세스의 ID를 반환받을 수 없으므로 0을 반환받는다. 〈그림 5.4〉는 fork() 함수 실행 결과를 보여 준다. fork() 함수를 통한 프로세스 생성 이후 부모 프로세스와 자식 프로세스는 모두 호출된 fork() 함수 다음 프로그램 코드 실행을 계속한다.

그림 5.4 fork() 함수 실행 결과

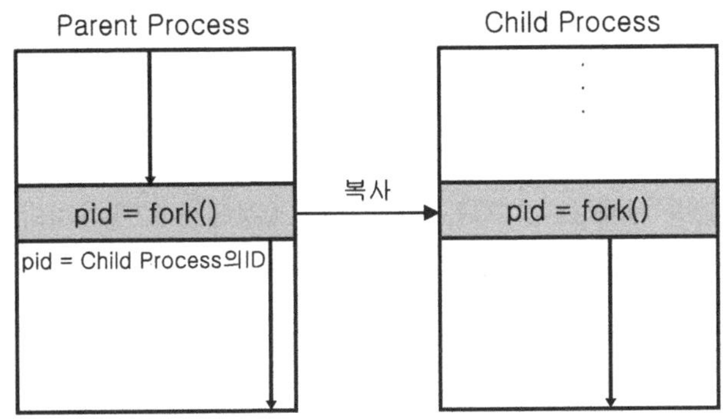

그림 5.5 fork() 함수에 의한 프로세스 생성과 프로그램 메모리 복제

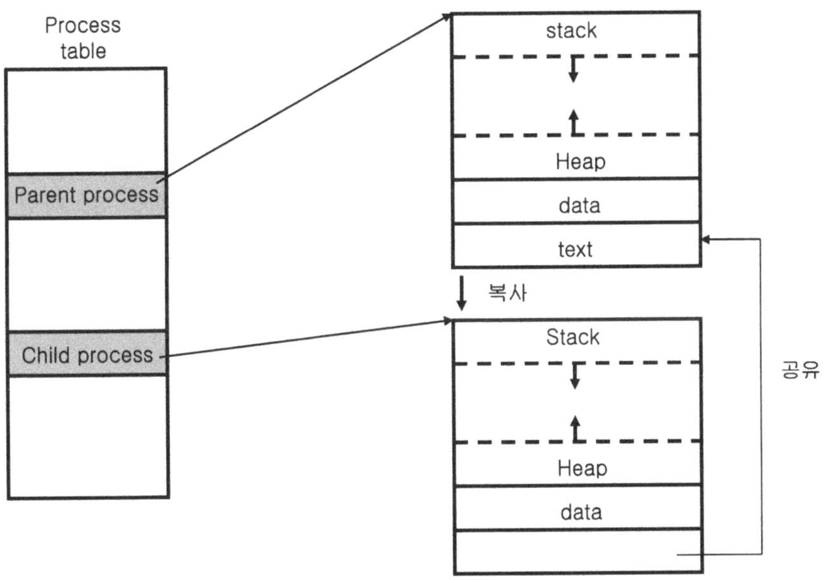

<그림 5.5>와 같이 fork() 함수를 호출하면 부모 프로세스와 동일한 메모리 자료 구조가 복제되고, 자식 프로세스를 위한 프로세스 테이블의 제어 자료 구조는 부모 프로세스의 그것과 독립적인 자신의 메모리 구조를 가르키게 된다. 다만 읽기 모드로 저장된 텍스트 영역의 프로그램 코드는 부모 프로세스와 자식 프로세스가 공유할 수 있다. 일반적으로

새로운 프로세스를 생성하는 경우 부모 프로세스와 자식 프로세스가 〈그림 5.1〉의 다중 프로세스 기반의 동시 처리 서버 모델에서와 같이 각각 서로 다른 역할을 수행하게 된다. 따라서 fork() 함수 이후의 프로그램 코드는 부모 프로세스와 자식 프로세스가 실행할 부분이 구분되어 작성될 필요가 있다. 부모 프로세스와 자식 프로세스를 위한 프로그램 코드 부분 구분은 주로 fork() 함수의 반환값의 차이를 활용한다. 〈리스트 5.1〉은 fork() 함수를 사용한 간단한 예제 프로그램을 보여준다. 20행에서 22행까지의 프로그램 코드는 fork() 함수의 반환값이 0인 경우에 수행되므로 자식 프로세스에서만 실행되고 24행에서 26행까지의 프로그램은 부모 프로세스에서만 실행된다. 그리고 27행 이후의 프로그램 코드는 부모와 자식 프로세스 모두가 실행됨을 알 수 있다. 이 프로그램을 실행한 결과가 왜 〈그림 5.6〉과 같은 지 해석해 보기 바란다. fork() 함수 호출 이후 초기화 된 전역 변수(glob)와 자동 변수(var)를 위한 데이터(data) 메모리와 스택(stack) 메모리가 부모 프로세스와 자식 프로세스에 각각 독립적으로 존재한다는 것을 고려하면 쉽게 해석될 수 있는 결과이다. 그리고 같은 프로그램을 a.out > temp.out과 같이 재지정(redirection) 방식으로 실행하면 결과가 〈그림 5.7〉과 같다. 재지정 방식으로 실행했을 때의 결과가 a.out으로 실행했을 경우와 차이가 나는 이유를 fork() 함수 호출시의 메모리 복사 관점에서 분석해보기 바란다. 표준 입출력 함수를 사용하여 파일에 데이터를 출력할 경우 라인 단위의 버퍼링(Line Buffering)이 아닌 일정 크기(예 : 512 바이트)의 데이터를 버퍼에 모아서 출력하는 완전 버퍼링(Full Buffering) 기법을 사용한다는 점을 참고하면 도움이 될 것이다. 부모 프로세스의 데이터 메모리가 복제될 때 부모의 버퍼 메모리도 같이 복사된다.

〈리스트 5.1〉 fork() 함수 예제 프로그램

```
1  #include <sys/types.h>
2  #include <unistd.h>
3  #include <stdlib.h>

4  int glob = 6; /* external variable in initialized data */
5  char       buf[] = "a write to stdout\n";

6  int main(void)
7  {
8    int var; /* automatic variable on the stack */
9    pid_t pid;
```

```
    var = 88;
    if (write(1, buf, sizeof(buf)-1) != sizeof(buf)-1) {
      printf("write error\n");
      return -1;
    }

    printf("before fork\n");
    if ((pid = fork()) < 0) {
      printf("fork error\n");
      return -1;
    } else if (pid == 0) {  /* child process */
      glob++;                      /* modify variables */
      var++;
      printf("child process\n");
    } else {
      sleep(2);            /* parent process */
      printf("parent process\n");
    }

    printf("pid = %d, glob = %d, var = %d\n", getpid(), glob, var);
        sleep(10);
        printf("process %d terminated\n", getpid());
        exit(1);
}
```

그림 5.6 fork() 함수 예제 프로그램 실행 결과(1)

텔넷 218.150.182.240

```
[scpark@fedora ch5]$ ./fork_test
a write to stdout
before fork
child process
pid = 22197, glob = 7, var = 89
parent process
pid = 22196, glob = 6, var = 88
process 22197 terminated
process 22196 terminated
[scpark@fedora ch5]$
```

그림 5.7 fork() 함수 예제 프로그램 실행 결과(2)-redirection

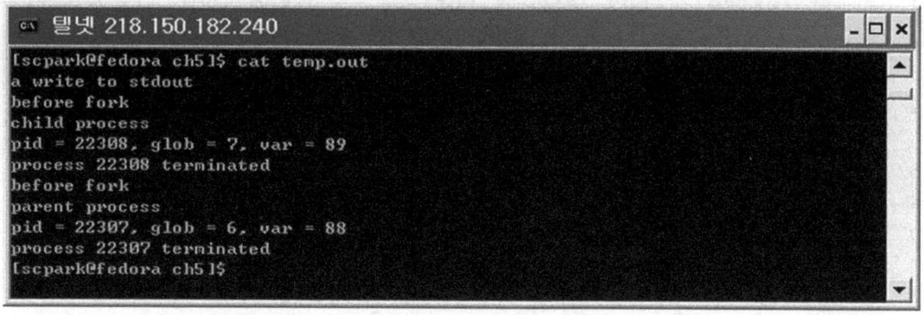

5.2.3 파일과 소켓 공유

다중 프로세스 기반의 동시 처리 서버 모델에서 서버는 듣기 소켓(Listening Socket)을 통해 연결 설정 요청을 수락(accept)한 후, 즉 서버 연결 소켓이 생성된 직 후 연결 소켓을 통한 서비스 처리를 담당할 자식 프로세스를 생성한다. 따라서 다중 프로세스 기반의 동시 처리 서버 모델에서 부모 프로세스와 자식 프로세스간에 소켓(그리고 파일)을 공유하는 방식을 잘 이해하는 것이 중요하다. 〈그림 5.8〉은 fork() 함수를 통해 생성된 자식 프로세스와 부모 프로세스간 파일(소켓) 공유 모델을 보여준다. fork() 함수에 의해 생성된 자식 프로세스는 〈그림 5.8〉에서와 같이 부모 프로세스의 프로그램 메모리를 복제할 뿐만 아니라 소켓 설명자 정보를 포함하는 사용자 파일 설명자 테이블을 복제한다. fork() 함수 실행 직후 자식 프로세스의 사용자 파일 설명자 테이블의 각 엔트리는 부모 프로세스의 사용자 파일 설명자 테이블의 해당 엔트리가 지시하는 파일 테이블의 엔트리와 동일한 엔트리를 지시한다. 따라서 부모와 자식은 파일 테이블에 유지되는 현재 파일 옵셋을 공유하게 되고 해당 파일의 파일 참조 계수는 2가 된다.

부모 프로세스와 자식 프로세스의 현재 파일 옵셋 공유는 둘 중 어느 한 프로세스의 파일 설명자를 통한 입력 또는 출력이 나머지 프로세스의 파일 설명자를 통한 통한 입력 또는 출력과 동일한 결과를 만들어 낸다는 것을 의미한다. 그리고 해당 파일의 파일 참조 계수가 2이므로 부모 프로세스와 자식 프로세스가 해당 파일을 모두 닫을 때(close)할 때 파일 테이블에서 해당 엔트리가 실제로 삭제된다. 따라서 fork() 함수를 수행한 후 부모 프로세스와 자식 프로세스는 자신이 사용하지 않는 파일과 소켓을 close() 함수를 통해 닫아야 한다. 그렇지 않으면 파일 테이블에 해당 파일의 자료 구조가 불필요하게 유지될 수 있다.

그림 5.8 부모 프로세스와 자식 프로세스간의 파일(소켓) 공유 모델

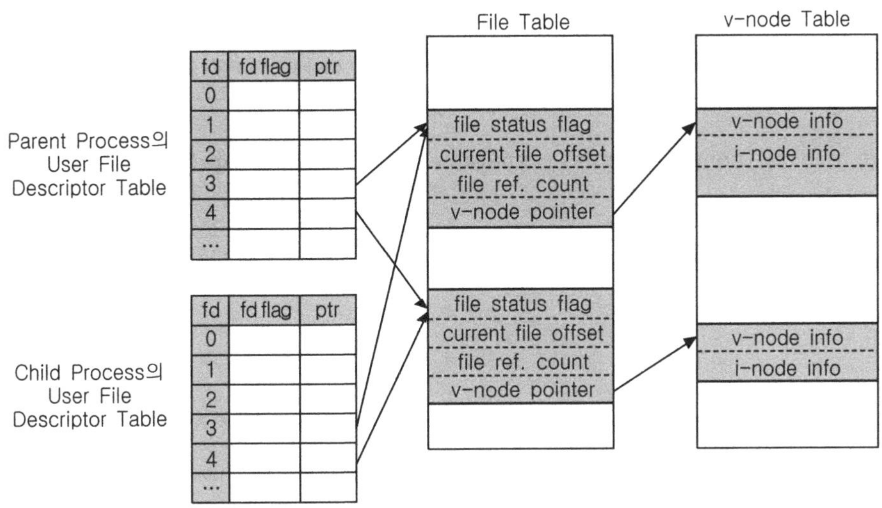

5.2.4 프로세스의 다른 프로그램 실행

서버가 특성이 다른 여러 개의 서비스를 동시에 수행해야 하는 경우 각 서비스를 담당하는 서비스를 별개의 프로그램으로 작성하고 fork() 함수를 통해 생성되는 프로세스가 해당 프로그램을 실행하게 하면 편리하다. 프로세스가 새로운 프로그램을 실행하고자 하는 경우 exec 계열의 함수들을 사용한다. 프로세스가 exec 계열의 함수를 호출하여 새로운 프로그램을 실행하면 해당 프로세스의 ID와 사용자 파일 설명자 테이블은 그대로 유지되지만 프로그램 메모리 구조는 새로운 프로그램의 메모리 구조로 완전히 대치된다. 따라서 기존 프로세스가 유지하고 있는 정보(파일 설명자 정보, 환경 변수 정보 등)를 실행 인자와 환경 변수를 통해 새로운 프로그램으로 전달할 필요가 있다. 새로운 프로그램 실행 시 프로그램을 지시하는 방법과 새로운 프로그램으로의 정보 전달 방식에 따라 6개의 서로 다른 exec 함수가 존재하고 각 함수의 형식은 다음과 같다.

```
#include <unistd.h>

int execl(const char *pathname, const char *argv0, … /*  (char *)
0 */ );

int execv(const char *pathname, const char *argv[] );
```

```
int execle(const char *pathname, const char *argv0, …
/*  char *const envp[]  */ );

int execve(const char *pathname, const char *argv[], char *const
envp[] );

int execlp(const char *filename, const char *argv0, … /*  (char
*) 0 */ );

int execvp(const char *filename, const char *argv[] );

                                              반환 : 실패시 -1
```

execl() 함수는 실행할 프로그램을 경로명(pathname)으로 지시하고 실행 인자를 마지막에 NULL 인자((char *) 0)를 포함하는 리스트(argv0[], … argvn[]) 형태로 전달한다. 예를 들어 어떤 프로세스에서 execl() 함수를 사용하여 ls -al 프로그램을 실행하고자 하면 다음과 같이 호출한다.

```
execl("/bin/ls", "ls", "-al", (char *) 0);
```

execv() 함수는 execl() 함수와 유사하나 실행 인자를 리스트 대신 벡터(argv[ ][ ]) 형태로 전달한다. execle() 함수와 execve() 함수는 각각 execl()과 execv() 함수에 환경 변수를 인자로 전달하는 함수이다. 그리고 execlp() 함수와 execvp() 함수는 execl()과 execv() 함수의 실행 파일 경로명 대신 파일명(filename)을 지시함으로써 PATH 환경 변수가 지정한 경로 환경에서 파일을 찾도록 지시한다.

fork() 함수와 exec() 함수를 사용하여 간단한 1:1 대화(talk) 클라이언트-서버프로그램을 작성해보자. 대화 클라이언트와 서버 프로그램은 각각 2개의 프로세스(부모 프로세스, 자식 프로세스)로 동작하고, 그 중 하나는 표준 입력과 클라이언트로의 송신(input_and_send)을 담당하는 프로그램을 실행하고 다른 하나는 클라이언트로부터의 수신과 표준 출력(recv_and_print)을 담당하는 프로그램을 실행하도록 작성한다. 사용자는 "exit"을 입력함으로써 대화를 종료한다. fork()와 exec() 기반의 1:1 대화(talk) 서버 프로그램의 예를 보여주고 있는 〈리스트 5.2〉의 43-47행과 48-53행은 각각 서버의 자식 프로세스가 현재의 디렉토리에 존재하는 input_and_send 프로그램을 실행하는 과정과 부모 프로세스가 recv_and_print 프로그램을 실행하는 과정을 보여준다. 여기서는

execl() 함수가 사용되었다. 여기서 input_and_send 프로그램과 recv_and_print 프로그램 모두 서버에 의해 클라이언트와 연결된(accept() 함수 실행 결과) 소켓(conn_sock)을 사용하여 각각 클라이언트에게 데이터를 송신하고 클라이언트로부터 데이터를 수신해야 한다. 따라서 input_and_send 프로그램과 recv_and_print 프로그램은 연결 소켓의 설명자 값(conn_sock)을 전달받아야 한다. 소켓 설명자는 execl() 함수를 호출할 때 실행 인자로 전달될 수 있다. 그러나 여기서는 서버 프로그램 작성시에 관행적으로 사용되고 있는 dup2() 함수 기반의 소켓과 표준 입출력 장치(0,1)와의 공유 방식을 사용하여 소켓 설명자를 전달하였다(45행, 50행).

〈리스트 5.2〉 fork()와 exec() 기반의 1:1 대화(talk) 서버 프로그램

```
/*
 * fork_exec_talk_server.c
 */
1   #include <stdio.h>
2   #include <stdlib.h>
3   #include <string.h>
4   #include <unistd.h>
5   #include <arpa/inet.h>
6   #include <sys/types.h>
7   #include <sys/socket.h>

8   #define MAXLINE  511
9   void error_print(char *message);

10  int main(int argc, char **argv) {
11      int serv_sock;
12      int conn_sock;
13      struct sockaddr_in serv_addr;
14      struct sockaddr_in conn_addr;
15      int addrlen, datalen;
16      pid_t pid;

17      /* input server port number*/
18      if (argc != 2) {
19              printf("Usage : %s <port>\n", argv[0]);
20              exit(1);
21      }

22      /* create a stream socket */
```

```
    serv_sock = socket(PF_INET, SOCK_STREAM, 0);
    if (serv_sock == -1)
            error_print("socket() error");

    memset(&serv_addr, 0, sizeof(serv_addr));
    serv_addr.sin_family = AF_INET;
    serv_addr.sin_addr.s_addr = htonl(INADDR_ANY);
    serv_addr.sin_port = htons(atoi(argv[1]));

    if (bind(serv_sock, (struct sockaddr *) &serv_addr, sizeof(serv_addr)) == -1)
            error_print("bind() error");

    if (listen(serv_sock, 1) == -1)
            error_print("listen() error");

    addrlen = sizeof(conn_addr);
    conn_sock = accept(serv_sock, (struct sockaddr *) &conn_addr, &addrlen);

    if (conn_sock == -1)
            error_print("accept() error");

    if ((pid = fork()) == -1) {
            close(conn_sock);
            error_print("fork() error");
    }
    else if (pid == 0) { /* child process */
            close(serv_sock);
            dup2(conn_sock, 1);
            if(execl("./input_and_send", "input_and_send", (char *)0) < 0)
                  error_print("execl() error");
    } else if (pid > 0) { /* parent process */
            /* close(conn_sock); */
            dup2(conn_sock, 0);
            if(execl("./recv_and_print", "recv_and_print", (char *)0) < 0)
                  error_print("execl() error");
    }
    return(0);
}

void error_print(char *message) {
    fputs(message, stderr);
    fputc('\n', stderr);
    exit;
}
```

아래의 〈리스트 5.3〉은 서버와 유사하게 작성된 fork()와 exec() 기반의 1:1 대화(talk) 클라이언트 프로그램이고, 〈리스트 5.4〉와 〈리스트 5.5〉는 각각 input_and_send 프로그램과 recv_and_print 프로그램이다. 각자 클라이언트와 서버를 실행해보고 input_and_send 프로그램과 recv_and_print 프로그램에서 표준 출력(1)으로의 송신(write)과 표준 입력으로부터의 수신(read)이 어떻게 연결 소켓으로 연계되는 지 분석해 보기 바란다. 그리고 dup2() 함수를 사용하지 않고 클라이언트와 서버 프로그램을 재작성해 보기 바란다.

〈리스트 5.3〉 fork()와 exec() 기반의 1:1 대화(talk) 클라이언트 프로그램

```
/*
 * fork_exec_talk_client.c
 */
#include <stdio.h>
#include <stdlib.h>
#include <string.h>
#include <unistd.h>
#include <arpa/inet.h>
#include <sys/types.h>
#include <sys/socket.h>

#define MAXLINE      511
void error_print(char *message);

int main(int argc, char **argv) {
        int cli_sock;
        struct sockaddr_in serv_addr;
        int datalen;
        pid_t pid;

        /* input server port number*/
        if (argc != 3) {
                printf("Usage : %s <IP addre> <port>\n", argv[0]);
                exit(1);
        }

        /* create a stream socket */
        cli_sock = socket(PF_INET, SOCK_STREAM, 0);
        if (cli_sock == -1)
                error_print("socket() error");
```

```
        memset(&serv_addr, 0, sizeof(serv_addr));
        serv_addr.sin_family = AF_INET;
        serv_addr.sin_addr.s_addr = inet_addr(argv[1]);
        serv_addr.sin_port = htons(atoi(argv[2]));

        if (connect(cli_sock, (struct sockaddr *) &serv_addr, sizeof(serv_addr)) == -1)
                error_print("connect() error");

        if ((pid = fork()) > 0) {
                dup2(cli_sock, 1);
                if(execl("./input_and_send", "input_and_send", (char *)0) < 0)
                        error_print("execl() error");
        } else if (pid == 0) { /* child process */
                dup2(cli_sock, 0);
                if(execl("./recv_and_print", "recv_and_print", (char *)0) < 0)
                        error_print("execl() error");
        }
        close(cli_sock);
        return(0);
}

void error_print(char *message) {
        fputs(message, stderr);
        fputc('\n', stderr);
        exit;
}
```

〈리스트 5.4〉 input_and_send 프로그램

```
#include <stdio.h>
#include <stdlib.h>
#include <string.h>
#include <unistd.h>
#include <stdio.h>
#include <stdlib.h>
#include <string.h>

#define MAXLINE 511

int main() {
        char buf[MAXLINE+1];
```

```
int nbytes;

        while(fgets(buf, sizeof(buf), stdin) != NULL) {
                nbytes = strlen(buf);
                write(1, buf, nbytes);
                if (strcmp(buf,"exit\n") == 0) {
                        puts("Good Bye.");
                        break;
                }
        }
        return(0);
}
```

〈리스트 5.5〉 recv_and_print 프로그램

```
#include <stdio.h>
#include <stdlib.h>
#include <string.h>

#define MAXLINE 511

int main() {
        char buf[MAXLINE+1];
        int nbytes;

        while(1) {
                if ((nbytes = read(0, buf, MAXLINE)) < 0) {
                        printf("read() error\n");
                        exit(1);
                }
                buf[nbytes] = 0;
                printf("%s", buf);
                if (strcmp(buf, "exit\n") == 0) {
                        break;
                }
        }
        return(0);
}
```

5.2.5 프로세스의 종료

프로세스는 다음과 같은 방법으로 정상적으로 종료될 수 있다.

- main() 함수에서 return 명령을 실행한다. return 명령을 실행하면 자동적으로 exit() 함수가 호출된다.
- 명시적으로 exit() 함수를 호출한다. exit() 함수는 프로세스 종료전에 정리 작업을 수행한다. 먼저 atexit() 함수에 의해 등록된 종료 처리기 함수(exit handlers)들을 호출하고, fclose() 함수를 통해 열려있는 모든 파일에 대한 표준 입출력 작업을 정리(flush)한 후 _exit() 함수를 호출하여 제어를 커널로 반환한다.
- 명시적으로 _exit() 함수를 호출한다. _exit() 함수는 정리 작업없이 바로 프로세스를 종료하고 커널로 제어를 반납한다.

exit() 함수와 _exit() 함수의 형식은 다음과 같다.

```
#include <stdlib.h>

void exit(int status);

#include <stdlib.h>

void _exit(int status);
```

exit() 함수와 _exit() 함수 모두 종료의 상태(Exit Status)를 나타내는 정수 인자를 가질 수 있다. 일반적으로 정상적인 상태에서 이들 함수를 호출하는 경우 0을 인자값으로 설정하고, 오류로 인해 종료하고자 하는 경우 0이 아닌 값을 설정한다.

종료 처리기(exit handler) 함수는 등록된 순서의 역순으로 호출된다. 종료 처리기 등록을 위한 atexit() 함수의 형식은 다음과 같다.

```
#include <stdlib.h>

int atexit(void (*func) (void) );

                              반환 : 성공시 0, 실패시 0이 아닌 값
```

예를 들어 종료 처리기가 다음과 같이 등록되었을 경우 프로세스 종료전에 exit_handler1(), exit_handler2()의 순서로 호출된다.

```
...

staic void exit_handler1(void), exit_handler2(void);

int main(void) {
   ...
   if (atexit(exit_hander2) != 0) {
      printf("exit_hander2 can not be registered.\n");
      exit(1);
   }
   if (atexit(exit_hander1) != 0) {
      printf("exit_hander1 can not be registered.\n");
      exit(1);
   }
   ...
   return(0);
}

static void exit_handler1(void) {
...
}

static void exit_handler2(void) {
...
}
```

5.3 동시 처리 서버 프로그래밍

5.3.1 다중 프로세스 기반의 동시 처리 에코 서버

〈리스트 5.6〉은 TCP 에코 서버(Echo Server) 프로그램을 fork() 함수를 사용하여 다중 프로세스 기반의 동시 처리 서버로 개발한 예를 보여준다. 동시 처리 서버는 서버 소켓을 통해 클라이언트로부터의 연결 설정 요청을 반복적으로 처리할 수 있어야 하므로 `listen()` 함수 호출후에 무한 순환 명령(43행)을 수행하고, 특정 클라이언트와 TCP 연결이 설정되어 `accept()` 함수에서 돌아오게 되는 시점에서 `fork()` 함수를 호출하여(46행) 새로 생성되는 자식 프로세스로 하여금 해당 클라이언트에 대한 에코 서비스를 수행하게 한다(59-74행). `accept()` 함수 호출 전후와 `fork()` 함수를 실행하여 자식 프로세스를 생성할 시점의 클라이언트와 서버의 소켓 상태는 〈그림 5.9〉와 같다. `fork()` 함수가 실행되면 부모 프로세스의 사용자 파일 설명자 테이블이 복제되므로 부모 프로세스와 자식 프로세스 모두 2 개의 소켓(serv_sock, conn_sock)을 가지게 되고, 특히 연결 소켓은 부모와 자식 프로세스의 연결 소켓이 〈그림 5.9〉의 (c)와 같이 하나의 클라이언트 소켓과 동시에 연결된 구조를 가진다.

〈리스트 5.6〉 다중 프로세스 기반의 동시 처리 에코 서버

```
/*
 * fork_echo_server.c
 * a simple fork() based concurrent TCP server program to echo back byte stream
 * sent by a client program.
 */

/* include the related header files */
1  #include <stdio.h>
2  #include <stdlib.h>
3  #include <string.h>
4  #include <unistd.h>
5  #include <arpa/inet.h>
6  #include <sys/types.h>
7  #include <sys/socket.h>

8  #define    BUFSIZE 1024
9  void error_print(char *message);
```

```
int main(int argc, char **argv)
{
    int serv_sock; /* server socket descriptor */
    int conn_sock; /* server connection socket descriptor */
    struct sockaddr_in serv_addr;
    struct sockaddr_in conn_addr;
    int addrlen, datalen;
    char buf[BUFSIZE];
    pid_t pid;

    /* input server port number when running the server program */
    if(argc != 2) {
            printf("Usage : %s <port>\n", argv[0]);
            exit(1);
    }

    /* create a stream socket for TCP and IP */
    serv_sock = socket(PF_INET, SOCK_STREAM, 0);

    if (serv_sock == -1)
            error_print("socket() error");

    /* initialize the server socket address structure */
    memset(&serv_addr, 0, sizeof(serv_addr));

    /* assign the server socket address */
    serv_addr.sin_family = AF_INET;
    /* wildcard for local address */
    /* htonl() converts the local 32 bit IP address to standard format */
    serv_addr.sin_addr.s_addr = htonl(INADDR_ANY);
    /* htons() converts the port number to standard format */
    serv_addr.sin_port = htons(atoi(argv[1]));

    /* bind server socket address to the server socket */
    if (bind(serv_sock, (struct sockaddr *) &serv_addr, sizeof(serv_addr)) == -1)
            error_print("bind() error");

    /* listen to the server socket */
    if (listen(serv_sock,5) == -1)
            error_print("listen() error !");

    while(1) { /* repeat */
            /* accept the connection request from a client */
            addrlen = sizeof(conn_addr);
```

```
            conn_sock = accept(serv_sock, (struct sockaddr *)
            &conn_addr, &addrlen);
            if (conn_sock == -1) {
                printf("accept() error\n");
                continue;
            }
            if ((pid = fork()) == -1) {
                close(conn_sock);
                continue;
            }
            else if (pid > 0) { /* parent process */
                close(conn_sock); /* not used by parent */
                continue; /* go to accept another connection request */
            }
            else if (pid == 0) { /* child process */
                close(serv_sock); /* not used by child */

                /* 1) read data from the client
                 * 2) send back the data
                 * 3) repeat 1) & 2)
                 */
                while ((datalen = read(conn_sock, buf, BUFSIZE)) != 0) {
                    write(conn_sock, buf, datalen);
                    buf[datalen] = 0;
                    printf("data from client : %s\n", buf);
                    memset(buf, 0, BUFSIZE);
                }
                /* close the connection socket */
                close(conn_sock);
                exit(0);
            }
    }
    return(0);
}

void error_print(char *message)
{
    fputs(message, stderr);
    fputc('\n', stderr);
    exit;
}
```

그림 5.9 서버와 클라이언트 소켓 상태 변화

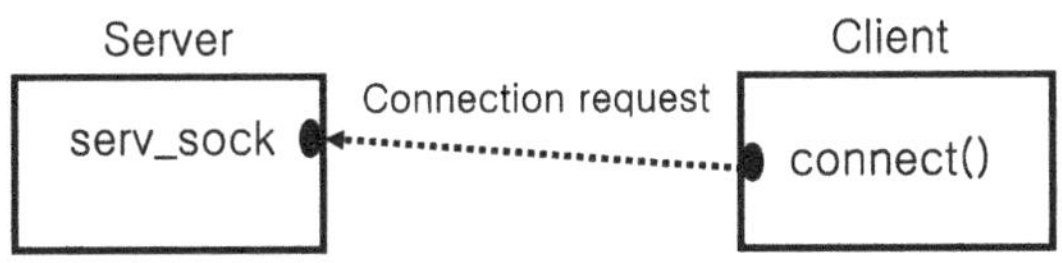

(a) accept() 호출전의 Serve와 Client

(b) accept() 호출후의 Serve와 Client

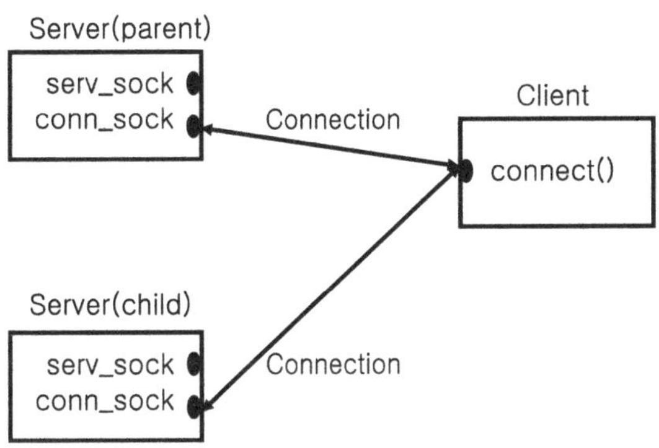

(c) fork() 호출후의 Serve와 Client

에코 서버의 자식 프로세스는 클라이언트와의 연결 소켓만 사용하고 듣기 소켓(serv_sock)을 사용하지 않으므로 듣기 소켓은 닫는다(60행). 에코 서버의 부모 프로세스는 자신이 사용하지 않는 연결 소켓(conn_sock) 을 닫고(56행) 46행으로 되돌아가서 다른 클라이언트로부터의 연결 요청을 기다리게 된다. 비록 부모 프로세스가 56행에서 `close()` 함수를 사용하여 연결 소켓(conn_sock)을 닫았지만 자식 프로세스가 자신의 소켓 설명자를 통해 여전히 해당 소켓을 참조하고 있기 때문에(참조 계수가 0이 아님) 실제로 해당 연결 소켓에 연계된 클라이언트와의 TCP 연결을 종료하는 것은 아니다. 해당 연결을 처리하는 자식 프로세스가 서비스 종료 후 해당 연결 소켓을 닫으면(72행) 실질적으로 연결 소켓에 연계된 TCP 연결을 비로소 종료하게 된다.

5.3.2 동시 처리 1:1 대화 서버(Talk Server) 프로그래밍

앞에서 fork()와 exec() 함수를 사용하여 작성한 1:1 대화 서버(Talk Server) 프로그램을 동시 처리 에코 서버와 유사한 방식으로 동시 처리 대화 서버로 만들어 보자. 1:1 대화 서버가 다수의 클라이언트와 대화 서비스를 제공하기 위해서는 클라이언트로부터의 대화 요청을 수락하는 프로세스와 해당 클라이언트와 대화 서비스를 진행하는 프로세스를 분리하여야 할 것이다. 따라서 〈리스트 5.7〉의 46-50행에서 자식 프로세스를 생성하여 input_and_send 프로그램을 실행하도록 한 부모 프로세스는 자신이 recv_and_print 프로그램을 실행하는 대신 51-64행에서와 또 다른 자식 프로세스를 생성하고 이를 통해 recv_and_print 프로그램을 실행하게 한다. 그리고 부모 프로세스 자신은 36행에서 다른 클라이언트로부터 대화 요청을 기다리게 된다.

〈리스트 5.7〉 동시 처리 1:1 대화 서버

```
1  #include <stdio.h>
2  #include <stdlib.h>
3  #include <string.h>
4  #include <unistd.h>
5  #include <arpa/inet.h>
6  #include <sys/types.h>
7  #include <sys/socket.h>

8  #define MAXLINE  511
9  void error_print(char *message);
10 int main(int argc, char **argv) {
11     int serv_sock;
12     int conn_sock;
13     struct sockaddr_in serv_addr;
14     struct sockaddr_in conn_addr;
15     int addrlen, datalen;
16     pid_t pid, pid2;

17     /* input server port number*/
18     if (argc != 2) {
19         printf("Usage : %s <port>\n", argv[0]);
20         exit(1);
21     }

22     /* create a stream socket */
23     serv_sock = socket(PF_INET, SOCK_STREAM, 0);
24     if (serv_sock == -1)
25         error_print("socket() error");
```

```
    memset(&serv_addr, 0, sizeof(serv_addr));
    serv_addr.sin_family = AF_INET;
    serv_addr.sin_addr.s_addr = htonl(INADDR_ANY);
    serv_addr.sin_port = htons(atoi(argv[1]));

    if (bind(serv_sock, (struct sockaddr *) &serv_addr,
    sizeof(serv_addr)) == -1)
            error_print("bind() error");

    if (listen(serv_sock, 1) == -1)
            error_print("listen() error");

    while(1) { /* repeat */
           /* wait(NULL); wait(NULL); */
            addrlen = sizeof(conn_addr);
            conn_sock = accept(serv_sock, (struct sockaddr *)
            &conn_addr, &addrlen);

            if (conn_sock == -1) {
                printf("accept() error\n");
                continue;
            }

            if ((pid = fork()) == -1) { /* create a process */
                close(conn_sock);
                error_print("fork() error");
            }
            else if (pid == 0) { /* child process */
                close(serv_sock);
                dup2(conn_sock, 1);
                if(execl("./input_and_send", "input_and_send",
                (char *)0) < 0)
                        error_print("execl() error");
            } else if (pid > 0) { /* parent process */
                if ((pid2 = fork()) == -1) { /* create another process */
                        close(conn_sock);
                        error_print("fork() error");
                }
                else if (pid2 == 0) { /* another child process */

                        close(serv_sock);
                        dup2(conn_sock, 0);
                        if(execl("./recv_and_print", "recv_and_print",
                        (char *)0) < 0)
                           error_print("execl() error");
```

```
62                  }
63                  close(conn_sock);
64              }
65      }
66      return(0);
67  }

68  void error_print(char *message) {
69      fputs(message, stderr);
70      fputc('\n', stderr);
71      exit;
72  }
```

〈리스트 5.7〉의 1:1 대화 서버 프로그램을 실행한 후 다수의 대화 클라이언트와 통신할 때 발생하는 문제점을 파악해 보자. 〈리스트 5.7〉 프로그램은 기본적으로 1:1 대화만 가능한 기능의 서버를 동시 처리 서버로 단순 변경하였다. 따라서 이 서버는 하나의 클라이언트와의 대화가 종료된 후 다른 클라이언트가 대화를 요청할 때만 정상적으로 동작하고 동시에 다수의 클라이언트가 대화를 요청할 때는 제대로 동작하지 않음을 알 수 있을 것이다. 즉, 특정 클라이언트와 대화 서비스를 수행하는 2개의 자식 프로세스가 종료한 후에 다른 클라이언트와의 대화 서비스를 정상적으로 진행할 수 있다. 이 프로그램은 부모 프로세스와 자식 프로세스 간에 동기화가 필요한 예를 보여주기 위해 작성되었다. 부모 프로세스가 자식 프로세스 중 어느 하나가 종료되기를 대기하는 함수는 `wait()` 함수이다. 〈리스트 5.7〉의 35행이 정상적으로 실행되면 부모 프로세스는 2개의 자식 프로세스가 종료될 때까지 대기한 후 그 다음 행부터 실행을 계속한다. 35행을 정상화한 후 실행 결과를 그 전 결과와 비교해 보기 바란다. `wait()` 함수에 대한 자세한 설명은 좀비 프로세스(Zombie Process) 처리에서 다룬다.

5.4 좀비 프로세스(Zombie Process) 처리

〈그림 5.10〉과 〈그림 5.11〉은 각각 에코 클라이언트가 종료 한 후의 〈리스트 5.6〉의 동시 처리 에코 서버의 프로세스 상태와 클라이언트와 대화 종료(양쪽 모두 “exit” 입력) 후의 동시 처리 대화 서버의 프로세스 상태를 보여준다. 둘 다 〈defunct〉로 표시된 좀비 상태(Zombie State)의 자식 프로세스가 유지되고 있음을 보여준다. 좀비 프로세스는

그림 5.10 클라이언트 종료 후의 동시 처리 에코 서버 상태

```
텔넷 218.150.182.240
[1]+  Stopped                 ./fork_echo_server 51234
[scpark@fedora ch5]$ ps
  PID TTY          TIME CMD
 8512 pts/1    00:00:00 bash
 8541 pts/1    00:00:00 fork_echo_serve
 8545 pts/1    00:00:00 fork_echo_serve <defunct>
 8550 pts/1    00:00:00 ps
[scpark@fedora ch5]$
```

그림 5.11 클라이언트와의 대화 종료 후의 동시 처리 대화 서버 상태

```
텔넷 218.150.182.240
[scpark@fedora ch5]$ ps
  PID TTY          TIME CMD
 2442 pts/6    00:00:00 bash
 2588 pts/6    00:00:00 multi_talk_serv
 2620 pts/6    00:00:00 input_and_send <defunct>
 2621 pts/6    00:00:00 recv_and_print <defunct>
 2629 pts/6    00:00:00 ps
[scpark@fedora ch5]$
```

그림 5.12 wait() 함수 호출을 포함한 동시 처리 대화 서버 상태

```
텔넷 218.150.182.240
[scpark@fedora ch5]$ bg
[1]+ ./wait_multi_talk_server 51234 &
[scpark@fedora ch5]$ ps
  PID TTY          TIME CMD
 8512 pts/1    00:00:00 bash
 8748 pts/1    00:00:00 wait_multi_talk
 8759 pts/1    00:00:00 ps
[scpark@fedora ch5]$
```

부모가 자식 프로세스의 종료 상태를 접수하지 않아 할당된 메모리가 없는 상태로 유지되는 자식 프로세스이다. 좀비 상태의 프로세스라 할지라도 시스템은 해당 프로세스를 위한 제어 정보(프로세스 ID, CPU와 메모리 등의 자원 사용율 등)유지해야 하므로 좀비 프로세스의 존재는 시스템 자원의 낭비를 초래한다. 만약 자식 프로세스를 많이 만드는 서버의 경우 좀비 프로세스를 적절하게 처리하지 않으면 더 이상 프로세스를 생성할 자원이 없어서

서비스를 할 수 없는 상태가 될 수 있다. 부모 프로세스는 wait()과 waitpid() 함수를 사용하여 자식 프로세스의 종료 상태를 접수한다. 〈그림 5.12〉는 〈리스트 5.7〉의 35행(wait() 함수 호출)을 정상적으로 실행한 동시 처리 대화 서버가 클라이언트와 대화를 종료했을 때의 상태를 보여준다. 〈리스트 5.7〉의 프로그램은 부모 프로세스가 accept() 함수 호출을 통해 다른 클라이언트로부터의 대화 요청을 대기하기 전에 두 번의 wait() 함수 호출로 이미 종료한 클라이언트와의 대화 서비스 수행을 위해 생성된 2개의 자식 프로세스의 종료 상태를 접수하기 때문에 자식 프로세스가 좀비 상태로 들어가는 것을 방지한다.

자식 프로세스의 종료 상태 접수를 위한 wait()과 waitpid() 함수의 형식은 다음과 같다.

```
#include <sys/wait.h>

pid_t wait(int *statloc);

pid_t waitpid(pid_t pid, int *statloc, int options);

                                반환 : 성공시 프로세스 ID, 실패시 -1
```

wait() 함수와 waitpid() 함수 모두 2 개의 값을 부모 프로세스에게 돌려준다. 하나는 반환 값으로 종료된 자식 프로세스의 ID를 돌려주고 다른 하나는 statloc 지시자를 통해 자식의 종료 상태를 돌려준다. wait() 함수는 호출한 프로세스의 자식 프로세스가 종료하기를 대기한다. 만약 여러 개의 자식 프로세스가 존재하면 그 중 하나가 종료할 때까지 대기한다. 반면 waitpid() 함수는 종료를 대기할 자식 프로세스 ID를 지정할 수 있고 대기 상태 방지를 위한 옵션을 지정할 수 있다. waitpid() 함수에서 pid 인자를 -1로 설정하면 wait() 함수와 같이 임의의 자식 프로세스가 종료하기를 대기하도록 지시하는 것이고, options 인자를 WNOHANG으로 설정하면 이미 종료한 자식 프로세스가 없는 경우에 대기 상태로 들어가지 않고 즉시 반환할 것을 지시한다. 이 경우 반환 값은 0이 된다.

wait() 함수와 waitpid() 함수를 사용하여 좀비 프로세스를 처리할 때 발생하는 문제점은 자식 프로세스가 종료할 시점을 정확하게 할 수 없기 때문에 어느 시점부터 계속 대기하거나(wait() 함수) 반복적으로 종료를 확인해야 한다는 것이다(waitpid()). 〈리스트 5.7〉의 35행이 정상적으로 실행되는 프로그램은 부모 프로세스가 2개의 자식 프로세스가 종료될 때까지 계속 대기 함으로써 좀비 프로세스 발생을 방지하는 예를 보여준다. 그러나 부모 프로세스가 자식 프로세스가 종료될 때까지 계속 대기하거나 반복적으로 종료를 확인할 수 없는 경우에는 이와 같은 방식의 좀비 프로세스 제어는 문제가 될 수 있다. 다소 극단적인 예이긴 하지만 〈리스트 5.8〉 프로그램은 wait() 함수를 사용한 좀비 프로세스 제어의 문제점을 여실히 보여준다. 〈리스트 5.8〉 프로그램에서 부모 프로세스는 곧바로 종료되는 자식 프로세스를 5개 생성한 후 바로 wait() 함수에서 대기하지 못하고 다른 작업을 10초 동안 수행해야 하는 경우(여기서는 간단하게 sleep으로 처리), 10초 동안은 좀비 프로세스를 처리할 수 없게 된다. 따라서 〈리스트 5.8〉 프로그램을 실행했을 때 좀비 프로세스를 다 제거하는 데에 50초가 소요됨을 알 수 있다. 〈그림 5.13〉과 같이 ps 명령을 통해 프로세스 상태를 확인해보기 바란다.

〈리스트 5.8〉 wait() 함수를 사용한 좀비 프로세스 제어 프로그램

```
#include <sys/types.h>
#include <unistd.h>
#include <sys/wait.h>

int main(void) {
        pid_t pid;
        int i;

        for(i=0; i<5; i++) {
                switch(pid = fork()) {
                case -1:
                        printf("fork error \n");
                        exit(-1);
                        break;
                case 0 : /* child process */
                        exit(0);
                        break;
                default : /* parent process */
                        break;
                }
        }

        for (i=0; i<5; i++) {
                sleep(10);
                if(wait(NULL) < 0) {
                        printf("wait error \n");
                        exit(-1);
                }
        }
        return;
}
```

그림 5.13 좀비 제어 프로그램 실행 결과

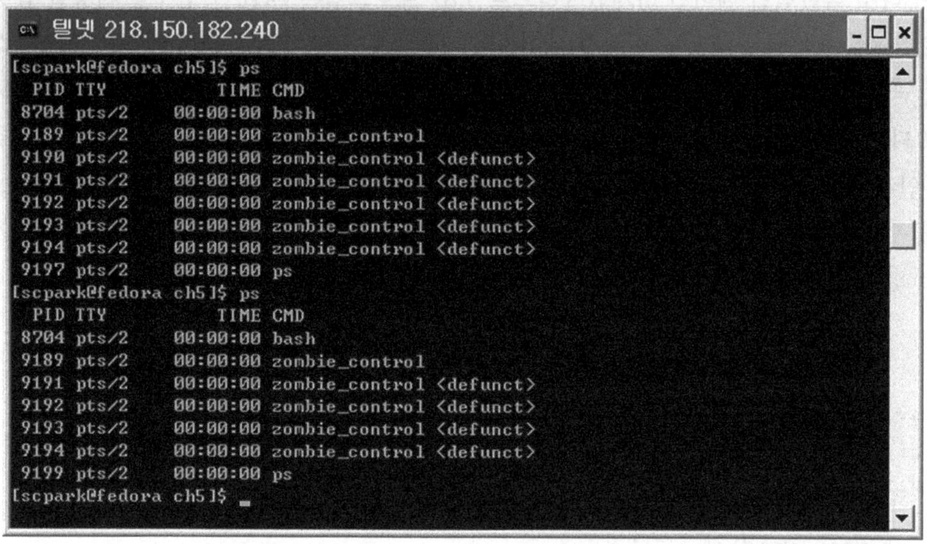

이 문제는 프로세스가 종료할 때 발생시키는 비동기적인 시그널(SIGCHLD)을 처리하는 `signal()` 함수를 사용함으로써 해결할 수 있다. 〈리스트 5.9〉는 SIGCHLD 시그널이 발생할 때마다 시스템에 호출되는 `signal()` 함수의 시그널 처리기 함수(`sig_chld_handler()`) 내에서 `waitpid()` 함수를 호출하게 함으로써 자식 프로세스가 종료될 때마다 즉시 부모 프로세스가 종료 상태를 접수하여 좀비 프로세스 발생을 방지하도록 수정된 프로그램이다. 〈그림 5.13〉과 달리 〈그림 5.14〉는 좀비 프로세스가 발생하지 않았음을 보여준다. 이와 같이 시그널 처리 기술은 네트워크 프로그래밍에서 유용하게 사용될 수 있으므로 다음 절에서 보다 구체적으로 다루도록 하겠다.

〈리스트 5.9〉 signal() 함수를 사용한 좀비 프로세스 제어 프로그램

```
#include <sys/types.h>
#include <unistd.h>
#include <sys/wait.h>
#include <signal.h>

static void sig_chld_handler(int);

int main(void) {
```

```
    pid_t pid;
    int i;

    if (signal(SIGCHLD, sig_chld_handler) == SIG_ERR) {
        printf("signal() error \n");
        exit(-1);
    }
    for(i=0; i<5; i++) {
        switch(pid = fork()) {
        case -1:
            printf("fork error \n");
            exit(-1);
            break;
        case 0 : /* child process */
            exit(0);
            break;
        default : /* parent process */
            break;
        }
    }

    for (i=0; i<5; i++) {
        sleep(10);
        /*
        if(wait(NULL) < 0) {
            printf("wait error \n");
            exit(-1);
        }
        */
    }
    return;
}

static void sig_chld_handler(int signo) {
    waitpid(-1, NULL, WNOHANG);
}
```

그림 5.14 signal() 함수를 사용한 좀비 프로세스 제어 프로그램 실행 결과

5.5 시그널 처리

5.5.1 시그널의 종류와 처리 방식

LINUX에서 시그널(signal)은 동작중인 프로세스에 영향을 끼치는 특정한 사건(event)가 발생할 때 생성되는 신호이다. 시스템은 시그널을 처리할 수 있는 메카니즘을 제공함으로써 프로세스가 비동기적으로 발생하는 사건을 처리할 수 있게 한다. 시그널은 0으로 나누기 등과 같은 오류 발생, 자식 프로세스 종료와 타이머 종료, 그리고 사용자 프로세스에 의한 `kill()` 또는 `raise()` 함수 호출 등 다양한 사건에 의해 발생될 수 있고, 각 사건에 의해 발생되는 시그널은 SIG로 시작되는 고유한 이름을 가짐으로써 구분되어 처리될 수 있게 한다. 시그널은 다음 3가지 방식으로 처리될 수 있다.

- **무시(SIG_IGN)** : 무시 방식은 시그널이 발생하더라도 해당 시그널을 무시하도록 설정하는 것이다. 이 방식은 SIGKILL과 SIGSTOP을 제외한 대부분의 시그널에 적용될 수 있다.
- **시그널 처리기(Signal Handler) 함수 실행** : 이 방식은 시그널이 발생하면 프로세스가 미리 등록한 시그널 처리기(함수)를 실행하도록 설정한다. 〈리스트 5.9〉의 프로그램은 이 방식으로 SIGCHLD 시그널을 처리하고 있다.

♲ **기본 동작(SIG_DFL) 실행** : 이 방식은 각 시그널에 대해 미리 정의되어 있는 기본 동작을 실행하도록 설정한다. 대부분의 시그널에 대한 기본 동작은 관련 프로세스를 종료시키는 동작이다.

〈표 5.1〉은 LINUX에서 제공되는 중요 시그널의 종류와 각 시그널에 대한 기본 동작을 보여준다.

〈표 5.1〉 시그널의 종류

이름	설명	기본 동작
SIGABRT	abort() 함수를 호출하여 프로세스가 비정상적으로 종료할 때 발생	종료/코어 생성
SIGALRM	alarm() 함수 호출로 설정한 타이머가 종료될 때 발생	종료
SIGCHLD	자식 프로세스가 종료되거나 중지(stop)될 때 부모 프로세스에게 전달	무시
SIGHUP	터미널과 시스템간 접속 단절시 터미널에 연결된 모든 프로세스에 전달	종료
SIGINT	사용자가 인터럽트 키(DELETE 또는 Ctrl-C)를 누를 때 터미널 드라이버에 의해 발생	종료
SIGKILL	프로세스를 강제로 종료시키기 위한 시그널로서 무시될 수 없음	종료
SIGSTOP	프로세스를 강제로 중지시키기 위한 시그널로서 무시될 수 없음	프로세스 중지
SIGTSTP	사용자가 일시 중지(suspend) 키(Ctrl-Z)를 누를 때 터미널 드라이버에 의해 발생하고 터미널 전면(foreground)에서 실행되고 있는 모든 프로세스에게 전달	프로세스 중지
SIGQUIT	사용자가 강제종료(quit) 키(Ctrl-\)를 누를 때 터미널 드라이버에 의해 발생하고 터미널 전면(foreground)에서 실행되고 있는 모든 프로세스에게 전달	종료/코어 생성

5.5.2 signal()과 sigaction() 함수

signal() 함수는 표준 OS 인터페이스인 POSIX가 정의되기 전인 초기에 시그널 처리를 위해 정의된 함수이다. 초기 signal() 함수는 시스템에 따라 다소 의미가 다르게 구현되었고 시그널 처리에 대한 명확성이 부족한 측면이 있다. 따라서 POSIX 이후에는 signal() 함수 대신 sigaction() 함수가 주로 사용되지만 초기에 signal() 함수가 광범위하게 사용되었기 때문에 signal() 함수를 이해할 필요가 있다. signal() 함수의 형식은 다음과 같다.

```
# include <signal.h>

void (*singal(int signo, void (*func) (int))) (int);
                        반환 : 이전에 등록된 시그널 처리기 함수의 포인터
```

이 함수의 첫 번째 인자인 signo는 시그널의 이름을 지시한다. 두 번째 인자인 func는 시그널 처리기 함수에 대한 포인터로서 signo 시그널이 발생했을 때 호출되도록 시스템에 등록된다. 만약 해당 시그널을 무시하거나 기본 동작 실행을 하도록 지시하고 하는 경우 func는 다음과 같이 특수하게 정의된 시그널 처리기인 SIG_IGN과 SIG_DFL을 각각 등록할 수 있다.

```
#define SIG_IGN       (void (*) () ) 1
#define SIG_DFL       (void (*) () ) 0
```

시그널 처리기 함수는 기본적으로 시그널 이름을 지시하는 정수값 인자를 가지고 반환값은 없다(void). 같은 시그널에 대해 서로 다른 시그널 처리기 함수를 중복해서 등록할 수 있고, 이 경우 signal() 함수의 수행 결과는 이전 등록된 시그널 처리기 함수의 포인터를 반환한다. 그러나 시스템에 따라서 최종적으로 등록된 시스템 처리기 함수만을 유지하는 경우도 있다. 각자 시그널 처리기 등록 방식을 확인하는 프로그램을 작성하여 현재 사용하고 있는 시스템이 어떤 방식을 지원하고 있는 지 확인해 보기 바란다.

〈리스트 5.10〉은 Ctrl-C 키에 의해 발생되는 SIGINT 시그널을 처리하는 간단한 예제 프로그램이다. 터미널을 통해 문자를 입력하는 도중에 Ctrl-C 키를 입력한 후 다시 문자를 입력한 후 출력 결과를 확인해 보기 바란다. LINUX는 시스템 콜 함수(예 : read() 함수)의 실행을 완료하지 못한 상태에서 SIGINT 시그널을 수신하면 자동으로 read() 함수를 재실행한다. 반면, SunOS와 같은 시스템에서는 동일 상황에서 read() 함수에 대해

EINTR 에러를 발생시킨다. 〈리스트 5.10〉의 시그널 처리기 함수를 각각 SIG_IGN과 SIG_DFL로 변경한 후 프로그램을 실행하고 그 결과를 비교해 보기 바란다.

〈리스트 5.10〉 SIGINT 시그널 처리 예제 프로그램

```
#include <signal.h>
#include <unistd.h>
#include <stdio.h>

static void sigint_handler(int);

int main(void) {
        char buf[128];

        if (signal(SIGINT, sigint_handler) == SIG_ERR) {
                printf("signal() error\n");
                exit(-1);
        }

        if (read(STDIN_FILENO, buf, 10) < 0) {
                printf("read() error \n");
                exit(-1);
        }

        printf("read result : %s\n", buf);
        return;
}

static void sigint_handler(int signo) {
        printf("SIGINT signal occurred.\n");
}
```

signal() 함수에 의한 시그널 처리는 시그널 발생을 사전에 막을 수 있는 방법이 없고, 시스템에 따라 구현이 다를 수 있지만 반복해서 발생하는 시그널에 대해 시그널 처리기 함수를 매번 등록해야 하는 등의 문제점을 내포하고 있었다. 어떤 시스템의 경우 시그널이 한번 발생하면 시그널 처리기 함수를 기본 동작 처리기(SIG_DFL)로 재설정 한다. 이 경우 기본 동작이 종료인 특정 시그널이 발생하여 시그널 처리기 함수를 실행하고 있는 동안 동일한 시그널이 발생하면 해당 프로세스는 즉시 종료하게 될 것이다. 이런 문제점을 해결하기 위해 OS 표준인 POSIX에서 signal() 함수를 대신할 sigaction() 함수를 정의하였고, 현재 대부분 시스템은 sigaction() 함수를 지원한다. sigaction() 함수의 형식은 다음과 같다.

```
# include <signal.h>

int sigaction(int signo, const struct sigaction *act, struct
sigaction *oact);

                                    반환 : 성공시 0, 실패시 -1
```

sigaction() 함수에서 첫 번째 signo 인자는 signal() 함수의 경우와 같이 시그널 이름을 지시하고, 두 번째 act 인자는 시그널에 대해 수행되어야 할 동작을 지시하고, 세 번째 oact 인자는 시그널에 대한 이전의 동작을 반환한다. act와 oact 인자를 위한 sigaction 구조체는 다음과 같이 정의된다.

```
struct sigaction {
        void   (*sa_handler) (int) ; /* addr of signal handler */
        sigset_t     sa_mask; /* additional signals to block */
        int    sa_flags;
};
```

sigaction 구조체의 sa_handler는 시그널 처리기 함수의 주소를 지시하고 sa_mask 필드는 시그널 처리기 함수가 호출되기 전에 프로세스의 시그널 마스크(Signal Mask)에 추가된 시그널의 집합(Signal Set)을 표시한다. 프로세스의 시그널 마스크는 현재 해당 프로세스에 전달이 막혀있는(blocking) 시그널의 집합을 정의한다. 시그널 처리기 함수가 반환되면 시그널 마스크는 그 이전 값으로 환원된다. sa_mask 필드를 사용하여 시그널 처리기 함수를 호출할 때마다 특정 시그널들이 해당 프로세스에 전달되는 것을 막을 수 있다. 시그널 처리기 함수 호출을 유도한 시그널을 자동적으로 시그널 마스크에 포함되어 시그널 처리기 함수를 수행하는 동안 동일한 시그널의 중복 전달이 방지된다. sa_mask에 의해 전달이 막힌 시그널은 시그널 처리기 함수가 반환되면 재전달된다. 그러나 막힌 상태에서 동일한 시그널이 중복 발생되는 경우 해당 시그널은 한 번만 프로세스에게 전달되는 것이 일반적이다. sa_flags 필드는 해당 시그널 처리 시에 적용할 다양한 선택 사양을 지시한다. sa_flags가 가질 수 있는 중요 선택 사양은 〈표 5.2〉와 같다. sigaction() 함수를 통해 설정된 시그널 처리 동작은 sigaction() 함수를 통해 명시적으로 변경할 때까지 유지된다.

〈표 5.2〉 시그널 처리를 위한 선택 사양(sa_flags)

선택 사양	설명
SA_NOCLDSTOP	자식 프로세스가 종료되지 않고 중지된 경우에는 SIGCHLD 시그널을 발생시키지 않도록 지시
SA_RESTART	이 시그널에 의해 인터럽트되는 시스템 콜 함수는 자동으로 재시작할 것을 지시
SA_NOCLDWAIT	자식 프로세스가 종료될 때 좀비 프로세스를 생성하지 않도록 지시
SA_NODEFER	시그널 처리기 함수가 호출될 때 해당 시그널을 자동으로 막지 않도록 지시

sigaction 구조체에서 시그널 집합 구조체(sigset_t)로 표시되는 sa_mask 필드는 시그널 집합 제어 함수들을 사용하여 조작될 수 있다. 다음은 시그널 집합 조작을 위한 함수들이다.

```
# include <signal.h>

int sigemptyset(sigset_t *set) ;

int sigfillset(sigset_t *set) ;

int sigaddset(sigset_t *set, int signo) ;

int sigdelset(sigset_t *set, int signo) ;
                                        반환 : 성공시 0, 실패시 -1

int sigismember(const sigset_t *set, int signo) ;
                                  반환 : 참일 경우 0, 거짓일 경우 -1
```

sigemptyset() 함수는 set에 의해 지시되는 시그널 집합을 초기화하여 모든 시그널을 집합으로부터 제거한다. 반대로 sigfillset() 함수는 set에 의해 지시되는 시그널 집합을 초기화하여 모든 시그널을 집합에 포함시킨다. 모든 응용 프로그램은 시그널 집합을 사용하기 전에 sigemptyset() 또는 sigfillset() 함수를 사용하여 시그널 집합을 초기화하여야 한다. sigaddset() 함수는 signo 인자가 지시하는 하나의 시그널을 기존 시그널 집합(set)에 추가하고, sigdelset() 함수는 signo 인자가 지시하는 하나의 시그널을 시그널 집합(set)에서 삭제한다. sigismember() 함수는 signo 인자가 지시하는 시그널이 set 시그널 집합에 포함되어 있는지 확인하고자 할 때 사용된다.

〈리스트 5.11〉은 sigaction() 함수 사용 방법과 sigaction() 함수 호출 시에 시그널 전달을 막는 방법을 보여주는 프로그램이다. 프로그램을 실행한 다음 Ctrl-C 키를 입력한 후 sigint_handler() 함수가 실행되는 것을 확인하고 Ctrl-\ 키를 입력하여 SIGQUIT 시그널이 막혀 있음을 확인해 보기 바란다. 그리고 막혀있던 SIGQUIT 시그널이 언제 프로세스에게 전달되는 지도 확인해 보기 바란다. 또한 SIGQUIT 시그널이 막혀있는 동안 반복 입력된 Ctrl-\에 의한 SIGQUIT 시그널이 실제로 한 번만 실행되는 지도 확인해 보기 바란다. SIGQUIT 시그널에 대한 처리기 함수가 실행되는 동안 SIGINT 시그널의 전달이 막히는 지도 확인해 보기 바란다. 그리고 〈리스트 5.9〉의 좀비 프로세스 제어 프로그램을 sigaction() 함수를 사용하여 한번 수정해 보기 바란다.

〈리스트 5.11〉 sigaction() 함수 사용 예제 프로그램

```
#include <signal.h>
#include <unistd.h>
#include <stdlib.h>
#include <stdio.h>

static void sigint_handler(int signo);
static void sigquit_handler(int signo);

int main() {
        struct sigaction act_int, act_quit;

        act_int.sa_handler = sigint_handler;
        sigemptyset(&act_int.sa_mask);
        sigaddset(&act_int.sa_mask, SIGQUIT);
        act_int.sa_flags = 0;

        if (sigaction(SIGINT, &act_int, NULL) < 0) {
                printf("sigaction() error\n");
                exit(-1);
        }


        act_quit.sa_handler = sigquit_handler;
        sigemptyset(&act_quit.sa_mask);
```

```
        sigaddset(&act_quit.sa_mask, SIGINT);
        act_int.sa_flags = 0;

        if (sigaction(SIGQUIT, &act_quit, NULL) < 0) {
                printf("sigaction() error\n");
                exit(-1);
        }

        pause();
}

static void sigint_handler(int signo) {
        printf("Signal hander for SIGINT : %d\n", signo);
        printf("SIGQUIT signal is blocked : %d\n", signo);
        printf("sleep 10 sec\n");
        sleep(10);
        printf("Signal handler for SIGINT ended\n");
}

static void sigquit_handler(int signo) {
        printf("Signal hander for SIGQUIT : %d\n", signo);
        printf("SIGINT signal is blocked : %d\n", signo);
        printf("sleep 10 sec\n");
        sleep(10);
        printf("Signal handler for SIGQUIT ended\n");
}
```

5.5.3 시그널 관련 기타 함수들 : alarm(), pause(), kill(), raise()

네트워크 프로그래밍에 많이 사용되는 alarm() 함수는 미래의 특정한 시점에 종료될 타이머를 설정하기 위해 사용된다. alarm() 함수에 의해 설정된 타이머가 종료되면 기본 동작이 프로세스 종료인 SIGALRM 시그널이 생성된다. alarm() 함수의 형식은 다음과 같다.

```
# include <unistd.h>
unsigned int alarm(unsigned int seconds);
```

반환 : 0 또는 미리 설정된 타이머의 남은 시간

alarm() 함수의 seconds 인자는 SIGALRM 시그널이 생성될 미래의 시점까지의 초 단위 시간을 나타낸다. 하나의 프로세스에 대해서는 하나의 타이머만 존재할 수 있다. alarm() 함수를 호출했을 때 이미 등록된 종료되지 않은 타이머가 존재하면 해당 타이머에 대해 남아 있는 초 단위의 시간이 반환값으로 반환되고 새로운 값이 타이머에 설정된다. 만약 새로운 값을 0으로 설정하면(alarm(0) 호출) 기존 타이머는 취소된다. alarm() 함수는 SIGALRM 시그널을 부모 프로세스에만 전송하고 자식 프로세스에게는 전송하지 않는다.

pause() 함수는 시그널이 발생할 때까지 프로세스를 중지시키고자 할 때 사용된다. pause() 함수의 형식은 다음과 같다.

```
#include <unistd.h>

int pause(void);

                                   반환 : -1(errno를 EINTR로 설정)
```

pause() 함수는 어떤 시그널 처리기 함수가 실행되고 반환될 때 반환되고 오류 번호를 나타내는 시스템 변수인 errno에 EINTR을 설정한 후 -1을 반환한다.

kill() 함수는 특정 프로세스에게 어떤 시그널을 전송하고자 할 때 사용되고, raise() 함수는 자기 자신에게 어떤 시그널을 전송하고자 할 때 사용된다. kill()과 raise() 함수의 형식은 다음과 같다.

```
#include <sys/types.h>
#include <signal.h>

int kill(pid_t pid, int signo);

int raise(int signo);

                                        반환 : 성공시 0, 실패시 -1
```

〈리스트 5.12〉 프로그램의 26행을 실행한 후 3초 후에 발생하는 SIGALRM 시그널은 40-48행 시그널 처리기에 의해 처리된다. 프로그램 실행 결과를 확인하여 40-48행 SIGALRM 시그널 처리기 함수는 부모 프로세스만 실행함을 확인하기 바란다. 그리고 SIGALRM 시그널 처리기 함수를 실행하는 부모 프로세스는 43행과 49행에서 각각 SIGTERM 시그널을 자식 프로세스와 자기 자신에게 전송한다. 프로그램 실행 결과를 분석하여 SIGTERM 시그널을 수신한 부모 프로세스와 자식 프로세스가 각각 52-55행의 SIGTERM 시그널 처리기 함수를 실행하는 과정을 확인해 보기 바란다. 〈그림 5.15〉는 〈리스트 5.12〉 프로그램의 실행 결과를 보여준다.

〈리스트 5.12〉 alarm(), pause(), kill(), raise() 함수 사용 예제 프로그램

```
1  #include <signal.h>
2  #include <sys/types.h>
3  #include <unistd.h>
4  #include <stdlib.h>
5  #include <errno.h>
6  #include <stdio.h>

7  static void sigalrm_handler(int signo);
8  static void sigterm_handler(int signo);

9  pid_t pid;

10 int main(void) {
11     struct sigaction act_alrm,act_term;

12     act_alrm.sa_handler = sigalrm_handler;
13     sigemptyset(&act_alrm.sa_mask);
14     act_alrm.sa_flags = 0;

15     if (sigaction(SIGALRM, &act_alrm, NULL) < 0) {
16             printf("sigaction() error\n");
17             exit(-1);
18     }

19     act_term.sa_handler = sigterm_handler;
20     sigemptyset(&act_term.sa_mask);
21     act_term.sa_flags = 0;

22     if (sigaction(SIGTERM, &act_term, NULL) < 0) {
23             printf("sigaction() error\n");
24             exit(-1);
25     }

26     alarm(3);
27     if ((pid = fork()) < 0) {
28             printf("fork error\n");
29             return(-1);
```

```
    } else if (pid == 0) { /* child process */
        pause();
    } else { /* parent process */
        printf("child process ID : %d\n", pid);
        pause();
    }
    if (errno == EINTR)
        printf("pause() is returned\n");

    return;
}

static void sigalrm_handler(int signo) {
    if (pid != 0) { /* parent process */
        printf("timer is expired for parent process: %d\n", getpid());
        if (kill(pid, SIGTERM) < 0) { /* send SIGTERM to child process */
            printf("kill() error\n");
            exit(-1);
        }
        printf("SIGTERM is sent to child process %d by kill()\n", pid);
    }

    raise(SIGTERM); /* send SIGTERM to parent itself */
    return;
}

static void sigterm_handler(int signo) {
    printf("process %d is terminated by SIGTERM\n", getpid());
    exit(0);
}
```

그림 5.15 〈리스트 5.12〉 프로그램 실행 결과

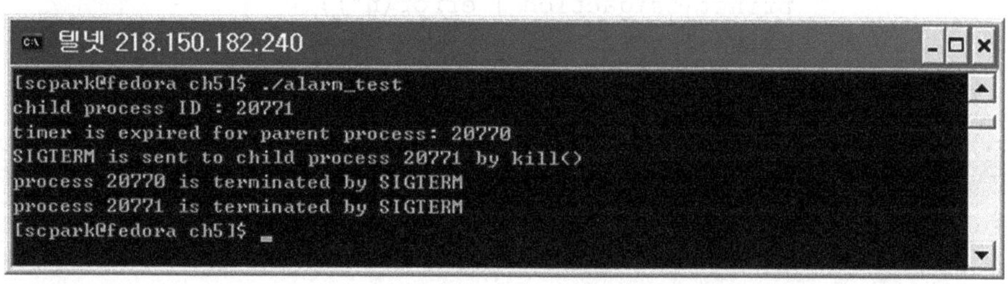

5.6 쓰레드 프로그래밍(Thread Programming)

5.6.1 쓰레드(thread)의 이해

앞에서 우리는 LINUX상에서 다중 프로세스 기반의 고전적인 동시 처리 서버 프로그래밍 기법을 자세히 알아 보았다. 프로세스는 각각 독립적인 메모리 공간을 유지한 상태에서 다른 프로세스와 독립적으로 실행되기 때문에 다중의 프로세스를 생성하여 동시 처리 서버를 개발할 지라도 프로그램의 복잡도가 그리 높지 않은 편이다. 그러나 다중 프로세스 기반의 동시 처리 서버 프로그램 개발은 다음과 같은 단점을 가진다.

- **고비용 구조**: 프로세스가 생성될 때 모든 부모의 모든 메모리가 복제되고 파일 설명자(File Descriptors)들도 모두 복제되기 때문에 다중 프로세스 기반의 동시 처리 서버 프로그램 개발은 메모리 자원이 많이 소요되는 고비용 구조를 가진다. 따라서 많은 프로세스가 생성되는 경우 메모리 부담이 커질 뿐만 아니라 스케줄러(scheduler)에 의한 콘텍스트 교환(Context Switching) 시에 시간이 많이 소요된다.
- **복잡한 프로세스간 정보 교환 구조**: 프로세스간에 메모리를 공유하지 않기 때문에 프로세스간에 정보를 교환하려면 별도의 복잡한 통신 메커니즘(IPC)을 필요로 한다. IPC(Inter-Process Communication)은 기본적으로 프로세스간에 메모리 복제를 수반하므로 복잡도가 증가와 함께 시스템의 성능에도 좋지 않은 영향을 미칠 수 있다.

쓰레드(thread)는 프로세스와 같이 독립적으로 실행되지만 메모리를 공유함으로써 프로세스의 단점을 극복할 수 있게 개발된 경량 프로세스(Light-weight Process)이다. 따라서 다중 쓰레드를 사용하여 동시 처리 서버를 개발하는 경우 다중 프로세스 기반 서버에 비해 저비용으로 고속 서버를 실현할 수 있다. 하나의 프로세스는 여러 개의 쓰레드를 가질 수 있고, 각각의 쓰레드는 고유한 ID(Thread ID)에 의해 식별되고 스케줄러에 의해 독립적으로 실행된다. 프로세스내의 쓰레드들은 다음과 같은 정보를 상호 공유한다.

- 프로세스 식별자
- 스택을 제외한 대부분의 메모리 정보
- 파일(소켓) 식별자
- 신호 처리기

- 현재 작업 디렉토리
- 사용자 ID와 그룹 ID

쓰레드에 의해 공유되는 전역 변수(Global Variables)와 같은 공유 메모리는 쓰레드간 정보 교환을 쉽게 만들지만, 한순간에 하나의 쓰레드만이 공유 메모리를 접근할 수 있게 정교하게 프로그램을 작성하지 않으면 예기치 않은 오류를 야기할 수 있기 때문에 프로그램 작성하기가 상대적으로 까다로운 문제점이 있다. 다음 정보는 각 쓰레드에 의해 독립적으로 유지된다.

- 쓰레드 식별자(ID)
- 프로그램 계수기(Program Counter)
- 지역 변수(Local Variables)와 반환 주소 유지를 위한 스택 메모리 등

프로세스와 마찬가지로 쓰레드는 부모-자식 관계를 가지고 자식 쓰레드가 종료하면 부모 쓰레드는 자식 쓰레드의 종료 상태를 확인할 수 있다. 따라서 자식 쓰레드는 종료 후에도 부모 쓰레드가 종료 상태를 확인할 때까지 관련 정보를 해제하지 않고 유지해야 한다. 이와 같이 부모 쓰레드에 의해 종료 상태를 확인받을 수 있는 쓰레드를 결합가능 쓰레드(Joinable Thread)라 하고, 종료와 동시에 모든 자원을 해제하여 부모 쓰레드가 종료 상태를 확인할 수 없는 쓰레드를 분리된 쓰레드(Detached Thread)라 한다. 모든 쓰레드는 기본적으로 결합가능 쓰레드이고 분리된 쓰레드는 쓰레드 시작 시점에서 명시적으로 정의가 되어야 한다.

쓰레드 라이브러리는 여러 가지 버전이 있으나 여기서는 표준 OS인 POSIX 버전의 pthread를 중심으로 설명한다. POSIX 쓰레드 사용하기 위해서는 컴파일 시에 -lpthread 옵션을 지정하여 pthread 라이브러리를 링크하여야 한다. 예를 들어 `gcc -o thread_talk_server thread_talk_server.c -lpthread`와 같이 컴파일을 실행해야 한다.

5.6.2 쓰레드 생성 및 종료 함수

프로그램이 실행되면 메인 쓰레드(Main Thread) 또는 초기 쓰레드(Initial Thread)가 생성되고 추가적인 쓰레드의 생성과 종료는 각각 다음과 같은 형식의 `pthread_create()`와 `pthread_exit()` 함수를 호출함으로써 수행된다.

```
#include <pthread.h>

int pthread_create(pthread_t *thread, const pthread_attr_t *attr,
                void *(*func) (void *), void *arg);
                                    반환 : 성공시 0, 실패시 양수의 Exxx 값

void pthread_exit(void *status);
                                                        반환 : 없음
```

pthread_create() 함수의 첫 번째 인자인 thread 포인터는 성공적으로 생성된 새로운 쓰레드의 식별자를 지시한다. 두 번째 attr 포인터 인자는 생성될 쓰레드의 속성(예 : 우선 순위, 스택의 크기, 데몬 쓰레드 여부 등)을 지시한다. 세 번째 인자는 생성된 쓰레드의 시작 함수(Thread Start Routine)의 포인터를 지시한다. 쓰레드 시작 함수는 쓰레드가 생성된 후 처음 실행될 함수를 나타낸다. 따라서 쓰레드는 외부적으로 함수를 호출함으로써 시작됨을 알 수 있다. 쓰레드 시작 함수는 임의의 형식(void)의 함수 포인터 인자로 지시될 수 있고, 임의의 형식의 포인터를 반환할 수 있다. 마지막 arg 포인터 인자는 쓰레드 시작 함수에 대한 단일 인자의 포인터이다. 만약 쓰레드 시작 함수에 여러 개의 인자가 필요하다면 이들을 구조체로 정의한 다음 구조체에 대한 포인터를 인자로 넘겨주어야 한다. pthread_create() 함수가 성공적으로 수행되면 0을 반환하고 오류가 발생하면 Exxx로 표시되는 양수 값을 반환한다. 예를 들어 새로운 쓰레드를 생성하지 못한 경우 EAGAIN 값을 반환한다.

쓰레드 시작 함수내에서 return 명령을 수행하면 해당 쓰레드는 종료한다. 만약 임의의 위치에서 쓰레드를 종료시키고자 한다면 pthread_exit() 함수를 호출한다. 메인 쓰레드가 return 명령을 통해 종료하는 경우 프로세스가 종료되기 때문에 프로세스내의 모든 쓰레드도 같이 종료된다. 특정 쓰레드가 exit() 함수를 호출하여 프로세스를 종료시키는 경우도 마찬가지이다. 반면 메인 쓰레드가 pthread_exit() 함수를 통해 종료되는 경우 자신만 종료되고 자신의 자식 쓰레드들은 종료시키지 않는다. pthread_exit() 함수의 status 포인터 인자는 종료 상태를 부모 쓰레드에게 알려주는 지시자이다. 쓰레드가 종료되면 쓰레드내의 모든 지역 객체(예 : 지역 변수)들은 해제된다. 따라서 status 포인터 인자가 특정 지역 객체를 지시하는 경우 오류가 발생한다.

5.6.3 쓰레드 결합과 쓰레드 분리 함수

특정 쓰레드는 다른 결합가능(joinable) 쓰레드와 결합시킴으로써 결합된 쓰레드가 종료되기를 기다리게 할 수 있다. 쓰레드 결합은 자식 쓰레드의 종료 상태를 확인해야할 필요가 있거나 자식 쓰레드가 종료하기 전에 메인 쓰레드가 종료되지 않도록 해야할 필요가 있을 때 주로 사용된다. 만약 자식 쓰레드가 동작하고 있는 상태에서 부모 쓰레드인 메인 쓰레드가 종료되면 프로세스내의 모든 자식 쓰레드가 종료된다. 부모 쓰레드가 자식 쓰레드의 종료 상태를 확인할 필요가 없는 경우 자식 쓰레드는 자신을 부모 쓰레드로부터 분리시킬 수 있다. 분리된 쓰레드는 부모 쓰레드와 결합에 필요한 제어 정보(예 : 쓰레드 식별자, 종료 상태 정보 등)를 유지할 필요가 없기 때문에 종료시에 모든 자원을 해제한다. 쓰레드 결합을 위한 pthread_join() 함수와 쓰레드 분리를 위한 pthread_detach() 함수의 형식은 다음과 같다.

```
#include <pthread.h>

int pthread_join(pthread_t thread, void **status);

                                반환 : 성공시 0, 실패시 양수의 Exxx 값
```

```
int pthread_detach(pthread_t thread);
                                        반환 : 성공시 0, 0이 아닌 값
```

pthread_join() 함수는 waitpid() 제어 함수와 유사하다. pthread_join() 함수의 첫 번째 인자 thread는 종료하기를 기다릴 대상 쓰레드의 식별자이다. 쓰레드에서는 wait() 프로세스 제어 함수와 같이 임의의 쓰레드가 종료하기를 가다리게 하는 함수는 존재하지 않는다. pthread_join() 함수의 두번째 인자 status 포인터는 쓰레드가 종료할 때 반환하는 상태 정보를 지시하게 된다. 만약 status 포인터를 NULL로 설정하면 종료 상태 정보를 반환 받지 않겠다는 것을 의미한다.

pthread_detach() 함수는 특정 쓰레드를 분리된 쓰레드로 만들고자 할 때 사용된다. 이 함수는 다른 쓰레드와 결합될 필요가 없는 쓰레드가 종료 후에도 결합에 필요한 제어 정보를 유지하는 데서 기인되는 자원을 낭비를 막기 위해 사용된다. pthread_detach() 함수의 인자 thread는 분리시키고자 하는 쓰레드의 식별자이다. 일반적으로 pthread_detach()

함수는 자신을 분리시키는 형태로 주로 사용되고 이 때 자신의 쓰레드 식별자를 반환하는 pthread_self() 함수를 사용한다. 즉, pthread_detach (pthread_self()) 명령문은 자신을 분리시키도록 명령한다. pthread_self() 함수의 형식은 다음과 같다.

```
#include <pthread.h>

pthread_t pthread_self(void);
```

반환 : 호출 쓰레드의 쓰레드 식별자

5.6.4 쓰레드 기반의 1:1 대화(talk) 클라이언트-서버 프로그램

여기서는 쓰레드 기반의 간단한 1:1 대화 클라이언트-서버 프로그램 작성을 통해 앞에서 설명한 쓰레드 제어 함수들이 어떻게 사용되는 지 알아보겠다. 〈리스트 5.13〉은 쓰레드 기반으로 작성된 1:1 대화 서버 프로그램이다. 이 프로그램은 42행과 44행에서 각각 input_and_send()와 recv_and_print() 쓰레드 시작 함수를 가지는 2개의 자식 쓰레드를 생성함으로써 메인 쓰레드를 포함하여 3개의 쓰레드로 동작한다. 42행에서 쓰레드 생성을 위한 pthread_create() 함수 호출 시에 우리는 쓰레드 식별자가 저장될 변수의 포인터(&tid), 쓰레드 시작 함수의 포인터(&input_and_send), 그리고 연결 소켓 설명자가 저장된 변수의 포인터(&conn_sock)를 쓰레드 시작 함수에 대한 인자의 포인터로 전달함을 알수 있고, 생성될 쓰레드의 속성은 NULL 포인터를 통해 기본 값을 설정함을 알 수 있다. 44행의 쓰레드 생성 명령문도 동일한 구조를 가진다. 만약 메인 쓰레드가 2개의 자식 쓰레드를 생성한 다음 종료한다면 프로세스가 종료하게 되고 그러면 2개의 자식 쓰레드들도 동시에 종료하게 되어 대화 서비스 수행이 불가능하게 된다. 따라서 메인 쓰레드는 대화 서비스를 수행하는 자식 쓰레드들과 결합을 통해 자식 쓰레드들이 종료하기를 기다려야 한다. 46-47행은 메인 쓰레드를 자식 쓰레드들과 결합시킨다. 여기서 주의할 것은 연결 서버 소켓(conn_sock)의 폐쇄 시점이다. fork() 함수를 통해 자식 프로세스를 생성하는 경우 소켓 설명자들(서버 소켓, 서버 연결 소켓)이 복제되어 자식 프로세스에 의해 독립적으로 유지되므로 fork() 함수 호출 직후에 부모 프로세스는 자신이 사용하지 않는 서버 연결 소켓을 반드시 폐쇄시킴으로써 해당 설명자에 대한 참조 계수(Reference Counter)를 감소시킨다. 그러나 쓰레드 환경에서는 부모와 자식 쓰레드가 소켓 설명자를 공유하기 때문에 이와 같이 소켓을 폐쇄하면 자식 쓰레드가 해당 연결 소켓을 사용할 수 없게 되는 문제가 발생한다. 따라서 메인 쓰레드는 연결 소켓를 사용하는 자식 쓰레드들이 종료한 후에 해당 연결 소켓을 폐쇄해야 한다.

〈리스트 5.13〉 쓰레드 기반의 1:1 대화(talk) 서버 프로그램

```
#include <stdio.h>
#include <stdlib.h>
#include <string.h>
#include <unistd.h>
#include <pthread.h>
#include <arpa/inet.h>
#include <sys/types.h>
#include <sys/socket.h>

#define MAXLINE  511
void *input_and_send(void *conn_sock);
void *recv_and_print(void *conn_sock);
void error_print(char *message);

int main(int argc, char **argv) {
    int serv_sock;
    int conn_sock;
    struct sockaddr_in serv_addr;
    struct sockaddr_in conn_addr;
    int addrlen, datalen;
    pthread_t tid1, tid2;

    /* input server port number*/
    if (argc != 2) {
        printf("Usage : %s <port>\n", argv[0]);
        exit(1);
    }

    /* create a stream socket */
    serv_sock = socket(PF_INET, SOCK_STREAM, 0);
    if (serv_sock == -1)
        error_print("socket() error");

    memset(&serv_addr, 0, sizeof(serv_addr));
    serv_addr.sin_family = AF_INET;
    serv_addr.sin_addr.s_addr = htonl(INADDR_ANY);
    serv_addr.sin_port = htons(atoi(argv[1]));
```

```
    if (bind(serv_sock, (struct sockaddr *) &serv_addr, sizeof(serv_addr)) == -1)
        error_print("bind() error");

    if (listen(serv_sock, 1) == -1)
        error_print("listen() error");
    addrlen = sizeof(conn_addr);
    conn_sock = accept(serv_sock, (struct sockaddr *) &conn_addr, &addrlen);

    if (conn_sock == -1)
        error_print("accept() error");

    /* create a thread for input_ans_send */
    if(pthread_create(&tid1, NULL, &input_and_send, &conn_sock) != 0)
       error_print("pthread_create() error");

    if(pthread_create(&tid2, NULL, &recv_and_print, &conn_sock) != 0)
       error_print("pthread_create() error");

    pthread_join(tid1, NULL);
    pthread_join(tid2, NULL);
    printf("Talk is over!\n");
    close(serv_sock);
    close(conn_sock);

    return(0);
    }

void *input_and_send(void *conn_sock) {
    char buf[MAXLINE+1];
    int nbytes;

    while(fgets(buf, sizeof(buf), stdin) != NULL) {
        nbytes = strlen(buf);
        write(*(int *)conn_sock, buf, nbytes);
        if (strcmp(buf,"exit\n") == 0) {
            puts("Good Bye.");
            break;
        }
    }
    return(0);
}

void *recv_and_print(void *conn_sock) {
```

```
    char buf[MAXLINE+1];
    int nbytes;
    while(1) {
            if ((nbytes = read(*(int *)conn_sock, buf, MAXLINE)) < 0) {
                printf("read() error\n");
                exit(1);
            }
            buf[nbytes] = 0;
            printf("%s", buf);
            if (strcmp(buf, "exit\n") == 0) {
                break;
            }
    }
    return(0);
}

  void error_print(char *message) {
    fputs(message, stderr);
    fputc('\n', stderr);
    exit;
    }
```

〈리스트 5.13〉의 쓰레드 시작 함수 input_and_send(void *conn_sock)와 recv_and_print(void *conn_sock)는 메인 쓰레드에서 생성된 서버 연결 소켓을 사용하여 클라이언트와 통신하므로 각각 동일한 서버 연결 소켓의 포인터를 일반형(void) 인자로 넘겨받았다. 따라서 하나의 쓰레드가 읽기(read), 쓰기(write)와 같은 단순 동작이 아닌 닫기(close) 등 서버 연결 소켓의 상태에 변화를 초래하는 어떤 동작을 수행하면 소켓을 공유하는 다른 쓰레드에도 동일한 변화를 초래함을 유의하여야 한다. 특히 쓰레드 기반의 동시 처리 서버 프로그래밍에서 accept() 함수를 통해 새로운 연결 소켓을 생성하고 해당 연결 소켓을 인자로 사용하는 동일한 쓰레드 시작 함수를 반복해서 실행하는 경우는 특히 유의하여야 한다. 이 문제는 쓰레드 기반의 동시 처리 서버 프로그래밍에서 다시 한번 강조하도록 하겠다.

〈리스트 5.14〉의 쓰레드 기반의 1:1 대화 클라이언트 프로그램의 서버 프로그램 구조와 유사하므로 설명을 생략한다.

〈리스트 5.14〉 쓰레드 기반의 1:1 대화(talk) 클라이언트 프로그램

```
#include <stdio.h>
#include <stdlib.h>
#include <string.h>
#include <unistd.h>
#include <arpa/inet.h>
#include <sys/types.h>
#include <sys/socket.h>

#define MAXLINE     511
void *input_and_send(void *cli_sock);
void *recv_and_print(void *cli_sock);
void error_print(char *message);

int main(int argc, char **argv) {
        int cli_sock;
        struct sockaddr_in serv_addr;
        int datalen;
        pthread_t tid1, tid2;

        /* input server port number*/
        if (argc != 3) {
                printf("Usage : %s <IP addre> <port>\n", argv[0]);
                exit(1);
        }

        /* create a stream socket */
        cli_sock = socket(PF_INET, SOCK_STREAM, 0);
        if (cli_sock == -1)
                error_print("socket() error");

        memset(&serv_addr, 0, sizeof(serv_addr));
        serv_addr.sin_family = AF_INET;
        serv_addr.sin_addr.s_addr = inet_addr(argv[1]);
        serv_addr.sin_port = htons(atoi(argv[2]));

        if (connect(cli_sock, (struct sockaddr *) &serv_addr, sizeof(serv_addr)) == -1)
                error_print("connect() error");

        /* create a thread for input_ans_send */
        if(pthread_create(&tid1, NULL, &input_and_send, &cli_sock) != 0)
                error_print("pthread_create() error");
```

```
        if(pthread_create(&tid2, NULL, &recv_and_print, &cli_sock) != 0)
                error_print("pthread_create() error");

        pthread_join(tid1, NULL);
        pthread_join(tid2, NULL);
        printf("Talk is over!\n");

        close(cli_sock);
        return(0);
}

void *input_and_send(void *cli_sock) {
        char buf[MAXLINE+1];
        int nbytes;

        while(fgets(buf, sizeof(buf), stdin) != NULL) {
                nbytes = strlen(buf);
                write(*(int *)cli_sock, buf, nbytes);
                if (strcmp(buf,"exit\n") == 0) {
                        puts("Good Bye.");
                        break;
                }
        }
        return(0);
}

void *recv_and_print(void *cli_sock) {
        char buf[MAXLINE+1];
        int nbytes;

        while(1) {
                if ((nbytes = read(*(int *)cli_sock, buf, MAXLINE)) < 0) {
                        printf("read() error\n");
                        exit(1);
                }
                buf[nbytes] = 0;
                printf("%s", buf);
                if (strcmp(buf, "exit\n") == 0) {
                        break;
                }
        }
        return(0);
}
```

```
void error_print(char *message) {
        fputs(message, stderr);
        fputc('\n', stderr);
        exit;
}
```

5.6.5 쓰레드 기반의 동시 처리 서버 프로그래밍

이제 쓰레드 기반의 동시 처리 서버 프로그래밍에 대해 살펴보자. 〈리스트 5.15〉는 동시 처리 에코 서버를 쓰레드 기반으로 재작성한 프로그램의 예이다. accept() 함수 호출을 통해 임의의 클라이언트로부터 연결 설정 요청을 대기하는 과정까지는 프로세스 기반의 동시 처리 서버 프로그램과 동일하다. 그러나 accept() 함수에 의해 서버 연결 소켓이 생성된 이후 fork() 함수 호출을 통해 해당 연결을 통해 에코 서비스를 수행할 자식 프로세스를 생성하는 대신 에코 서비스를 수행할 자식 쓰레드를 생성한다는 점에서 쓰레드 기반의 동시 처리 프로그래밍의 차이가 있다. 〈리스트 5.15〉의 53행은 accept() 함수를 수행한 후 에코 서비스를 수행하는 쓰레드 시작 함수(do_echo())를 가지는 새로운 쓰레드를 생성하고 해당 쓰레드에 accept() 함수에 의해 생성된 서버 연결 소켓의 주소를 인자로 넘겨준다. 그런 다음 메인 쓰레드는 다시 accept() 함수에서 다른 클라이언트의 연결 요청을 대기한다. 프로세스 기반의 동시 처리 서버 프로그래밍의 경우와 달리 메인 쓰레드가 서버 소켓(serv_sock)을 통해 다시 새로운 연결 설정을 대기하기 전에 자식 쓰레드가 사용하는 서버 연결 소켓을 폐쇄하지 않는 데에 유의하기 바란다. 만약 메인 쓰레드가 서버 연결 소켓을 폐쇄하면 해당 연결 소켓을 사용하는 자식 쓰레드는 더 이상 그 소켓을 사용할 수 없게 된다. 이는 부모-자식 프로세스간에 소켓 설명자 복제하여 독립적으로 유지하는 프로세스 환경과 달리 쓰레드 환경에서는 부모-자식 쓰레드가 소켓 설명자를 공유하기 때문이다.

〈리스트 5.15〉 쓰레드 기반의 동시 처리 에코 서버 프로그램

```
1   #include <stdio.h>
2   #include <stdlib.h>
3   #include <string.h>
4   #include <unistd.h>
5   #include <pthread.h>
6   #include <arpa/inet.h>
```

```
#include <sys/types.h>
#include <sys/socket.h>

#define    BUFSIZE 1024
void *do_echo(void *arg);
void error_print(char *message);

int main(int argc, char **argv)
{
    int serv_sock; /* server socket descriptor */
    int conn_sock; /* server connection socket descriptor */
    struct sockaddr_in serv_addr;
    struct sockaddr_in conn_addr;
    int addrlen;
    pthread_t thread;

    /* input server port number when running the server program */
    if(argc != 2) {
            printf("Usage : %s <port>\n", argv[0]);
            exit(1);
    }

    /* create a stream socket for TCP and IP */
    serv_sock = socket(PF_INET, SOCK_STREAM, 0);

    if (serv_sock == -1)
            error_print("socket() error");

    /* initialize the server socket address structure */
    memset(&serv_addr, 0, sizeof(serv_addr));

    /* assign the server socket address */
    serv_addr.sin_family = AF_INET;
    /* wildcard for local address */
    /* htonl() converts the local 32 bit IP address to standard format */
    serv_addr.sin_addr.s_addr = htonl(INADDR_ANY);
    /* htons() converts the port number to standard format */
    serv_addr.sin_port = htons(atoi(argv[1]));

    /* bind server socket address to the server socket */
    if (bind(serv_sock, (struct sockaddr *) &serv_addr, sizeof
  (serv_addr)) == -1)
            error_print("bind() error");
```

```
    /* listen to the server socket */
    if (listen(serv_sock,5) == -1)
            error_print("listen() error !");

    while(1) { /* repeat */
            /* accept the connection request from a client */
            addrlen = sizeof(conn_addr);
            conn_sock = accept(serv_sock, (struct sockaddr *)&conn_addr, &addrlen);
            if (conn_sock == -1) {
                    printf("accept() error\n");
                    continue;
            }
            /* create a child thread to do a echo function */
            if (pthread_create(&thread, NULL, &do_echo, &conn_sock) != 0)
                    error_print("pthread_create() error");

    }
    return(0);
}

void *do_echo(void *arg) {
    char buf[BUFSIZE];
    int datalen;
    int conn_sock;

    pthread_detach(pthread(self());
    conn_sock = *((int *) arg);

    while ((datalen = read(conn_sock, buf, BUFSIZE)) != 0) {
            write(conn_sock, buf, datalen);
            buf[datalen] = 0;
            printf("data from client : %s\n", buf);
            memset(buf, 0, BUFSIZE);
    }
    /* close the connection socket */
    close(conn_sock);
    return;
}

void error_print(char *message)
{
    fputs(message, stderr);
```

```
77      fputc('\n', stderr);
78      exit;
79  }
```

동시 처리 에코 서버의 경우 메인 쓰레드가 자식 쓰레드가 종료하기를 기다릴 필요가 없기 때문에 자식 쓰레드는 분리된 쓰레드로 선언될 수 있다. 〈리스트 5.15〉의 62행은 자식 쓰레드를 분리된 쓰레드로 만든다. 쓰레드 기반의 동시 처리 에코 서버의 쓰레드 시작 함수(do_echo())에서 인자(arg)로 넘겨받은 서버 연결 소켓을 사용하는 방식이 1:1 대화 클라이언트-서버 프로그램의 경우와 다름을 발견할 수 있을 것이다. 메인 쓰레드가 accept() 함수를 한번만 호출하는 쓰레드 기반의 1:1 대화 클라이언트-서버 프로그램과 달리 쓰레드 기반의 동시 처리 에코 서버의 경우 클라이언트의 연결 요청이 있을 때마다 새로운 서버 연결 소켓을 생성하고 새롭게 생성된 소켓의 설명자를 기존 변수(conn_sock)에 저장한다.

메인 쓰레드에서 accept() 함수가 실행될 때마다 conn_sock 변수의 값이 달라지기 때문에 이 변수의 주소를 인자로 넘겨받아 실행되는 자식 쓰레드가 사용하는 소켓 설명자의 값도 동시에 변경될 수밖에 없다.

〈리스트 5.15〉의 쓰레드 시작 함수(do_echo())에서는 이 문제를 해결하기 위해 63행과 같이 자식 쓰레드 마다 독립적으로 유지되는 스택 메모리에 저장되는 자동 변수(conn_sock)에 포인터 변수로 넘겨받은 연결 소켓의 값을 저장한 다음 이 변수의 값을 사용함을 알 수 있다. 대부분의 경우 이런 방식의 프로그래밍은 문제를 야기하지 않지만 만약 어떤 이유에서 자식 쓰레드가 63행을 실행하기 전에 메인 쓰레드가 47행를 다시 수행하는 상황이 발생하면 어떤 문제가 생기게 될지 생각해 보기 바란다. 그리고 이런 경우에도 문제가 발생하지 않도록 프로그램을 작성하려면 어떻게 수정해야 될 지 생각해 보기 바란다. 중요한 것은 각 쓰레드가 사용하는 서로 다른 연결 소켓의 설명자 값을 저장하는 메모리가 서로 달라야 하고, 특정 쓰레드가 사용하는 연결 소켓의 설명자 메모리의 값이 어떤 경우에도 다른 쓰레드에 의해 의도하지 않은 영향을 받지 않아야 한다는 점이다.

5.6.6 임계 영역(Critical Section)과 쓰레드 동기화(Thread Synchronization)

다중 쓰레드 기반의 프로그래밍에서 매우 주의해야 할 부분 중 하나는 전역 변수(Global Variables)와 같이 여러 개의 쓰레드에 의해 공유되는 자원에 대한 접근 제어 문제이다. 쓰레드에 의한 공유 자원 접근은 반드시 상호 배타적(Mutual Exclusive)으로 이루어지도록 프로그래밍 되어야 한다. 공유 자원에 대한 상호 배타적 접근이란 특정 쓰레드가 공유 자원에 접근하여 자원의 상태를 변화시킬 수 있는 동작을 수행하고자 할 때 동작을 완료할 때까지 다른 쓰레드는 해당 자원을 접근하지 않도록 제어하는 것이다. 쓰레드 프로그램에서 상호 배타적으로 수행되어야 하는 코드 부분을 임계 영역(Critical Section)이라 한다. 〈리스트 5.16〉은 2개의 쓰레드가 전역 변수인 counter 변수를 1씩 5000번 증가시키는 단순 프로그램으로써 쓰레드간 공유 자원인 전역 변수(counter)를 접근하는 임계 영역에 대한 보호가 없을 때 발생할 수 있는 문제점을 보여주기 위한 예제이다.

본 예제의 쓰레드 시작 함수(increment_counter())에서 공유 자원(counter)에 대해 수행하는 덧셈 연산은 대체로 3개의 기계어 명령으로 변환되어 수행된다.

(1) 메모리 변수의 값을 레지스터(register)로 이동
(2) 레지스터에서 덧셈 연산 수행
(3) 레지스터의 결과 값을 메모리 변수로 이동

만약 A 쓰레드가 덧셈 연산을 수행하는 도중(예 : (2)번 기계어 명령 수행 직후)에 스케줄러에 의해 쓰레드 B가 실행되면 콘텍스트 교환(Context Switching) 과정에서 현재 레지스터의 값이 임시 메모리에 저장되고 레지스터는 B 쓰레드의 덧셈을 수행한다. 다행히 B 쓰레드의 경우 덧셈을 위한 3개의 기계어 명령을 모두 수행한 후 A 쓰레드가 다시 수행된다고 가정하자. A 쓰레드의 레지스터는 임시 메모리로부터 복구되고 이 값이 메모리 변수에 저장됨으로써 결과적으로 B 쓰레드에 의해 실행된 덧셈 연산의 결과를 A 쓰레드가 덮어 쓰는 오류를 야기하게 된다. 이 문제는 공유 자원인 counter 전역 변수에 대한 쓰레드 덧셈 연산이 상호 배타적으로 수행되지 못하기 때문에 발생한다. 즉, 쓰레드 덧셈 연산이 완료되기 전에 다른 쓰레드가 같은 전역 변수에 대한 덧셈 연산을 수행하기 때문에 발생한다. 다중 쓰레드를 실행할 때 쓰레드 간 콘텍스트 교환이 언제 발생할 지 정확하게 알 수 없고 시스템의 상태(프로세스 수, 쓰레드 수 등)에 따라 달라질 수밖에 없다. 따라서 임계 영역을 보호하지 못하는 〈리스트 5.16〉과 같은 프로그램의 실행 결과를 실행 시점에 따라 결과가 달라질 수밖에 없다. 〈그림 5.16〉과 〈그림 5.17〉은 〈리스트 5.16〉 프로그램을 다른 시점에서 실행한 결과를 각각 보여준다. 여러분도 실행 결과를 확인해 보기 바란다.

〈리스트 5.16〉 두개의 트레드를 사용하는 단순 계산 프로그램 예제

```
#include <stdio.h>
#include <stdlib.h>
```

```
#include <unistd.h>
#include <pthread.h>

#define MAX_COUNT        5000

int counter; /* global variable shared by tow threads*/
void *increment_counter(void *arg);
void error_print(char *message);

int main(int argc, char **argv) {
    pthread_t tid1, tid2;

    /* create a thread for input_ans_send */
    if(pthread_create(&tid1, NULL, &increment_counter, NULL) != 0)
           error_print("pthread_create() error");

    if(pthread_create(&tid2, NULL, &increment_counter, NULL) != 0)
           error_print("pthread_create() error");

    pthread_join(tid1, NULL);
    pthread_join(tid2, NULL);

    printf("final counter : %d\n", counter);

    return(0);
}

void *increment_counter(void *arg) {
    int i, val;

    for (i = 0; i < MAX_COUNT; i++) {
           val = counter;
           printf("thread ID : %d, counter : %d\n", pthread_self(), val+1);
           counter = val + 1;
    }

    return;
}

void error_print(char *message) {
    fputs(message, stderr);
    fputc('\n', stderr);
    exit;
}
```

그림 5.16 〈리스트 5.16〉 프로그램 실행 결과(1)

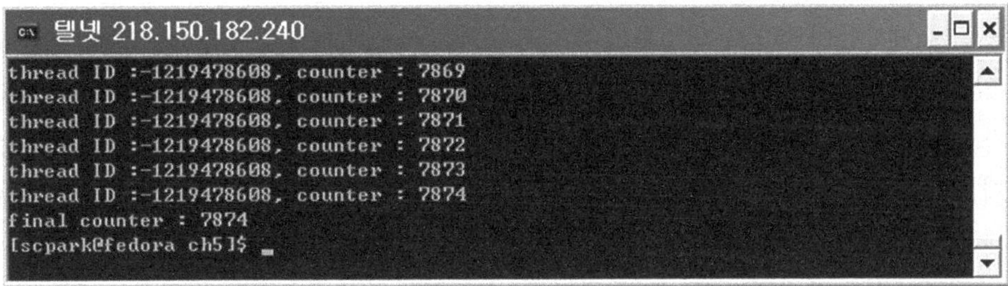

그림 5.17 〈리스트 5.16〉 프로그램 실행 결과(2)

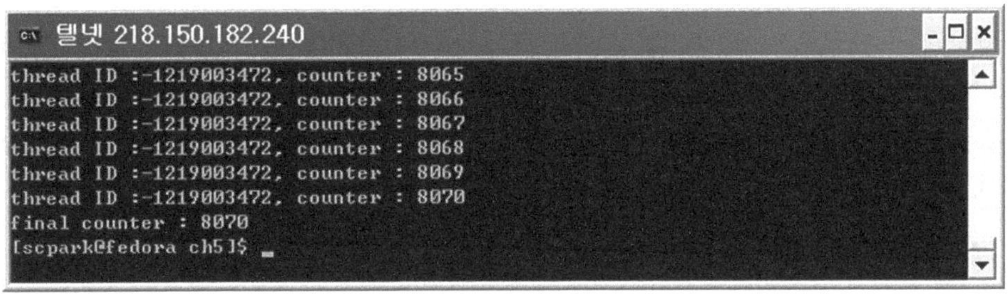

임계 영역에 대한 배타적 접근을 보장하기 위해 다중 쓰레드의 임계 영역 접근 순서를 제어하는 작업을 쓰레드 동기화(Thread Synchronization)이라 한다. 쓰레드 동기화는 하나의 쓰레드가 임계 영역의 코드를 실행하고자 할 때 공유 자원에 대한 잠금(locking)을 요청함으로써 다른 쓰레드가 동일한 공유 자원을 접근하는 임계 영역의 코드를 수행하지 못하게 하고, 임계 영역의 코드 실행이 종료되면 공유 자원에 대한 잠금해제(unlocking)을 요청하여 다른 쓰레드가 자신의 임계 영역을 실행할 수 있게 한다. 쓰레드 동기화를 위한 대표적인 기법은 뮤텍스(mutex) 기법과 세마포어(semaphore) 기법이 있다.

5.6.7 뮤텍스(Mutex)

뮤텍스는 상호 배타적인(Mutual Exclusive) 접근을 실현하기 위해 제안된 특수한 변수(Special Variable)로서 잠금 상태(Locked State) 또는 잠금해제 상태(Unlocked State)로 존재할 수 있다. 하나의 뮤텍스가 잠금해제 상태에 있으면 특정 쓰레드는 해당 뮤텍스를 잠금 상태로 만들 수 있다. 잠금 상태로 만들어진 뮤텍스는 잠금 상태로 만든 쓰레드의 소유가 된다. 어떤 쓰레드가 이미 잠금 상태에 있는 뮤텍스를 잠금 상태로 만드는 시도를 하면 그 쓰레드는 해당 뮤텍스의 대기 큐(Mutex Queue)에서 기다린다. 뮤텍스 큐에서 대기하고 있는 쓰레드들이 해당 뮤텍스를 소유하는 순서는 쓰레드 스케줄링 정책에 따라 달라 질 수 있으나 보통 FIFO(First In First Out) 방식으로 처리된다. 뮤텍스를 소유하고 있는 쓰레드가 더 이상 뮤텍스를 소유할 필요가 없으면 해당 뮤텍스를 잠금해제 상태로 만든다. 잠금해제 상태가 된 뮤텍스는 해당 뮤텍스 큐에서 대기하고 있는 다른 쓰레드에 의해 다시 잠금 상태로 만들어 지고 그 쓰레드의 소유가 된다. 따라서 뮤텍스에 의한 임계 영역에 대한 다중 쓰레드의 상호 배타적 접근 제어는 전역 변수로 선언된 뮤텍스를 잠금 상태로 만들어 해당 뮤텍스를 소유한 쓰레드만 임계 영역을 접근할 수 있게 함으로써 실현될 수 있다.

뮤텍스를 사용하려면 먼저 뮤텍스 변수를 선언하고 초기화 하여야 한다. 뮤텍스 변수 선언과 초기화 형식은 다음과 같다. 뮤텍스 변수를 기본 속성 값을 가지도록 초기화 하고자 하는 경우 매크로 상수 PTHREAD_MUTEX_INITIALIZER를 할당하여 초기화 할 수 있다. 그렇지 않고 뮤텍스 변수의 속성을 설정하고자 하는 경우 `pthread_mutex_init()` 함수를 사용할 수 있다. 여기서는 뮤텍스 변수의 속성에 대한 설명은 생략하고 기본 뮤텍스만 사용하도록 한다.

```
#include <pthread.h>

pthread_mutex_t mutex; /* 뮤텍스 선언 */

pthread_mutex_t mutex = PTHREAD_MUTEX_INITIALIZER; /* 뮤텍스 초기화 */

int  pthread_mutex_init(pthread_mutex_t  *mutex,  const  pthread_
mutex_attr *attr); /* 뮤텍스 초기화 */

                                    반환 : 성공시 0, 실패시 양수의 Exxx 값
```

뮤텍스 변수가 초기화 되고 나면 다음 뮤텍스 잠금 함수(`pthread_mutex_lock()`)와 뮤텍스 잠금해제 함수(`pthread_mutex_unlock()`)를 사용하여 뮤텍스를 잠금 상태로 만들고 잠금해제 상태로 만들 수 있다. 그리고 뮤텍스 변수를 더 이상 사용하지 않을 때는 뮤텍스 삭제 함수(`pthread_mutex_destroy()`)를 사용하여 해당 뮤텍스 변수를 삭제할 수 있다. 뮤텍스를 삭제하려면 반드시 해당 뮤텍스는 잠금해제 상태에 있어야 한다. 이 함수들의 형식은 다음과 같다.

```
#include <pthread.h>

int pthread_mutex_lock(pthread_mutex_t *mutex);

int pthread_mutex_unlock(pthread_mutex_t *mutex);

int pthread_mutex_destroy(pthread_mutex_t *mutex);
```

반환 : 성공시 0, 실패시 양수의 Exxx 값

〈리스트 5.17〉은 두 개의 쓰레드를 사용하여 전역 변수인 counter 변수의 값을 단순 증가시키는 〈리스트 5.16〉의 프로그램을 뮤텍스를 사용하여 임계 영역을 보호할 수 있도록 수정한 프로그램이다. 먼저 6행에서 mutex를 전역 변수로 선언함으로써 두개의 쓰레드가 mutex를 공유할 수 있게 선언하였음을 알 수 있다. 그리고 13행에서 mutex를 기본 뮤텍스로 초기화 한다. 이 예제 프로그램에서 임계 영역은 각 쓰레드가 전역 변수인 counter 변수를 접근하는 부분(28-30 행)이다. 따라서 각 쓰레드가 임계 영역을 수행하기 전에 27행에서와 같이 pthread_mutex_lock() 함수를 사용하여 초기화된 mutex 변수를 먼저 잠금 상태로 만든다. 만약 하나의 쓰레드가 mutex를 잠금 상태로 만든 상태에서 다른 쓰레드가 27행를 실행하면 해당 쓰레드는 mutex 큐에서 대기하게 될 것이다. 한 쓰레드가 임계 영역을 빠져나온 다음에는 31행에서와 같이 pthread_mutex_unlock()를 사용하여 mutex의 잠금 상태를 해제해야 하고, 그러면 대기하고 있던 다른 쓰레드가 다시 mutex를 잠금 상태로 만들고 임계 영역을 실행하게 된다. 이와 같은 방식으로 임계 영역에 대한 상호 배타적 접근이 보장된다.

〈그림 5.18〉은 뮤텍스를 사용한 〈리스트 5.17〉 프로그램의 실행 결과를 보여주고 있다. 우리는 〈리스트 5.17〉 프로그램은 〈리스트 5.16〉 프로그램의 경우와 달리 정상적인 결과를 보여주고 있음을 알 수 있고, 반복적인 실행 결과가 동일함으로 알 수 있다.

〈리스트 5.17〉 두 개의 트레드와 뮤텍스를 사용하는 계산 프로그램 예제

```
1  #include <stdio.h>
2  #include <stdlib.h>
3  #include <unistd.h>
4  #include <pthread.h>

5  #define MAX_COUNT      5000
```

```
pthread_mutex_t mutex;
int counter; /* global variable shared by tow threads*/
void *increment_counter(void *arg);
void error_print(char *message);

int main(int argc, char **argv) {
    pthread_t tid1, tid2;

    /* mutex initialization */
    pthread_mutex_init(&mutex, NULL);

    /* create a thread for input_ans_send */
    if(pthread_create(&tid1, NULL, &increment_counter, NULL) != 0)
            error_print("pthread_create() error");

    if(pthread_create(&tid2, NULL, &increment_counter, NULL) != 0)
            error_print("pthread_create() error");

    pthread_join(tid1, NULL);
    pthread_join(tid2, NULL);

    printf("final counter : %d\n", counter);

    return(0);
}

void *increment_counter(void *arg) {
    int i, val;

    for (i = 0; i < MAX_COUNT; i++) {
            pthread_mutex_lock(&mutex);
            val = counter;
            printf("thread ID :%d, counter : %d\n", pthread_self(), val+1);
            counter = val + 1;
            pthread_mutex_unlock(&mutex);

    }
    return;
}

void error_print(char *message) {
    fputs(message, stderr);
    fputc('\n', stderr);
    exit;
}
```

그림 5.18 〈리스트 5.17〉 프로그램의 실행 결과

텔넷 218.150.182.240

```
thread ID :-1218716752, counter : 9994
thread ID :-1218716752, counter : 9995
thread ID :-1218716752, counter : 9996
thread ID :-1218716752, counter : 9997
thread ID :-1218716752, counter : 9998
thread ID :-1218716752, counter : 9999
thread ID :-1218716752, counter : 10000
final counter : 10000
[scpark@fedora ch5]$
```

5.6.8 세마포어(Semaphores)

세마포어도 뮤텍스와 마찬가지로 임계 영역에 대한 상호 배타적인 접근을 실현하기 위해 정의된 특수한 변수이다. 앞에서 설명한 대로 뮤텍스는 잠금 상태와 잠금해제 상태의 두 가지 상태만 가지고 한 순간에 공유 자원을 접근하는 쓰레드가 한 개만 존재할 수 있게 보장함으로써 상호 배타적인 접근을 실현할 수 있게 한다. 반면 세마포어는 다중 쓰레드 간 공유 자원 접근 순서를 제어할 수 있게 하고 공유 자원을 동시에 접근하는 쓰레드의 수를 필요에 따라 여러 개를 허용할 수 있게 함으로써 보다 유연하게 공유 자원의 배타적 접근을 제어할 수 있게 한다.

뮤텍스의 경우와 마찬가지로 세마포어도 해당 세마포어를 소유한 쓰레드만 해당 세마포어가 제어하고자 하는 공유 자원을 접근할 수 있다. 그러나 한순간에 1개의 쓰레드만이 뮤텍스를 소유할 수 있는 것과 달리 세마포어는 여러 개의 쓰레드에 의해 동시에 소유될 수 있다. 예를 들어 3개의 버퍼(buffer)를 여러 개의 쓰레드들이 공유하는 경우 최대 3개의 쓰레드들이 동시에 공유 버퍼를 접근할 수 있게 할 필요가 있다. 이 경우 공유 자원의 수를 나타내는 세마포어의 초기값을 3으로 정의함으로써 최대 3개의 쓰레드가 버퍼를 동시에 접근할 수 있게 제어할 수 있다. 쓰레드가 비어있는 버퍼를 하나 사용하면 해당 쓰레드는 버퍼 제어용 세마포어를 하나 소유하게 되고 공유 자원의 수를 나타내는 세마포어 값은 1 감소되어야 한다. 그리고 쓰레드가 버퍼를 사용하고 나면 공유 자원의 수가 늘어나므로 세마포어 값은 1 증가되어야 한다. 만약 현재 세마포어의 값이 0이라면 비어있는 공유 자원(버퍼)가 하나도 없다는 것을 의미하므로 버퍼를 사용하고자 하는 쓰레드는 다른 쓰레드가 버퍼를 사용한 후 세마포어를 1 증가시킬 때까지 대기해야 한다. 즉, 세마포어의 값이 0인 세마포어 변수를 소유하고자 하는 쓰레드는 세마포어 값이 1이 될 때까지 대기

상태에 들어가게 됨을 알 수 있다. 뮤텍스와 같이 공유 자원이 1개만 존재할 때 사용하는 세마포어를 특별히 이진 세마포어(Binary Semaphore)라 한다.

쓰레드가 세마포어 기반의 공유 자원을 접근하기 위해서는 다음과 같은 과정을 수행하게 된다.

① 공유 자원을 제어하는 세마포어 값을 확인한다.

② 확인 결과 세마포어의 값이 양수이면 쓰레드는 공유 자원을 접근할 수 있다. 쓰레드는 공유 자원을 접근하기 전에 하나의 공유 자원이 사용되었음을 나타내도록 세마포어 값을 1 감소시킨다.

③ 확인 결과 세마포어의 값이 0이면 쓰레드는 세마포어 값이 0보다 커질 때까지 대기(sleep)한다. 쓰레드가 깨어나면 (1) 과정부터 다시 시작한다.

④ 쓰레드가 세마포어에 의해 제어되는 공유 자원을 사용하고 나면 비어있는 공유 자원이 하나 추가되었음을 나타내도록 세마포어 값을 1 증가시킨다. 이 때 만약 쓰레드들이 해당 세마포어를 기다리고 대기하고 있으면 해당 쓰레드들이 깨어난다.

세마포어를 사용하려면 먼저 세마포어 변수를 선언하고 초기화 하여야 한다. 그리고 사용된 세마포어는 삭제되어야 한다. POSIX 표준 OS의 세마포어 변수 선언, 초기화, 그리고 삭제 함수의 형식은 다음과 같다.

```
#include <semaphore.h>

sem_t sem; /* 세마포어 선언 */

int sem_init(sem_t *sem, int pshared, unsigned int value); /* 세마
포어 초기화 */

int sem_destroy(sem_t *sem); /* 세마포어 삭제 */
                                        반환 : 성공시 0, 실패시 -1
```

세마포어 초기화 함수 `sem_init()` 첫 번째 인자는 `sem_t`형으로 정의되는 세마포어 변수의 포인터를 지시하고 세 번째 인자는 세마포어의 초기 값, 즉 해당 세마포어 변수가 제어하는 공유 자원의 수를 나타낸다. 두 번째 인자는 해당 세마포어를 여러 개의 프로세

스가 공유할 것인지를 나타내는 것으로 하나의 프로세스내에서 동작하는 쓰레드 동기화에서는 사용할 필요가 없으므로 항상 0으로 설정된다.

쓰레드는 세마포어를 얻기 위해 세마포어 대기 함수 sem_wait()를 호출한다. 이 함수는 인자로 전달된 세마포어 변수의 값을 확인하고 0보다 크면 1을 감소시키는 동작을 원자적(atomically)으로 수행한다. 그리고 확인 결과 세마포어 변수의 값이 0이면 호출한 쓰레드를 대기시키는 동작을 마찬가지로 원자적으로 수행한다. 원자적 동작(atomic operation)이란 수행도중 쓰레드 콘텍스트 교환 등에 의해 중단되지 않는 동작을 의미한다. 더 이상 세마포어를 소유할 필요가 없는 쓰레드는 쓰레드 공표 함수 sem_post()를 호출한다. 이 함수는 인자로 전달된 세마포어 변수의 값에 1을 증가시키고 해당 세마포어를 얻기 위해 대기하고 있는 쓰레드를 깨우는 동작을 원자적으로 수행한다. sem_wait() 함수와 sem_post() 함수의 형식을 다음과 같다.

```
#include <semaphore.h>

int sem_wait(sem_t *sem);

int sem_post (sem_t *sem);

                                    반환 : 성공시 0, 실패시 -1
```

〈리스트 5.18〉은 뮤텍스를 사용하는 〈리스트 5.17〉 프로그램을 이진 세마포어를 사용하여 동일하게 동작하도록 수정한 프로그램이다. 실행 결과를 〈리스트 5.17〉 프로그램과 비교하여 보기 바란다.

〈리스트 5.18〉 두개의 트레드와 세마포어를 사용하는 계산 프로그램 예제

```
#include <stdio.h>
#include <stdlib.h>
#include <unistd.h>
#include <pthread.h>
#include <semaphore.h>

#define MAX_COUNT    5000

sem_t sem;
```

```
int counter; /* global variable shared by tow threads*/
void *increment_counter(void *arg);
void error_print(char *message);

int main(int argc, char **argv) {
        pthread_t tid1, tid2;

        /* mutex initialization */
        if(sem_init(&sem, 0, 1) != 0)  /* binary semaphore */
               error_print("sem_init() error");

        /* create a thread for input_ans_send */
        if(pthread_create(&tid1, NULL, &increment_counter, NULL) != 0)
               error_print("pthread_create() error");

        if(pthread_create(&tid2, NULL, &increment_counter, NULL) != 0)
               error_print("pthread_create() error");

        pthread_join(tid1, NULL);
        pthread_join(tid2, NULL);

        printf("final counter : %d\n", counter);

        return(0);
}

void *increment_counter(void *arg) {
        int i, val;

        for (i = 0; i < MAX_COUNT; i++) {
               sem_wait(&sem);
               val = counter;
               printf("thread ID :%d, counter : %d\n", pthread_self(), val+1);
               counter = val + 1;
               sem_post(&sem);
        }

        return;
}

void error_print(char *message) {
        fputs(message, stderr);
        fputc('\n', stderr);
        exit;
}
```

5.6.9 쓰레드와 뮤텍스를 사용한 채팅 클라이언트-서버

여기서는 쓰레드와 뮤텍스를 사용하여 다자간의 채팅 서비스를 제공하는 서버와 클라이언트 프로그램을 예제 프로그램으로 제시한다. 〈리스트 5.19〉의 예제 프로그램을 뮤텍스를 통한 임계 영역 보호 메커니즘에 유의하여 자세히 읽어 보기 바란다. 그리고 이 프로그램을 쓰레드 대신 프로세스를 사용하여 작성해 보고 상호 비교해보기 바란다.

〈리스트 5.19〉 쓰레드와 뮤텍스 기반의 채팅 서버 프로그램

```
/* Thread  based simple chatting server program.
 * Chatting server will send the received message from a client to
 * all other clients.
*/

#include <stdio.h>
#include <stdlib.h>
#include <unistd.h>
#include <string.h>
#include <arpa/inet.h>
#include <sys/types.h>
#include <sys/socket.h>
#include <netinet/in.h>
#include <sys/stat.h>
#include <pthread.h>

#define BUFMAX        100
#define CLIENTMAX     10

void *do_for_client(void *arg);
void send_msg_to_clients(char *buf, int len, int recv_sock);
void error_print(char *message);

int client_num = 0; /* total number of chatting clients */
int cli_socks[CLIENTMAX]; /* Maximum number of clients */
pthread_mutex_t mutex;

int main(int argc, char **argv) {
        int serv_sock;
        int cli_sock;
        struct sockaddr_in serv_addr;
        struct sockaddr_in cli_addr;
        int addr_len;
```

```
        pthread_t thread;

        if (argc != 2) {
                printf("Usage : %s <port> \n", argv[0]);
                exit(1);
        }

        if(pthread_mutex_init(&mutex, NULL))
                error_print("mutex initialization error");

        serv_sock = socket(PF_INET, SOCK_STREAM, 0);

        memset(&serv_addr, 0, sizeof(serv_addr));
        serv_addr.sin_family = AF_INET;
        serv_addr.sin_addr.s_addr = htonl(INADDR_ANY);
        serv_addr.sin_port = htons(atoi(argv[1]));

        if (bind(serv_sock, (struct sockaddr *) &serv_addr,
        sizeof(serv_addr)) == -1)
                error_print("bind() error");

        if (listen(serv_sock, 5) == -1)
                error_print("listen() error");

        while(1) {
                addr_len = sizeof(cli_addr);
                cli_sock = accept(serv_sock, (struct sockaddr *)
                &cli_addr, &addr_len);

                pthread_mutex_lock(&mutex);
                cli_socks[client_num++] = cli_sock; /* shared by main and
                        thread_for_client threads */
                pthread_mutex_unlock(&mutex);
                pthread_create(&thread, NULL, &do_for_client, &cli_sock);
                printf("New client joined from %s \n", inet_ntoa(cli_addr.sin_addr));
        }
        return(0);
}

void *do_for_client(void *arg) {
        int cli_sock = *((int *)arg);
        char buf[BUFMAX];
        int str_len =0;
        int i;
```

```
        pthread_detach(pthread_self());   /* detach itself */
        while((str_len = read(cli_sock, buf, sizeof(buf))) != 0)
               send_msg_to_clients(buf, str_len, cli_sock);

        pthread_mutex_lock(&mutex);
        for(i=0; i<client_num;i++) {
               if(cli_sock == cli_socks[i]) {
                      for( ; i<client_num-1; i++)
                             cli_socks[i] = cli_socks[i+1];
                      break;
               }
        }

        client_num--;
        pthread_mutex_unlock(&mutex);

        close(cli_sock);
        return(0);
}

void send_msg_to_clients(char *msg, int len, int recv_sock) {
        int i;

        pthread_mutex_lock(&mutex);
        for (i=0; i<client_num; i++)
               if (cli_socks[i] != recv_sock)
                      write(cli_socks[i], msg, len);
        pthread_mutex_unlock(&mutex);
}

void error_print(char *buf) {
        fputs(buf, stderr);
        fputc('\n', stderr);
        exit(1);
}
```

〈리스트 5.20〉 쓰레드와 뮤텍스 기반의 채팅 클라이언트 프로그램

```
/* Thread  based simple chatting client program.
 * Chatting client will send input message to the server and receive
 * message from the server.
*/
```

```
#include <stdio.h>
#include <stdlib.h>
#include <unistd.h>
#include <string.h>
#include <arpa/inet.h>
#include <sys/types.h>
#include <sys/socket.h>
#include <netinet/in.h>
#include <sys/stat.h>
#include <pthread.h>

#define BUFMAX       100
#define NAMEMAX             20

void *send_thread(void *arg);
void *recv_thread(void *arg);
void error_print(char *message);

char msg[BUFMAX];
char name[NAMEMAX];

int main(int argc, char **argv) {
        int sock;
        struct sockaddr_in serv_addr;
        pthread_t send_tid, recv_tid;

        if (argc != 4) {
                printf("Usage : %s <IP> <port> <name>\n", argv[0]);
                exit(1);
        }
        sprintf(name, "[%s]", argv[3]);

        if((sock = socket(PF_INET, SOCK_STREAM, 0)) == -1)
                error_print("socket() error");

        memset(&serv_addr, 0, sizeof(serv_addr));
        serv_addr.sin_family = AF_INET;
        serv_addr.sin_addr.s_addr = inet_addr(argv[1]);
        serv_addr.sin_port = htons(atoi(argv[2]));

        if (connect(sock, (struct sockaddr *) &serv_addr, sizeof(serv_addr)) == -1)
                error_print("connect() error");

        pthread_create(&send_tid, NULL, send_thread, (void *) sock);
        pthread_create(&recv_tid, NULL, recv_thread, (void *) sock);
```

```
        pthread_join(send_tid, NULL);
        pthread_join(recv_tid, NULL);

        close(sock);
        return(0);
}

void *send_thread(void *arg) {
        int sock = (int)arg;
        char buf[NAMEMAX + BUFMAX];

        while(1) {
                fgets(msg, BUFMAX, stdin);
                if (strcmp(msg, "quit\n") == 0) {
                        close(sock);
                        exit(0);
                }
                sprintf(buf, "%s %s", name, msg);
                write(sock, buf, strlen(buf));
        }
        return(0);
}

void *recv_thread(void *arg) {
        int sock = (int)arg;
        char buf[NAMEMAX + BUFMAX];
        int str_len;

        while(1) {
                str_len =read(sock, buf, NAMEMAX+BUFMAX -1);
                if(str_len == -1)
                        return(1);
                buf[str_len] = 0;
                fputs(buf, stdout);
        }
        return(0);
}

void error_print(char *buf) {
        fputs(buf, stderr);
        fputc('\n', stderr);
        exit(1);
}
```

연습문제

1 반복처리 서버(Iterative Server)와 동시처리 서버(Concurrent Server)의 장단점을 설명하시오.

2 프로세스 메모리 구조상의 스택(stack) 영역에 저장되는 정보를 설명하시오.

3 좀비 프로세스(Zombie Process)가 발생하는 이유와 좀비 프로세스 발생이 문제가 되는 이유를 설명하시오.

4 fork() 함수 호출 후 사용하지 않는 소켓을 닫아야 하는 이유를 설명하시오.

5 exit() 함수와 _exit() 함수의 차이를 설명하시오.

6 좀비 프로세스 처리를 위한 wait()/waitpid() 함수가 시그널 처리기 함수내에 위치해야 하는 이유를 설명하시오.

7 다중 프로세스 기반의 동시처리 서버 프로그램 개발 기법의 장단점을 설명하시오.

8 각각의 쓰레드가 독립적으로 유지하는 정보를 설명하시오.

9 쓰레드 결합(join)이 필요한 경우를 설명하시오.

10 pthread_detach(pthread_self())의 의미를 설명하시오.

11 <리스트 5.15> 프로그램에서 63행이 필요한 이유를 설명하시오.

12 임계 영역(Critical Section)이 무엇인지 설명하시오.

13 쓰레드 동기화(Thread Synchronization)이 무엇인지 설명하시오.

14 뮤텍스와 세마포어의 차이점을 설명하시오.

실습문제

15 <리스트 5.1> 프로그램을 실행하고 결과가 <그림 5.6>과 같은 이유를 설명하시오.

16 <리스트 5.1> 프로그램을 'a.out > temp.out'과 같이 재지정 방식으로 실행한 후 결과가 1항의 결과와 차이가 나는 이유를 설명하시오.

17 fork()와 exec() 기반의 1:1 대화 클라이언트-서버 프로그램을 dup2() 또는 dup() 함수 사용 없이 다시 작성하시오.

18 현재 사용하고 있는 시스템이 어떤 시그널 처리기 등록 방식을 지원하는 지 확인하는 프로그램을 작성하시오.

19 <리스트 5.9>의 좀비 프로세스 제어 프로그램을 sigaction() 함수를 사용하여 다시 작성하시오.

20 <리스트 5.6>의 동시 처리 에코 서버를 sigaction() 함수를 사용하여 좀비 프로세스를 제어하도록 수정하고 Ctrl-C와 Ctrl-\를 무시하도록 수정하시오. 그리고 30초 후 서버가 모든 자식 프로세스를 종료시킨 후 자동으로 종료되도록 작성하시오.

21 <리스트 5.15>의 프로그램을 자식 쓰레드가 63행을 실행하기 전에 메인 쓰레드가 47행을 먼저 실행하는 경우 발생하는 문제점을 설명하고, 이런 경우에도 문제가 발생하지 않도록 프로그램을 수정하시오.

22 <리스트 5.19>의 채팅 서버 프로그램을 다중 프로세스 기반의 채팅 서버로 수정하시오.

TCP/IP 네트워크 프로그래밍

Chapter 06 TCP/IP 고급 소켓 프로그래밍

Network Programming

Chapter 06

TCP/IP 고급 소켓 프로그래밍

6.1 입출력 다중화(Input/Output Multiplexing)

6.1.1 입출력 다중화 이해

일반적으로 입출력(input/output)은 봉쇄 모드(Blocking Mode)로 수행되고, 소켓에 대한 입출력(`read()`, `write()`, `recvfrom()`, `sendto()` 등)도 기본적으로 봉쇄 모드 입출력이다. 〈그림 6.1〉은 UDP 데이터그램 소켓의 `recvfrom()` 함수가 수행되는 과정을 통해 봉쇄 모드 입력의 실행 절차를 보여준다. 응용 프로세스가 `recvfrom()` 함수를 통해 특정 소켓의 데이터 입력을 수행하면 먼저 커널에서 데이터가 소켓의 수신 버퍼에 도착할 때까지 기다리고, 데이터가 도착하면 해당 데이터를 응용 프로세스에게 복사한 후 제어를 반환한다. 이 때까지 응용 프로세스는 `recvfrom()` 함수에서 봉쇄 상태로 대기하게 된다. TCP 스트림 소켓도 유사한 방식으로 데이터 입력이 수행된다.

이러한 봉쇄 입출력 모드는 응용 프로세스가 한 개의 입력 장치(예 : 소켓)을 사용하는 경우에는 별 문제가 되지 않는다. 그러나 2개 이상의 입출력 장치를 사용하고 각 장치의 입출력 시점이 비동기적(asynchronous)일 때 응용 프로세스는 특정 입출력 장치에서 불필요하게 봉쇄되는 현상이 발생할 수 있다. 잘 알려진 TCP 에코 클라이언트-서버(TCP Echo Client-Server) 응용의 경우를 예를 들어 보자. 〈그림 6.2〉의 (a)에서와 같이 표준 입출력을 위한 사용자 단말과 네트워크 소켓을 동시에 사용하는 클라이언트가 표준 입력을 위해 대기하고 있는 동안(1)에 서버가 소켓을 닫으면(close)(2) 어떤 현상이 발생할까? 클라이언트 프로세스는 사용자가 터미널을 통해 데이터를 입력할 때까지 서버의 소켓 닫기 동작(FIN 세그먼트 도착)을 처리하지 못한 채 표준 입력 장치에 봉쇄되어 있을 것이다.

입출력 다중화(Input/Output Multiplexing)란 다수의 장치를 통해 비동기적으로 발생하는 다수의 입출력 사건을 모아서 하나의 입출력 장치에서 발생하는 것처럼 만들어 주는 작업이다. 입출력 다중화는 select() 함수에 의해 수행된다. 응용 프로세스는 `select()` 함수

그림 6.1 봉쇄 모드 소켓 입력의 예

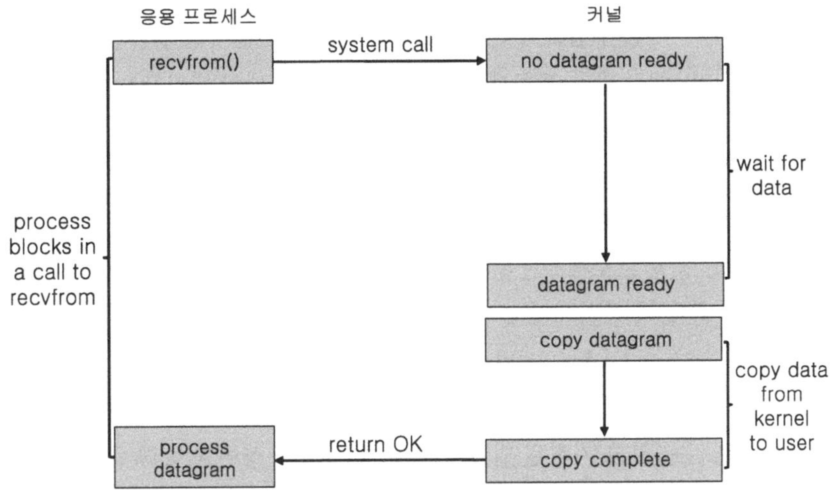

그림 6.2 봉쇄 모드 입출력과 입출력 다중화 예

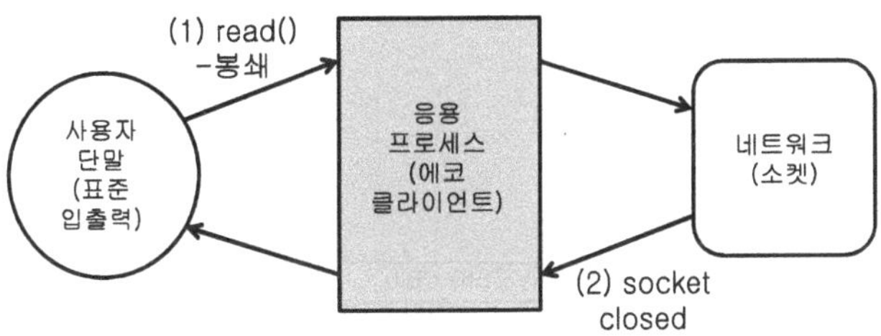

(a) 봉쇄 모드 입출력

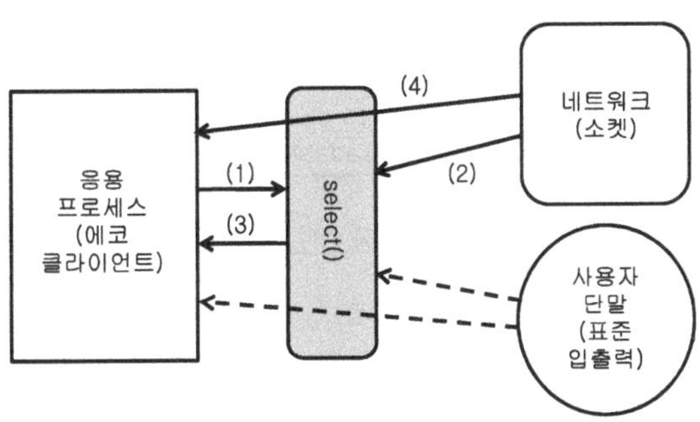

(b) 입출력 다중화

를 사용하여 입출력 작업을 수행하고자 하는 다수의 장치를 지정하고, 지정된 장치가 입출력 준비가 완료될 때까지 실제 입출력 작업은 수행하지 않는다. select() 함수는 지정된 입출력 장치 중 하나 이상이 입출력 준비가 될 때 반환되고 준비된 입출력 장치를 알려준다. 〈그림 6.2〉의 (b)에서 응용 프로세스는 표준 입력 장치에서 대기하는 대신 select() 함수에서 대기한다. 이때 응용 프로세스는 표준 입력 장치와 소켓을 입력 대상 장치로 지정한다(1). 만약 사용자 표준 입력보다 먼저 서버가 소켓을 닫으면(2) select() 함수는 표준 입력 장치가 아닌 소켓에 입력 준비(FIN 세그먼트 도착)가 되었음을 응용 프로세스에게 알려주고(3), 응용 프로세스는 준비된 입출력 장치인 소켓으로부터 입력 작업을 수행함으로써(4) 표준 입력 장치에서 불필요하게 봉쇄되는 현상을 피할 수 있다.

〈그림 6.3〉은 select() 함수 기반의 입출력 다중화 모델을 요약하여 보여주고 있다. 응용 프로세스는 UDP 데이터그램 소켓이 포함된 입출력 대상 장치들을 지정하는 select() 함수를 호출하고 지정된 입출력 장치 중 하나 이상이 입출력 준비가 될 때까지 대기한다. 지정된 데이터그램 소켓에 데이터가 도착하면 커널은 select() 함수 반환을 통해 해당 데이터그램 소켓이 입력할 준비가 되었음을 알려준다. 그러면 응용 프로세스는 비로소 recvfrom() 함수를 사용하여 해당 소켓으로부터 데이터를 읽어 들인다. 입출력 다중화의 가장 큰 장점은 각각의 입출력 함수에서 대기하는 대신 select() 함수에서 대기함으로써 동시에 여러 개의 입출력 장치가 준비되기를 기다릴 수 있다는 것이다.

그림 6.3 입출력 다중화 모델

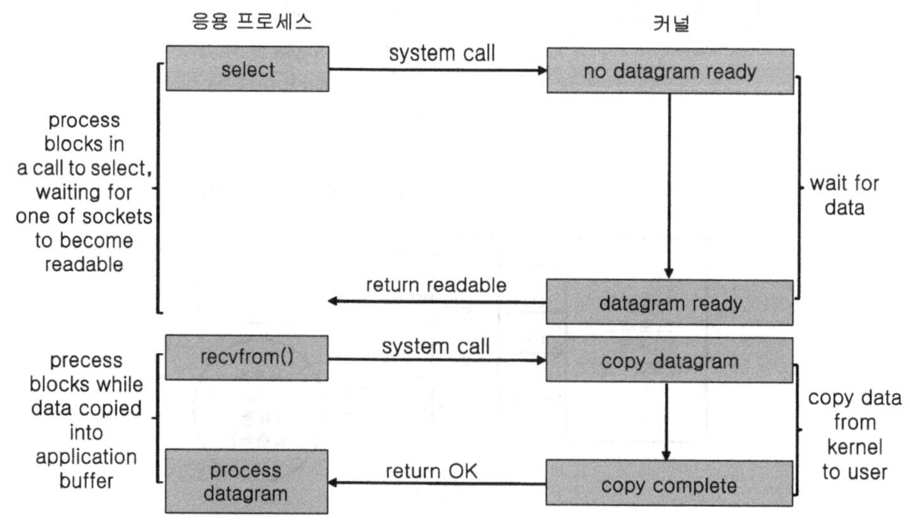

6.1.2 select() 함수

입출력 다중화를 위한 select() 함수는 커널에게 다음과 같은 정보를 인자로 넘겨줄 수 있다.

- 관심이 있는 입출력 장치에 대한 설명자(file/socket descriptors)
- 각 설명자가 지시하는 입출력 장치에 대한 관심 조건 - 읽기(read), 쓰기(write), 또는 예외 상황(exception) 발생 등
- 대기 시간 - 영구 대기, 한정 시간 대기, 대기 없음

예를 들면, 응용 프로세스는 select() 함수를 호출할 때 다음과 같은 경우에만 반환되도록 인자를 지정할 수 있다.

- 파일(소켓) 설명자 집합 {0, 3, 4} 중 어느 하나에서 데이터를 읽을 준비가 되었을 경우
- 파일(소켓) 설명자 집합 {1, 5, 6} 중 어느 하나에서 데이터를 쓸 준비가 되었을 경우
- 파일(소켓) 설명자 집합 {5, 6} 중 어느 하나에서 예외 상황이 발생했을 경우
- 7.5초가 지났을 경우

select() 함수는 다음과 같은 형식을 가진다.

```
#include <sys/types.h>
#include <sys/time.h>
#include <unistd.h>

int select(int maxfd1, fd_set *readset, fd_set *writeset, fd_set
*exceptset, const struct timeval *timeout);

반환 : 성공 시 준비된 파일(소켓) 설명자의 수, 시간종료 시 0, 실패 시 -1
```

이 함수에서 대기 시간을 지정하는 마지막 인자 timeout 포인터는 다음과 같은 구조체의 값을 가진다.

```
struct timeval {
        long tv_sec; /*seconds */
        long tv_usec; /* microseconds */
};
```

이 구조체를 사용하여 우리는 마이크로초 단위의 세분화된 대기 시간을 지정 할 수 있지만 대부분의 시스템은 밀리초 단위의 시간만을 지원한다. timeout 포인터 인자의 const 한정사는 그 값이 select() 함수가 반환될 때도 변경되지 않는 다는 것을 의미한다.

timeout 포인터 인자를 통하여 다음 3 가지의 대기 조건을 명시할 수 있다.

- **영구 대기** : timeout 포인터 값을 NULL로 설정하면 지정된 파일(소켓) 설명자 중 하나 이상이 준비가 될 때까지 영구 대기하도록 명시한다.
- **무 대기** : timeout->tv_sec == 0 && timeout->tv_usec == 0의 조건이 만족하도록 timeout 포인터 값을 설정하면 지정된 파일(소켓) 설명자들을 검사한 후 대기 없이 즉시 반환되도록 명시한다.
- **한정 시간 대기** : timeout->tv_sec != 0 || timeout->tv_usec != 0의 조건이 만족하도록 timeout 포인터 값을 설정하면 지정된 파일(소켓) 설명자 중 하나 이상이 준비가 되거나 timeout 인자가 지시하는 timeval 구조체의 값이 지정한 초(sec)와 마이크로초(microseconds)의 시간이 경과하면 반환하도록 명시한다.

select() 함수의 중간의 3 인자인 readset, writeset, exceptset는 fd_set 유형의 파일(소켓) 설명자 집합의 포인터를 지시한다. 이 인자들은 각각 읽기(read), 쓰기(write), 예외 상황(exception) 조건 발생을 검사할 파일(소켓) 설명자들을 지정한다. 각각의 파일(소켓) 설명자에 대응되는 비트 배열을 가지고, fd_set 유형의 자료 구조는 값을 설정하기 전에 먼저 FD_ZERO() 매크로를 사용하여 모든 비트를 OFF 상태(0)로 초기화해야 한다(〈그림 6.4〉의 (a) 참조). 그런 다음 select() 함수를 호출하기 전에 FD_SET() 매크로를 사용하여 각 검사 조건에 대응되는 fd_set 유형 변수에서 지정하고자 하는 파일(소켓) 설명자에 대응되는 비트를 ON 상태(1)로 설정한다. 〈그림 6.4〉의 (b)는 읽기 조건에 대응되는 readset 변수에서 0번(표준 입력)과 4번 파일(소켓) 설명자에 대응되는 비트를 ON으로 설정한 예를 보여준다. 만약 특정 조건에 대해 검사 조건을 설정하지 않고자 한다면 해당 인자의 포인터 값을 NULL로 설정하면 된다. FD_SET() 매크로 함수를 사용하여 검사 대상 파일(소켓) 설명자를 모두 설정하고 나면 select() 함수를 호출할 수 있다.

select() 함수 수행 과정에서 readset, writeset, exceptset 인자의 값은 변경된다. 즉, select() 함수가 호출될 때 지정된 파일(소켓) 설명자 중에 특정 조건에 맞는 사건(read, write, exception)이 발생하지 않은 파일(소켓) 설명자에 대응되는 비트는 OFF 상태(0)로 변경되어 반환된다. FD_ISSET() 매크로는 select() 함수 반환 후에 fd_set 유형의 readset, writeset, exceptset 인자에서 특정 파일(소켓) 설명자에 대응되는 비트가 여전히 ON 상태

그림 6.4 fd_set 유형 구조체 조작 매크로 함수 사용 예

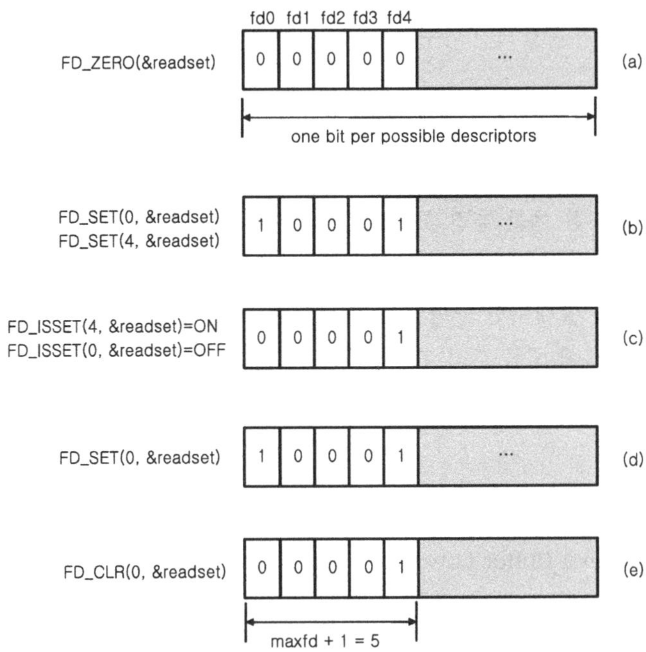

에 있는 지를 검사한다. select() 함수 호출 시에 0과 4 파일(소켓) 설명자가 읽기 조건 검사를 위해 지정되고 4번 소켓만 읽기 준비가 된 상태로 select() 함수가 반환되었다면 〈그림 6.4〉의 (c)에서 보는 바와 같이 4번 소켓에 대응되는 비트만 ON 상태를 유지하고 0번 파일 설명자에 대응되는 비트는 OFF 상태로 변경된다. 만약 우리가 동일한 파일(소켓) 설명자들에 대해 동일한 조건 발생을 검사하고자 한다면 select() 함수를 재호출전에 반드시 OFF 상태로 변경된 0번 파일 설명자에 대응되는 비트를 FD_SET() 매크로로 재설정해야 한다(〈그림 6.4〉의 (d) 참조). FD_CLR() 함수는 FD_SET() 함수와 반대 동작을 수행한다.

select() 함수의 첫 번째 인자 maxfd1은 커널이 지정된 조건에 맞는 사건 발생을 검사할 파일(소켓) 설명자의 개수를 지시한다. 일반적으로 하나의 프로세스에 의해 생성되는 파일(소켓) 설명자는 0(표준 입력), 1(표준 출력), 2(표준 오류)를 포함하여 순차적인 값을 가지므로 maxfd1의 값은 설정된 파일(소켓) 설명자 중 최대값에 1을 더한 값(0부터 시작하므로)으로 주어진다. 〈그림 6.4〉에서 파일(소켓) 설명자의 최대값이 4이므로 maxfd1 값은 5가 된다.

`select()` 함수의 반환 값은 모든 파일(소켓) 설명자 집합에서 조건에 맞는 사건이 발생하여 입력, 출력, 그리고/또는 오류 처리 준비가 된 파일(소켓) 설명자의 수를 나타낸다. 만약 준비가 되기 전에 시간이 종료되면 함수는 0을 반환하고, 오류가 발생하면 -1을 반환한다.

6.1.3 소켓 준비 조건

파일 설명자에 대응되는 일반 파일(표준 입출력 장치 포함)이 입력과 출력을 위한 준비가 되는 것은 명확하다. 예를 들면, 표준 입력의 경우 사용자가 터미널을 통해 하나의 라인의 문자열 입력을 마치면 입력 준비가 완료되고, 표준 출력의 경우도 터미널이 현재 데이터를 출력할 수 있는 상태이면 출력 준비가 완료된다. 그러나 소켓의 경우는 준비 조건이 좀 더 복잡하다. 소켓에 대한 준비 조건은 다음과 같다.

다음 4 가지 조건 중 어느 하나가 만족되는 사건이 발생할 때 해당 소켓은 입력 준비가 완료된다.

- 소켓 수신 버퍼(Receive Buffer)에 도착한 데이터의 바이트 수가 버퍼의 수신버퍼저수위마크(Receive Buffer Low-water Mark) 보다 크거나 같다. 일반적으로 TCP 스트림 소켓과 UDP 데이터그램 소켓 모두 수신버퍼저수위마크를 1로 설정하나 관련 소켓 옵션(SO_RCVLOWAT) 설정을 통해 변경할 수 있다.
- 소켓과 연관된 TCP 연결이 종료/부분 종료된다(FIN 세그먼트 수신).
- 소켓이 듣기 소켓(Listening Socket)일 경우 연결 요청 메시지(SYN 세그먼트)를 수신한다.
- 소켓에 오류가 발생한다.

다음 3가지 조건 중 어느 하나가 만족되는 사건이 발생할 때 해당 소켓은 출력 준비가 완료된다.

- 소켓 송신 버퍼(Send Buffer)의 사용가능 공간의 크기가 송신버퍼저수위마크(Send Buffer Low-water Mark) 보다 크거나 같다. 일반적으로 TCP 스트림 소켓과 UDP 데이터그램 소켓 모두 송신저수위마크를 2048로 설정하나 관련 소켓 옵션(SO_SNDLOWAT) 설정을 통해 변경할 수 있다.
- 소켓과 연관된 TCP 연결이 종료/부분 종료된다(FIN 세그먼트 송신).
- 소켓에 오류가 발생한다.

다음 조건이 만족되는 사건이 발생할 때 해당 소켓은 예외 처리 준비가 완료된다.

- 소켓에 대역외(out-of-band) 데이터가 도착한다.

6.1.4 입출력 다중화 기반의 1:1 대화(talk) 프로그램

1:1 대화 클라이언트-서버 프로그램은 간단하지만 표준 입력 장치와 소켓의 입출력 다중화가 유용한 좋은 예가 된다. 〈리스트 6.1〉은 입출력 다중화 기반의 1:1 대화(talk) 서버 프로그램을 보여준다. 50행에서 일단 클라이언트를 위한 연결 소켓(conn_sock)이 설정되면 표준 입력 장치(0)와 해당 연결 소켓에 대응되는 읽기 조건 검사 집합 변수(reads)의 비트를 ON으로 설정한다(55-56행). 그리고 57행에서 검사할 파일(소켓) 설명자 개수를 연결 소켓 설명자에 1을 더한 값으로 설정하고, 58-59행에서 대기 시간은 5초로 설정한다. 62행은 읽기 조건 검사 집합 변수(reads)의 값을 임시 변수(temps)로 저장하고, 63행의 select() 함수 호출 시에는 reads 대신 temps를 사용함을 알 수 있다. 만약 select() 함수 호출 시에 reads 변수를 직접 사용하면 무슨 문제가 발생하는 지 확인해 보고, select() 함수 실행 과정에서 조건 검사 집합 변수(reads)에 어떤 변화가 발생하는 지를 고려한 다음, 이 변화가 select() 함수 재 실행에 어떤 영향을 미칠 수 있는 지를 고려하여 이 과정이 왜 필요한 지 생각해 보기 바란다.

〈리스트 6.1〉 입출력 다중화 기반의 1:1 대화(talk) 서버 프로그램

```
1  #include <stdio.h>
2  #include <stdlib.h>
3  #include <string.h>
4  #include <unistd.h>
5  #include <arpa/inet.h>
6  #include <sys/types.h>
7  #include <sys/socket.h>

8  #define    MAXLINE 511
9  void error_print(char *message);
10 int recv_and_print(int sd);
11 int input_and_send(int sd);

12 int main(int argc, char **argv)
13 {
14     int serv_sock; /* server socket descriptor */
15     int conn_sock; /* server connection socket descriptor */
16     struct sockaddr_in serv_addr;
17     struct sockaddr_in conn_addr;
18     int addrlen, datalen;
19     fd_set reads, temps;
20     int fd_max;
```

```
    struct timeval timeout;

    /* input server port number when running the server program */
    if(argc != 2) {
            printf("Usage : %s <port>\n", argv[0]);
            exit(1);
    }

    /* create a stream socket for TCP and IP */
    serv_sock = socket(PF_INET, SOCK_STREAM, 0);

    if (serv_sock == -1)
            error_print("socket() error");

    /* initialize the server socket address structure */
    memset(&serv_addr, 0, sizeof(serv_addr));

    /* assign the server socket address */
    serv_addr.sin_family = AF_INET;
    /* wildcard for local address */
    /* htonl() converts the local 32 bit IP address to standard format */
    serv_addr.sin_addr.s_addr = htonl(INADDR_ANY);
    /* htons() converts the port number to standard format */
    serv_addr.sin_port = htons(atoi(argv[1]));

    /* bind server socket address to the server socket */
    if (bind(serv_sock, (struct sockaddr *) &serv_addr, sizeof(serv_addr)) == -1)
            error_print("bind() error");

    /* listen to the server socket */
    if (listen(serv_sock,1) == -1)
            error_print("listen() error !");

    while(1) {
            /* accept the connection request from a client */
            addrlen = sizeof(conn_addr);
            conn_sock = accept(serv_sock, (struct sockaddr *) &conn_addr, &addrlen);
            printf("Talk connection is opened !\n");

            if (conn_sock == -1)
```

```
                continue;

        FD_ZERO(&reads);
        FD_SET(0, &reads);
        FD_SET(conn_sock, &reads);

        timeout.tv_sec = 5;
        timeout.tv_usec = 0;

        fd_max = conn_sock +1;

        while (1) {
            temps = reads;
            if (select(fd_max, &temps, NULL, NULL, &timeout) == -1){
                break;
                error_print("select() error !\n");
            }

            if (FD_ISSET(0, &temps)) {
                input_and_send(conn_sock);
            }
            else if (FD_ISSET(conn_sock, &temps)) {
                recv_and_print(conn_sock);
            }
        }
    }
    return(0);
}

int input_and_send(int sd) {
    char buf[MAXLINE+1];
    int nbytes;

    fgets(buf, sizeof(buf), stdin);
    nbytes = strlen(buf);
    if (strcmp(buf, "exit\n") == 0) {
        close(sd);
        exit(0);
    }

    write(sd, buf, strlen(buf));

    return(0);
```

```
88 }

89 int recv_and_print(int sd) {
90     char buf[MAXLINE+1];
91     int nbytes;

92     if((nbytes = read(sd, buf, MAXLINE)) <0) {
93             close(sd);
94             error_print("Read Error !");
95     }
96     if (nbytes == 0) { /* connection was closed */
97             printf("Talk was ended.\n");
98             close(sd);
99             exit(0);
100    }

101    buf[nbytes] = 0;
102    printf("%s", buf);

103    return(0);
104 }

105 void error_print(char *message)
106  {
107    fputs(message, stderr);
108    fputc('\n', stderr);
109    exit;
110 }
```

소켓에 데이터가 도착하지 않는 상태에서 사용자가 터미널을 통해 데이터를 입력하면 표준 입력 장치(0)만 입력 준비가 완료되어 select() 함수가 반환되고, 반환 시에 입력 조건 검사 집합 변수(temps)의 0번 파일 설명자에 대응되는 비트는 ON 상태로 그대로 유지되고 conn_sock에 대응되는 비트는 OFF 상태로 변경된다. 따라서 이 경우 67-69행이 실행될 것이다. 반대로 사용자가 터미널을 통해 데이터를 입력하지 않는 상태에서 conn_sock 소켓에 데이터가 도착하거나 TCP 연결이 종료되면(FIN 세그먼트 도착), 소켓(conn_sock)만 입력 준비가 완료되어 select() 함수가 반환되고, 반환 시에 입력 조건 검사 집합 변수(temps)의 conn_sock 소켓 설명자에 대응되는 비트는 ON 상태로 그대로 유지되며, 표준 입력 장치(0)에 대응되는 비트는 OFF 상태로 변경된다. 따라서 이 경우는

70-72행이 실행될 것이다. 연결 소켓에 대한 읽기 조건은 3가지 사건(오류 발생, 데이터 도착, 연결 종료)이 발생하면 충족될 수 있으므로 89-100행의 관련 함수는 3가지 경우의 각각을 확인함을 알 수 있다. 〈리스트 6.2〉의 클라이언트 프로그램도 서버 프로그램과 유사한 구조로 작성될 수 있음을 보여준다.

〈리스트 6.2〉 입출력 다중화 기반의 1:1 대화(talk) 클라이언트 프로그램

```
#include <stdio.h>
#include <stdlib.h>
#include <string.h>
#include <unistd.h>
#include <arpa/inet.h>
#include <sys/types.h>
#include <sys/socket.h>

#define MAXLINE 511
void error_print(char *message);
int recv_and_print(int sd);
int input_and_send(int sd);

int main(int argc, char **argv)
{
        int cli_sock;
        struct sockaddr_in serv_addr;
        fd_set reads, temps;
        int fd_max, fd;
        int datalen;
        struct timeval timeout;

        /* input server IP address and port number when running
        the program */
        if(argc != 3) {
                printf("Usage : %s <IP addr> <port>\n", argv[0]);
                exit(1);
        }

        /* create a clinet stream socket */
        cli_sock = socket(PF_INET, SOCK_STREAM, 0);

        if (cli_sock == -1)
                error_print("socket() error");
```

```
        /* initialize the server socket address structure */
        memset(&serv_addr, 0, sizeof(serv_addr));

        /* assign the server socket address */
        serv_addr.sin_family = AF_INET;
        /* inet_addr() converts the DDN format to 32 bit IP
        address format */
        serv_addr.sin_addr.s_addr = inet_addr(argv[1]);
        serv_addr.sin_port = htons(atoi(argv[2]));

        /* connect the client socket to the server socket */
        if (connect(cli_sock, (struct sockaddr *) &serv_addr,
        sizeof(serv_addr)) == -1)
                error_print("connect() error");
        printf("Talk connection is opened !\n");
        FD_ZERO(&reads);
        FD_SET(cli_sock, &reads); /* client socket */
        FD_SET(0, &reads); /* standard input */
        fd_max = cli_sock +1;

        while (1) {
                temps = reads;
                timeout.tv_sec = 5;
                timeout.tv_usec = 0;
                if (select(fd_max, &temps, NULL, NULL, &timeout) ==
  1) {
                        error_print("select() error !\n");
                        break;
                }

                if (FD_ISSET(0, &temps)) {
                        input_and_send(cli_sock);
                }
                else if (FD_ISSET(cli_sock, &temps)) {
                        recv_and_print(cli_sock);
                }
        }

        close(cli_sock);
        return(0);
}

int input_and_send(int sd) {
        char buf[MAXLINE+1];
```

```
        int nbytes;

        fgets(buf, sizeof(buf), stdin);
        nbytes = strlen(buf);
        if (strcmp(buf, "exit\n") == 0) {
                close(sd);
                exit(0);
        }
        write(sd, buf, strlen(buf));

        return(0);
}

int recv_and_print(int sd) {
        char buf[MAXLINE+1];
        int nbytes;

        if((nbytes = read(sd, buf, MAXLINE)) <0) {
                close(sd);
                error_print("Read Error !");
        }
        if (nbytes == 0) { /* connection was closed */
                printf("Talk was ended.\n");
                close(sd);
                exit(0);
        }

        buf[nbytes] = 0;
        printf("%s", buf);

        return(0);
}

void error_print(char *message)
{
        fputs(message, stderr);
        fputc('\n', stderr);
        exit;
}
```

6.1.5 입출력 다중화 기반의 채팅 서버(Chatting Server) 프로그램

여기서는 입출력 다중화에 대한 보다 구체적인 설명을 위해 채팅 서버(Chatting Server) 프로그램를 입출력 다중화 기반으로 작성하는 방법을 살펴본다. 채팅 서버는 듣기 소켓(Listening Socket)과 클라이언트들과 연결된 다수의 서버 연결 소켓들에 대한 읽기 준비 상태를 검사해야 한다. 〈리스트 6.3〉은 입출력 다중화 기반의 채팅 서버 프로그램의 예를 보여준다.

듣기 소켓(serv_sock)이 생성되면 먼저 입력 조건 검사 집합 변수(reads)의 대응 비트를 ON 상태로 설정한다(53행). 여기서 1:1 대화 서버 프로그램의 경우와 달리 53행이 왜 `while` 문 속에 포함되었는지 생각해 보기 바란다. 서버 프로세스가 `select()`를 호출하고 대기하고 있는 상태에서 클라이언트로부터 연결 설정 요청을 받으면, `select()` 함수는 듣기 소켓(serv_sock)에 대응되는 입력 조건 검사 집합 변수(reads)의 비트가 ON인 상태로 반환되어 56-68행이 실행된다. 59행에서 연결 요청이 수락되면 해당 클라이언트를 위한 연결 소켓(conn_sock)이 생성되고, 연결 소켓의 설명자 값은 다수의 클라이언트 처리를 위한 소켓 설명자 배열 자료 구조(cli_socks[])에 저장된다(60행). 그런 다음 연결 소켓에 대한 입력 조건 검사 집합 변수(reads)의 대응 비트를 ON 상태로 설정하고 검사할 파일(소켓) 설명자 개수를 수정한다(63-65행). 첫 번째 `select()` 함수 실행 시에 반환되는 값(nready)은 1이므로 클라이언트에 대응되는 연결 소켓들을 검사할 필요없이 53행부터 다시 시작된다.

〈리스트 6.3〉 입출력 다중화 기반의 채팅 서버 프로그램

```
1  #include <stdio.h>
2  #include <stdlib.h>
3  #include <string.h>
4  #include <unistd.h>
5  #include <fcntl.h>
6  #include <arpa/inet.h>
7  #include <sys/types.h>
8  #include <sys/socket.h>
9  #include <netinet/in.h>

10 #define    MAXLINE      511
11 #define CLIENTMAX      10

12 int client_num = 0; /* total number of chatting clients */
```

```
int cli_socks[CLIENTMAX];
fd_set reads;

void do_for_client(int sd);
void send_msg_to_clients(char *msg, int len, int recv_sock);
void error_print(char *message);

int main(int argc, char **argv)
{
    int serv_sock; /* server socket descriptor */
    int conn_sock; /* server connection socket descriptor */
    struct sockaddr_in serv_addr;
    struct sockaddr_in conn_addr;
    int addrlen, datalen;
    int i, sockfd, nready, maxfd;

    /* input server port number when running the server program */
    if(argc != 2) {
        printf("Usage : %s <port>\n", argv[0]);
        exit(1);
    }

    /* create a stream socket for TCP and IP */
    serv_sock = socket(PF_INET, SOCK_STREAM, 0);

    if (serv_sock == -1)
        error_print("socket() error");

    /* initialize the server socket address structure */
    memset(&serv_addr, 0, sizeof(serv_addr));

    /* assign the server socket address */
    serv_addr.sin_family = AF_INET;
    /* wildcard for local address */
    /* htonl() converts the local 32 bit IP address to standard format */
    serv_addr.sin_addr.s_addr = htonl(INADDR_ANY);
    /* htons() converts the port number to standard format */
    serv_addr.sin_port = htons(atoi(argv[1]));

    /* bind server socket address to the server socket */
    if (bind(serv_sock, (struct sockaddr *) &serv_addr, sizeof(serv_addr)) == -1)
```

```
            error_print("bind() error");

    /* listen to the server socket */
    if (listen(serv_sock,1) == -1)
            error_print("listen() error !");

    maxfd = serv_sock;
    FD_ZERO(&reads);

    while(1) {
        FD_SET(serv_sock, &reads);
        nready = select(maxfd+1, &reads, NULL, NULL, NULL);

        if (FD_ISSET(serv_sock, &reads)) {
            /* accept the connection request from a client */
            addrlen = sizeof(conn_addr);
            conn_sock = accept(serv_sock, (struct sockaddr *) &conn_addr, &addrlen);
            cli_socks[++client_num] = conn_sock;
            if (client_num == CLIENTMAX)
                    error_print("Too many clients.");

            FD_SET(conn_sock, &reads);
            if (conn_sock > maxfd)
                    maxfd = conn_sock;
            if ( --nready <= 0)
                    continue;
        }
        for (i = 1; i <= client_num; i++) {
            sockfd = cli_socks[i];
            if (FD_ISSET(sockfd, &reads))
                    do_for_client(sockfd);
            else
                    FD_SET(sockfd, &reads);
        }
    }
    return(0);
}

void do_for_client(int cli_sock) {
    char buf[MAXLINE];
    int str_len, i;
```

```
82      str_len = read(cli_sock, buf, sizeof(buf));

83      if (str_len != 0)
84              send_msg_to_clients(buf, str_len, cli_sock);
85      if (str_len == 0) {
86              close(cli_sock);
87              for(i=1; i <= client_num;i++) {
88                      if(cli_sock == cli_socks[i]) {
89                              for( ; i <= client_num  1; i++)
90                                  cli_socks[i] = cli_socks[i+1];
91                              break;
92                      }
93              }
94              client_num--;
95      }

96      return;
97  }

98  void send_msg_to_clients(char *msg, int len, int recv_sock) {
99      int i;

100     for (i=1; i<=client_num; i++)
101             if (cli_socks[i] != recv_sock)
102                     write(cli_socks[i], msg, len);
103     return;
104 }

105 void error_print(char *message) {
106     fputs(message, stderr);
107     fputc('\n', stderr);
108     exit;
109 }
```

53-68행의 과정이 반복되어 다수의 클라이언트와 연결이 설정된 후에 특정 클라이언트(j)로부터 데이터가 도착하는 경우를 가정해보자. 이 경우 다음 select() 함수 실행 시에는 cli_socks[j] 연결 소켓에 대응되는 입력 조건 검사 집합 변수(reads)의 비트만 ON인 상태로 반환될 것이다. 따라서 53-68행 실행은 생략되고 69-75행 실행 과정에서 cli_socks[j] 연결 소켓에 대응되는 클라이언트에 대한 서비스를 수행한다(do_for_client() 함수 호출). 여기서 중요한 것은 select() 함수 수행 과정에서 OFF 상태로 변경된 나머지 클라이언트를 위한 연결 소켓에 대응되는 입력 조건 검사 집합 변수(reads)의 모든 비트들을

select() 함수를 재실행하기 전에 다시 ON 상태로 재설정해야 한다는 것이다(74행). 듣기 소켓에 대응되는 비트는 53행에서 ON 상태로 재설정한다. 프로그램의 나머지 부분은 여러분들이 분석해 보기 바란다.

6.2 고급 입출력

6.2.1 send()와 recv() 함수

소켓에 대한 일반적인 read()와 write() 함수 대신 send()와 recv() 함수는 표시기(flags) 인자를 통해 소켓 입출력 동작에 대한 추가적인 지시를 할 수 있게 한다. 추가적인 지시로는 대역외(Out-Of-Band) 데이터 표시(MSG_OOB), 비봉쇄(Non-blocking) 읽기 지시(MSG_DONTWAIT), 읽은 데이터 유지 지시(MSG_PEEK) 등을 포함한다. send()와 recv() 함수의 형식은 다음과 같다.

```
#include <sys/types.h>
#include <sys/socket.h>

ssize_t send(int sockfd, const void *buf, size_t nbytes, int
flags);

ssize_t recv(int sockfd, void *buf, size_t nbytes, int flags);

반환 : 성공 시 쓴/읽은 바이트 수, 실패 시 -1
```

send()와 recv() 함수의 처음 3개의 인자는 write()와 read() 함수의 인자들과 동일하고, 마지막 flags 인자는 〈표 6.1〉의 옵션 값의 논리합('|' 연산)의 값을 가질 수 있다. send()와 recv() 함수의 flags 인자는 sendto()와 recvfrom() 함수의 그것과 동일하다.

〈표 6.1〉 send()/recv() 함수의 옵션 인자 값

표시기 옵션	설명	recv()	send()
MSG_OOB	대역외(Out-Of-Band) 데이터 송신 또는 수신	●	●
MSG_DONTWAIT	비봉쇄(nonblocking) 모드로 동작	●	●
MSG_PEEK	수신 메시지 들여다 보기	●	

- **MSG_OOB** : 이 표시기 옵션은 send()와 recv() 함수 모두에서 설정될 수 있다. send() 함수에서 MSG_OOB 표시기는 대역외 데이터(Out-of-Band data)가 송신되고 있음을 지시하고, recv() 함수에서 이 표시기는 수신 버퍼에 도착한 대역외 데이터를 읽도록 지시한다. 대역외 데이터 송수신 방법에 대해서는 다음에서 자세히 다룬다.
- **MSG_DONTWAIT** : 이 표시기 옵션은 해당 송신 또는 수신 동작이 비봉쇄 모드로 동작하도록 지시한다. MSG_DONTWAIT 표시기 옵션이 설정된 송신 또는 수신 동작이 일단 수행되고 나면 비봉쇄 표시기는 해제된다.
- **MSG_PEEK** : 일반적으로 read() 함수 또는 recvfrom() 함수를 통해 데이터를 읽을 경우 읽은 데이터는 수신 버퍼에서 버려지게 된다. MSG_PEEK 표시기 옵션은 recv() 함수가 반환된 후에도 읽은 데이터를 버퍼에 그대로 유지하도록 지시한다. 이 옵션은 주로 수신된 데이터가 있는 지를 확인하고자 할 때 사용되므로 MSG_DONTWAIT 옵션과 논리합으로 주로 설정된다.

6.2.2 대역외(Out-of-Band) 데이터 송수신

여기서는 send()와 recv() 함수를 사용하여 대역외 데이터를 송수신하는 방법에 대해 보다 구체적으로 살펴보고자 한다. 대역외 데이터 전송은 특정 데이터를 일반 데이터와 구별하여 특수하게(예 : 일반 데이터보다 빨리) 전송하는 기법이다. 대역외 전송 방식으로 전송해야 하는 데이터의 예는 telnet, rlogin, ftp 등의 응용에서 긴급으로 전송하여 현재 진행중인 불필요한 작업(예 : 터미널 출력 작업, 파일 전송 작업 등)을 중단시키고자 할 때 전송하는 Ctrl-C와 같은 인터럽트 문자를 들 수 있다. ftp 서버는 대역외 전송으로 Ctrl-C 문자를 수신하면 현재 수행중인 파일 전송을 중단한다.

TCP/IP에서 대역외 데이터 전송은 TCP의 긴급 세그먼트(Urgent Segment) 전송과 연계되어 구현된다. TCP의 긴급 세그먼트는 URG 표시기(flag)가 1로 설정된 세그먼트로서 송신하는 데이터 상에서 긴급 데이터의 위치(긴급 포인터) 정보를 포함한다. 〈그림 6.5〉는 TCP의 긴급 세그먼트와 대역외(OOB) 데이터와의 관계를 보여준다. TCP는 기본적으로 대역외 데이터 전체를 표시할 수 있는 방법을 제공하지 않은 채 한 바이트 크기의 긴급 데이터만 표시할 수 있게 하고, 긴급 바이트는 일반적으로 긴급 포인터(Urgent Pointer)의 바로 앞 한 바이트가 된다(참고 : 긴급 포인터가 가르키는 바이트를 긴급 바이트로 구현한 경우도 있음).

그림 6.5 TCP 긴급 세그먼트에 의한 대역외 데이터 전송

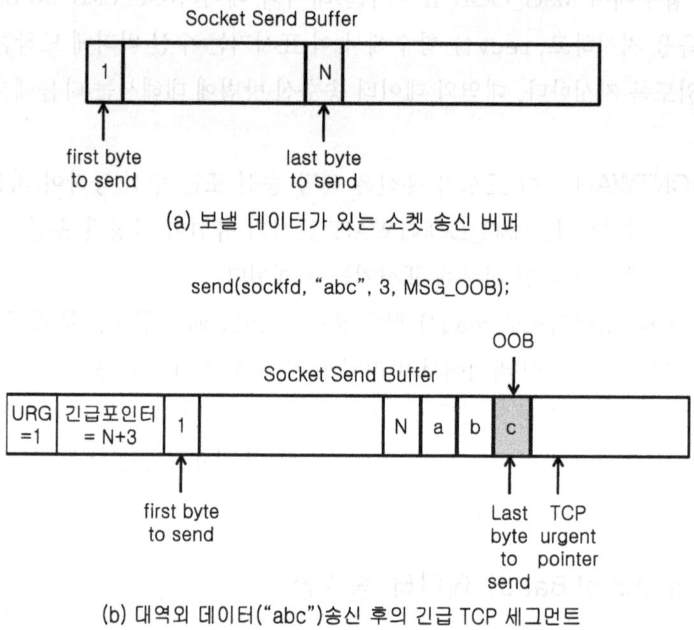

〈그림 6.5〉의 (a)와 같이 이미 보낼 데이터가 존재하는 송신 버퍼에 MSG_OOB 표시기 옵션이 설정된 `send()` 함수를 사용하여 "abc" 3바이트 문자열을 송신하는 경우를 가정해 보자. 대역외 송신 요구를 받은 송신 TCP는 즉시 URG 비트가 1로 설정된 긴급 세그먼트를 만들고 긴급 포인트는 송신 버퍼의 전체 데이터의 마지막 바이트 다음 바이트가 되며, 이 경우 TCP는 긴급 포인터의 바로 앞 바이트('c')를 긴급 바이트로 간주할 뿐 대역외 데이터 전체에 대한 어떠한 제어 정보도 제공하지 않는다. 따라서 수신 TCP에서는 긴급 포인터 바로 앞의 바이트만을 긴급 바이트로 간주하게 되고, MSG_OOB 표시기 옵션이 설정된 `recv()` 함수를 사용한 대역외 데이터 수신 시에 `c` 바이트만을 대역외(OOB) 데이터로 읽게 된다.

대역외 데이터의 도착은 URG 비트가 설정된 TCP 긴급 세그먼트를 수신한 TCP를 포함하는 OS 커널이 해당 소켓을 소유하고 있는 프로세스에게 SIGURG 시그널을 전달함으로써 통보된다. 대역외 데이터를 수신하고자 하는 프로세스는 `fcntl()` 함수를 호출하여 해당 소켓을 자신의 소유로 만든 다음 SIGURG 시그널 처리기를 미리 등록해 두어야 한다. `fork()` 함수와 `dup2()` 함수 등을 통해 하나의 소켓을 공유하고 있는 프로세스가 다수 존재할 수 있다. 따라서 SIGURG 시그널이 어느 프로세스로 전달되어야 할지를 결정할 수 있도록 해당 소켓의 소유자 프로세스가 반드시 지정되어야 한다. `fcntl()` 함수의 형식은 다음과 같다.

```
#include <unistd.h>
#include <fcntl.h>

int fcntl(int fd, int cmd, long arg);

                                        반환 : 성공 시 0, 실패 시 -1
```

fcntl() 함수의 첫 번째 인자 fd는 소유자 지정 명령을 수행하고자 하는 소켓(또는 파일)의 설명자를 나타내고, 두 번째 인자 cmd는 소켓(또는 파일)에 대해 수행할 명령을 표시한다. 소유자 지정을 위한 명령 인자는 F_SETOWN으로 주어진다. 그리고 세 번째 인자 arg는 수행할 명령에 입력될 인자를 표시하고 여기서는 소켓(또는 파일)의 소유자 프로세스의 식별자(ID)로 주어진다. 일반적으로 fcntl() 함수를 사용한 소유자 지정 명령은 다음과 같이 주어진다.

```
fcntl(fd, F_SETOWN, getpid());
```

fcntl() 함수는 다양한 명령과 명령에 따른 인자를 정의하고 있으나 여기서는 자세한 설명을 생략한다. 수신 TCP에 도착한 1바이트 대역외 데이터는 별도의 1 바이트 대역외 버퍼에 저장된다. 대역외 버퍼의 데이터는 recv() 함수 또는 recvfrom() 함수를 사용하여 읽을 수 있고 읽은 후에는 버퍼가 비워진다. 여기서 주의할 점은 대역외 버퍼의 크기가 1 바이트이기 때문에 기존에 도착한 대역외 데이터를 읽기 전에 또 다른 대역외 데이터가 도착할 경우 먼저 도착한 대역외 데이터는 일반 데이터로 처리된다. 대역외 데이터를 처리하는 방법은 시스템에 따라 다소 다를 수 있다.

〈리스트 6.4〉는 대역외 데이터를 송신하는 간단한 예제 프로그램을 보여준다. 이 예제의 33-42행은 정상 데이터 "12345", 대역외 데이터 "abc", 정상 데이터 "67", 대역외 데이터 "de", 정상 데이터 "89"를 순서대로 송신하고 있다. 〈그림 6.6〉은 이 프로그램의 실행 결과를 보여주고 있다.

〈리스트 6.4〉 대역외 데이터 송신 예제 프로그램

```
1  #include <stdio.h>
2  #include <stdlib.h>
3  #include <string.h>
```

```
#include <unistd.h>
#include <arpa/inet.h>
#include <sys/types.h>
#include <sys/socket.h>

void error_print(char *message);

int main(int argc, char **argv)
{
    int cli_sock;
    struct sockaddr_in serv_addr;
    int datalen;

    /* input server IP address and port number when running the program */
    if(argc != 3) {
            printf("Usage : %s <IP addr> <port>\n", argv[0]);
            exit(1);
    }

    /* create a clinet stream socket */
    cli_sock = socket(PF_INET, SOCK_STREAM, 0);

    if (cli_sock == -1)
            error_print("socket() error");

    /* initialize the server socket address structure */
    memset(&serv_addr, 0, sizeof(serv_addr));
    /* assign the server socket address */
    serv_addr.sin_family = AF_INET;
    /* inet_addr() converts the DDN format to 32 bit IP address format */
    serv_addr.sin_addr.s_addr = inet_addr(argv[1]);
    serv_addr.sin_port = htons(atoi(argv[2]));

    /* connect the client socket to the server socket */
    if (connect(cli_sock, (struct sockaddr *) &serv_addr, sizeof(serv_addr)) == -1)
            error_print("connect() error");

    write(cli_sock, "12345", 5);
    printf("normal data : 12345\n");

    send(cli_sock, "abc", 3, MSG_OOB);
```

```
    printf("OOB data : abc\n");

    write(cli_sock, "67", 2);
    printf("normal data : 67\n");

    send(cli_sock, "de", 2, MSG_OOB);
    printf("OOB data : de\n");

    write(cli_sock, "89", 2);
    printf("normal data : 89\n");

    close(cli_sock);
    return(0);
}

void error_print(char *message)
{
    fputs(message, stderr);
    fputc('\n', stderr);
    exit;
}
```

그림 6.6 〈리스트 6.4〉 프로그램 실행 결과

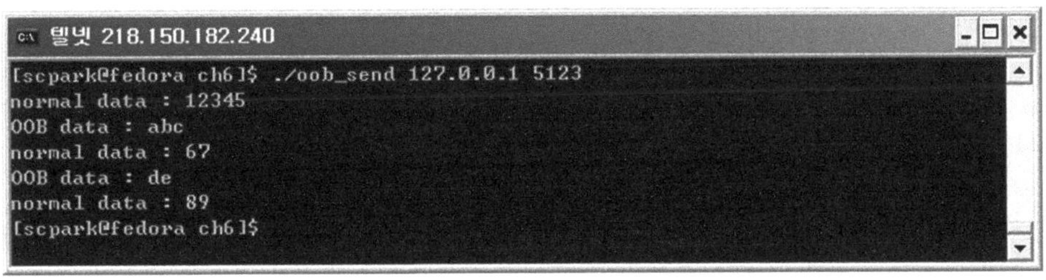

〈리스트 6.5〉는 〈리스트 6.4〉의 대역외 데이터 송신 프로그램에 대응되는 대역외 데이터 수신 프로그램을 보여준다. 51행에서 fcntl() 함수를 사용하여 getpid() 함수가 프로세스 ID를 반환하는 현재의 프로세스를 연결 소켓(conn_sock)의 소유자로 만든 다음 52행에서 긴급 세그먼트가 도착할 경우 발생하는 SIGURG 시그널의 처리기를 등록한다. 54-61행은 정상 데이터를 수신하고 66-72행은 대역외 데이터를 처리하는 처리기 함수이다.

<그림 6.7>의 실행 결과에서 우리는 앞에서 설명한 대로 송신 프로그램이 대역외 데이터로 송신한 "abc"와 "de" 데이터를 수신 프로그램은 각각 "c"와 "e" 바이트만 대역외 데이터로 먼저 처리하고 나머지는 정상 데이터로 수신하고 있음을 알 수 있다.

<리스트 6.5> 대역외 데이터 수신 예제 프로그램

```
#include <stdio.h>
#include <stdlib.h>
#include <signal.h>
#include <string.h>
#include <unistd.h>
#include <fcntl.h>
#include <arpa/inet.h>
#include <sys/types.h>
#include <sys/socket.h>

int serv_sock; /* server socket descriptor */
int conn_sock; /* server connection socket descriptor */

void error_print(char *message);
void oob_handler(int signo);
int main(int argc, char **argv)
{
    struct sockaddr_in serv_addr;
    struct sockaddr_in conn_addr;
    int addrlen, datalen;
    struct sigaction act;
    char buf[100];

    /* input server port number when running the server program */
    if(argc != 2) {
        printf("Usage : %s <port>\n", argv[0]);
        exit(1);
    }

    act.sa_handler = oob_handler;
    sigemptyset(&act.sa_mask);
    act.sa_flags = 0;

    /* create a stream socket for TCP and IP */
    serv_sock = socket(PF_INET, SOCK_STREAM, 0);
```

```
	if (serv_sock == -1)
		error_print("socket() error");

	/* initialize the server socket address structure */
	memset(&serv_addr, 0, sizeof(serv_addr));

	/* assign the server socket address */
	serv_addr.sin_family = AF_INET;
	/* wildcard for local address */
	/* htonl() converts the local 32 bit IP address to
standard format */
	serv_addr.sin_addr.s_addr = htonl(INADDR_ANY);
	/* htons() converts the port number to standard format */
	serv_addr.sin_port = htons(atoi(argv[1]));

	/* bind server socket address to the server socket */
	if (bind(serv_sock, (struct sockaddr *) &serv_addr,
sizeof(serv_addr)) == -1)
		error_print("bind() error");

	/* listen to the server socket */
	if (listen(serv_sock,1) == -1)
		error_print("listen() error !");

	/* accept the connection request from a client */
	addrlen = sizeof(conn_addr);
	conn_sock = accept(serv_sock, (struct sockaddr *)
&conn_addr, &addrlen);

	fcntl(conn_sock, F_SETOWN, getpid());

	if (sigaction(SIGURG, &act, 0) != 0)
		error_print("sigaction() error !");

	while (1) {
		if ((datalen = read(conn_sock, buf, sizeof(buf)
		1)) == 0) {
			printf("EOF received\n");
			exit(0);
		}
		buf[datalen] = 0;
		printf("normal data received : %s\n", buf);
	}
```

```
    close(serv_sock);
    close(conn_sock);
    return(0);
}

void oob_handler(int signo) {
    char buf[100];
    int nbytes;

    nbytes = recv(conn_sock, buf, sizeof(buf)-1, MSG_OOB);
    buf[nbytes] = 0;
    printf("oob data received : %s\n", buf);
}

void error_print(char *message)
{
    fputs(message, stderr);
    fputc('\n', stderr);
    exit;
}
```

그림 6.7 〈리스트 6.5〉 프로그램 실행 결과

```
텔넷 218.150.182.240
[scpark@fedora ch6]$ ./oob_recv 5123
normal data received : 12345
oob data received : c
normal data received : ab
normal data received : 67
oob data received : e
normal data received : d
normal data received : 89
EOF received
```

만약 프로세스가 해당 소켓 설명자에 예외 상황 발생 조건을 검사하도록 설정하였다면 URG 비트가 설정된 TCP 긴급 세그먼트 수신은 예외 상황 발생 조건을 만족시키게 되어 select() 함수가 반환되게 한다. SIGURG 시그널의 발생과 select() 함수를 위한 예외 상황 발생은 긴급 데이터의 실제 전송 여부와 상관 없이 URG 비트가 설정된 긴급 세그먼트만 도착하면 일어난다. 〈리스트 6.6〉과 〈그림 6.8〉은 각각 select() 함수를 사용하여 정상 데이터와 대역외 데이터를 수신하는 프로그램의 예제와 실행 결과를 보여주고 있다.

〈리스트 6.6〉 select() 함수를 사용한 대역외 데이터 수신 프로그램

```
#include <stdio.h>
#include <stdlib.h>
#include <string.h>
#include <unistd.h>
#include <arpa/inet.h>
#include <sys/types.h>
#include <sys/socket.h>

void error_print(char *message);

int main(int argc, char **argv)
{
        int serv_sock; /* server socket descriptor */
        int conn_sock; /* server connection socket descriptor */
        struct sockaddr_in serv_addr;
        struct sockaddr_in conn_addr;
        int addrlen, datalen;
        fd_set rset, xset;
        int fd_max1;
        char buf[100];

        /*  input  server  port  number  when  running  the  server
program */
        if(argc != 2) {
                printf("Usage : %s <port>\n", argv[0]);
                exit(1);
        }

        /* create a stream socket for TCP and IP */
        serv_sock = socket(PF_INET, SOCK_STREAM, 0);

        if (serv_sock == -1)
                error_print("socket() error");

        /* initialize the server socket address structure */
        memset(&serv_addr, 0, sizeof(serv_addr));

        /* assign the server socket address */
        serv_addr.sin_family = AF_INET;
        /* wildcard for local address */
        /*  htonl()  converts  the  local  32  bit  IP  address  to
standard format */
```

```
        serv_addr.sin_addr.s_addr = htonl(INADDR_ANY);
        /* htons() converts the port number to standard format */
        serv_addr.sin_port = htons(atoi(argv[1]));

        /* bind server socket address to the server socket */
        if  (bind(serv_sock,  (struct  sockaddr  *)  &serv_addr,
sizeof(serv_addr)) == -1)
                error_print("bind() error");

        /* listen to the server socket */
        if (listen(serv_sock,1) == -1)
                error_print("listen() error !");

        /* accept the connection request from a client */
        addrlen = sizeof(conn_addr);
        conn_sock   =   accept(serv_sock,   (struct   sockaddr   *)
&conn_addr, &addrlen);


FD_ZERO(&rset);
        FD_ZERO(&xset);
        fd_max1 = conn_sock +1;

        while (1) {
                FD_SET(conn_sock, &rset);
                FD_SET(conn_sock, &xset);
                if (select(fd_max1, &rset, 0, &xset, NULL) == -1)
                        error_print("select() error !\n");

                if (FD_ISSET(conn_sock, &xset)) {
                        datalen = recv(conn_sock, buf, sizeof(buf)
-1, MSG_OOB);
                        buf[datalen] = 0;
                        printf("oob data received : %s\n", buf);
                }
                else if (FD_ISSET(conn_sock, &rset)) {
                        if    ((datalen    =    read(conn_sock,    buf,
sizeof(buf)-1)) == 0) {
                                printf("EOF received\n");
                                exit(0);
                        }
                        buf[datalen] = 0;
                        printf("normal data received : %s\n", buf);
                }
```

```
        }
}
void error_print(char *message)
{
        fputs(message, stderr);
        fputc('\n', stderr);
        exit;
}
```

그림 6.8 〈리스트 6.6〉 프로그램의 실행 결과

6.2.3 소켓에 대한 표준 입출력 함수 사용

기본적으로 파일 또는 소켓에 대한 입출력 작업은 시간이 많이 걸리는 등 고비용의 작업이다. 따라서 가능하면 버퍼링을 통해 입출력 작업을 모아서 처리함으로써 입출력 작업의 회수를 줄이는 것이 바람직하다. 표준 입출력 함수들은 표준 입출력 장치를 포함하여 파일에 대한 입출력 작업 회수를 줄여 시스템의 성능을 제고하기 위해 제공된다. 표준 입출력을 위한 버퍼링은 다음과 같은 3가지 방식으로 제공된다.

- **완전 버퍼링(Full Buffering)** – 일반적으로 8192 바이트 크기로 주어지는 버퍼 메모리가 채워진 후에 실질적인 입출력이 일어난다. 만약 버퍼 메모리가 채워지기 전에 입출력을 동작을 수행하고자 한다면 fflush() 함수를 명시적으로 호출하여야 한다. exit() 함수의 호출은 버퍼에 저장된 데이터의 실질적인 입출력을 수반한다. 표준 입출력 장치를 제외한 대부분의 입출력 장치들에 대한 표준 입출력 함수들은 완전 버퍼링으로 동작한다.

♺ **라인 버퍼링(Line Buffering)** – 터미널 등 주로 표준 입출력 장치들에 대해 적용되는 버퍼링 기법으로써 한 줄의 입출력이 완료될 때 실질적인 입출력이 일어난다. 새로운 줄을 표시하는 문자를 입출력할 때까지 입출력 되는 데이터는 버퍼에 저장된다.

♺ **무 버퍼링(Unbuffering)** – 표준 입출력 함수들이 호출될 때마다 실질적인 입출력이 일어난다.

여기서는 표준 입출력 함수들을 소켓에 대해 적용하는 방법에 대해 살펴보고자 한다. 표준 입출력 함수 적용을 위해서는 실제 입출력을 위해 사용되는 파일 설명자(File Descriptor), 버퍼에 대한 포인터, 버퍼 크기, 버퍼에 저장된 데이터 크기 등의 정보를 유지하는 FILE 자료 구조의 할당이 선행되어야 한다. 소켓에 대응되는 FILE 자료 구조의 할당은 다음과 같은 형식의 `fdopen()` 함수를 사용한다.

```
#include <stdio.h>

FILE *fdopen(int fd, const char *mode);

                    반환 : 성공 시 FILE 자료 구조의 포인터, 실패 시 NULL
```

`fdopen()` 함수의 첫 번째 인자는 파일 또는 소켓의 설명자이고 두 번째 인자는 읽기("r"), 쓰기("w") 등 입출력 모드를 표시한다. `fdopen()` 함수는 성공 시에 FILE 자료 구조에 대한 포인터를 반환한다. `fdopen()` 함수에 의해 할당된 FILE 자료 구조는 표준 입출력 함수인 `fclose()` 함수에 의해 해제될 수 있다. 소켓에 대응되는 FILE 자료 구조에 대한 `fclose()` 함수의 호출은 기본적으로 다음과 같은 동작을 포함한다.

- 버퍼에 저장되어 있는 데이터에 대해 실제적인 입출력을 수행한다.
- `close()` 함수를 사용하여 소켓을 닫는다.
- FILE 자료 구조에 할당된 메모리를 해제한다.

소켓은 기본적으로 양방향 입출력을 제공하기 때문에 소켓에 대한 FILE 자료 구조가 유지하는 버퍼는 소켓의 입출력을 동시에 관리해야 한다. 그러나 하나의 FILE 자료 구조에 의한 입출력 버퍼링의 동시 관리는 복잡하기 때문에 일반적으로 소켓에 대해서는 입력 관리를 위한 FILE 자료 구조와 출력 관리를 위한 FILE 자료 구조를 분리하여 설정한다.

```
FILE *rfp, *wfp;

rfp = fdopen(sockfd, "r");
wfp = fdopen(sockfd, "w");
```

여기서 주의할 점은 소켓 입력과 출력의 분리를 위해 FILE 자료 구조를 별도로 할당할지라도 각 FILE 자료 구조에 유지되는 소켓 설명자 정보는 동일하다. 따라서 하나의 FILE 자료 구조에 대한 포인터를 사용하여 fclose() 함수를 호출하면 해당 소켓은 닫히게 되어 다른 FILE 자료 구조의 소켓도 동시에 닫히는 문제가 발생한다. 이런 문제점을 해결하기 위해 입력 관리를 위한 FILE 자료 구조와 출력 관리를 위한 FILE 자료 구조를 분리 시에 dup() 또는 dup2() 함수를 사용하여 소켓 설명자를 복제한 후 각각의 FILE 구조체에 서로 다른 소켓 설명자가 유지되도록 한다.

fclose() 표준 입출력 함수는 내부적으로 close() 함수를 사용하므로 shutdown() 함수와 같은 소켓에 대한 부분 닫기 동작으로 적용할 수 없다. 따라서 shutdown() 함수의 사용이 필요한 경우에는 FILE 자료 구조에 유지된 파일 또는 소켓 설명자 정보를 얻은 다음 이 정보를 사용하여 shutdown() 함수를 적절하게 호출하여야 할 것이다. 파일 자료 구조의 파일/소켓 설명자를 반환하는 함수는 다음과 같은 형식의 fileno() 함수이다.

```
#include <stdio.h>

int fileno(FILE *fp);

반환 : fp 포인터가 지시하는 FILE 자료 구조에 연계된 파일/소켓 설명자
```

〈리스트 6.7〉과 〈리스트 6.8〉은 각각 에코 서버 프로그램과 에코 클라이언트 프로그램을 표준 입출력 함수들을 사용하여 재작성한 프로그램이다. 〈리스트 6.7〉의 수정된 에코 서버 프로그램은 클라이언트에 대한 에코 작업을 종료한 후 마지막 메시지("good bye …")를 송신하고 종료한다. 〈리스트 6.7〉의 48-49행은 앞에서 설명한 대로 소켓에 대한 표준 입력과 표준 출력을 위한 FILE 자료 구조를 분리하여 설정하되 dup() 함수를 사용하여 소켓 설명자도 분리하고 있다. dup() 함수를 사용하여 소켓 설명자를 복제하지 않을 경우 어떤 문제가 발생하는 지에 대해서는 여러분들이 직접 프로그램을 실행한 후 결과를 확인해 보기 바란다. 53행의 fflush() 함수는 서버가 소켓에 대해 출력한 데이터를 실질

적으로 출력하도록 만든다. 만약 fflush() 함수를 사용하지 않을 경우의 실행 결과를 예상해 보고 실제로 실행한 후 결과가 어떻게 되는 지 확인해 보기 바란다.

⊕ 〈리스트 6.7〉 표준 입출력 기반의 에코 서버 프로그램

```
#include <stdio.h>
#include <stdlib.h>
#include <string.h>
#include <unistd.h>
#include <arpa/inet.h>
#include <sys/types.h>
#include <sys/socket.h>
#define    BUFSIZE 1024
void error_print(char *message);

int main(int argc, char **argv)
{
    int serv_sock; /* server socket descriptor */
    int conn_sock; /* server connection socket descriptor */
    struct sockaddr_in serv_addr;
    struct sockaddr_in conn_addr;
    int addrlen;
    char buf[BUFSIZE];
    FILE *rfp, *wfp;

    /* input server port number when running the server program */
    if(argc != 2) {
            printf("Usage : %s <port>\n", argv[0]);
            exit(1);
    }

    /* create a stream socket for TCP and IP */
    serv_sock = socket(PF_INET, SOCK_STREAM, 0);

    if (serv_sock == -1)
            error_print("socket() error");

    /* initialize the server socket address structure */
    memset(&serv_addr, 0, sizeof(serv_addr));
    /* assign the server socket address */
    serv_addr.sin_family = AF_INET;
    /* wildcard for local address */
```

```
    /* htonl() converts the local 32 bit IP address to standard format */
    serv_addr.sin_addr.s_addr = htonl(INADDR_ANY);
    /* htons() converts the port number to standard format */
    serv_addr.sin_port = htons(atoi(argv[1]));

    /* bind server socket address to the server socket */
    if (bind(serv_sock, (struct sockaddr *) &serv_addr, sizeof(serv_addr)) == -1)
            error_print("bind() error");

    /* listen to the server socket */
    if (listen(serv_sock,5) == -1)
            error_print("listen() error !");

    /* accept the connection request from a client */
    addrlen = sizeof(conn_addr);
    conn_sock = accept(serv_sock, (struct sockaddr *) &conn_addr, &addrlen);
    if (conn_sock == -1)
            error_print("accept() error");

    rfp = fdopen(conn_sock, "r");
    wfp = fdopen(dup(conn_sock), "w");

    while (fgets(buf, BUFSIZE, rfp) != NULL) {
            printf("data from client : %s\n", buf);
            fputs(buf, wfp);
            fflush(wfp);
    }

    fclose(rfp);
    fputs("good bye...\n", wfp);
    fclose(wfp);
    return(0);
}

void error_print(char *message)
{
    fputs(message, stderr);
    fputc('\n', stderr);
    exit;
}
```

<리스트 6.8>의 에코 클라이언트 프로그램도 <리스트 6.7>의 에코 서버 프로그램과 유사하게 작성된다. 35-36행에서 서버와 동일하게 표준 입력과 표준 출력을 위한 FILE 자료구조를 분리하고 있고, 43행에서 한 라인을 소켓에 표준 출력한 후 실제적인 소켓 출력을 위해 fflush() 함수를 호출하고 있다. 47행은 fileno() 함수와 shutdown() 함수를 사용하여 부분적인 소켓 닫기를 수행하고 있다. 여기서 shutdown() 함수 대신 fclose() 함수를 사용했을 때의 결과를 예상해보고 실제 실행 결과와 비교해 보기 바란다. 만약 예상과 결과가 다르다면 그 이유에 대해 설명해 보기 바란다. shutdown() 함수는 파일 참조 계수와 무관하게 적용된다는 점을 참고하면 도움이 될 것이다.

<리스트 6.8> 표준 입출력 기반의 에코 클라이언트 프로그램

```
1   #include <stdio.h>
2   #include <stdlib.h>
3   #include <string.h>
4   #include <unistd.h>
5   #include <arpa/inet.h>
6   #include <sys/types.h>
7   #include <sys/socket.h>

8   #define    BUFSIZE 1024
9   void error_print(char *message);

10  int main(int argc, char **argv)
11  {
12      int cli_sock;
13      struct sockaddr_in serv_addr;
14      char buf[BUFSIZE];
15      FILE *rfp, *wfp;

16      /* input server IP address and port number when running
      the program */
17      if(argc != 3) {
18              printf("Usage : %s <IP addr> <port>\n", argv[0]);
19              exit(1);
20      }

21      /* create a clinet stream socket */
22      cli_sock = socket(PF_INET, SOCK_STREAM, 0);

23      if (cli_sock == -1)
```

```
            error_print("socket() error");
    /* initialize the server socket address structure */
    memset(&serv_addr, 0, sizeof(serv_addr));

    /* assign the server socket address */
    serv_addr.sin_family = AF_INET;
    /* inet_addr() converts the DDN format to 32 bit IP address format */
    serv_addr.sin_addr.s_addr = inet_addr(argv[1]);
    serv_addr.sin_port = htons(atoi(argv[2]));

    /* connect the client socket to the server socket */
    if (connect(cli_sock, (struct sockaddr *) &serv_addr, sizeof(serv_addr)) == -1)
            error_print("connect() error");

    rfp = fdopen(cli_sock, "r");
    wfp = fdopen(dup(cli_sock), "w");

    while (1) {
            printf("input data : ");
            fgets(buf, BUFSIZE, stdin);
            if (strcmp(buf,"quit\n") == 0)
                    break;
            fputs(buf, wfp);
            fflush(wfp);

            fgets(buf, BUFSIZE, rfp);
            printf("echo from server : %s\n", buf);
    }

    shutdown(fileno(wfp), SHUT_WR);
    fclose(wfp);
    if (fgets(buf, BUFSIZE, rfp) != NULL)
            printf("final message from server : %s\n", buf);
    else
            printf("no final message from server.\n");

    fclose(rfp);

    return(0);
}

void error_print(char *message)
```

```
{
    fputs(message, stderr);
    fputc('\n', stderr);
    exit;
}
```

〈그림 6.9〉와 〈그림 6.10〉은 각각 〈리스트 6.7〉 에코 서버 프로그램과 〈리스트 6.8〉 에코 클라이언트 프로그램의 실행 결과를 보여준다.

그림 6.9 〈리스트 6.7〉 프로그램 실행 결과

그림 6.10 〈리스트 6.8〉 프로그램 실행 결과

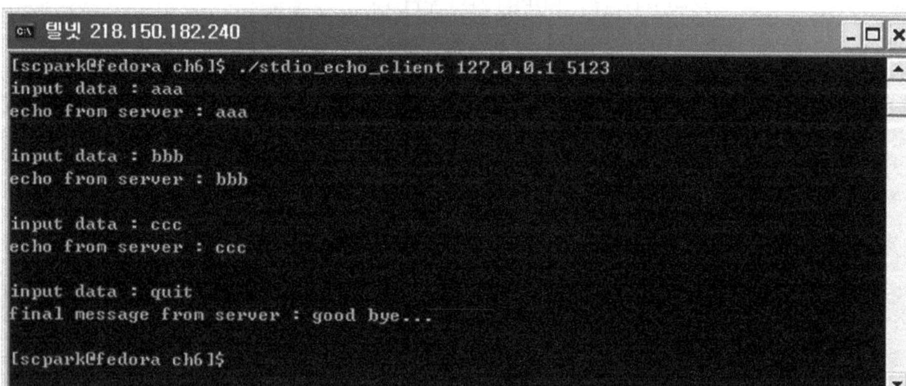

6.3 데몬 서버 프로그래밍

6.3.1 데몬 서버 이해

데몬 서버 프로그래밍 과정을 이해하기 위해서는 먼저 제어 터미널을 통한 서버 프로그램 실행 과정을 이해할 필요가 있다. 〈그림 6.11〉은 사용자가 로그인 후 명령을 통해 서버 프로그램을 실행할 수 있는 쉘 환경(Shell Environment) 구축 과정을 간략하게 보여준다. 사용자 입출력을 위한 터미널을 제어하는 프로그램은 getty이다. 1번 프로세스인 시스템의 초기화 프로세스(init)는 각각의 터미널을 독립적으로 제어하기 위해 getty 프로세스를 `fork()` 함수와 `exec()` 함수를 순차적으로 호출하여 생성한다. getty 프로세스는 표준 입력, 표준 출력, 표준 에러 처리를 위한 터미널 장치 기동자(Device Driver)를 개방하고 파일 설명자를 각각 0, 1, 2로 설정한다. 그런 다음 사용자 로그인 프로그램을 실행하여 로그인을 처리하고 로그인이 성공적으로 완료되면 명령어 실행 환경인 쉘 프로그램을 실행함으로써 쉘 환경 구축을 완료한다. 이렇게 실행된 쉘 프로세스는 해당 터미널의 제어 프로세스가 되고 해당 터미널을 통해 생성된 전면(foreground) 프로세스 그룹과 이면(background) 프로세스 그룹을 포함하는 세션의 리더(Session Leader)가 되어 내부 프로세스들을 관리할 수 있게 한다.

그림 6.11 쉘 환경 구축 과정

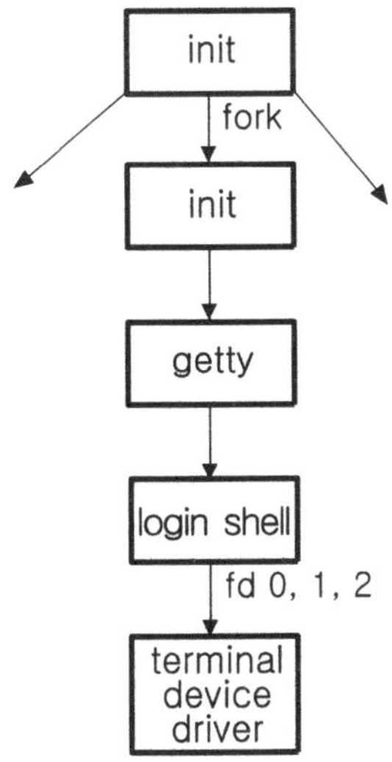

많은 경우 서버 프로세스는 불특정 다수의 클라이언트들에게 공정한 서비스를 항구적으로 제공해야 하므로 해당 서버 프로그램을 실행한 사용자 환경(예 : 사용자의 파일 접근 권한, 작업 디렉토리, 제어 터미널 등)과 독립적으로 동작해야 한다. 서버 프로세스는 사용자가 시스템으로부터 로그아웃 하더라도 종료되지 않고 항구적으로 동작해야 한다. 서버 프로세스가 어떤 파일을 생성하고자 하는 경우 특정 사용자의 파일 접근 권한에 대한 제약이 적용되거나 특정 사용자의 작업 디렉토리(Working Directory)에 의존적이라면 다수의 클라이언트들에게 공정한 서비스를 제공하기 어려울 것이다. 또한 서버 프로세스가 특정 터미널에서 실행된 후 터미널 사용을 종료한 상태에서 다른 사용자가 해당 터미널을 사용하더라도 해당 서버 프로세스는 새로운 사용자의 터미널로부터의 입력에 영향받거나 또는 출력으로 터미널에 영향을 미치지 말아야 한다. 이와 같이 모든 터미널과 무관한 상태에서 이면(background) 모드로 동작하고 있는 프로세스를 데몬 프로세스(Demon Process)라 한다. 데몬 프로세스는 제어 터미널을 갖지 않으므로 터미널에 메시지를 출력하는 함수를 사용할 수 없다. 별도의 파일에 메시지를 기록하거나 syslogd와 같은 특수한 로그 데몬을 사용하여야 한다.

데몬 서버가 정상적으로 동작하기 위해서는 기본적으로 세션 리더인 특정 쉘 프로세스의 영향을 받지 않도록 프로그램되어야 하고, 어떤 경우에도 특정 터미널을 통한 제어와 무관하게 동작할 수 있도록 프로그램되어야 한다. LINUX 환경에서 데몬 서버 프로그램은 독립적으로 실행될 수도 있고 시스템이 제공하는 특수 프로세스(init, inetd)에 의해 실행될 수도 있다.

6.3.2 독립형 데몬 서버 프로그래밍

독립적으로 실행되는 데몬 서버 프로그램은 다음과 같은 과정을 수행하는 동작이 포함되어야 한다.

- `fork()` 함수를 호출하여 자식 프로세스를 생성하고 부모 프로세스는 종료한다. 이 과정에서 서버 프로세스는 자동으로 이면에서 동작하게 된다.
- `setsid()` 함수를 호출하여 자신이 부모 프로세스와 무관한 새로운 세션의 리더가 된다. 이 과정은 터미널 제어와 연계된 기존 세션 리더로부터 분리함으로써 새롭게 생성된 프로세스를 제어 터미널과 무관하게 만든다. 제어 터미널을 가지고 있지 않은 세션 리더 프로세스가 새로운 터미널을 개방하면 새로운 터미널은 세션 리더 프로세스의 제어 터미널이 된다. 따라서 setsid() 함수 호출만으로 제어 터미널과 무관하게 동작하는 프로세스를 보장할 수는 없다.

- fork() 함수를 호출하여 두 번째 자식(손자) 프로세스를 생성하고 첫 번째 자식 프로세스는 종료한다. 두 번째 자식 프로세스는 세션 리더가 아니므로 터미널과 무관하게 동작하는 프로세스임이 보장된다. 세션 리더 프로세스가 종료되면 모든 자식 프로세스에게 SIGHUP 시그널을 전달하여 기본적으로 자식 프로세스를 종료시킨다. 여기서 세션 리더 프로세스가 생성한 두 번째 자식 프로세스는 부모 프로세스(첫 번째 자식 프로세스)가 종료되더라도 계속 동작해야 하므로 SIGHUP 시그널을 무시하도록 설정되어야 한다.
- chdir() 함수를 사용하여 현재의 작업 디렉토리를 루트 디렉토리로 변경한다.
- 특정 사용자의 파일 접근 권한에 대한 제약의 적용을 회피할 수 있도록 umask() 함수를 사용하여 파일 모드 생성 마스크를 0으로 설정한다.
- 부모 프로세스로부터 상속받은 파일 설명자를 모두 닫는다. 일반적으로 이 작업은 최대 파일 설명자까지의 모든 파일 설명자를 닫음으로써 수행된다.

따라서 데몬 서버를 작성하기 위해서는 실질적인 작업을 수행하는 프로그램 코드 앞 부분에 다음과 같은 코드를 추가하여야 한다.

```
#include …

struct sigaction act;
sigset_t mask;

if ((pid = fork()) != 0)
   Exit(0);

setsid();

act.sa_handler = SIG_IGN;
act.sa_flags = 0;
sigemptyset(&act.sa_mask);
sigaddset(&act.sa_mask, SIGHUP);
sigaction(SIGHUP, &act);

if ((pid = fork()) != 0)
   exit(0);

chdir("/");
umask(0);

for (i = 0; i < MAXFD; i++)
   close(i);
```

6.3.3 inetd 데몬 서버

LINUX 시스템에서 웹 서버와 메일 서버와 같이 많은 클라이언트로부터 많은 수의 서비스 요청을 수시로 처리하는 데몬 서버들은 독립형 데몬 서버로 구현된다. 일반적으로 독립형 데몬 서버 프로그램은 /etc/rc 파일에 기록되어 초기화 시에 init 프로세스에 의해 데몬 프로세스로 실행된다. FTP, 텔넷(Telnet), rlogin 등과 같은 많은 데몬 서버들은 웹 서버나 이메일 서버와 달리 클라이언트로부터의 서비스 요청 회수가 많지 않다. 이런 서버들이 독립형 데몬 서버로 실행된다면 대부분의 시간 동안 메모리 공간만 차지한 채 쉬고 있는 상태로 존재하게 될 것이다. 이는 시스템 자원의 낭비를 초래한다. inetd 데몬 서버는 클라이언트로부터의 서비스 요청이 많지 않은 다수의 서로 다른 서버들에 대한 클라이언트 서비스 요청을 대신 처리하는 특수한 데몬 프로세스이다. 즉, inetd 데몬 서버에 의해 관리되는 데몬 서버들은 직접 클라이언트로부터의 서비스 요청을 기다리고 있을 필요가 없고, inetd 데몬 서버가 특정 서비스 요청을 받으면 서버 프로세스를 생성하여 해당 서버 프로그램을 실행한다. inetd는 궁극적으로 시스템의 전체 프로세스 개수를 줄임으로써 자원 낭비를 방지한다.

inetd 데몬 프로세스가 어떤 서비스 요청을 기다리고 있어야 하고 특정 서비스 요청이 도착했을 때 어떤 서버 프로그램을 어떤 방식으로 실행해야 하는 지에 대한 정보는 /ect/inetd.conf 파일에 정의된다. /etc/inetd.conf 파일의 간단한 예는 다음과 같다.

```
ftp     stream tcp   nowait root        /usr/bin/ftpd  ftpd -l
telnet  stream tcp  nowait  root      /usr/bin/telnetd  telnetd
login   stream tcp   nowait root        /usr/bin/rlogind
rlogin -s
tftpd   dgram  udp   wait   nobody      /usr/bin/tftpd tftpd-s
/tftpboot
```

/etc/inetd.conf 파일의 첫 번째 필드는 인터넷 서비스 이름(Service Name)을 나타내고, 두 번째 필드는 소켓 유형(Socket Type), 세 번째 필드는 프로토콜, 네 번째 필드는 대기 표시기(Wait Flag), 다섯 번째 필드는 사용자 식별자(User ID), 여섯 번째 필드는 실행 파일의 경로 이름, 그리고 마지막 필드는 exec 함수 호출 시의 실행 인자를 표시한다. 각 필드의 의미는 다음과 같다.

- **인터넷 서비스 이름(Service Name)** : /etc/services 파일에 정의된 인터넷 서비스 이름을 나타낸다. /etc/services 파일은 인터넷 서비스 이름, 해당 서비스가 사용할

프로토콜, 그리고 포트 번호를 기술한다.

- **소켓 유형(Socket Type)** : 해당 인터넷 서비스 수행을 위해 개방될 소켓의 유형을 나타낸다. 스트림 소켓(SOCK_STREAM), 데이터그램 소켓(SOCK_DGRAM)등 유형이 정의될 수 있다.
- **프로토콜** : 해당 인터넷 서비스 수행을 위해 사용될 프로토콜을 나타낸다. tcp, udp 등의 프로토콜이 정의될 수 있다.
- **대기 표시기(Wait Flag)** : 이 필드는 스트림 소켓에서는 항상 nowait 값을 가지고, 데이터그램 소켓에서는 nowait과 wait 값 중 하나를 가질 수 있다. 스트림 소켓을 사용하는 서버 프로세스는 스트림 전송이 종료될 때까지 하나의 클라이언트에 연계되므로 새로운 서비스 요청이 오면 이전 프로세스가 종료되기를 기다리지 않고(nowait) 새로운 서버 프로세스를 생성해야 한다. 데이터그램 서버는 제한 시간이 종료될 때까지 UDP 데이터그램을 계속 읽는 대기형 서버(Wait Server)와 하나의 UDP 데이터그램을 읽으면 종료하는 비대기형 서버(Nowait Server)로 구분된다. 전자는 wait 대기 표시기 값을 가지고 후자는 nowait 대기 표시기 값을 가진다.
- **사용자 식별자(User ID)** : 해당 서비스 수행을 위해 생성될 서버 프로세스의 사용자 식별자를 표시한다. 일반적으로 root가 되나 보안상 필요한 경우 제한적인 접근 권한을 가지는 사용자 식별자 명의로 서버 프로세스를 생성할 수 있다.
- **실행 파일의 경로 이름** : 해당 서비스 수행을 위해 생성된 서버 프로세스가 실행할 서버 프로그램의 경로 이름을 표시한다.
- **실행 인자** : exec() 함수를 호출할 때 사용할 실행 인자를 표시한다.

〈그림 6.12〉는 inetd 데몬 서버가 수행하는 동작의 절차를 개략적으로 보여준다.

먼저 inetd 데몬 서버는 /etc/inetd.conf 파일에 명시된 인터넷 서비스에 적합한 유형의 소켓을 생성한 다음 `bind()` 함수를 호출하여 각 서비스에 대응되는 서버 소켓 주소를 결합하고 TCP 소켓인 경우 `listen()` 함수를 호출한다. 각 새로운 소켓은 `select()` 함수를 위한 읽기 조건 검사 파일 설명자 집합에 추가된다.

/etc/inetd.conf 파일에 명시된 인터넷 서비스를 위한 모든 소켓의 생성이 완료되면 각 소켓의 읽기 조건 충족 여부를 검사하기 위해 `select()` 함수를 호출한다. TCP 소켓의 경우 연결 요청 세그먼트(SYN)가 도착하여 `accept()` 함수를 반환할 상태가 될 때 읽기 조건이 충족되고 UDP 소켓인 경우 UDP 데이터그램이 도착하면 읽기 조건이 충족될 것이다.

그림 6.12 inetd 데몬 서버의 동작 절차

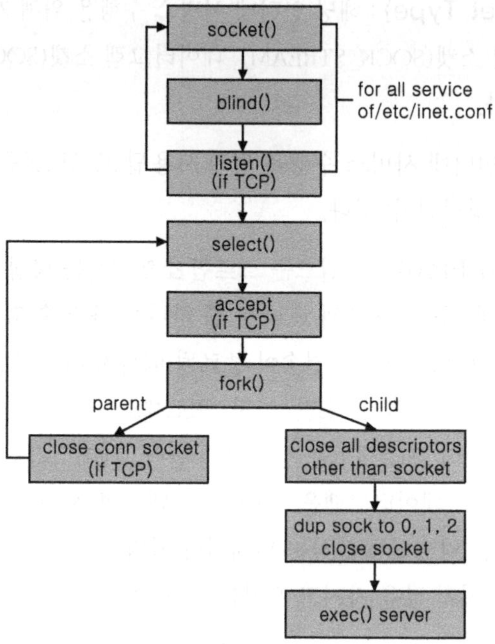

select() 함수 호출 결과 TCP 소켓이 읽기 가능한 상태이면 해당 소켓에 대해 accept() 함수를 호출하여 새로운 연결 소켓을 생성한다. 그런 다음 inetd 데몬 서버는 fork() 함수를 호출하여 해당 서비스를 처리할 자식 프로세스를 생성하고, 자식 프로세스를 위해 생성된 TCP 연결 소켓을 닫은 다음 다시 select() 함수를 호출함으로써 각 소켓의 읽기 조건 충족 여부를 다시 검사한다.

inetd 데몬 서버에 의해 생성된 자식 프로세스는 accept() 함수를 통해 생성된TCP 연결 소켓 또는 UDP 소켓을 제외한 나머지 모든 파일 설명자들을 닫은 다음 dup2() 함수를 사용하여 소켓을 표준 입력(0), 표준 출력(1), 표준 오류(2)으로 복제한다. 그런 다음 원래의 소켓은 닫는다. 이 과정은 해당 서비스를 수행하기 위해 exec() 함수를 통해 실행될 서버 프로그램에게 소켓 번호를 넘겨주는 보편적인 방법이다. 이후 자식 프로세스의 표준 입력은 소켓에 대한 입력이 되고 표준 출력과 표준 오류는 소켓에 대한 출력이 된다. 이 과정을 통해 소켓 번호를 전달하는 예제는 〈리스트 5.1〉과 〈리스트 5.2〉의 프로그램을 참조하기 바란다. 마지막으로 자식 프로세스는 exec() 함수 호출을 통해 /etc/inetd.conf 파일의 관련 서버 프로그램을 실행함으로써 해당 서비스 수행을 위한 서버 프로세스 생성 작업을 완료한다.

만약 inetd 데몬 서버에 의해 처리되는 자식 프로세스가 UDP 데이터그램 소켓을 사용하고 대기 표시기 필드의 값이 wait으로 설정된 대기형 서버인 경우에는 inetd 데몬 서버의 동작이 다소 달라져야 한다. UDP 소켓을 사용하는 경우 accept() 함수를 통해 자식 프로세스를 위한 연결 소켓을 새로 생성하는 TCP 소켓의 경우와 달리 inetd 데몬 서버와 자식 프로세스가 동일한 소켓을 사용한다. 따라서 자식 프로세스가 UDP 데이터그램을 반복해서 읽고 처리하는 과정에서 inetd 데몬 서버도 당연히 select() 함수를 통해 해당 소켓이 읽을 준비가 되었음을 통보받게 되어 또 다른 자식 프로세스를 반복적으로 생성하는 오류를 범하게 될 것이다. 따라서 이 경우는 자식 프로세스를 생성한 inetd 데몬 서버가 FD_CLR() 매크로 함수를 사용하여 해당 소켓에 대응되는 읽기 조건 파일 설명자 집합 변수의 비트를 OFF 상태로 해제함으로써 자식 프로세스가 종료될 때까지 select() 함수가 해당 소켓에 대한 읽기 조건 검사를 하지 않도록 만들어 주어야 한다. 자식 프로세스가 종료하면 SIGCHLD 시그널이 부모 프로세스인 inetd 데몬 서버에게 전달될 것이다. SIGCHLD 시그널을 수신한 inetd 데몬 서버는 관련 시그널 처리기 함수를 통해 해당 소켓에 대응되는 읽기 조건 파일 설명자 집합 변수의 비트를 ON 상태로 변환함으로써 동일한 서버에 대한 다른 클라이언트의 서비스 요청을 처리할 수 있게 한다.

6.4 생(Raw) 소켓 프로그래밍

6.4.1 생 소켓의 생성

생 소켓(Raw Socket)은 TCP나 UDP와 같은 트랜스포트 프로토콜없이 IP 수준의 프로토콜(IP, ICMP, IGMP 등)이 제공하는 통신 기능을 네트워크 응용 프로세스가 직접 이용할 수 있게 한다. 생 소켓은 응용 프로세스가 ICMP와 IGMP 패킷들을 직접 읽고 쓸 수 있게 한다. 예를 들어 우리는 생 소켓을 사용하여 ICMP 에코 요구(Echo Request) 패킷을 송신하고 ICMP 에코 회신(Echo Reply) 패킷을 수신하는 프로그램(ping)을 작성할 수 있다. 또한 생 소켓은 응용 프로세스가 OS 커널에서 처리되지 않는 프로토콜 필드 값을 가지는 IP 데이터그램을 읽고 쓸 수 있게 한다. 커널에서 처리하는 ICMP(1), IGMP(2), TCP(16), UDP(17)와 같은 프로토콜들을 제외한 나머지 프로토콜들은 생 소켓을 이용하여 직접 IP 데이터그램을 읽고 쓰는 프로그램으로 구현된다. 그리고 생 소켓을 이용하여 우리는 프로세스가 자신의 IP 헤더를 직접 작성할 수 있도록 만들 수 있다. 이 때 사용하는 소켓 옵션은 IP_HDRINCL이다. 이 옵션은 UDP나 TCP 패킷을 직접 작성할 필요가 있을 때 사용될 수 있다.

생 소켓을 생성하기 위해서는 소켓 생성 함수 socket()의 2번째 인자가 SOCK_RAW로 주어진다.

```
int sockfd;

sockfd = socket(AF_INET, SOCK_RAW, protocol);
```

socket() 함수의 3번째 인자는 일반적으로 〈netinet/in.h〉 파일에 정의된 IPPROTO_xxx 형식의 상수 값으로 주어지고, IP의 상위 프로토콜을 명시적으로 표시한다. 예를 들어 IPPROTO_ICMP는 해당 소켓이 ICMP 패킷 처리를 위해 생성되도록 지시한다. 일반 사용자가 자신의 IP 데이터그램을 네트워크에 마음대로 쓰는 것을 방지하기 위해 생 소켓은 오직 수퍼 사용자(superuser)만이 생성할 수 있게 한다.

생 소켓에 bind() 함수가 호출되어 해당 생 소켓으로 전달되는 IP 데이터그램의 출발지 주소(Source Address)를 지정할 수 있다. 생 소켓에는 포트 번호의 개념이 없기 때문에 bind() 함수 호출 시에 포트 번호를 지정할 필요는 없다. bind() 함수가 사용되지 않으면 OS 커널은 출력 인터페이스의 첫번째 IP 주소를 출발지 IP 주소로 지정한다. 생 소켓에 대한 목적지 주소(Destination Address) 지정은 connect() 함수를 사용하여 이루어질 수 있다. 이 경우에도 포트 번호는 지정할 필요가 없다. connect() 함수를 사용하면 해당 생 소켓에 대해 sendto() 함수 대신 write()나 send() 함수를 사용할 수 있게 한다.

6.4.2 생 소켓의 입출력

connect() 함수를 사용하지 않는 경우 생 소켓에 대한 정상적인 출력은 sendto() 함수 호출을 통해 수행되고 목적지 IP 주소를 지정하여야 한다. IP_HDRINCL 옵션이 지정되지 않았다면 커널이 IP 헤더를 생성하기 때문에 커널이 송신할 데이터의 시작 주소는 IP 헤더 다음의 첫 번째 바이트를 지시한다. IP 헤더의 프로토콜 필드는 socket() 함수의 3번째 인자에 의해 주어진 값으로 커널에 의해 지정된다. 만약 IP_HDRINCL 옵션이 지정되었다면 커널이 송신할 데이터의 시작 주소는 IP 헤더의 첫 번째 바이트를 지시한다. 이 경우 생 소켓에 쓸 데이터의 크기는 IP 헤더의 크기를 포함해야 하고, 프로세스는 IP 헤더의 식별자(identification) 필드와 첵섬(checksum)을 제외한 모든 IP 헤더를 작성한다. IP 헤더의 식별자(identification) 필드와 첵섬(checksum) 필드는 커널에 의해 채워진다. 그러나 IP 데이터그램에 담기는 프로토콜 정보(예 : ICMP 정보)에 대한 첵섬의 계산은 응용 프로세스의 몫이다. MTU 보다 큰 패킷에 대한 단편화는 커널에 의해 이루어지므로 응용 프로세스는 이를 고려하지 않아도 된다.

생 소켓으로의 입력 규칙은 다소 복잡하다. 일단 커널에 의해 수신된 UDP와 TCP 패킷은 절대 생 소켓으로 전달되지 않는다. 따라서 UDP 또는 TCP 패킷을 포함하는 IP 데이터그램을 읽고자 한다면 데이터 링크 접근을 통해 해당 패킷을 읽어야 한다. 대부분의 ICMP 패킷들은 커널에 의해 처리되고 나면 생 소켓으로 전달된다. 그러나 에코 요구(Echo Request), 타임스탬프 요구(Timestamp Request), 그리고 주소 마스크 요구(Address Mask Request) ICMP 패킷들은 완전이 커널에 의해 처리되고 생 소켓으로 전달되지 않는다. IGMP 패킷들은 커널에 의해 처리되고 나면 모두 생 소켓으로 전달된다. 커널이 이해할 수 없는 프로토콜 필드 값을 가진 모든 IP 데이터그램들은 생 소켓으로 전달된다. 만약 IP 데이터그램이 단편화되어 도착하면 단편화된 모든 데이터그램들이 도착하여 재조립된 다음 생 소켓으로 전달된다. 생 소켓 생성시에 protocol 인자가 0이 아닌 값으로 주어졌다면 수신된 IP 데이터그램의 프로토콜 필드의 값이 이 인자의 값과 일치되는 데이터그램만이 해당 생 소켓으로 전달된다. `bind()` 함수에 의해 지역 IP 주소가 생 소켓에 결합된 경우 수신된 IP 데이터그램의 목적지 IP 주소가 이 결합된 주소와 일치하는 데이터그램만이 해당 생 소켓으로 전달된다. 또한 `connect()` 함수에 의해 목적지 주소가 생 소켓에 대해 연결된 경우 수신된 데이터그램의 출발지 주소가 이 연결 주소와 일치하는 데이터그램만이 해당 생 소켓으로 전달된다.

6.4.3 생 소켓을 사용한 ping 프로그램 작성

이 절에서는 생 소켓을 사용하여 ICMP 기반의 ping 프로그램을 작성하는 과정을 자세히 살펴보고자 한다. ping 프로그램의 동작 원리는 간단하다. ICMP 에코 요구(Echo Request) 메시지가 특정 IP 주소로 전달되면 해당 목적지 시스템은 ICMP 에코 회신(Echo Reply) 메시지로 응답한다. ICMP 메시지의 포맷은 〈그림 6.13〉과 같다. ICMP 메시지의 첫번째 유형(type) 필드는 메시지의 유형을 나타내고 ICMP 에코 요청 메시지는 ICMP_ECHO, ICMP 에코 회신 메시지는 ICMP_ECHOREPLY 값을 가진다. 어떤 유형의 ICMP 메시지는 코드(code) 필드의 서로 다른 값을 사용하여 보다 세분화된 메시지 조건을 지정할 수 있다. 여기서는 code 필드는 사용하지 않는다. 첵섬(checksum) 필드는 ICMP 전체 메시지에 대한 첵섬을 계산한 값을 유지한다. 식별자(identifier) 필드는 ICMP 메시지 송신자에 대한 식별자로서 일반적으로 송신 프로세스의 PID(Process ID) 값이 지정된다. 순서 번호(Sequence Number) 필드는 0부터 시작하여 새로운 에코 요구 메시지가

그림 6.13 ICMP 메시지 포맷

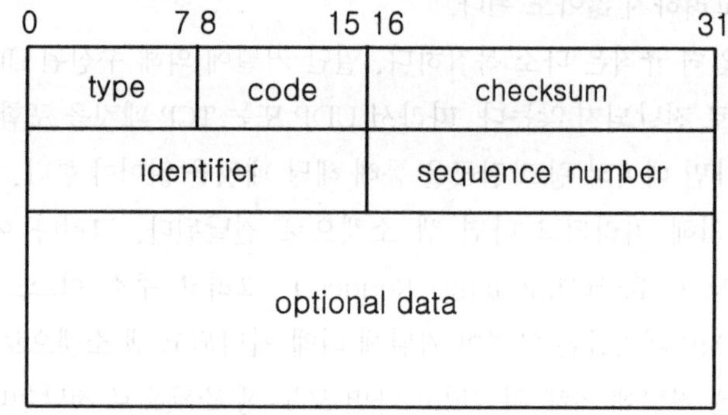

송신될 때마다 1씩 증가한다. ping 서버 프로세스는 수신한 ICMP 메시지의 식별자와 순서 번호를 그대로 반환한다.

〈리스트 6.9〉의 프로그램은 생 소켓을 사용하여 작성한 간단한 ping 프로그램을 보여준다. 앞에서도 언급하였듯이 수퍼 사용자만 생 소켓을 생성할 수 있으므로 〈리스트 6.9〉의 프로그램을 실행하기 위해서는 수퍼 사용자의 권한을 반드시 가져야 한다. 프로그램의 38-43행은 생 소켓의 생성과 생성된 생 소켓에 대한 목적지 IP 주소 연결 과정을 보여준다. 44행의 pid 값은 ICMP의 식별자 필드 값으로 사용되기 위해 얻어진다. 본 ping 프로그램은 매 2초 마다 ICMP 에코 요청 메시지를 생 소겟에 연결된 IP 주소의 목적지로 송신한다. 이를 위해 본 프로그램에서는 매 2초마다 발생하는 알람 시그널(SIGALRM)에 대한 시그널 처리기(45행)를 통해 ICMP 에코 요청 메시지를 송신하고, 첫번째 메시지는 47행의 시그널 처리기 직접 호출을 통해 송신된다. 48-54행은 ICMP 에코 회신 메시지가 포함된 IP 데이터그램 수신 과정을 보여준다.

먼저 ICMP 에코 요청 메시지의 송신 과정부터 살펴보자. 92-100행은 SIGALRM 시그널이 발생하면 호출되어 ICMP 에코 요청 메시지(ping 메시지)를 송신하는 함수(send_ping())를 호출하고 2초 후에 SIGALRM 시그널이 발생하도록 `alarm()` 함수를 호출하고 있다. 75-91행의 `send_ping()` 함수는 ICMP 에코 요청 메시지를 작성하여 생 소켓을 통해 목적지에 송신한다. 78-83행은 ICMP 메시지의 유형, ICMP 메시지의 코드, ICMP 메시지의 식별자, 그리고 ICMP 메시지의 순서 번호를 작성하는 과정을 보여주고, 85행은 ICMP의 데이터 필드에 현재 시간을 저장한다. 이 시간 정보는 목적지 시스템으로부터 ICMP 에코 회신 메시지가 도착했을 때 추출되어 목적지 시스템까지 왕복 시간(RTT - Round Trip Time)를 계산하는 데 사용된다.

ICMP 에코 요청 메시지에 대한 첵섬 계산은 57-74행의 in_cksum() 함수를 통해 이루어진다. 인터넷에서 사용하는 첵섬은 계산 대상이 되는 전체 메시지를 16 비트 단위의 여러 개의 그룹으로 나누고, 이들을 1의 보수 연산으로 합을 구한 다음 그 합의 1의 보수 값으로 구해진다. 62-65행은 ICMP 에코 요청 메시지를 16비트 단위로 나누어 합을 구하는 과정을 보여주고, 66-69행은 마지막 남은 바이트가 8비트 일 때 마지막에 0으로 채워지는 8비트를 추가하여 합을 구하는 과정을 보여준다. 그리고 70-72행은 1의 보수 연산에 의한 합이 되도록 16비트 연산의 올림 값(상위 16 비트의 값)을 하위 16 비트 값에 더하여 합을 구한 다음 이에 대한 1의 보수 연산(부정)을 적용한 값을 최종 첵섬으로 구하는 과정을 보여준다.

〈리스트 6.9〉 생 소켓을 사용한 ping 프로그램

```
1  #include <stdio.h>
2  #include <stdlib.h>
3  #include <string.h>
4  #include <signal.h>
5  #include <unistd.h>
6  #include <sys/time.h>
7  #include <arpa/inet.h>
8  #include <sys/types.h>
9  #include <sys/socket.h>
10 #include <netinet/ip.h>
11 #include <netinet/ip_icmp.h>
12 #include <netinet/in.h>
13 #include <netinet/in_systm.h>

14 #define BUFSIZE        1500

15 char sendbuf[BUFSIZE], recvbuf[BUFSIZE];
16 int seqnum;
17 pid_t pid;
18 int sockfd;
19 int datalen = 56;
20 struct sockaddr_in dstaddr, srcaddr;

21 int send_ping();
22 int print_ping(char *ipdata, int readlen);
23 void sig_alrm(int);
24 void tv_sub(struct timeval *, struct timeval *);
25 uint16_t in_cksum(uint16_t *addr, int len);
26 void error_print(char *);
```

```
int main(int argc, char **argv) {
    int readlen, addrlen;

    if (argc != 2) {
        printf("Usage : %s ip_address \n", argv[0]);
        exit(1);
    }

    bzero(&srcaddr, sizeof(struct sockaddr));
    bzero(&dstaddr, sizeof(struct sockaddr));

    dstaddr.sin_family = AF_INET;
    dstaddr.sin_addr.s_addr = inet_addr(argv[1]);
    dstaddr.sin_port = htons(0);

    sockfd = socket(AF_INET, SOCK_RAW, IPPROTO_ICMP);
    if (sockfd < 0)
        error_print("raw socket creation fail.");

    if (connect(sockfd, (struct sockaddr *)&dstaddr,
        sizeof(struct sockaddr)) != 0)
        error_print("connect for raw socket fail.");

    pid = getpid() & 0xffff;
    signal(SIGALRM, sig_alrm);

    addrlen = sizeof(srcaddr);
    sig_alrm(SIGALRM);
    while(1) {
        readlen = recvfrom(sockfd, recvbuf, sizeof(recvbuf),
            0, (struct sockaddr *)&srcaddr, &addrlen);

        if (readlen < 0)
            error_print("recvfrom() error");

        print_ping(recvbuf, readlen);
    }

    exit(0);
}

uint16_t in_cksum(uint16_t *addr, int len) {
    int nleft = len;
    uint32_t sum = 0;
```

```
    uint16_t *w = addr;
    uint16_t answer = 0;

    while (nleft > 1) {
            sum += *w++;
            nleft -= 2;
    }

    if (nleft == 1) {
            *(unsigned char *) (&answer) = *(unsigned char *) w;
            sum += answer;
    }
    sum = (sum >> 16) + (sum & 0xffff);
    sum += (sum >> 16);
    answer = ~sum;
    return(answer);
}

int send_ping() {
    int len;
    struct icmp *icmp;

    icmp = (struct icmp *) sendbuf;
    bzero((char *)icmp, sizeof(struct icmp));
    icmp->icmp_type = ICMP_ECHO;
    icmp->icmp_code = 0;
    icmp->icmp_id = pid;
    icmp->icmp_seq = seqnum++;
    memset(icmp->icmp_data, 0xa5, datalen);
    gettimeofday((struct timeval *)icmp >icmp_data, NULL);

    len = 8 + datalen;
    icmp >icmp_cksum = 0;
    icmp >icmp_cksum = in_cksum((u_short *) icmp, len);

    sendto(sockfd, sendbuf, len, 0, (struct sockaddr *)& dstaddr,
  sizeof(dstaddr));
}

void sig_alrm(int signo) {
    send_ping();
    alarm(2);
    return;
}
```

```
void tv_sub(struct timeval *out, struct timeval *in) {
    if ((out->tv_usec -= in->tv_usec) < 0) {
            --out->tv_sec;
            out  >tv_sec += 1000000;
    }
    out->tv_sec -= in->tv_sec;
}

print_ping(char *ipdata, int recvsize) {
    int ip_headlen, icmp_len;
    double rtt;
    struct icmp *icmp;
    struct iphdr *ip;
    struct timeval *tvsend, tvrecv;
    char buf[512];

    gettimeofday(&tvrecv, NULL);
    ip = (struct iphdr *) ipdata;
    ip_headlen = ip->ihl * 4;

    if (ip->protocol != IPPROTO_ICMP) {
            printf("not ICMP packet.\n");
            return;
    }
    icmp = (struct icmp *) (ipdata + ip_headlen);
    icmp_len = recvsize - ip_headlen;

    tvsend = (struct timeval *)icmp->icmp_data;
    tv_sub(&tvrecv, tvsend);
    rtt = tvrecv.tv_sec * 1000.0 + tvrecv.tv_usec / 1000.0;
    inet_ntop(AF_INET, (void *)&ip->saddr, buf, sizeof(buf));
    printf("%d bytes recv from %s: seq= %u, ttl=%d, rtt=%.3f
    ms\n", icmp_len, buf, icmp->icmp_seq, ip->ttl, rtt);
}

void error_print(char *message) {
    fputs(message, stderr);
    fputc('\n', stderr);
    exit;
}
```

102-123행의 print_ping() 함수는 송신한 ICMP 에코 요청 메시지에 대해 목적지 ping 서버가 응답하는 ICMP 에코 회신 메시지를 수신한 후 관련 정보(ICMP 정보 바이트 수, ICMP 에코 회신 메시지 송신자 IP 주소, ICMP 순서 번호, IP 데이터그램의 TTL 정보, ICMP 메시지의 RTT)를 출력한다. 109행에서는 ICMP 에코 회신 메시지의 수신 시간을 획득한다. 이 정보는 ICMP 에코 요청 메시지 송신 시간 정보와 함께 RTT를 계산하는 데 사용된다. ICMP 에코 회신 메시지를 담은 IP 데이터그램은 해당 생 소켓으로 전달되므로 110행을 통해 수신 IP 데이터그램의 헤더 정보를 추출할 수 있다. IP 헤더 자료 구조 iphdr은 다음과 같이 정의된다.

```
struct iphdr {
        unsigned int version:4;
        unsigned int ihl:4;
        u_int8_t tos;
        u_int16_t tot_len;
        u_int16_t id;
        u_int16_t frag_offset;
        u_int8_t ttl;
        u_int8_t protocol;
        u_int16_t check;
        u_int32_t saddr;
        u_int32_t daddr;
}
```

ICMP 정보는 IP 헤더 정보 다음에 위치하므로 ICMP 정보는 116행과 같은 방식으로 추출될 수 있다. 95-101의 tv_sub() 함수는 ICMP 에코 요청 메시지 송신 시간과 ICMP 에코 회신 메시지 수신 시간의 차이를 구함으로써 RTT를 계산한다. 96-99행에서 마이크로 초(usec) 단위 시간 차이를 먼저 구하고 106행에서 초(sec) 단위 시간 차이를 구함을 알 수 있다. 120행은 초 단위 시간 정보와 마이크로 초 단위 시간 정보를 밀리 초(msec) 단위로 변환한다. 〈리스트 6.9〉의 생 소켓을 사용한 ping 프로그램의 실행 결과는 〈그림 6.14〉와 같다.

그림 6.14 〈리스트 6.9〉 ping 프로그램의 실행 결과

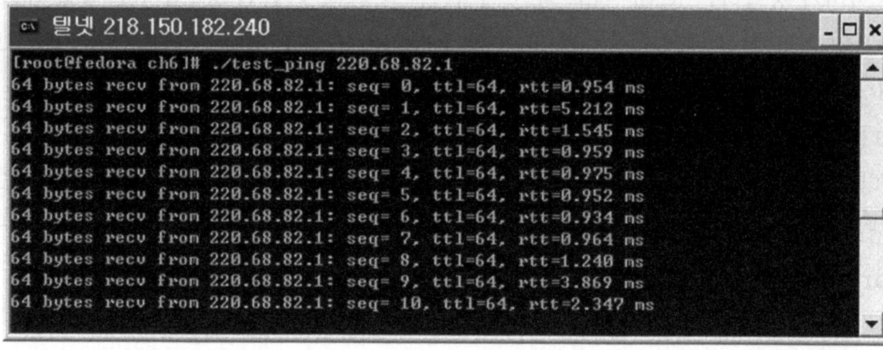

6.5 데이터 링크 접근 : 패킷 캡처링

6.5.1 패킷 캡처 라이브러리 : libpcap

앞에서 언급하였듯이 일단 커널에 의해 수신된 UDP와 TCP 패킷은 절대 생 소켓으로 전달되지 않는다. 따라서 UDP 또는 TCP 패킷이 포함된 IP 데이터그램을 읽고자 한다면 IP 계층 하위의 데이터 링크(예 : 이더넷) 접근을 통해 해당 패킷을 읽어야 한다. 우리는 통계 정보의 획득, 보안 설정 등 여러 가지 이유로 UDP나 TCP 패킷을 읽어야 할 필요가 있다. LINUX는 데이터 링크 접근을 통해 다양한 종류의 패킷을 읽고 분석할 수 있는 패킷 캡처 함수들을 라이브러리(libpcap) 형태로 제공한다. 패킷 캡처 라이브러리를 사용하여 우리는 이더넷과 같은 데이터 링크 접근 장치에 의해 수신되는 모든 패킷 또는 일부 패킷들을 살펴볼 수 있는 응용 프로그램을 작성할 수 있다. 패킷 캡처 라이브러리는 다음과 같은 함수들을 포함한다.

```
pcap_lookupdev();
pcap_open_live();
pcap_lookupnet();
pcap_compile();
pcap_setfilter();
pcap_close();
pcap_loop();
```

♻ **pcap_lookupdev() 함수** : 이 함수는 현재 시스템에서 패킷을 읽을 수 있는 데이터 링크 접근 장치를 찾고자 할 때 사용하는 함수로써 형식은 다음과 같다.

```
char *pcap_lookupdev(char *ebuf);
                                        반환 : 데이터 링크 접근 장치 이름
```

pcap_lookupdev() 함수는 현재 사용중인 데이터 링크 접근 장치의 이름을 반환한다. ebuf 인자에는 오류 발생 시에 메시지가 기록된다.

♻ **pcap_open_live() 함수** : 이 함수는 패킷을 캡처링 하고자 하는 데이터 링크 접근 장치를 개방함으로써 패킷 캡처링을 할 수 있도록 초기화하는 함수로써 형식은 다음과 같다.

```
pcap_t *pcap_open_live(const char *dev, int snaplen, int promisc,
int to_ms, char *ebuf);
                          반환 : 성공 시 pcap descriptor, 실패 시 NULL
```

첫 번째 dev 인자는 패킷을 캡처링 하고자 하는 데이터 링크 접근 장치의 이름을 지정한다. dev 인자는 "eth0", "hme0"와 같은 장치의 이름을 값으로 가진다. snaplen 인자는 전체 패킷중에서 캡처할 바이트 수를 지정한다. 대체로 snaplen 인자는 이더넷 헤더, IP 헤더, TCP 헤더 등을 캡처하기에 충분한 값으로 주어지면 된다. promisc 인자는 캡처링을 promiscuous 모드로 할 것인지 아닌지를 지정한다. promisc 인자의 값이 1이면 promiscuous 모드로 설정되어 네트워크에 전송되는 모든 유형의 패킷을 모두 캡처링한다. 반면 promisc 인자의 값을 0으로 지정하면 목적지 IP 주소가 자신의 주소와 같은 패킷, 방송 패킷, 그리고 자신이 가입한 멀티캐스트 주소를 가진 패킷만 캡처하게 한다. to_ms 인자는 패킷을 모아서 캡처링하는 시간 간격을 ms 단위로 설정한다. 예를 들어 to_ms가 3000으로 주어지면 3초 동안 기다린 후 그 동안 도착한 모든 패킷들을 한꺼번에 캡처링한다. to_ms 인자의 지원 방식은 시스템 마다 다소 차이가 있으므로 사용전에 지원 방식의 확인이 필요하다. ebuf 인자는 오류가 발생하는 경우 오류의 원인이 기록되는 공간이다. pcap_open_live() 함수가 성공적으로 실행되면 pcap_t 유형의 데이터 링크 접근 장치 설명자(pcap descriptor)를 반환하고 실패 시에는 NULL을 반환한다.

♺ **pcap_lookupnet() 함수** : 이 함수는 지정된 데이터 링크 접근 장치의 네트워크 주소와 넷마스크 정보를 획득하는 함수로써 형식은 다음과 같다.

```
int pcap_lookupnet(const char *dev, bpf_u_int32 *netp, bpf_u_int32
*mask, char *ebuf);

                              반환 : 성공 시 pcap descriptor, 실패 시 NULL
```

첫번째 dev 인자는 데이터 링크 접근 장치의 이름을 지정하고, netp와 mask는 각각 네트워크 주소와 넷마스크에 대한 포인터를 나타낸다.

♺ **pcap_compile() 함수** : 이 함수는 특정 유형의 패킷만을 캡처링하기 위해 패킷 필터링 규칙을 패킷 캡처 리이브러리에 적용시키는 함수로써 형식은 다음과 같다.

```
int  pcap_compile(pcap_t  *pd,  struct  bpf_program  *fcode,  const
char *str, int optimize, bpf_u_int32 mask);
```

첫 번째 pd 인자는 데이터 링크 접근 장치 설명자를 지정하고, 두 번째 인자 fcode는 컴파일 결과 코드 값의 포인터를 나타낸다. 세 번째 인자 str는 문자열 형태의 필터링 규칙을 표현하고 주로 "ip", "tcp"와 같은 형태로 주어진다. optimize 인자는 주로 0으로 주어지고, mask 인자는 넷마스크를 지정한다.

♺ **pcap_setfilter() 함수** : 이 함수는 컴파일된 패킷 필터링 규칙을 데이터 링크 접근 장치 설명자에 적용시키는 함수로써 형식은 다음과 같다.

```
int pcap_setfilter(pcap_t *pd, struct bpf_program *fcode);
```

인자는 pcap_compile() 함수로 얻어진 컴파일 결과 코드 값의 포인터이다.

♺ **pcap_close() 함수** : 이 함수는 개방된 데이터 링크 접근 장치를 닫는 함수로써 형식은 다음과 같다.

```
void pcap_close(pcap_t *pd);
```

♺ **pcap_loop() 함수** : 이 함수는 개방된 데이터 링크 접근 장치로부터 실제로 패킷을 캡처하는 함수로써 형식은 다음과 같다.

```
int pcap_loop(pcap_t *pd, int maxcnt, pcap_handler callback,
u_char *args);
                                반환 : 성공 시 양의 정수, 실패 시 -1
```

두 번째 maxcnt 인자는 캡처할 패킷의 최대 개수를 지정한다. pcap_loop() 함수는 maxcnt 수만큼 패킷을 캡처할 때까지 반복적으로 pd 인자가 지정하는 데이터 링크 접근 장치로부터 패킷을 캡처한다. maxcnt가 -1로 설정되면 캡처하는 패킷의 수에 제한을 두지 않는 다는 것을 의미한다. 세 번째 callback 인자는 pcap_loop() 함수가 패킷을 읽을 때마다 이 패킷을 처리하기 위해 내부적으로 호출하는 콜백(callback) 함수이다. 마지막 args 인자는 callback 함수의 인자로 사용된다.

pcap_handler 유형의 callback 함수의 형식은 다음과 같다.

```
void (*pcap_handler)(u_char *args, const struct pcap_pkthdr *h,
const u_char *packet);
```

callback 함수 args 인자는 pcap_loop() 함수에서 전달하는 args에 대응되는 인자이다. pcap_pkthdr 유형의 두 번째 인자에서는 패킷을 캡처한 시간 정보, 캡처한 바이트 수, 패킷의 크기 등의 정보를 유지한다. 마지막 packet 인자는 캡처한 패킷의 첫번째 바이트를 가르키는 포인터이다. callback 함수는 패킷이 캡처될 때마다 호출되고 최대 maxcnt만큼 호출된다.

6.5.2 IP 헤더와 TCP 헤더 출력 프로그램

〈리스트 6.10〉 프로그램은 패킷 캡처 라이브러리 함수들을 사용하여 주어진 개수만큼(maxcnt)의 패킷을 캡처하여 IP 헤더와 TCP 헤더를 출력하는 프로그램이다. 34-39행은 패킷을 캡처할 데이터 링크 접근 장치 획득, 패킷 캡처를 위한 데이터 링크 접근 장치 개방, 개방한 데이터 링크 접근 장치의 네트워크 주소와 넷마스크 획득, 패킷 필터링 규칙 컴파일과 설정 과정을 보여준다. 40행은 실행 인자로 주어진 maxcnt 인자만큼 패킷을 캡처할 것을 명령한다. 43-46행의 packet_capture() 함수는 pcap_loop() 함수를 사용하여 maxcnt만큼 패킷의 캡처하고 각 패킷에 대한 callback 함수를 호출하여 IP 헤더와 TCP 헤더를 출력하게 한다. 47-57행의 callback() 함수는 패킷이 캡처될 때마다 호출되어 IP 헤더의 시작 포인터를 찾아 IP 헤더 출력 함수를 호출하고, TCP 헤더의 시작 포인터를 찾아 TCP 헤더 함수를 호출한다. IP 헤더를 출력하는 58-83행의 print_iphdr() 함수와 TCP 헤더를 출력하는 84-104의 print_tcphdr() 함수는 IP 헤더 포맷과 TCP 헤더 포맷과 비교하며 여러분들이 해석해 보기 바란다.

〈리스트 6.10〉 IP 헤더와 TCP 헤더 출력 프로그램

```
1   #include <stdio.h>
2   #include <stdlib.h>
3   #include <unistd.h>
4   #include <sys/types.h>
5   #include <sys/time.h>
6   #include <sys/socket.h>
7   #include <netinet/in.h>
8   #include <netinet/in_systm.h>
9   #include <netinet/ip.h>
10  #include <netinet/tcp.h>
11  #include <netinet/if_ether.h>
12  #include <pcap.h>

13  void packet_capture(pcap_t *pd, int maxcnt);
14  void callback(u_char *user, const struct pcap_pkthdr *h, const
    u_char *p);
15  void print_iphdr(struct iphdr *ip);
16  void print_tcphdr(struct tcphdr *tcp);
17  void error_print(char *message);

18  int packet_num = 0;
19  int main(int argc, char **argv) {

20      pcap_t *pd;
21      char ebuf[PCAP_ERRBUF_SIZE];
22      char *dev;
23      int maxcnt;
24      int snapsize = 68;
25      int promisc = 1;
26      int to_ms = 3000;
27      struct in_addr netmask, netaddr;
28      struct bpf_program fcode;
```

```
    if (argc != 2) {
            printf("Usage: %s <maxcnt>\n", argv[0]);
            exit(1);
    }
    maxcnt = atoi(argv[1]);
    dev = pcap_lookupdev(ebuf);
    if((pd = pcap_open_live(dev, snapsize, promisc, to_ms, ebuf)) == NULL)
            error_print("pcap_open_live() error");
    pcap_lookupnet(dev, &netaddr.s_addr, &netmask.s_addr, ebuf);
    pcap_compile(pd, &fcode, "ip", 0, netmask.s_addr);
    pcap_setfilter(pd, &fcode);

    packet_capture(pd, maxcnt);
    pcap_close(pd);
}
void packet_capture(pcap_t *pd, int maxcnt) {
    if (pcap_loop(pd, maxcnt, callback, NULL) < 0)
            error_print("pcap_loop() fail");
}

void callback(u_char *user, const struct pcap_pkthdr *h, const u_char *packet) {
    struct iphdr *iph;
    struct tcphdr *tcph;
    struct ethhdr *eh = (struct ethhdr *)packet;
    int ethhdr_len = sizeof(struct ethhdr);

    printf("Packet Number : %d\n", ++packet_num);
    iph = (struct iphdr *)(packet + ethhdr_len);
    print_iphdr(iph);

    tcph = (struct tcphdr *) (packet + ethhdr_len + iph->ihl*4);
    print_tcphdr(tcph);
}

void print_iphdr(struct iphdr *iph) {
    char buf[20];
    int fragoff;
    int flag;

    puts("+----------------------------IP Header--------
    -------------------------+");
    printf("(ver:%d)", iph->version);
```

```c
    printf("(hlen:%d)", iph->ihl*4);
    printf("(tos:%d)", iph->tos);
    printf("(tlen:%d)", ntohs(iph->tot_len));
    printf("(id:%d)", ntohs(iph->id));
    flag = ntohs(iph->frag_off) >> 13;
    fragoff = ntohs(iph->frag_off) & 0x1FFF;
    if (flag == 1) printf("(More Fragment, offset:%d)", flag, fragoff);
    if (flag == 2) printf("(Do Not Fragment:%d)", flag);
    printf("(ttl:%d)\n", iph->ttl);
    printf("(proto:0x%x)", iph->protocol);
    printf("(cksum:0x%x)", ntohs(iph->check));
    if (inet_ntop(AF_INET, &iph->saddr, buf, sizeof(buf)) == 1)
            error_print("inet_ntop() fial");
    printf("(saddr:%s)", buf);
    if (inet_ntop(AF_INET, &iph->daddr, buf, sizeof(buf)) == 1)
            error_print("inet_ntop() fial");
    printf("(daddr:%s)", buf);
    puts("\n+---------------------------- IP Header End ------------------------------+");
    fflush(stdout);
}

void print_tcphdr(struct tcphdr *tcph) {
    puts("+------------------------------- TCP Header ------------------------------+");
    printf("(th_sport:%d)", ntohs(tcph->source));
    printf("(th_dport:%d)", ntohs(tcph->dest));
    printf("(th_seq:%d)", (unsigned int) ntohl(tcph->seq));
    printf("(th_ack:%d)", (unsigned int) ntohl(tcph->ack_seq));
    printf("(th_off:%d)\n", tcph->doff);
    printf("{th_flags [ ");
    if (tcph->fin) printf("FIN ");
    if (tcph->syn) printf("SYN ");
    if (tcph->rst) printf("RST ");
    if (tcph->psh) printf("PSH ");
    if (tcph->ack) printf("ACK ");
    if (tcph->urg) printf("URG ");
    printf("] }");
    printf("(th_win: %d)", ntohs(tcph->window));
    printf("(th_sum: 0x%x)", ntohs(tcph->check));
    printf("(th_urp: %d)", ntohs(tcph->urg_ptr));
    puts("\n+------------------------------TCP Header End-----------------------------+");
```

```
    fflush(stdout);
}

void error_print(char *message) {
    fputs(message, stderr);
    fputc('\n', stderr);
    exit;
}
```

〈그림 6.15〉는 〈리스트 6.10〉의 프로그램의 실행 결과를 보여준다. 패킷 캡처 라이브러리 함수를 통한 데이터 링크 접근은 수퍼 사용자에게만 허용되므로 〈리스트 6.10〉의 프로그램은 수퍼 사용자 권한으로 실행되어야 한다. 그리고 컴파일 시에 패킷 캡처 라이브러리 링크를 위한 -lpcap 옵션이 주어져야 한다. 즉 `% gcc -o packet_dumppacket_dump.c -lpcap`와 같이 컴파일해야 한다.

그림 6.15 〈리스트 6.9〉 ping 프로그램의 실행 결과

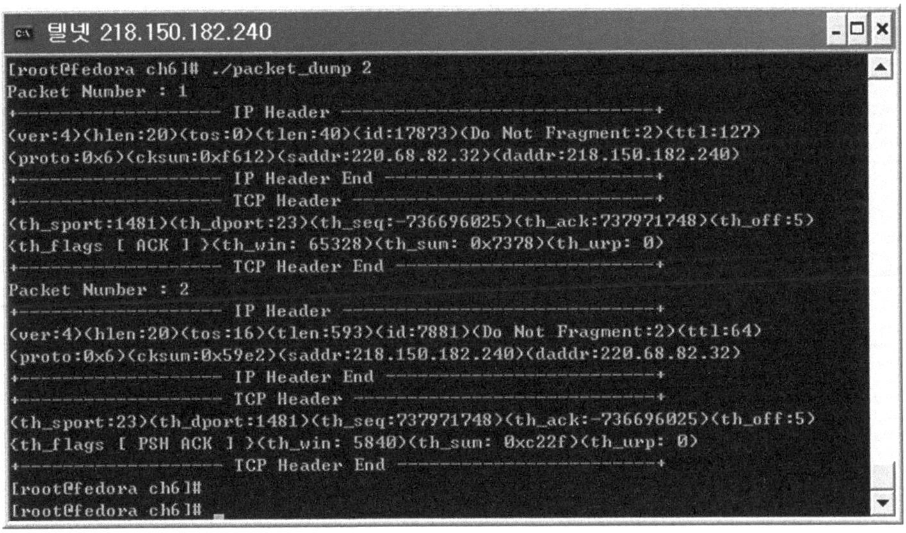

연습문제

1 입출력 다중화(Input/Output Multiplexing)가 무엇인 지 설명하시오.

2 소켓의 입력 준비가 완료되는 경우의 수를 모두 쓰시오.

3 소켓의 출력 준비가 완료되는 경우의 수를 모두 쓰시오.

4 소켓의 예외 처리 준비가 완료되는 경우의 수를 모두 쓰시오.

5 대역외(Out-Of-Band) 데이터 전송이 필요한 경우를 설명하시오.

6 대역외 데이터와 URG TCP 세그먼트의 긴급 포인터(Urgent Pointer)와의 관계를 설명하시오.

7 TCP가 대역외 데이터를 1 바이트밖에 처리하지 못하는 이유를 설명하시오.

8 표준 입출력 함수들이 버퍼링을 사용하는 이유를 설명하시오.

9 'rfd=fdopen(sockfd, "r"); wfd=fdopen(sockfd, "w");'와 같이 입출력 파일 자료 구조 분리 시의 문제점을 설명하고 대안을 제시하시오.

10 데몬 서버(Daemon Server)란 무엇입니까?

11 독립형 데몬 서버에서 2번의 fork() 함수 호출이 필요한 이유를 설명하시오.

12 inetd 데몬 서버에 의해 실행되는 서버 중 대기형(wait) 서버와 비대기형(nowait) 서버를 구분하여 설명하고, UDP 서버가 대기형 서버로 동작할 때 동작 방식을 설명하시오.

13 커널에 의해 생 소켓(Raw Socket)으로 전달되지 않는 패킷들을 모두 나열하시오.

14 IP 데이터그램 첵섬 계산 알고리즘을 설명하시오.

실습문제

15 <리스트 6.1> 프로그램에서 62행 없이 temps 대신 reads 변수를 그대로 사용하도록 수정한 후 실행 결과를 확인하고 62행이 필요한 이유를 설명하시오.

16 동시 처리 에코 서버를 입출력 다중화 기반으로 작성하시오.

17 <리스트 6.4>와 <리스트 6.5> 프로그램을 실행한 후 그 결과에 대해 해석하시오.

18 <리스트 6.7> 프로그램의 49행에서 dup() 함수 사용 없이 프로그램을 실행한 후 그 결과를 해석하시오.

19 동시 처리 에코 서버를 독립형 데몬 서버로 작성하시오.

20 <리스트 6.9>의 ping 프로그램에 수신된 ICMP 헤더 정보를 출력하는 기능을 추가하시오.

21 UDP 헤더를 출력하는 프로그램을 작성하시오.

참고문헌

1. Curt M. White, Data Communications & Computer Networks – A Business User's Approach, 2nd Edition, Thomson Course Technology, 2002
2. Daniel C. Lynch and Marshall T. Rose, The Internet System Handbook, Addison-Wesley, 1993
3. Douglas E. Comer, Internetworking with TCP/IP – Volume 1 : Principles, Protocols, and Architectures, 4th Edition, Prentice Hall, 2000
4. Douglas E. Comer, Internetworking with TCP/IP – Volume 3 : Client-Server Programming and Applications, Prentice Hall, 2001
5. Fred Halsall, Data Communications, Computer Networks and Open Systems, Addison-Wesley, 1992
6. Fred Halsall, Multimedia Communications – Applications, Networks, Protocols and Applications, Addison-Wesley, 2001
7. Keith G. Knightson, Terry Knowles, and John Larmouth, Standards for Open Systems Interconnection, McGraw-Hill Book Company, 1988
8. K. R. Rao, Zoran S. Bojkovic, and Dragorad A. Milovanovic, Multimedia Communication Systems – Techniques, Standards, and Networks, Prentice Hall PTR, 2002
9. W. Richard Stevens, TCP/IP Illustrated, Volume 1, Addision-Wesley, May 2007
10. Behrouz A. Forouzan, TCP/IP Protocol Suite(3rd Ed), McGraw Hill, 2007
11. W. Richard Stevens, UNIX Network Programming, Vol. 1, Addision-Wesley, 2004
12. W. Richard Stevens, Advanced Programming in the UNIX Environment, Addision-Wesley, 1992
13. Kay A. Robbins, Steven Robbins, UNIX System Programming, Pearson Education, Inc, 2003
14. Marc J. Rochkind, Advanced UNIX Programming, Addision-Wesley, 2004
15. Arnold Robbins, Linux Programming by Example, Prentice Hall, 2004
16. 박승철, 인터넷 중심의 데이터 통신과 컴퓨터 네트워크, 학술정보, 2006
17. 강병철 외 공역(Behrouz A. Forouzan 원저), TCP/IP 프로토콜
18. 강성수 역(竹下隆史 외 원저), 마스터링 TCP/IP, 제3판, 성안당, 2003

19. 강현국, 신용태, 안상현, 최종원 공역(James F. Kurose, Keith W. Ross 원저), 컴퓨터 네트워킹 - 인터넷 위주의 하향식 접근, 홍릉과학출판사, 2003

20. 김성훈 역(Tsutomu Tone 원저), 성공과 실패를 결정하는 1%의 네트워크 원리, 성안당, 2003

21. 오삼권 외 공역(Youlu Zheng and Shakil Akhtar 원저), 공학도를 위한 컴퓨터 네트워크, 대웅, 2002

22. 조경산 역(Douglas E. Comer 원저), 컴퓨터 네트워크와 인터넷, 도서출판 그린, 2002

23. 김치하, 이재용 공역(W. Richard Stevens 원저), UNIX Network Programming, 교보문고, 1998

24. 윤성우, TCP/IP 소켓 프로그래밍, 프리렉, 2007

25. 김화종, 컴퓨터 네트워크 프로그래밍, 홍릉과학출판사, 2004

26. 신동규, 신동일 공저, Network Programming, JTC, 2003

27. 배제현 역(웨렌 W. 게이 원저), 예제로 배우는 리눅스 소켓 프로그래밍, 인포북, 2004

28. 신재호, UNIX 시스템 & 네트워크 프로그래밍, 영진닷컴, 2004

29. 권상호, 고성규, 강효성, 민기획 공저, UNIX & LINUX C 프로그래밍, 영진닷컴, 2003

찾아보기

ㅅ

ㅇ

ㅈ

ㅊ

ㅋ

ㅌ

ㅍ

ㅎ

A

B

C

D

E

N

O

P

R

S

T

U

V

W

Z

기타

• 저자 약력 •

박승철

서울대 컴퓨터공학과 박사
ETRI, 한국IBM 연구원
현대전자(현 하이닉스) 네트워크연구소장/이사
현대네트웍스 연구소장/전무
現 한국기술교육대학교 교수

TCP/IP 네트워크 프로그래밍

저　　자	: 박승철
인　　쇄	: 2009년 1월 5일
발　　행	: 2009년 1월 10일
발 행 인	: 채희만
출판기획	: 안성일
북　PD	: 박소현
영업관리	: 신은하
발 행 처	: INFINITYBOOKS
주　　소	: 서울시 은평구 증산동 248번지 중앙하이츠APT상가 B101호
전　　화	: 02)302-8441
팩　　스	: 02)6085-0777
Homepage	: www.infinitybooks.co.kr
E-mail	: infinitybook@naver.com
ISBN	: 978-89-92649-18-6
등록번호	: 제311-2006-26호

정가 : 24,000원